비엔나협약과 Incoterms® 2020 반영

개정판

무역계약론

한상현 저

도서출판 두남

머리말

P·R·E·F·A·C·E

우리들은 매일매일 계약관계 속에서 살아가고 있다. 계약은 원시시대의 물물교환에서부터 현대적 개념의 고용계약이나 금융계약, 물품의 매매계약에 이르기까지 우리 사회에서 필수 불가결한 존재가 되고 있다.

계약은 의사표시로 자기의 입장을 타인과 일치시키는 법률행위이다. 따라서 계약의 체결은 곧 의사표시 당사자들에게 법률상의 효과로서 계약상의 채권과 채무를 발생시키게 된다. 그러한 채권과 채무는 국내계약인가 아니면 국제계약인가를 불문하고 당초 합의된 내용대로 이행되어 종료되는 것이 가장 바람직하다.

국제계약의 한 부분인 무역계약은 기후, 언어, 법, 제도, 문화, 전통, 상관습 등이 전혀 다른 국가의 상인 간에 이루어지는 상거래 활동이다.

따라서 계약을 체결하는 것 자체가 쉽지 않고, 여러 요인들로 인하여 당사자의 의사합치로 성립된 계약이 합의 내용대로 이행되지 않는 경우도 많을 뿐 아니라 계약을 불이행하거나 위반한 경우 이를 해결하는 것도 용이하지 않은 것이 현실이다.

그럴수록 무역계약에 대한 전문지식을 가져야 함은 두말할 나위도 없을 것이다. 원활하고 성공적인 무역거래가 이루어지기 위해서는 무역계약의 체결부터 그 이행과 종료에 이르는 전 과정에 대한 해박한 전문지식과 다양한 실무경험을 가지고 있는 것이 무엇보다도 중요하다.

왜냐하면 무역인들이 오늘날 현장에서 수행하는 자신들의 업무가 크게는 계약행위와 관련된 업무이고, 그 과정에서 발생할 수 있는 한 순간의 실수와 방심은 자신과 자신이 몸담고 있는 조직이나 회사에 치명적인 손실을 가져다줄 수 있기 때문이다.

본서는 그동안 저자가 다년간 무역업체에서 축적한 실무경험과 27년 이상 강의를 통해 가르치고 배운 강의안을 토대로 집필한 것이다.

본서는 기존에 무역계약론으로 출판된 많은 저서들과 차별성을 부각시킬 뿐 아니라 무역계약의 법리들을 보다 쉽고 체계적으로 이해하는데 도움이 되도록 하기 위하여 무역계약의 기초, 무역계약의 성립, 무역계약의 이행, 무역계약의 종료 네 단계를 각각 1부로 하여 총 4부로 구성되어 있다.

처음 집필을 생각했을 때에는 교재 한 권에 참으로 많은 내용들을 담고 싶은 의도를 가졌으나, 한 학기 강의용 교재로 활용하기 적합하도록 분량을 대폭 줄여야 한다는 부담감 때문에 나의 욕심을 과감히 내려놓기로 하였다.

아무쪼록 본서가 무역학이나 국제통상학을 공부하는 학생들과 계약실무 현장에 있는 분들이 무역계약에 대한 전반적인 지식을 보다 쉽게 이해하는데 유용한 참고자료가 될 수 있기를 간절히 기원해 본다.

본서의 집필 과정에는 이미 동일 혹은 유사 제목으로 시중에 출판되어 있는 교수님들이나 전공자들이 집필한 여러 교재나 자료들을 참조하거나 내용의 일부를 보완하여 관련 부분에 인용하였음을 밝혀둔다.

막상 원고를 정리해 놓고 보니 아직도 내용, 체제, 서술방식 등에 있어 미비한 부분이 많다는 것을 느꼈다.

특별히 영미법과 대륙법계뿐만 아니라 우리나라 민법과 비엔나협약(1980) 등 무역계약의 법리적인 부분을 해석하고 적용함에 있어 법학도가 아닌 비전공자가 계약의 법리를 이해하기 쉽도록 서술한다는 것이 무척이나 어려운 작업임을 느꼈다.

이것은 오로지 저자의 능력 부족에 기인한 것임을 자인한다. 학계 선후배들과 동료 및 독자들의 비판과 호된 질책의 지도와 고견을 기대하면서 부족한 부분은 향후 계속적인 연구를 통해 수정과 보완을 해 나아갈 예정이다.

끝으로 어려운 출판 환경임에도 불구하고 부족한 원고를 기꺼이 출간해 주신 도서출판 두남의 전두표 사장님에게 깊은 감사를 드린다.

2023년 8월

저 자

차 례

C·O·N·T·E·N·T·S

제1부 무역계약의 기초

제 2 부 무역계약의 성립

제 3 부 무역계약의 이행

제 1 부

무역계약의 기초

제1장 계약의 기초
제2장 무역계약의 개요와 법적 성질
제3장 무역계약의 당사자와 준거법규

제1장 계약의 기초

제1절 계약의 종류와 계약자유의 원칙

1. 계약의 의의

우리들은 삶의 과정에서 어떠한 특수한 목적을 달성하기 위해 의도적으로 계약을 체결하는 경우가 많다. 그러나 많은 계약들은 그 행위가 계약행위인지 자체도 인식하지 못한 상태에서 체결되는 경우도 있다. 이와 같이 계약행위는 우리들의 의도나 인식을 초월하여 우리들의 모든 생활영역에까지 크게 영향을 끼치고 있다.

계약의 개념은 각국의 법이나 대상 등에 따라 다양하게 정의하고 있으나, 우리가 일상생활에서 많이 사용하고 있는 넓은 의미에서의 계약(contract)은 서로 대립되는 의사표시의 일치에 의해 성립되는 법률행위로, 일정한 채권 내지 법률 효과(권리와 의무)의 발생을 목적으로 하는 당사자 사이의 합의나 약속을 말한다.

여기에서 합의(agreement)는 계약을 체결하려는 2인 또는 그 이상 당사자들의 의사표시의 합치 내지 당사자 상호 간에 수락 의사를 표명하는 것을 의미한다.

이러한 합의를 통하여 양 당사자는 채권자인 동시에 채무자로서 계약상의 권리와 의무(contractual obligation)를 부담하게 된다.

일반적으로 Contract는 그 성립요건이 보다 엄격하고 그에 따른 효과로서 법적인 강제력이 주어진다는 점에서, 단순히 당사자 사이에 의사가 일치되었다는 것만을 의미하는 Agreement와 구별되는 개념이다. 이러한 구별은 어디까지나 계약법적 의미이며 일반적으로는 서로 동일한 의미로 사용되고 있다.

계약은 구속력 있는 당사자들의 합의이므로 만일 어느 일방이 계약상의 의무를 이행하지 않는 경우 이것은 계약위반이 되는 것이기 때문에, 피해를 입은 상대방은 원래 계약의 이행을 청구하거나 손해배상을 청구하는 등의 구제수단을 행사할 수 있다.

2. 계약의 구성요건

법률적으로 유효한 계약이 되기 위해서는 다음과 같은 요건들이 충족되어야 한다.

1) 복수 당사자의 의사표시

계약이 성립하려면 적어도 두 당사자가 존재하고, 각 당사자는 서로에게 의사를 표시해야 한다. 왜냐하면 혼자로서는 계약을 체결할 수 없고, 양 당사자가 있다 하더라도 상호 간에 의사표시가 없으면 계약은 성립될 수 없기 때문이다.

유의할 점은 계약의 성립에는 적어도 두 개의 의사표시가 있어야 하지만 이것은 반드시 각 당사자가 직접 해야 하는 것은 아니라는 점이다.

왜냐하면 계약은 일방이 타방의 대리인이 되거나(자기계약), 당사자 쌍방의 대리인으로서(쌍방대리) 하는 의사표시로도 성립될 수 있기 때문이다(민법 제124조).

또한 계약을 성립시키는 의사표시는 시간적으로 순차적으로 이루어져야 한다. 여기에서 앞선 의사표시를 '청약'이라고 하고 뒤에 이루어지는 의사표시를 '승낙'이라고 한다. 그러나 양자가 동시에 이루어지는 교차청약으로도 계약은 성립될 수 있다.

2) 당사자의 합의

계약이 성립하려면 당사자의 의사표시가 내용적으로 반드시 합치되어야 한다. 의사표시의 합치가 있다고 인정되기 위해서는 외부에 나타난 표시행위가 내용면에서 서로 객관적으로 일치해야 하고(객관적 일치), 또한 의사표시가 상대방의 의사표시와 결합해서 일정한 법률 효과를 발생시키려는 의도를 가지고 있어야 한다(주체적 일치).

3) 의사표시의 대립과 교환

합치되는 두 당사자 사이의 의사표시는 그 방향이 서로 대립적이며 교환적으로 이루어져야 한다. 따라서 일방의 의사표시만이 존재하거나 양 당사자의 의사표시의 방향이 동일 방향으로 합치한다면 특별한 약정이 없는 한, 계약은 성립될 수 없다.

따라서 계약은 의사를 표시하는 자 혼자서 하는 '단독행위'나 의사를 표시하는 자가 여러 명이지만 그 방향이 동일한 '합동행위'와는 구별되는 개념이다.

4) 채권과 채무관계의 발생

계약이 체결되면 그 효과로서 채권과 채무관계가 발생한다. 즉, 계약은 양 당사자에게 어떤 법률 효과를 발생하게 하는 채권과 채무관계의 원인이 된다.

3. 계약의 종류

1) 전형계약과 비전형계약

계약은 민법에 규정되었는지 여부에 따라 전형계약과 비전형계약으로 구분된다.

(1) 전형계약

전형계약(典型契約)은 우리나라 민법 제2장에 규정되어 있는 15가지 계약의 형태를 말한다. 전형계약은 법률상 각각 이름이 붙여져 있다고 하여 유명계약(有名契約)이라고도 한다. 전형계약은 법적으로 특별한 의미가 있는 것은 아니고 일상생활에서 빈번하게 발생하는 계약의 형태들을 유형별로 정해 놓은 것이다.

민법상 전형계약에는 증여, 매매, 교환, 소비대차, 사용대차, 임대차, 고용, 도급, 여행계약, 현상광고, 위임, 임치, 조합, 종신정기금, 화해계약 등 15가지 종류가 있다.

이중에서 증여, 매매, 교환계약은 재산권의 이전계약으로 분류되고 소비대차, 사용대차, 임대차계약은 재산권의 이용계약으로 분류되며 고용, 도급, 여행계약, 현상광고, 위임, 임치계약은 노무의 이용계약으로 분류된다. 그리고 조합, 종신정기금, 화해계약은 단체계약이나 기타계약으로 분류된다.

증여계약은 당사자 일방이 무상으로 재산을 상대방에게 수여하는 의사를 표시하고 상대방이 이를 승낙함으로써 성립하는 계약이다. 이것은 무상계약이고 편무계약이다.

매매계약은 아파트 매매와 같이, 당사자 일방이 재산권을 상대방에게 이전할 것을 약정하고 그 상대방이 대금을 지급할 것을 약정하는 계약이다. 교환계약은 재화나 용역을 화폐 등의 교환수단 없이 직접 교환하기로 당자자가 약정하고 있는 계약이다.

소비대차계약은 돈을 빌려주는 받는 것과 같이, 당사자 일방이 금전이나 기타 대체물의 소유권을 상대방에게 이전할 것을 약정하고 상대방은 일정기간이 경과한 후 동종·동량·동질의 물건을 반환할 것을 약정하는 계약이다.

사용대차(使用貸借)계약은 물건이나 시설을 빌려서 쓰는 것과 같이, 당사자 일방이 상대방에게 사용·수익하게 할 목적으로 대상물을 상대방에게 인도할 것을 약정하고 상대방은 이를 사용·수익한 후 그 물건을 반환할 것을 약정한 계약이다. 이는 무상으로 빌려주는 것에 한정되며, 유상으로 빌려주면 임대차계약이 된다.

임대차계약은 사용대차와 같으나 유상인 계약을 말한다. 가장 흔한 것이 주택이나 상가의 임대차 계약이다. 고용계약은 당사자 일방이 상대방에 대하여 노무를 제공할 것을 약정하고 상대방이 이에 대하여 보수를 지급할 것을 약정하는 계약이다. 흔히 회사에 취직하여 작성하는 계약서 내용이 고용계약에 해당한다.

도급계약은 하청계약과 같이, 당사자 일방이 어떤 일을 완성할 것을 약정하고 상대방이 그 일의 결과에 대하여 보수를 지급할 것을 약정하는 계약이다.

여행계약은 일방이 상대방에게 운송, 숙박, 관광이나 기타 여행 관련 용역을 결합하여 제공하고 상대방이 그 대금을 지급하기로 약정하는 계약이다. 여행계약은 여행이나 레저에 대한 사회관심의 급증을 반영하여 최근에 전형계약에 추가되었다.

현상광고계약은 광고자가 어떤 행위를 완료한 자에게 일정한 보수를 지급할 의사를 표시하고, 이에 응한 자가 그 광고에 정한 행위를 완료함으로써 성립하는 계약이다. 흔히 볼 수 있는 '사람을 찾습니다.'와 '애완견을 찾습니다.'가 대표적이다.

위임계약은 일방이 상대방에게 사무의 처리를 위탁하고 상대방이 이를 승낙함으로써 성립하는 계약이다. 임치(任置)계약은 일방이 상대방에 대하여 금전, 유가증권, 기타 물건의 보관을 위탁하고 상대방이 이를 승낙함으로써 성립하는 계약이다.

조합계약은 2인 이상이 상호 출자하여 공동사업을 경영할 것을 약정하는 계약이며, 종신정기금(終身定期金)계약은 일방이 종신까지 정기로 금전이나 기타 대체물을 상대방 또는 제3자에게 교부할 것을 약정함으로써 성립하는 계약이다.

화해계약은 당사자가 서로 양보하여 분쟁을 끝낼 것을 약정하는 계약이다.

(2) 비전형계약

비전형계약은 우리나라 민법 제2장에 규정되어 있는 15가지 이외의 계약 형태를 말한다. 법률상 특별한 이름이 없다고 하여 무명계약(無名契約)이라고도 한다.

우리들의 실생활에는 계약자유의 원칙에 따라 매우 다양한 계약의 형태들이 존재하기 때문에 모든 계약을 전형계약에 포함시킬 수가 없다.

비전형계약은 계약자유의 원칙과 거래관계가 복잡해지는 현상을 반영하여 전형계약 상호 간 혹은 전형계약의 내용과 다른 계약의 형태가 혼합되는 형태로 발전하고 있다. 출판계약, 호텔 숙박계약, 프로선수의 전속계약, 방송출연 계약 등이 대표적이다.

(3) 혼합계약

예를 들어 가정교사로 일하면서(고용) 그 대가로 일정기간 방을 사용하는(임대차) 것처럼, 전형계약에 속하는 사항이 혼합되어 계약내용을 이루는 형태가 있다.

또한 어떤 전형계약에 속하는 사항과 어느 전형계약에도 속하지 않는 사항이 혼합되어 계약내용을 이루는 형태도 있다.

이러한 계약의 형태를 혼합계약이라 한다. 이것은 전형계약간 또는 전형계약과 비전형계약이 하나의 계약에 포함되어 있는 형태이다.

2) 쌍무계약과 편무계약

계약은 각 당사자가 계약을 통해 채무를 어떻게 부담하는가에 따라 쌍무계약과 편무계약으로 구분된다.

(1) 쌍무계약

쌍무계약(bilateral contract)은 계약의 양 당사자가 서로 대가적 의미를 가지는 채무를 부담하는 계약을 말한다. 예를 들어 물품매매계약에서 매도인은 상대방에게 물품을 제공할 의무를 부담하고, 매수인은 상대방에게 대금을 지급할 의무를 부담하는데, 여기에서 2개의 급부는 서로 대가관계에 있다. 전형계약 가운데 매매, 교환, 임대차, 고용, 도급, 조합, 화해계약은 모두 쌍무계약의 성격을 가지고 있다.

물품의 인도의무와 대금의 지급의무 이외에, 동시이행의 항변권(민법 제536조)과 위험과 비용 부담의 분기점 문제는 쌍무계약에서만 발생하는 법률문제이다.

'당사자 쌍방이 부담하는 채무가 대가적 의미를 갖는다는 것'은 그 채무의 내용인 급부가 경제적으로 꼭 같은 가치를 가져야 한다는 것을 의미하는 것은 아니다.

또한 '서로 급부를 해야 한다는 것'은 갑이 채무를 부담하는 것은 을이 채무를 부담하기 때문이고 을이 채무를 부담하는 것은 갑이 채무를 부담하기 때문이라는 것과 같이, 채무의 부담이 상호 교환적 원인관계에 있는 것을 의미한다.

(2) 편무계약

편무계약(unilateral contract)은 쌍무계약과 달리, 당사자 일방만이 채무를 부담하거나 또는 쌍방이 채무를 부담하더라도 채무가 서로 대가적 의미를 갖지 않는 계약을 말한다. 즉, 증여계약과 같이, 당사자 일방만이 급부를 하고 상대방은 이에 대응하는 반대급부를 하지 않는 계약이다.

이것은 쌍무계약과 달리, 동시이행의 항변권이나 위험과 비용 부담의 분기점 문제가 발생하지 않는다. 전형계약 중 증여나 사용대차가 여기에 해당한다.

(3) 구별

당사자 쌍방이 채무를 부담하더라도 채무가 서로 대가적 의미를 갖지 않는 대표적 경우가 사용대차계약이다. 즉, 빌려주는 자는 빌리는 자에게 목적물의 사용을 허용해야 할 채무를 부담하고 빌리는 자는 목적물을 반환할 채무를 부담하지만, 양자의 채무는 이른바 의존관계가 없기 때문에 그것은 편무계약이 된다. 이러한 종류의 계약을 '불완전 쌍무계약'이라고 부르는데 이것은 민법에서 말하는 쌍무계약이 아니다.

3) 유상계약과 무상계약

계약은 양 당사자가 계약에서 서로 대가적 의미를 가지는 출연(出捐)을 부담하는지에 따라 유상계약과 무상계약으로 구분된다.

(1) 유상계약

유상계약은 매매나 임대차계약과 같이, 계약 당사자가 서로 대가적 재산상의 출연을 약속하는 계약을 말한다. 이러한 재산상 출연의 상호의존 관계는 양 당사자가 서로 채무를 부담하는 쌍무계약에서는 필연적이다. 따라서 쌍무계약은 모두 유상계약이지만, 유상계약이 모두 쌍무계약에 해당하는 것은 아니다.

민법의 전형계약 중 매매, 교환, 임대차, 고용, 도급계약은 유상계약에 해당한다.

(2) 무상계약

무상계약은 증여계약과 같이, 일방만이 급부를 하거나 쌍방 당사자가 급부를 하더라도 그 급부 사이에 대가적으로 의미 있는 의존관계가 없는 계약을 말한다. 민법의 전형계약 중 증여와 사용대차계약이 무상계약에 해당한다.

(3) 구별

유상계약과 무상계약의 구별은 채무 내용이 서로 대가적인가의 여부에 관한 것이며, 당사자 사이의 재산상 변동 여부를 표준으로 삼는 가에 관한 것이다.

이에 반해, 쌍무계약과 편무계약의 구별은 계약의 효과로서 발생하는 채무 자체가 상호적인가의 여부에 관한 것이다. 따라서 물품매매계약이나 임대차계약은 유상계약과 쌍무계약이며, 증여계약은 무상계약과 편무계약에 해당한다.

4) 낙성계약과 요물계약

계약은 당사자의 합의만으로 성립되는가 아니면 기타의 특별한 법률 사실이 있어야만 성립되는가에 따라 낙성계약과 요물계약으로 구분된다.

(1) 낙성계약

낙성계약(consensual contract)은 당사자 사이에 의사표시만 합치하면 계약이 성립되며 기타의 다른 형식이나 절차를 필요로 하지 않는 계약을 말한다.

민법상 현상광고계약을 제외한 모든 전형계약이 낙성계약에 해당한다. 계약자유의 원칙을 취하고 있는 현대의 법체계에서는 낙성계약이 원칙이다.

(2) 요물계약

요물계약(substantial contract)은 양 당사자의 합의 외에 물품의 인도나 그 밖의 현실적인 급부가 있어야만 성립되는 계약을 말한다. 민법상 전형계약 중 현상광고계약이 여기에 해당한다.

5) 요식계약과 불요식계약

계약은 성립의 요건으로 일정한 방식을 필요로 하는지 여부에 따라 요식계약과 불요식계약으로 구분된다.

(1) 요식계약

요식계약(formal contract)은 계약의 성립에서 일정한 방식을 요하는 계약을 말한다. 민법에 규정된 15가지 전형계약 중 요식계약에 해당하는 계약의 형태는 없다.

(2) 불요식계약

불요식계약(informal contract)은 일정한 방식을 요하지 않는 계약을 말한다. 계약자유의 원칙상 대부분의 계약은 불요식계약에 해당한다.

6) 계속계약과 일시계약

계약은 급부가 '어떤 시간 동안' 계속해서 이루어져야 하느냐 또는 '어떤 시점에서' 이루어져야 하느냐에 따라 계속계약과 일시계약으로 구분된다. 이것은 계약관계가 일회적인가 아니면 지속적인가를 기준으로 분류한 것이다.

(1) 계속계약

계속계약은 계약의 효과로서 발생하는 급부를 계속적으로 이행해야 하는 계약을 말한다. 즉, 월세 자취방이나 원룸의 임대와 같이, 계약의 성립과 함께 목적이 달성되면 종료되는 것이 아니라 일정 기간 동안 계속해서 이루어지는 형태가 계속계약이다. 소비대차계약, 사용대차계약, 임대차계약, 고용계약 등이 여기에 해당한다.

(2) 일시계약

일시계약은 채무의 내용인 급부의 실현이 시간적 계속성을 요하지 않는 계약을 말한다. 즉, 단순 증여, 매매계약, 교환 등은 일시적 또는 일회적인 급부의 이행으로 계약이 종료하게 된다.

4. 계약자유의 원칙

1) 의의

계약자유의 원칙은 개인의 사법관계는 누구의 간섭도 받지 않고 각자의 의사에 따라 자유로이 형성할 수 있다는 것을 말하며 사적 자치의 원칙이라고도 한다.

계약자유의 원칙이란 계약에 의한 법률관계의 형성은 법이 정한 제한에 부딪치지 않는 한, 완전히 자유이며, 법도 그러한 자유의 결과를 최대한 승인한다는 원칙이다.

그러나 최근에는 약자를 보호하고 고도로 발달한 국가의 경제적·사회적 질서를 유지할 목적으로 법을 통해 계약자유의 원칙에 많은 제한을 가하고 있다.

2) 유형

(1) 계약체결의 자유

계약체결의 자유란 계약을 체결할 것인가, 체결한다면 어떤 계약을 체결한 것인가, 누구하고 계약을 체결할 것인가 등을 본인 스스로 자유롭게 결정할 수 있는 것을 말한다. 따라서 계약체결의 자유에는 '상대방 선택의 자유'도 포함되는 개념이다.

또한 계약은 당사자의 의사표시인 '청약'과 '승낙'으로 성립하기 때문에 이 자유는 청약과 승낙의 자유도 포함하는 것이다. 그러므로 일방의 청약이 있는 경우 타당이 이의 승낙을 거절할 자유도 당연히 인정되는 것이다.

(2) 계약내용 결정의 자유

계약내용 결정의 자유란 계약체결의 당사자가 계약의 내용을 법이 허용하는 테두리 안에서 자유롭게 결정할 수 있는 것을 말한다. 이 자유는 일단 성립된 계약의 내용을 후에 당사자 합의로 변경하거나 보충할 수 있는 자유도 포함하는 개념이다.

유의할 것은 계약내용 결정의 자유는 계약체결의 자유를 전제로 한다는 것과 계약내용 결정의 자유는 계약체결 자유의 완전한 보장을 제한하는 요인이 될 수 있다는 점이다. 왜냐하면 강행법규나 선량한 풍속, 기타의 사회질서에 위반하는 사항을 내용으로 하는 당사자의 계약체결은 법에서 유효한 것으로 간주되지 않기 때문이다.

(3) 계약체결 방식의 자유

계약체결 방식의 자유란 계약을 성립시키는 본체는 바로 당사자의 합의가 중요한 것이므로 계약을 체결하는 일정한 방식이 별도로 필요하지 않다는 것을 말한다.

제2절 계약의 성립과 효력발생

1. 계약성립의 의의와 효력

1) 의의

일반적으로 대륙법계에서 계약(contract)은 의사표시인 청약과 승낙의 합치로 성립한다고 보고 있다. 그러므로 일당 당사자가 청약을 하고, 이에 대해 타방 당사자가 승낙을 하면 계약은 성립된다. 대륙법계에서는 약인(consideration, 約因)이라는 독특한 개념은 계약의 성립에서 핵심 요소가 되지 못한다.

이에 비해, 영미법계에서 계약은 법적으로 강제되는 당사자 간의 약속이나 합의를 말하며, 유효한 계약의 성립은 다음과 같은 핵심 요소들이 필요하다고 보고 있다.

첫째, 행위능력이 있는 당사자의 의사표시가 상호 합치되어야 한다.
상호 합치는 서로 대립하는 두 의사표시의 합치 즉, 일방의 당사자가 청약(offer)을 하고 상대방이 이를 승낙(acceptance)함으로써 이루어진다. 계약의 성립에서 청약과 승낙이라는 요소는 대륙법계와 영미법계 모두에서 필수사항이다.

다만, 청약만으로 계약이 성립되거나, 쌍방 당사자가 동일 내용의 청약을 하는 경우에도 계약은 성립된다. 전자는 '의사 실현에 의한 성립'이라고 부르는데 호텔방을 예약하는 행위가 대표적이다. 후자는 '교차청약에 의한 성립'이라고 부른다.

둘째, 계약의 성립에는 법적으로 유효한 약인이라는 독특한 요소를 필요로 하며, 합의가 법적 관계(legal relations)를 가진다는 사실을 당사자가 의도해야 한다.

셋째, 당사자는 행위능력(capacity to contract)이 있어야 하며, 계약의 내용이 위법하거나 공공질서에 어긋나는 경우에는 계약의 효력을 인정받지 못한다.

2) 효력

의사표시 합치로 계약이 성립되면 물품의 인도의무와 대금의 결제의무 이외에, 동시이행의 항변권(민법 제536조)과 위험부담(민법 제537조)의 문제들이 발생한다.

동시이행의 항변권이란 상대방이 그 채무이행을 제공할 때까지 자기의 채무이행을 거절할 수 있는 권리이다. 이 항변권은 공평의 원칙에 입각하여 모든 쌍무계약에서 발생한다. 왜냐하면 쌍무계약에서는 쌍방의 채무가 서로 대가관계에 있기 때문이다.

위험부담은 채무의 독립성과 쌍무계약의 관련성(nature of connection)이라는 두 성격의 조화를 꾀하려는 제도로 쌍무계약에서는 필연적으로 발생하는 문제이다.

2. 계약의 성립요건과 구별

1) 계약의 성립요건

계약은 청약과 승낙이라는 대립하는 의사표시가 서로 합치되어 성립된다. 따라서 계약의 성립요건은 두 개 이상의 의사표시가 서로 합치되어야 하는 것이다.

의사표시의 합치는 객관적 합치와 주관적 합치가 있다. 객관적 합치는 의사표시가 내용적으로 일치하는 것을 말하고, 주관적 합치는 의사표시의 상대방이 이에 일치하는 것을 말한다. 그런데 계약은 성립 즉시 효과를 발생시키는 것이 아니라 법이 정한 다음과 같은 요건들을 갖추게 될 때 비로소 효과를 발생하게 된다.

첫째, 계약을 체결하는 당사자들은 법적으로 무능력자가 아니어야 하며 행위능력 또는 계약능력을 가지고 있어야 한다.

둘째, 당사자들의 의사표시에는 하자가 없어야 한다. 즉, 법률적으로 불합의나 착오 등이 없어야 한다. 불합의(不合意)는 의사표시의 내용이 전면적으로 또는 부분적으로 불일치한 것을 말한다. 불합의가 있는 경우 계약은 성립하지 않는다.

불합의에는 의식적 불합의와 무의식적 불합의가 있다. 전자는 계약 당사자가 의사표시의 불일치를 알고 있는 경우이다. 예를 들어 청약의 수령자가 청약 자체를 거절하지 않으면서 수정 제안을 하는 경우이다. 후자는 계약 당사자의 쌍방이나 일방이 의사표시의 불일치를 의식하지 못하고 계약이 체결된 것으로 잘못 알고 있는 경우이다. 예를 들어 100달러의 매매대금에서 갑은 미국 달러로 을은 홍콩 달러로 생각한 경우이다.

착오(mistake)는 의사와 표시가 불일치하는 것을 표의자가 모르는 경우로, 표의자가 자신의 의사를 잘못 표시한 것을 말한다. 착오는 불합의와 달리, 1개의 의사표시만이 존재한다. 중요 부분에 착오가 있는 경우는 계약이 취소될 수 있다.

셋째, 정지조건(condition precedent)과 같이 계약 효력의 발생을 막는 사유가 없어야 한다. 정지조건이란 법률행위의 효력발생에 관한 조건으로 '합격하면 시계를 사주겠다.'라는 합의에서 '합격하면'이 정지조건이 된다.

2) 계약의 성립과 효력발생의 구별

계약의 성립과 효력발생은 구별되어야 한다. 계약의 유효와 무효는 계약의 성립을 전제로 하여 계약이 목적한 대로 효과가 발생하느냐 발생하지 않느냐의 문제이므로 계약이 불성립되면 이 문제는 발생하지 않는다. 따라서 계약의 성립요건과 효력발생의 요건은 별개의 문제이다. 왜냐하면 성립된 계약은 즉시 효과를 발생하는 것이 아니라 법이 정한 효력발생 요건들을 갖추게 될 때 비로소 효과가 발생하기 때문이다.

3. 계약의 효력발생 요건

계약이 유효한 법적 효과를 발생하려면 다음과 같은 요건들을 갖추어야 한다. 즉, 다음 요건 가운데 어느 하나라도 갖추지 못하면 그 계약은 효력이 발생하지 않는다.

1) 계약당사자의 행위능력

계약은 행위능력이 있는 당사자의 의사표시가 일치되어야 성립하므로 우선적으로 계약의 당사자는 행위능력을 가지고 있어야 한다.

2) 의사표시의 일치

계약이 성립되기 위해서는 계약 당사자의 의사표시가 일치되어야 한다. 의사표시의 일치가 없으면 이것은 '불합의'가 되어, 당사자가 합의가 있었다고 믿고 있더라도 계약은 성립되지 않는다. 계약이 성립하지 않으면 계약의 유효와 무효는 아예 문제 자체가 되지 않는다. 그런데 그러한 의사표시는 진정한 것이어야 한다.

따라서 착오, 부실표시, 강박(duress) 및 부당 위압에 의한 의사표시는 하자 있는 의사표시이므로 법률상 계약의 취소 요건이 된다.

3) 계약내용의 확정성

계약은 그 내용이 확정되어 있거나 확정할 수 있어야 한다. 따라서 계약내용이 확정되어 있지 않거나 해석을 통해 확정할 수도 없는 경우 그 계약은 무효가 된다.

4) 계약내용의 실현 가능성

계약의 내용은 실현 가능한 것이어야 한다. 그때와 그곳에 있어서의 사회적 경험법칙에 따라 실현이 '불가능'한 급부를 목적으로 하는 계약은 효력을 발생할 수 없다.

이때 불가능(impossibility)은 거래상의 통념에 따라 결정되는 것이지, 자연과학이나 기술적 의미에서 불가능을 의미하지 않는다. 또 계약이 성립되기 이전의 원시적 불가능을 말하는 것이지, 계약이 성립된 후의 후발적 불가능을 말하는 것도 아니다.

후발적 불가능은 채무불이행의 문제는 발생하지만 계약이 무효가 되지는 않는다.

5) 계약내용의 적법성과 사회적 타당성

계약은 적법하고 사회적 타당성이 있어야 한다. 따라서 강행법규에 반하는 내용이나 선량한 풍속, 기타 사회질서에 위반하는 사항을 내용으로 한 계약은 무효가 된다.

4. 계약의 성립시기

1) 대화자 간 통신수단에 의한 승낙

대화자 간 통신수단에 의한 승낙은 도달주의에 따라 그 의사표시가 도달한 때에 계약이 성립된다. 대화자 간 통신수단은 의사표시가 발신되면 그것을 요지하기까지 거의 시차가 발생하지 않는 통신수단을 말한다. 전화나 전자메일 등이 대표적이다.

2) 격지지 간 통신수단에 의한 승낙

격지자 간 통신수단에 의한 승낙은 그 의사표시를 상대방에게 통지 혹은 발신한 때 계약이 성립된다. 격지자 통신수단은 의사표시가 발신되면 그것을 요지하기까지 시차가 발생하는 통신수단을 말한다. 우편이나 전보 등이 대표적이다.

3) 교차청약

교차청약(cross offer)은 복수의 당사자가 반대방향으로 계약의 본질적 요소인 합치되는 의사표시를 한 것이다. 그러므로 교차된 두 개의 청약에 의해 계약의 성립을 인정하여도 계약 당사자에게 불리한 결과가 되지 않는다. 따라서 청약 내용이 완전하게 일치하는 경우에는 양쪽의 청약이 상대방에게 도달한 때에 계약이 성립된다(민법 제533조).

4) 의사실현

청약자의 의사표시나 관습에 의해 승낙의 통지가 필요하지 않은 경우, 승낙의 의사표시로 인정되는 사실이 있는 때에 계약은 성립된다.

의사실현은 청약에 대해 승낙의 뜻을 표시한 것은 아니지만 승낙의 뜻이 있다고 추측되는 행위를 말한다. 팔려고 보내온 물건을 상대방이 소비한 것이 대표적이다.

5. 계약성립상의 과실책임

계약성립상의 과실책임이란 계약체결 과정에서 당사자 일방이 그에게 책임 있는 사유로 상대방에게 손해를 줄 때에 부담해야 할 배상책임을 말한다. 즉, 목적이 불가능한 계약을 체결했을 경우 그 불가능을 알았거나 알 수 있었을 자에게 상대방이 그 계약의 유효를 믿었기 때문에 받은 손해(신뢰이익)의 배상을 청구하는 것을 말한다.

계약성립상의 과실책임은 목적이 불가능한 계약을 체결하였을 때 발생하며, 계약을 체결할 때 가해자가 그 불능을 알았거나 알 수 있었어야 한다(민법 제535조).

제3절 계약의 위반과 구제 및 면책

1. 계약의 위반

계약의 위반(breach of contract)이란 고의나 과실 등 채무자의 귀책사유로 인해 이행기까지 채무의 이행이 이루어지지 않았거나 잘못 이행된 것을 말한다.

계약의 위반은 주로 영미법에서 사용되는 용어로, 이것은 계약의 불이행을 의미한다. 즉, 채무자가 계약상의 채무를 이행하지 않는 것을 말한다.

이와 동일한 개념으로 대륙법계에서는 '채무불이행'이라는 개념을 사용하고 있다.

채무불이행은 위법행위를 구성하며 손해배상 청구권을 발생시킨다. 따라서 계약을 위반하면 채무불이행이 되며 상대방의 손해배상청구에 책임을 져야 한다.

2. 계약의 구제

계약의 구제(remedy of contract)란 계약위반으로 인해 당사자의 일정한 권리가 침해당한 경우 그러한 침해를 시정하거나 보상받는 것을 말한다.

계약위반의 구제방법으로는 각국의 법률이나 국제협약에 따라 다양한 방법들이 있다. 보통 계약이행 청구권, 추가 이행기간 설정권, 계약해제, 손해배상 청구권 등이 인정되고 있다. 이 중에서 손해배상 청구권과 계약해제권은 매도인과 매수인이 계약위반에 대해 각각 상대방에게 행사할 수 있는 가장 대표적인 권리구제수단이다.

3. 계약의 면책

계약의 면책(exemption of contract)이란 계약상의 책임을 면하는 것을 말한다.

계약 당사자들이 계약체결 시 예견하지 못한 사유 때문에 정상적인 계약이행에 장애가 발생하거나 불가능함에도 불구하고 계약이행의 원칙만을 고집한다면 당사자 중 일방은 예측이 불가능한 사건으로 인해 막대한 손해를 입게 되고 이는 계약적 정의라는 관점에서 문제를 야기할 수도 있다. 반대로, 이 경우 당사자의 불이행에 대한 책임의 면제를 무제한적으로 허용하면 거래의 안전성은 크게 위협받게 될 수 있다.

이렇게 정상적인 이행을 방해하는 사건들로 인하여 계약이행이 심히 곤란하게 되거나 아예 불가능하게 되어 어느 당사자가 계약상 의무를 다하지 못한 경우, 그에 대한 책임 여부를 다루는 것이 계약의 면책이다.

제4절 계약의 종료

1. 계약의 무효와 해제

1) 계약의 무효

(1) 의의

무효(invalidity)는 계약은 성립되었으나 효력의 발생요건을 충족하지 못하여 법률행위가 성립된 때부터 당사자가 의도한 법률상 효력이 전혀 발생하지 않는 것을 말한다.

무효가 되면 모든 법률관계는 그 법률관계가 형성되기 이전의 상태로 원상 복귀된다. 그러므로 무효는 소급적 효력이 발생한다.

계약관계에서 어떤 심각한 문제가 발생한 경우 '이 계약은 무효다.'라는 표현을 흔히 사용하고 있지만, 이미 성립된 계약을 무효로 하는 것은 쉬운 문제가 아니다.

(2) 취소와의 구별

계약의 무효는 법률상의 효과를 처음부터 발생시키지 않는다는 점에서, 일단 계약의 효력은 발생하였다가 처음으로 돌아가 효력이 없었던 것으로 간주되는 '계약의 취소'와 구별되는 개념이다.

즉, 계약의 무효는 계약이 처음부터 당연히 무효인 것에 비해, 계약의 취소는 당사자가 취소권을 행사하지 않는 한, 계약의 효력은 계속 유효하다는 점에서 차이가 있다.

(3) 무효의 사유

계약이 무효가 되는 대표적인 사유로는 다음과 같은 것들이 있다.

첫째, 위법계약(illegal contracts)은 법에 위반되는 행위의 실행을 계약의 내용으로 하는 것을 말한다. 이것은 계약 당초부터 위법인 계약과 단순히 위법적으로 계약이 이행된 경우로 구분된다. 전자의 경우, 계약은 전적으로 무효가 된다. 그런데 후자의 경우는 위법의 정도에 따라 판단해야 하는데, 만약 위법성이 계약의 핵심과 관련되었다면 선의의 피해 당사자는 계약에 의한 구제를 받을 수 있다.

둘째, 당사자의 무능으로 인해 당사자 중 일방이 계약 내용에 대한 자격을 박탈당한다든지 계약 내용을 실행할 수 없는 상황이 되면 그 계약은 무효가 된다.

셋째, 계약의 무효는 반사회질서의 계약, 불공정한 계약, 강행법규를 위반한 계약, 진의가 없거나 허위의 의사표시로 성립된 경우에도 발생한다.

2) 계약의 해제

(1) 의의

계약의 해제(termination, 解除)는 이미 성립된 계약의 효력을 소급적으로 소멸시켜 처음부터 그 계약을 하지 않은 것과 동일한 법적 효과를 발생시키는 것을 말한다.

즉, 유효하게 성립하고 있는 계약의 효력을 당사자 일방의 의사표시에 의해 처음부터 없었던 것과 같은 상태로 되돌아가게 하는 것이 계약의 해제이다(민법 제543조).

따라서 계약해제의 효과는 계약의 해지와 달리, 처음부터 그 계약을 하지 않은 상태 또는 계약이 존재하지 않은 상태로 돌아가게 한다(민법 제548조).

계약의 해제는 계약 당사자 간에 미리 정해 놓은 해제 사유가 실제로 발생한 경우(약정 해제권), 채무불이행으로 인하여 이행지체(민법 제544조)가 발생한 경우, 그리고 이행불능(민법 제546조) 등을 비롯하여 법에서 해제 사유를 규정하고 있는 경우(법정 해제권)에 행사될 수 있다. 즉, 계약의 해제는 원칙적으로 당사자의 합의나 법정(法定) 해제 사유가 발생해야만 가능하다.

소송 과정에서는 계약의 무효나 취소보다는 계약의 해제가 상대적으로 입증이 용이하다. 왜냐하면 약정 해제권 사유의 발생 등 계약해제권의 발생 사실은 비교적 명확한 경우가 많기 때문이다.

(2) 효과

계약이 해제되면 계약으로부터 발생한 채권과 채무가 아직 이행되지 않은 경우에는 그 채권과 채무관계는 소멸되고 당사자는 그 이행을 청구할 수 없게 된다.

그런데 이미 이행된 이후라면 그 이행은 채권과 채무관계가 없는 것임에도 불구하고 이행한 것이기 때문에 서로 반환해야 한다.

(3) 취소 및 해지의 구별

계약의 해제는 이미 성립한 계약에서 당사자 일방이 자신의 의무를 불이행한 경우, 그 의무 불이행을 이유로 상대방이 해제권을 행사하여 당초로 소급하여 그 계약의 효력을 원천적으로 제거하는 것이다. 이와 같이 계약의 해제 여부는 상대방의 의무 불이행을 전제로 하는 것이지만, 계약의 취소 여부는 의무 불이행을 전제로 하지 않고 법률의 취소 요건에 충족되는가에 따라 결정된다.

또한 계약이 해제되면 그 계약이 소급하여 효력을 잃게 되지만, 계약의 해지는 소급 효과는 발생하지 않고 오직 장래에 대하여만 효력을 잃게 된다.

2. 계약의 소멸

계약의 소멸(discharge)은 당사자 사이에 체결되었던 계약에 따른 권리와 의무관계가 모두 종료되는 것을 말한다.

계약이 소멸에는 계약의 고유의 성질이나 법률적 규정에 따라 특정의 사실이 발생함으로써 당사자의 의사표시를 기다리지 않고 당연히 그 시점에서 계약이 종료되는 경우와 당사자 일방의 의사표시에 의해 종료되는 경우가 있다.

전자를 실효(losing)라고 부르고 후자를 해지(cancellation, 解止)라고 부른다.

1) 계약의 해지

(1) 의의

계약이 유효하게 성립되려면 계약의 법적 요건들이 모두 충족되어야 하고 성립된 계약은 합의된 내용대로 당사자가 성실하게 이행해야 한다. 그러나 계약이 진행되는 도중에 계약을 파기해야 할 상황이 발생하거나 계약의 내용대로 이행할 수 없는 경우가 발생하는 경우도 있다.

이러한 경우 남은 계약기간에 대해 계약 효력을 중지시킬 필요가 있다. 이와 같이 계약에서 장래에 대해서 계약의 효력을 소멸시킬 필요성이 발생하게 되는 경우에 당사자가 행하는 계약 소멸의 의사표시를 '해지'라고 부른다.

계약의 해지는 현재까지의 계약은 유효하지만, 장래는 효력을 상실하게 하는 것이다. 계약이 해지되면 지금까지 진행되어 왔던 당사자 사이의 계약은 유효하지만, 장래의 남은 기간에 대한 계약은 그 효력을 잃게 된다. 계약의 해지는 임대차 계약과 고용계약 등 계속적 효력이 있는 계약에서 주로 발생한다.

(2) 해지와 해제의 구별

계약의 해지와 해제를 구별하는 근본적인 차이점은 그 효과에 있다. 해지는 이미 성립한 계약을 오직 장래에 향하여 그 계약의 효력을 제거하는 것인데 반해, 해제는 계약의 효력을 소급적으로 소멸시키는 것이다.

즉, 해지와 해제와의 근본적인 차이는 그 해제권의 행사로 인해 그 효력이 당초로 소급하는가, 아니면 그때까지는 유효하고 장래에 향하여만 효력이 없어지는가이다.

해지가 있으면 계약에 기한 법률관계는 해지의 효력이 발생하기 이전에서는 그 효력을 보유하고 이미 행하여진 급부는 반환하지 않아도 된다.

그런데 해제가 있으면 당초로 소급하여 그 계약의 효력은 원천적으로 제거된다.

해지는 계속적 계약의 효력을 장래에 향하여 소멸시키는 행위이므로 계속적 계약에서만 문제가 된다. 해지가 있으면 계약은 장래에 대하여 효력을 잃지만, 해제와 같이 소급하여 무효가 되지는 않는다. 계약이 해지되면 계약관계의 청산 의무가 존재하기 때문에 손해가 있으면 계약을 해지하는 동시에 손해배상도 청구할 수 있다.

2) 계약의 취소

(1) 의의

계약의 취소(revocation)는 성립된 계약에 법률이 정한 취소의 원인이 존재하여 취소권자의 의사표시로 그 계약이 처음부터 없었던 것으로 되는 것을 말한다.

(2) 취소의 사유와 방법

계약의 취소는 유효한 행위를 일방 당사자의 의사에 따라 없던 것으로 돌리는 것이기 때문에 상대편 당사자나 제3자의 이해관계를 위태롭게 할 수 있다.

따라서 법에서는 계약을 취소할 수 있는 사유들을 엄격하게 제한하고 있다.

민법이 규정하고 있는 계약의 취소 사유로는 미성년자, 한정치산자, 금치산자와 같이 의사표시 당사자에게 문제가 발생한 계약의 경우, 사실의 착오(mistake of fact)에 의한 의사표시(민법 제109조)나 부실표시, 사기·강박에 의한 계약체결(민법 제110조) 등 의사표시 과정에서 문제가 있는 경우이다.

부실표시는 진실하지 않은 사실을 표시하는 것인데, 계약과 관련된 의사표시가 진실하지 않은 것이라면 그것이 악의적인가 선의인가를 불문하고 부실표시로 간주된다.

계약을 취소하는 방법은 해당 법률행위의 효과를 부인한다는 의사를 표시하면 되기 때문에 다른 특별한 형식은 필요하지 않다.

(3) 취소의 효과와 구별

계약의 취소는 일단 유효하게 성립한 계약을 법률의 취소 요건에 따라 계약을 성립한 시점으로 소급하여 소멸시키는 효력이 있다.

계약이 취소되면 무효와 같이 소급적으로 법률관계가 소멸되어 그 행위가 처음부터 무효가 되지만, 취소 이전까지의 법률 효과는 유효하게 인정된다.

계약의 취소는 법률행위의 효력을 소급적으로 소멸시킨다는 점에서 계약의 해제와 유사하다. 그러나 계약의 취소사유는 법률 규정에 의해 인정되는 것이지, 당사자 사이의 계약에 의해 발생하지 않는다는 점에서 계약의 해제와 차이가 있다.

제 2 장

무역계약의 개요와 법적 성질

제1절 무역계약의 의의와 종류

1. 무역계약의 의의와 범위

1) 의의

무역은 국제적(international)인 상거래 활동이기 때문에 좁은 의미에서의 무역은 물품의 국제적 이동인 수출과 수입을 지칭한다.

그러한 의미에서 무역계약(trade contract, contracts for the international sale of goods)은 '수출입거래와 관련하여 체결되는 계약'으로 서로 상이한 국가에 영업소를 둔 당사자 사이의 물품매매계약을 의미한다.

즉, 무역계약은 국경이 다른 매도인은 매수인에게 특정물품의 소유권을 이전할 것을 약정하고, 매수인은 이에 대해 대금을 지급할 것을 약정하는 국제간의 물품매매계약을 말한다. 무역계약의 핵심을 이루는 내용은 매도인이 매수인에게 계약상품의 인도할 것을 약속하고 매수인은 그 대가로 대금을 지급할 것을 약정하는 것이다. 무역계약은 매도인 측에서는 수출계약이 되고 매수인 측에서는 수입계약이 된다.

2) 범위

무역계약은 좁은 의미에서는 상이한 관세영역에 존재하는 국가들 사이에 물품이 국제적으로 이동하는 '국제물품매매계약'을 의미한다.

그러나 넓은 의미에서는 국제합작투자계약, 국제대리점계약, 국제라이선스계약 그리고 플랜트(plant) 수출계약 등도 모두 무역계약의 범위에 포함된다. 그런데 이러한 계약들은 무역계약 전체에서 보면 극히 작은 분야를 점하고 있다. 따라서 무역계약은 법적으로 매매계약의 형태를 취하고 있는 국제물품매매계약이 대부분을 차지하고 있다.

2. 무역계약의 종류

1) 계약형태별 종류

(1) 국제물품매매계약

국제물품매매계약(international sale contract)은 매도인이 매수인에게 물품의 소유권을 이전할 것을 약정하고 매수인은 그 반대급부로 대금을 지급할 것을 약정하는 국제간의 물품매매계약을 말한다. 이것이 무역계약의 대부분을 차지하고 있다.

(2) 국제대리점계약

국제대리점계약(international agency agreement)은 상품 등의 매도와 매수에 있어 대리점계약을 통해 그 판매와 구매가 국제적으로 이루어지는 계약을 말한다.

이 경우 대리점(agent)은 본인(principal)으로부터 판매권 및 구매권을 위임받아 판매나 구매의 중개나 대리 업무를 수행하며 이에 따른 일정한 수수료를 수취한다.

국제대리점계약은 독점판매 대리점계약과 반독점판매 대리점계약으로 구분된다.

(3) 국제판매점계약

국제판매점계약(international distributorship agreement)은 상품 공급자(수출자)가 해외 판매점(distributor)에게 일정기간 동안 상품의 판매권을 부여하고, 해외 판매점은 그 상품을 구매(수입)하여 관리하면서 고객들에게 자기 명의로 판매하는 계약을 말한다. 국제판매점은 자신의 위험과 비용으로 구매하여 판매함으로써 이윤을 얻는데 반해, 국제대리점은 계약에 따라 물품을 판매하고 그로부터 수수료를 수취한다.

또한 국제판매점은 물품에 대한 클레임을 본인(principal)에게 전가시킬 수 없고 자신이 책임져야 하는데 반해, 국제대리점은 전가가 가능하다.

(4) 플랜트 수출계약

플랜트 수출계약(plant export contract)은 해외에서 제품의 생산이나 개발계획을 실행하는데 필요한 자재와 건설, 시공 등의 산업기술을 수출하는 계약을 말한다.

(5) 국제합작투자계약

국제합작투자계약(joint investment agreement)은 국적이 상이한 둘 이상의 법인(투자자)들이 특정 사업의 공동 수행을 위해 회사를 설립하고, 해당 회사를 통한 손익을 함께 향유하는 것을 목적으로 하는 국제간의 계약을 말한다.

(6) 국제기술이전계약

국제기술이전계약(contract for technology transfer)은 특정 기업(licensor)이 보유하고 있는 특허, 상표, 디자인, 노하우, 기술 등과 같은 지적재산을 외국에 있는 다른 기업(licensee)들이 사용할 수 있도록 허가해 주는 대신, 그로부터 일정한 대가를 지급받기로 계약을 체결하여 해외로 진출하는 경영방식을 말한다.

Licensor는 라이선스(또는 라이센스)를 제공하는 자를 말하며 Licensee는 권리를 대여받는 자로 라이선스를 도입하는 자를 말한다. 라이선시는 라이선싱 계약을 통해 특정 제품을 생산, 사용, 판매, 전시할 수 있고 그 보상으로 로열티(royalty)를 지급한다.

국제기술이전계약의 가장 대표적인 형태가 국제라이선싱계약이기 때문에 넓은 의미에서는 서로 동의어로 사용되기도 한다.

(7) 국제프랜차이징계약

국제프랜차이징계약(international franchising contract)은 특정 기업이 보유하고 있는 상표나 상호의 사용권을 타 기업에게 부여하고 추가로 원료, 부분품 또는 서비스 등 최종 제품의 중요한 성분을 계속 일괄 공급하거나 판매하는 방식을 말한다.

이 계약에서 특정국의 가맹점(franchisee)은 영업본부(본사)의 상표와 상호, 영업방식을 사용하여 제품과 서비스를 판매할 수 있는 권리를 가지는 동시에, 이러한 권리에 대한 대가(로열티)를 가맹 본사에 지급해야 하는 의무를 부담한다.

국제프랜차이징계약은 국제라이선싱계약의 한 형태이다. 그러나 전자는 주로 기술의 권리나 노하우를 대상으로 하는 반면, 후자는 주로 상호나 상표 등에 대한 사용 허가 외에도 점포 내 진열, 대고객 서비스 기법 등 마케팅 노하우를 계약대상으로 한다.

(8) 위탁판매계약

위탁판매계약(consignment agreement)은 기업이 물품을 무환(no-draft)으로 수출하여 그 물품이 판매된 범위 내에서 대금을 결제받는 방식의 계약을 말한다.

이 방식은 새로운 시장의 개척이나 신규 상품을 수출하는 경우에 주로 이용된다.

이 방식에서 위탁자는 불확실한 시장에 진입하는 수출의 초기단계에서 중개상을 통해 거래하면 안전하게 수출할 수 있으며, 수탁자는 수입에 따른 자금이나 위험부담이 없이 물품을 수입할 수 있다. 이 방식에서는 물품이 이동되더라도 그 소유권은 당연히 위탁자에게 있고 판매하고 남은 물품은 위탁자에게 반환해야 한다.

이 방식에서 수탁자인 수입자는 계약조건에 따라 해당 물품을 판매하고 그 판매대금 중에서 경비나 수수료 등을 공제한 금액을 위탁자에게 송금해야 한다.

2) 국제물품매매계약의 종류

(1) 개별계약

개별계약(case by case contract)은 매 거래마다 매도인과 매수인 사이에 어떤 품목에 대한 계약이 성립되면 해당 계약서가 작성되고 거래가 종결되면 그 계약도 종료되는 방식이다. Sales Contract나 Purchase Order가 이 범주에 해당한다.

(2) 포괄계약

포괄계약(master contract) 또는 장기계약은 당사자 사이에 상호 장기간 동안 거래를 하였거나 동일 물품을 계속적으로 거래할 때는 매 거래마다 개별적으로 계약하는 것이 피차간에 불편하므로 먼저 연간 또는 장기간 기준으로 포괄적으로 계약을 체결하고, 세부적인 사항은 그때그때 오퍼(offer)나 오더(order)로 확정하는 방식이다.

포괄계약에서는 포괄적인 거래조건들을 협의한 후 그 내용을 문서화하여 교환하게 된다. 이것을 일반거래조건협정서(Agreement on General Terms and Conditions of Business 또는 Memorandum)라고 부른다.

이 협정서는 매 거래마다 여러 조건들을 재확인하거나 다시 계약하는 번거로움을 회피하고 책임소재도 분명히 해 주는 역할을 한다.

(3) 독점계약

독점계약(exclusive contract)은 어떤 특정 품목의 거래에서 수출자는 수입국의 지정 수입자 외에는 동일 품목을 Offer하지 않고, 수입자 역시 수출국의 다른 수출자로부터는 동일 품목을 취급하지 않겠다는 조건으로 체결되는 계약방식이다.

독점계약에서 수출자는 보통 ① 상대적으로 저렴한 가격으로 오퍼하고 ② 동일한 품목을 수입자가 소재하는 다른 업자에게 Offer하지 않아야 하며 ③ 다른 회사의 이름이나 제3자를 통해 수입자 소재지의 시장을 침투하지 않아야 하고 ④ 해당 품목의 품질도 보장해 주어야 하는 역할을 담당한다.

이에 대해 수입자는 보통 ① 물품을 최대한으로 판매해야 하고 ② 가능한 한 가장 높은 가격을 받으며 ③ 수출자 이외의 타 업체의 물품을 취급하지 않고 ④ 일정한 기간 동안 최소한의 판매를 보장해야 하는 역할을 담당한다.

이 경우 수입자는 병행수입(gray import)에 대한 대비책으로, 추후 병행수입으로 인해 다른 수입자가 해당 물품을 수입하여 국내에 유통시킬 때 기존 계약에서 가격 조건 등을 변경할 수 있다는 것을 계약서에 삽입시키는 것이 바람직하다.

제2절 무역계약의 대상과 특성

1. 무역계약의 대상

좁은 의미에서 무역계약의 대상은 국제적으로 이동하는 상품의 수출과 수입만을 의미한다. 그러나 넓은 의미에서 무역계약은 상품 이외에 용역, 기술, 자본 등의 생산요소가 국제적으로 이동하는 거래들을 대상으로 하고 있다.

1) 상품

상품(goods)은 오늘날 무역계약의 대부분을 차지하는 것으로 눈에 보이는 무역 또는 유형무역(visible trade)이라고도 한다.

전통적인 무역에서는 유형 재화(상품)의 수출입이 주종을 이루었으나 최근에는 음악, 영화, 소프트웨어와 같은 무형재화도 디지털 제품(digital goods)의 형태로 수출입이 활발하게 이루어지고 있다.

2) 용역

용역(services)은 상대방에 대한 노무나 서비스를 제공하는 것을 말한다. 상품 수출에 수반하여 발생하는 운송과 보험서비스 거래가 대표적인 용역거래이다.

이것을 무형무역(invisible trade) 또는 무역외거래라고도 한다. 최근 무역계약의 대상으로 국제서비스계약의 비중이 점차 증가되고 있다.

3) 기술

기술(technologies)은 과학이론을 실제로 적용하여 사물을 인간생활에 유용하도록 가공하는 수단 혹은 사물을 잘 다룰 수 있는 방법이나 능력을 말한다.

무역계약의 대상이 되는 기술은 노하우(know-how), 특허권(patent license), 상표권(design license), 기술용역계약, 저작권(copyright) 등을 의미한다.

매매나 임대차 등을 통해 이를 도입하고자 하는 자와 이전시키고자 하는 자 사이에 이루어지는 국제기술이전계약과 국제라이선스계약 등이 대표적인 기술거래이다.

4) 자본

자본(capitals)은 상품이나 서비스의 생산에 사용되는 자산을 말한다. 외국에 대한 자본의 대여나 투자가 주요 내용이며 차관계약(loan agreement)이 대표적이다.

2. 무역계약의 특성

1) 영미법 원칙의 적용

무역거래는 전통적으로 영미법계 국가들이 주도하여 왔기 때문에 무역계약은 영미법의 여러 원칙들이 적용된다. 게다가 무역계약의 대부분은 영문으로 작성되며 이들 국가에서 정형화한 계약서들이 널리 사용되고 있다.

2) 당사자 자치 원칙의 적용

당사자 자치의 원칙은 계약에 적용되어야 하는 준거법을 당사자가 직접 선택할 수 있는 원칙을 말한다. 계약의 준거법을 결정하는데 보편적으로 이 원칙이 적용되고 있다. 무역계약에서 당사자들은 계약의 준거법을 자유롭게 합의하여 결정할 수 있다.

3) 국가의 개입과 제한

무역계약은 계약의 성립이나 그 이행 등이 둘 이상의 주권 국가와 관련되어 있다.

따라서 서로 자국 국민의 권익이나 자국의 이익을 보호하려고 각종 정책수단을 통해 국가가 무역행위에 개입한다. 또한 대외무역법 등 주권 국가의 국익 보호와 관련하여 제정된 법규들의 적용을 통해 수출입 행위와 무역계약에 제한을 가하게 된다.

4) 통일규칙과 국제협약의 제정과 적용

무역계약에 적용되는 법은 아직 통일되어 있지 않다. 또한 자국법 이외의 법을 준거법으로 채택되면 상대방 당사자는 그 법을 잘 알지 못하게 된다.

따라서 무역계약의 당사자들은 법 적용의 불확실성에 항상 노출되어 있다. 이를 극복하고자 국제상업회의소나 유엔 등이 무역계약에 통일적으로 적용되는 통일규칙이나 국제협약들을 제정하였고 당사자들은 이를 무역계약에 적용시키고 있다. 대표적인 것이 인코텀즈(INCOTRERMS)와 신용장통일규칙(UCP) 및 비엔나협약(CISG)이다.

5) 서면계약 작성의 일반화

대륙법이나 영미법계 모두 유효한 계약이 되기 위한 요건으로 어떤 특정한 형식을 요하거나 서면계약(written contract)을 반드시 요구하고 있지는 않다.

그러나 현재 무역계약의 대부분은 아무리 간단한 것이라 하더라도 계약 내용의 확실성 담보와 후일의 분쟁 예방을 위해 서면으로 작성하는 것이 일반적이다.

제3절 무역계약의 특징과 법적 성질

1. 무역계약의 특징

물품매매계약은 국내계약과 국제계약(즉, 무역계약)으로 분류할 수 있다. 국내계약과 무역계약 모두 매도인은 약정 물품의 인도를 약속하고 매수인은 그 대가로서 대금지급을 약속한다는 점에서는 아무런 차이가 없다. 그러나 무역계약은 국제성과 원격성으로 인해 국내계약과 다른 다음과 같은 특징들을 가지고 있다.

1) 정형화된 무역조건의 사용

무역계약은 국가마다 언어, 상관습, 제도 등이 서로 상이하고, 시간과 공간적으로 원격성이 존재하며 상이한 주권국가에 속하는 당사자 사이에 일어나는 계약이다.

따라서 당사자들은 자신의 상관습을 중요시하는 경향이 있으므로 의무이행 등과 관련하여 분쟁이 발생하였을 때에는 준거법의 문제가 발생하게 된다. 그러므로 무역계약에서는 명시계약을 보완하기 위해 상관습을 정형화한 무역조건을 사용하고 있다.

2) 선물매매가 주종

무역계약은 이동 가능한 가동재, 즉 유체동산인 '물품'을 매매의 대상으로 하여 매매계약의 형태로 이행된다. 일반적으로 무역계약의 대상이 될 수 있는 물품에는 계약을 체결할 때 실제로 존재하는 현물(existing goods)과 계약이 체결된 이후에 제조나 획득되는 선물(future goods)이 있다. 그러나 무역계약의 대부분은 선물거래이다.

3) 주계약과 종속계약의 적용

무역계약의 내용은 우선 목적물에 대한 품질, 수량, 가격이 중심적인 조건이 되며, 그다음에 물품인도에 대한 선적, 보험, 대금결제 등이 부수적인 조건이 된다.

또한 무역계약의 이행에는 제조업자, 금융업자, 운송 및 보험업자 등 여러 당사자들도 필연적으로 개입되기 때문에 무역계약은 매매계약을 주계약(main contract)으로 하고 운송계약, 보험계약, 신용장계약, 환계약 등을 종속계약으로 하여 이행된다.

4) 쌍방 의무의 발생

무역계약의 이행은 매도인의 물품인도가 기본이 된다. 또한 별도의 약정이 없는 한, 매도인의 물품인도에 의해 그 소유권과 위험부담이 매수인에게 이전하게 된다.

그리고 계약의 체결을 통해 매수인에게는 대금지급의 의무가 발생하게 된다.

2. 무역계약의 법적 성질

1) 낙성계약

무역계약은 법적으로 일방 당사자의 청약(offer)이나 주문(order)에 대해 상대방의 승낙이나 주문승낙으로 성립되는 낙성계약(consensual contract)이다.

따라서 물리적으로 소유권을 이전하거나 문서를 작성하여 교부하지 않아도 당사자의 합의만 있으면 계약은 유효하게 성립된다. 그러나 실무에서는 후일의 분쟁 예방을 위해 문서로 작성하여 계약 내용을 확인하고 있는 것이 일반적이다.

2) 쌍무계약

무역계약은 쌍방이 채무를 부담하는 쌍무계약(bilateral contract)이다. 즉, 매도인은 물품인도 의무를 부담하고 매수인은 대금지급 의무를 부담한다.

3) 유상계약

무역계약은 당사자가 서로 대가적 관계에 있는 의무를 이행할 것을 목적으로 성립되는 유상계약(remunerative contract)이다. 이것은 무역계약은 물품의 인도에 대한 대금결제의 지급이 맞물려 계약상의 의무가 이행된다는 것을 의미한다.

4) 불요식계약

무역계약은 형식에 어떤 요건도 필요 없는 불요식계약(informal contract)이다.

따라서 구두, 서면, 일부 구두, 일부 서면 등 어떠한 계약방식으로도 가능하며 서면계약서 없이 구두, 전자메일, 팩스만으로도 계약의 성립이 가능하다. 그러나 분쟁의 발생을 예방하기 위해 서면으로 계약서를 작성하는 것이 일반적이다.

5) 유인계약

무역계약은 계약에서 발생하는 채무가 그 원인 사실과 결부되어 그 사실이 없다면 채무도 성립하지 않는다는 유인계약(causal contract)이다. 이것은 매도인의 물품인도 의무와 매수인의 대금결제 의무가 맞물려 이루어지기 때문이다.

6) 국제계약

무역계약은 이국 간에 주된 영업소를 두고 있는 당사자가 체결하는 계약이기 때문에 국제계약(international contract)의 성질을 가진다.

제4절 무역계약의 주계약과 종속계약

1. 무역계약의 주계약

1) 의의

무역거래에서 주계약(main contract)이란 무역계약에서 기본이 되는 중심적인 내용을 말한다. 주계약은 매도인과 매수인 사이에 체결되는 국제물품매매계약이다. 이는 매도인 측에서 보면 수출계약(export contract)이 되는 것이고 매수인 측에서 보면 수입계약(import contract)이 되는 것이다.

2) 주요 내용

매도인과 매수인 사이에 체결되는 주계약의 주요 내용은 ① 품질조건 ② 수량조건 ③ 가격조건 ④ 선적조건 ⑤ 결제조건 ⑥ 보험조건 ⑦ 포장 및 하인조건 ⑧ 분쟁해결조건 등이다. 이외에도 불가항력조건과 준거법조건 등이 포함될 수 있다.

2. 무역계약의 종속계약

1) 의의

무역계약은 물품에 대한 국제매매계약으로 당사자의 의사 합의에 의한 법률행위이다. 무역계약이 원만히 이행되기 위해서는 우선적으로 매도인과 매수인의 매매계약이 체결되어야 하는데 이 매매계약(contracts for sale of goods)이 물품의 수출입거래에서 가장 기본적이고 중심적인 주계약이 된다.

그러나 무역거래는 격지자 간의 거래이며 이것이 원만히 이행되려면 기본적인 매매계약 이외에도 운송계약, 보험계약, 환계약(특히 신용장 계약) 및 기타의 개별계약 등 주 계약을 뒷받침하는 종속계약이 반드시 필요하다. 이러한 종속계약들은 주 계약을 지원하는 역할을 담당하지만 그 자체가 주계약인 매매계약과는 별개의 독립된 계약관계를 당사자 사이에 형성하게 된다.

2) 운송계약

매도인은 매수인에게 물품을 인도하는 것이 가장 중요한 의무이다. 그런데 무역거래는 격지자 간의 매매거래이므로 물품이 매도인으로부터 이동하여 매수인에게 도달하기 위해서는 전문운송인(common carrier)과의 운송계약이 반드시 필요하다.

운송계약(contract of carriage)은 운송방식에 따라 해상, 육상, 항공, 복합운송계약으로 구분된다. 운송방식의 선택, 운송계약의 체결 당사자, 운임의 부담자, 운임의 지급시기 등 운송계약의 주요 내용은 당사자 사이에 별도의 합의가 없는 한, 매매계약에 나타나 있는 무역조건(trade terms)에 따라 결정된다.

따라서 인코텀즈 상의 FCA, FOB, FCA계약에서는 매수인이 운송계약을 체결하고 CFR, CIF, CPT, CIP계약에서는 매도인이 운송계약을 체결한다.

3) 보험계약

무역화물의 운송 중에 발생하는 여러 가지 위험으로부터 보호받기 위해서는 보험계약(contract of insurance)의 체결이 필요하다. 그런데 당사자 중에서 누가 보험계약을 체결하고 누가 보험료를 납부해야 하는 문제가 발생하게 된다.

무역관행에서는 별도의 약정이 없는 한, 운송계약과 같이 보험계약의 체결 당사자나 보험료 부담자 등은 매매계약에 나타나 있는 무역조건에 따라 결정된다.

인코텀즈상의 FCA, FAS, FOB, CFR, CPT계약에서는 매수인이 보험계약을 체결하고 보험료를 부담하므로 매도인에게 부보 의무가 없지만, CIF나 CIP계약에서는 매도인이 매수인을 위해 보험계약을 체결하고 보험료를 납부해야 할 의무가 있다.

4) 환계약과 신용장계약

매도인의 제1의무인 약정 물품의 인도에 대해 매수인이 부담해야 하는 가장 중요한 의무는 약정대금의 지급에 관한 의무이다.

그런데 무역계약에서 대금결제는 현금의 이동보다는 금융기관인 은행을 통해 환어음 등에 운송서류를 첨부하여 추심이나 매입받는 방법을 통해 이루어지고 있다.

일반적으로 많이 사용되는 것은 신용장(L/C)에 환어음을 첨부하는 결제방식이다. 이 방식에서 매도인은 신용장과 함께 물품대금을 회수하기 위하여 화환어음을 준비하여 이를 은행에 취결(就結)을 한다. 화환어음은 환어음에 선적서류가 첨부된 것으로 D/A와 D/P계약 및 신용장계약이 있다.

환계약은 매도인이 환어음을 매입할 것을 약정하는 매도인과 매입은행과의 환거래계약인데 반해, 신용장계약은 매수인(발행의뢰인)과 발행은행과의 계약관계이다.

5) 기타의 개별계약

여기에는 수출국에서 매도인과 물품의 공급자(maker) 사이에 체결되는 수출대행계약과 수입국에서 매수인과 수입 의뢰인 사이에 체결되는 수입대행계약 등이 있다.

제 3 장

무역계약의 당사자와 준거법규

제1절 무역계약의 당사자

1. 일반 당사자

1) 법인인 당사자

법인(corporate body)이란 자연인(natural person) 이외에 법률상 권리와 의무의 주체가 되는 자 또는 법인격이 인정되는 회사(corporation)를 말한다.

법인은 등기를 필한 주식회사를 의미하며 무역계약의 주종을 이루는 당사자이다.

법인이 무역계약의 당사자가 되는 경우에는 그 법인의 대표나 대리인이 법인의 영업범위를 넘는 계약을 체결하지는 않았는지, 그리고 대표나 대리인이 주어진 권한 범위 밖의 계약을 체결한 것은 아닌지 등을 면밀하게 검토해야 한다.

2) 법인이 아닌 당사자

법인이 아닌 당사자는 자연인인 개인을 말한다. 법적으로 행위능력이 없는 미성년자나 무능력자가 자연인으로 계약을 체결했다면 그 계약은 무효가 된다.

2. 정부 당사자

1) 의의

정부 당사자는 정부(국가), 국가기관, 지방자치단체, 공공법인 및 국가로부터의 독립적인 법인격을 가진 기구나 단체 등이 무역계약의 당사자가 되는 것을 말한다.

국영무역이나 관리무역의 경우를 제외하고, 현재 정부 당사자가 무역계약의 당사자가 되는 경우는 많지 않다. 무역계약의 당사자가 정부인 경우에는 특히 계약체결을 위해 필요한 인·허가 등의 행정절차와 그 준수 여부 등을 면밀히 검토해야 한다.

2) 형태

정부 당사자가 무역계약의 당사자가 되는 경우는 보통 국영무역과 관리무역이다.

국영무역(state trading)은 국가로부터 일정한 독점권을 부여받은 국영기업들이 무역거래의 주체자가 되는 무역을 말한다. 대부분의 선진국들은 농산물 교역 등 극히 예외적인 경우를 제외하고는 국영무역을 하지 않고 있지만, 개도국이나 후진국 등은 아직도 국영무역을 경제개발의 수단으로 활용하고 있다.

관리무역(government-managed trade)은 국가가 직접 관리하고 통제하는 무역을 말한다. 무역을 관리하는 수단으로는 수입금지, 수입허가제, 수입할당제, 바터제 등이 이용된다. 관리무역은 세계 각국들이 1930년대 세계 경제의 불황을 타개하기 위해 주로 활용하였지만, 최근에는 무역자유화의 확산으로 거의 이루어지지 않고 있다.

관리무역은 보호무역의 한 형태이다. 보호무역은 수출촉진이나 수입억제를 통해 자국의 유치산업 보호나 국제수지 개선 등을 목적으로 관세(tariff)나 비관세(non-tariff)의 정책수단을 활용하여 수출입거래에 적극적으로 개입하는 무역정책기조를 말한다.

3. 대리인

어떠한 조직이든지 한 사람이 모든 일에 책임을 지고 수행하는 경우는 많지 않다.

예를 들어 국가 구조에 있어서도 국민은 궁극적으로 주인이고 위임자가 되며 국회와 대통령은 그들의 대리인(agent)이 된다.

이러한 주인-대리인의 관계는 주인-대리인, 위임자-대리인, 감독자-대리인 등으로 다양하게 나타날 수 있다. 그러나 이러한 주인-대리인의 관계에 대한 개념을 매매계약 분야로 한정한다면 '본인-대리인' 관계로 설명하는 것이 일반적이다.

본인(principal)은 자기의 비용과 위험부담 하에 거래하는 자로서 대리인(agent)에 대비되는 말이다. 무역계약에서는 양 당사자가 그 거래에서 발생하는 모든 권리와 의무의 주체자가 되어 스스로 자기의 계산과 위험 하에 거래를 수행하는 본인 대 본인(as principal to principal)의 거래가 주종을 이룬다.

그러나 본인이 아닌 대리인(agent)이 무역계약의 당사자가 되는 경우도 있다. 이 경우 대리인은 본인으로부터 특정의 영업 또는 영업의 일부 내지 특정의 행위에 대한 대리권을 부여받은 자를 말한다.

대리인은 본인을 대신하여 중개 역할만을 수행할 뿐 거래의 비용과 위험을 직접 부담하지 않기 때문에, 대리인이 계약의 당사자가 되는 경우에는 본인과 대리인의 권리와 의무관계, 대리권의 범위 등을 명확히 확인해야 후일의 분쟁을 예방할 수 있다.

제2절 무역계약의 준거법규

1. 준거법규의 의의

매매계약은 법, 제도, 언어 등을 달리하는 당사자 사이의 거래이기 때문에 계약의 성립이나 이행 및 종료에 이르는 전 과정에서 계약내용의 해석에 대한 서로 간의 의견 차이나 분쟁이 발생할 가능성이 매우 높다. 따라서 이 경우 어느 국가의 법률에 의거하여 이 문제를 해석할 것인가를 사전에 명확히 결정해 둘 필요가 있다.

실무거래에서는 매매당사자가 계약을 체결할 때 협의하여 준거법을 결정하는 것이 대부분이고, 매매계약서나 일반거래조건협정서에 이를 명시함으로써 해석기준을 명확히 함과 동시에 후일의 분쟁에 대비하고 있다.

준거법규(governing law, applicable law, proper law)는 법률관계에 적용될 법률을 말하며 준거법이라고도 한다. 특히 무역계약에 적용되거나 해석기준이 되는 법규나 규칙들을 '무역계약의 준거법규'라고 부른다. 이것은 계약 당사자가 자신들의 계약에 적용하기로 의도한 법, 또는 그러한 의도가 없었던 경우에는 계약과 가장 밀접하게 관련되어 있는 법을 의미한다.

여기에는 국경을 넘어 이동하는 물품매매의 해석기준으로 작용하는 법규뿐만 아니라 당사자가 계약을 규율하리라고 기대했거나 가정한 모든 관련 법규들이 포함된다.

아직까지는 국제적으로 통일된 물품매매법이 존재하지 않기 때문에 무역계약의 성립, 이행 및 종료에 대해 어느 법을 준거법으로 적용할 것인지에 관한 당사자의 합의는 매우 중요한 의미를 가지고 있다.

2. 준거법규의 필요성

무역거래의 통일적 국제규범으로서 무역계약의 준거법규를 제정해야 할 필요성은 매매계약에서 특정국의 국내법이 준거법으로 적용되는데 따른 문제점을 해소하고 법의 공백에 따르는 불확실성을 제거하는 것으로부터 출발하였다.

무역계약과 관련된 준거법규로 가장 널리 적용되고 있는 것은 인코텀즈와 비엔나협약이다. 이 법규들은 강제법이 아니기 때문에 강제력을 가지기 위해서는 당사자들이 본 규칙들이 해당 매매계약에 적용된다는 것을 합의해야 한다.

한편 비엔나협약에도 물품매매에 관한 매도인과 매수인의 의무가 규정되어 있다.

그런데 그 내용은 매우 포괄적인 규정이기 때문에 만일 국제상관습인 인코텀즈의 규정과 충돌이 발생할 경우에는 INCOTERMS가 우선적으로 적용된다.

3. 준거법규의 형태

일반적으로 국제물품매매계약에 적용되는 준거법규는 크게 세 가지 형태가 있다.

첫째는 유엔 등이 제정하여 각국들이 채택하고 있는 국제협약이며, 둘째는 각국의 개별 입법 형태를 취하고 있는 국내법규이고, 셋째는 국제상업회의소(ICC) 등 국제경제단체들이 통일적 해석기준이 되도록 제정한 국제상관습법이다.

1) 국제협약

(1) 의의와 필요성

무역거래가 안전하고 원활하게 이루어지기 위해서는 통일법에 의해 규율되어야 한다.

특히, 원격성과 국제성, 그리고 당사자의 권리와 의무에 있어 균형과 경제적 합리성을 기초로 하는 국제물품매매계약에서는 통일법의 제정이 무엇보다도 필요하다.

국제협약은 UNIDORT(International Institute for the Unification of Private Law : 사법통일을 위한 국제기구, 1926)와 UNCITRAL(United Nations Commission on International Trade Law : UN 국제무역법위원회, 1966) 등의 국제기관이 주도하여 법의 통일화를 추진하여 왔다.

(2) UNIDORT가 제정한 국제협약

UNIDROIT가 제정한 국제협약은 ① 국제물품매매에 관한 통일법 협약(Convention Relating to a Uniform Law on the International Sale of Goods : ULIS, The Hague, 1964, 1972년 발효) ② 국제물품매매계약의 성립에 관한 통일법 협약(Convention Relating to a Uniform Law on the Formation of the Contracts for the international Sale of Goods, ULF, 1964, 1972년 발효) ③ 국제물품매매의 계약효력에 관한 규칙의 통일법(Law for the Unification of Certain Rules relating to the Validity of Contracts of International Sale of Goods, 1972)이 있다.

(3) UNCITRAL이 제정한 국제협약

UNCITRAL이 제정한 국제협약은 ① 국제물품매매에서 시효에 관한 협약(Convention on the Limitation Period in the International Sale of Goods, New York, 1974) ② 국제물품매매에서 시효에 관한 협약의 개정의정서(Convention on the Limitation Period in the International Sale of Goods As amended by the Protocol, 1980) ③ 국제물품매매계약에 관한 UN협약(United Nation Convention on Contracts for the International Sale of Goods : CISG, 1980, 1988년 발효)이 있다.

2) 국내법규

각국의 국내법규 중 민법이나 상법 등은 본래 국제물품매매계약을 위해 제정한 것은 아니지만, 물품매매계약에 적용되는 경우가 있다.

(1) 영국

영국의 물품매매 관련 제정법으로는 1893년에 제정된 영국 물품매매법(Sale of Goods Acts(SGA, 1893, 1979, 1995)과 1967년에 제정된 국제매매통일법(Uniform Laws on International Sales Act 1967, 2015)이 있다.

영국은 판례법주의(case law system) 국가이기 때문에 법률체계를 구성하는 형식 중에서 판례법이 제1차적인 지위를 차지하고 있다. 영국법은 보통법(common law), 형평법(equity), 제정법(legislation)으로 구성되어 있다. 제정법은 보통법과 형평법을 추가 및 변경한 것이므로 제정법이 우선 적용되고 그 다음은 형평법이 적용된다.

보통법은 축척된 판결을 토대로 만들어진 법이며, 형평법은 보통법의 결함을 보완하기 위해 만들어진 법이고 제정법은 입법기관이 제정한 성문법이다.

영국 물품매매법은 그 동안에 축척된 판례들을 근간으로 하여 1893년에 제정된 동산매매와 그에 부수되는 사항을 규정한 성문법이다. 여기에는 물품매매에 관한 내용들이 주로 규정되어 있다.

(2) 미국

미국의 물품매매 관련 제정법으로는 1952년에 제정되어 여러 번 개정된 미국통일상법전(Uniform Commercial Code(UCC, 1953, 2007, 2012 등 개정))이 있다.

이 법은 각 주마다 상법 내용이 달라 초래되는 혼란을 없애기 위해 각 주의 상법을 통일한 법으로, 판례법에서 세워진 원리와 일반 상거래관습을 적용하고 있다.

제1편 총칙부터 제11편 시행 기일 및 경과규정까지 모두 11편으로 구성되어 있으며, 그중 물품매매(sales of goods)에 관한 내용은 제2편에 규정되어 있다.

(3) 한국

우리나라의 경우는 물품매매에 적용되는 단행법은 아니지만 민법(1958)과 상법(1962) 속에 이와 관련된 내용들이 규정되어 있다.

이중에서도 물품매매에 관한 내용들은 대부분 민법에 규정되어 있다. 민법은 총칙, 물권, 채권, 친족, 상속 등 5개의 편으로 구성되어 있다. 이중 매매계약은 제3편(채권)에서 제2장(계약) 중 제3절(매매)에 규정되어 있다.

3) 국제상관습법

국제간에 통용되던 상거래 관행을 통일화한 국제상관습법은 국제상업회의소(ICC)가 1936년에 제정하여 수차례 개정한 인코텀스(INCOTERMS)와 1933년에 제정하여 수차례 개정한 화환신용장에 관한 통일규칙 및 관례(UCP)가 대표적이다.

(1) 인코텀즈(INCOTERMS)

INCOTERMS(International Rules for the Interpretation of Trade Terms, 무역거래조건의 해석에 관한 국제규칙)는 국제상업회의소(ICC, International Chamber of Commerce)가 주관이 되어 제정한 무역조건의 해석에 관한 국제규칙이다.

INCOTERMS는 'International Commercial Terms'의 약칭이며 매매당사자 사이의 해석기준으로 가장 널리 사용되고 있는 국제상관습규칙이다.

인코텀즈는 정형화된 거래조건별로 매매계약에서 매도인과 매수인이 각각 무엇을 해야 하는지, 위험과 비용 부담을 어디까지 부담하는지 등을 상세하게 규정하고 있다.

인코텀즈는 무역조건의 용어나 약어가 잘못 해석됨으로써 무역업자 간에 발생할 수 있는 분쟁과 마찰을 방지함으로써 국가마다 다른 거래 관행에 대한 불안전성을 해소하고 무역거래의 관습과 용어를 국제적으로 통일시키기 위해 제정된 것이다.

인코텀즈는 국제상업회의소가 1936년에 최초로 11종의 조건을 제정한 이후, 무역환경의 변화와 상거래관행의 변화에 부응하기 위하여 1953년, 1967년, 1976년, 1980년, 1990년, 2010년에 각각 개정이 이루어졌다. 현재는 INCOTERMS® 2020이 2020년 1월부터 사용되고 있다.

(2) 신용장통일규칙(UCP)

신용장통일규칙(Uniform Customs and Practice for Documentary Credits, UCP)은 신용장 업무를 취급할 때 지켜야 할 준수사항과 해석기준을 규정하고 있는 통일규칙이다. 이 규칙도 인코텀즈(INCOTERMS)와 마찬가지로 1920년에 설립된 국제상업회의소(ICC)가 제정하였다. 정식 명칭은 '화환신용장에 대한 통일 관습 및 관례'이지만 간단히 화환신용장통일규칙, 신용장통일규칙 또는 UCP라고 부르고 있다.

제정 목적은 신용장거래 당사자들의 의무와 신용장과 관련된 용어나 해석을 명확히 함으로써 국제간의 신용장거래가 원활하게 이루어지도록 하는 데 있다.

신용장통일규칙은 ICC가 1933년에 최초로 제정한 이후 무역관습의 변화에 부응하기 위해 1951년, 1962년, 1974년, 1983년, 1993년, 2006년에 각각 개정되었다. 제6차 개정된 현행 UCP 600은 2007년 7월 1일부터 사용되고 있다.

4. 단계별 적용법규

무역계약은 크게 성립단계, 이행단계, 종료단계로 구분된다. 무역계약의 각 단계마다 적용되는 법규들을 요약하면 다음과 같다.

1) 무역계약 성립단계의 적용법규

무역계약의 성립단계에 적용되는 법규들로서는 다음과 같은 것들이 있다. 이들 중에서 특별히 중요한 규칙으로는 국제상업회의소(ICC)가 제정한 INCOTERMS와 UN(국제연합)이 국제물품매매계약에 관한 통일된 상관습을 성문하기 위해 제정한 국제물품매매계약에 관한 UN협약(CISG, 1980 비엔나협약)이 있다. 비엔나협약은 현재 국제통일매매법으로서의 법적 지위를 공고히 하고 있다.

❙ 표 3-1 ❙ 무역계약 성립단계의 적용법규

약 어	제정기관과 년도	정식 명칭과 구성	특징
CISG	UNCITRAL (유엔국제무역법위원회) 1980	United Nation Convention on Contracts for the International Sale of Goods : 국제물품매매계약에 관한 UN협약, 일명 비엔나협약(Vienna Convention) 구성 : 제4장 101조	국제물품매매계약에 관한 통일법규로서 국내거래의 적용을 배제하고 오로지 국제매매에만 적용. 청약과 승낙의 법리, 매도인과 매수인의 의무, 계약위반에 대한 구제 등 국제물품매매의 통일된 법률적 근거를 제공
SGA	영국, 1893, 1908, 1967, 1973, 1977, 1979	Sale of Goods Acts : 영국 물품매매법 구성 : 제7편 64개 조항	소유권 이전, 처분권의 유보, 물품인도 및 매도인의 유치권, 운송정지권 및 매도인과 매수인의 구제 등 무역계약과 관련하여 이론적 바탕을 제공
INCOTERMS	ICC(국제상업회의소) 1936, 1953, 1967, 1976, 1980, 1990, 2000, 2010, 2020	International Rules for the Interpretation of Trade Terms : International Commercial Terms : 무역조건의 해석에 관한 국제규칙 구성 : 서문, 11개의 무역조건	외국과의 무역에서 가장 많이 사용되는 무역조건의 해석에 관한 일련의 국제규칙을 제공하며, 명실 공히 무역계약과 국제상관습에서 가장 중요한 규칙
Warsaw-Oxford Rules	ILA (International Law Association), 1932	Warsaw-Oxford Rules for CIF Contract : CIF계약에 관한 와르소·옥스포드 규칙 구성 : 서문과 21개 조항	해상매매관습의 국제적 통일을 위한 규칙으로 CIF계약을 체결하고자 하는 당사자에게 통일적 해석기준 제공. CIF계약의 단행규칙
RAFTD	전미무역회의 (National Foreign Trade Council), 1919, 1941	Revised American Foreign Trade Definitions : 개정 미국 외국무역 정의 구성 : 6종의 FOB와 5종의 무역조건	무역관습의 해석기준이지만, 미국의 특징적 성격을 나타내고 있고 국제성이 없어 인코텀즈의 제정으로 1980년에 폐기를 결의했으며 실무계에 거의 활용되지 않고 있음
UCC	미국법률가협회와 통일주법위원회, 1954, 1957, 1962, 1966, 1972, 1978, 1988, 1997	Uniform Commercial Code : 미국통일상법전 Articles 2(sales)에는 5종의 무역조건이, Articles 5에는 신용장이 규정 구성 : 11편과 400개 조항 및 부속	무역계약에서 약인, 청약과 승낙, 명시담보와 묵시담보, 물품인도와 대금지급과 관련된 채권채무, 계약위반 및 구제 등을 규정하고 정형무역조건과 신용장에 관한 규정도 포함, 미국의 국제적 지위를 고려할 때 무역계약에 중요한 법률적 근거 제공

2) 무역계약 이행단계의 적용법규

무역계약 이행의 핵심은 매도인의 물품인도와 매수인의 대금지급을 통해 이루어지는 데 이 단계에서 적용되는 법규들로서는 다음과 같은 것들이 있다.

대금결제 단계에서 특별히 중요한 규칙은 국제상업회의소가 신용장거래의 해석기준을 통일화하기 위해 제정한 화환신용장통일규칙 및 관례(UCP)와 D/A와 D/P 등 추심거래의 해석기준을 통일화하기 위해 제정한 추심에 관한 통일규칙(URC)이 있다.

표 3-2 무역계약 이행단계의 적용법규 (결제)

분야	약어	제정기관과 년도	정식 명칭과 구성	특징
무역결제	UCP	ICC, 1933, 1951, 1962, 1974, 1983, 1993, 2008	Uniform Customs and Practice for Documentary Credits : 화환신용장에 관한 통일규칙 및 관례 구성 : 제7장 총 39개 조항	신용장 업무를 취급할 때 지켜야 할 제반사항과 해석의 기준을 규정한 국제규칙으로 신용장거래에서 매우 중요한 해석기준
	URC	ICC, 1956, 1967, 1978, 1995	Uniform Rules for Collections : 추심에 관한 통일규칙 구성 : 제7장 총 26개 조항	무신용장방식의 D/P, D/A어음으로 대금을 결제할 때에 적용되는 규칙으로 수표나 어음 구분 없이 모든 추심어음에 적용되는 규범과 절차를 규정 무역거래에서의 추심방식 이용에 따른 혼란을 방지하고 각국의 상이한 해석으로 인한 불확실성을 제거할 목적으로 제정
	URR	ICC, 1996	ICC Uniform Rules for Bank-to-Bank Reimbursements under Documentary Credits, Pub. No.525 : 은행간 대금상환에 관한 ICC 통일규칙 구성 : 4개 장 총 17개 조항	은행 간 신용장대금의 상환에 대해 당사자가 되는 각 은행들이 대금상환과정에서 발생하는 불필요한 지체와 마찰을 제거하고자 만든 통일규칙으로, 상환지시의 시기, 방법, 상환이행 등을 규정
	ISP 98	ICC, 1999	The International Standby Practices : ICC 보증신용장에 관한 통일규칙(ISP98) 구성 : 표제 포함 합계 89개 조항	보증신용장(Standby L/C)의 발상지인 미국 은행업계의 강력한 요망을 기초로 표준 보증신용장의 실무관행을 규정한 것으로 1999년 1월 1일부터 적용
	ISBP	ICC, 2013	ISBP(International Standard Banking Practice for the Examination of Documents) : UCP의 적용에 관한 실무 보완서(practical complement)	화환신용장 서류심사를 위한 국제표준은행관행으로 신용장통일규칙에서는 상업송장, 운송서류, 보험서류의 심사기준만 있으며, 그 외의 서류에 관한 내용은 ISBP에 기술되어 있음
	e-UCP	ICC, 2001, 2007	Supplement to the Uniform and Practice for Documentary Credits for Electronic Presentation, Version 1.0 : 전자적 제시를 위한 화환신용장 통일규칙 및 관행의 보칙 1.0판	최근 전자적 자료처리를 위한 국제적 통일규칙의 필요성에 따라 제정된 것으로 UCP 600과 함께 신용장거래에서 무역서류로서의 전자적 기록 이 이루어지는 제시를 수용하기 위해 UCP 600을 보충하는 보칙
	UCC Article 5	미국법률가협회와 통일주법위원회, 1954, 1957, 1962, 1966, 1972, 1988, 1997 등	Uniform Commercial Code, Article 5 Letters of Credit : 미국 통일상법전 제5편 신용장	신용장거래의 준거법으로 적용이 가능한 유일한 국내법이자 성문법

무역계약의 이행은 국제운송이 필연적인데 이 단계에서 적용되는 대표적인 법규로는 해상에서는 헤이그규칙 등이 있고, 항공운송에서는 바르샤바협약이 있다.

| 표 3-3 | 무역계약 이행단계의 적용법규 (운송)

분야	약어	제정기관과 년도	정식 명칭과 구성	특징
무역운송	Hague Rules	CMI (국제해사위원회), 1924	International Convention for the Unification of Certain Rules of Law Relating to Bills of Lading, 1924, 일명 Hague Rules : 선하증권에 관한 통일규칙을 위한 국제협약 구성 : 총 16개 조항	해상운송인의 책임과 의무를 규정하는 동시에 권리와 면책을 규정 현재 90개국 이상이 비준하였거나 가입하여 해상운송의 준거법으로 널리 채택. 우리나라 법도 이 규칙의 중요한 원칙들을 그대로 수용
	Hague-Visby Rules	CMI, 1968	Protocol to Amend the International Convention for the Unification of Certain Rules of Law Relating to Bills of Lading, 1968, 일명 Hague -Visby Rules : 1924년 선하증권통일협약을 개정하기 위한 의정서	헤이그 규칙의 해석상의 문제점을 제거하기 위해 일부를 개정한 것으로 2017년 영국, 프랑스 등 총 90개국 이상이 비준
	Hamburg Rules	UNCITRAL, 1978	United Nations Convention on the Carriage of Goods by Sea : 해상화물운송에 관한 UN협약 구성 : 7개 장 총 34개 조항	개도국들의 입장을 반영하여 UNCTAD의 요청으로 운송인과 송하인의 권리와 의무에서 형평을 유지할 목적으로 UN이 제정
	Rotterdam Rules	CMI, 2008	UN Convention on Contracts for the International Carriage of Wholly or Partly by Sea : 전부 혹은 일부 국제해상물품운송계약에 관한 UN협약	헤이그-비스비 규칙이나 함부르크 규칙을 최근의 무역관행에 맞게 수정·보완한 것
	CMI 통일규칙	CMI, 1990	CMI Uniform Rules for Sea Waybills : 해상화물운송장에 관한 CMI통일규칙 구성 : 총 8개 조항 CMI Rules for Electronic Bill of Lading : 전자식 선하증권에 관한 CMI규칙 구성 : 총 11개 조항	운송형태의 현대화에 따른 전통적인 해상운송의 문제점을 극복하고 컴퓨터와 통신기술의 발달을 무역거래에 반영하고자 각각 만든 운송서류에 관한 통일규칙
	CMR협약 CIM협약	1956 1970	Convention on the Contract for the International Carriage of Goods by Road : 국제도로물건운송협약 International Convention Concerning the Carriage of Goods by Rail : 국제철도물건운송협약	유럽지역 국가들의 육상운송에 적용 가능하도록 고안된 규칙 각 운송구간마다 단일운송에 의한 국제운송을 전제로 정립
	Warsaw 협약	ICAO (국제민간 항공기구), 1929, 1955	Convention for the Unification of Certain Rules Relating to International Carriage of Goods by Air : 국제항공운송에 관한 규칙통일을 위한 협약 구성 : 제5장 총 41조항	항공운송인, 여객, 송하인간의 사법적 법률관계에 관한 각국의 법체계를 통일한 국제협약
	몬트리올 협약	IATA (국제항공운송 협회), 1966	Agreement Relating to Liability Limitations of the Warsaw Convention and Hague Protocol : 바르샤바 협약과 헤이그 의정서의 책임제한에 관한 협정	여객이나 화물에 대한 운송인의 책임제한을 규정한 항공사간의 협정, 일명 Montreal Agreement
	UN국제물품복합운송협약	UNCTAD, 1980	United Nations Convention on International Multimodal Transport of Goods : UN 국제물품복합운송협약, 1980 구성 : 총 8개 장 40개 조항과 통관운송에 관한 6개 조항의 부속서	복합운송인과 송하인간의 책임에 대한 중요한 해석기준이지만 비준 또는 가입한 국가가 극소수이어서 현재까지 미 발효

무역계약의 이행은 운송 중의 위험을 커버하기 위한 보험이 필요한데 여기에 적용되는 대표적인 법규로는 영국의 해상보험법(MIA)과 2015년에 제정한 영국보험법(IA) 및 해상보험의 표준적 약관인 협회적하약관(ICC) 등이 있다.

| 표 3-4 | 무역계약 이행단계의 적용법규 (보험)

분야	약어	제정기관과 년도	정식 명칭과 구성	특징
무역보험	MIA	영국, 1906	Marine Insurance Act : 영국 해상보험법 구성 : 총 91개 조항, 제1부칙, 보험증권의 해석에 관한 규칙	2000여 개의 판례로 산재해 있던 관습법을 성문화하여 해상보험에 관한 법률을 법전화한 법으로 해상보험의 해석에 절대기준이 됨
	IA	영국, 2015	The Insurance Act : 영국보험법 구성 : 제7편 총 23개 조항	MIA의 기본원칙을 그대로 수용한 특별법 MIA에 우선 적용. 고지와 담보의무 및 사기적인 보험금 청구 등 세부사항 규정
	ICC	ILU (런던보험업자협회), 1983, 2009	Institute Cargo Clause (A), (B), (C) 구성 : 관련 조항을 8개 그룹으로 구분, 총 19개 조항	런던보험자협회가 해상보험계약에 공통된 표준적 사항을 미리 인쇄하여 둔 보험증권상의 각종 약속이나 규정을 담은 것으로 담보범위에 따라 (A), (B), (C)가 있음
	YAR	CMI, 1877, 1950, 1974, 1990, 2004, 2016	The York-Antwerp Rules : 요크-엔트워프 규칙 구성 : 제2장 총 21개 조항	공동해손을 구성하는 손해와 비용에 관한 국제적 통일규칙으로 관련 당사자들의 공동해손 정산에 중요한 역할을 담당

3) 무역계약 종료단계의 적용법규

무역계약의 종료는 일정한 이유로 당사자의 계약관계가 종료되는 것인데 이 단계에서 적용되는 법규들로서는 다음과 같은 것들이 있다. 이중 가장 대표적인 법규로는 유엔이 제정한 '외국중재판정의 승인 및 집행에 관한 협약(일명 뉴욕협약)'이 있다.

| 표 3-5 | 무역계약 종료단계의 적용법규

약 어	제정기관과 년도	정식 명칭과 구성	특징
New York 협약	UN, 1958	United Nation Convention the Recognition and Enforcement of Foreign Arbitral Awards : 외국중재 판정의 승인 및 집행에 관한 UN협약 구성 : 16개 조항	중재인에 의한 중재판정이 외국에서 승인되고 집행력이 보장되도록 한 국제협약으로 외국중재판정의 승인 및 집행을 구하는데 법적 근거로서 매우 중요한 역할
UNCITRAL Arbitration Rules	UNCITRAL, 1976	UNCITRAL Arbitration Rules : 유엔국제무역법위원회의 중재규칙 구성 : 제4장 41개 조항	국제무역법의 발전과 점진적인 통일을 위해 유엔이 제정한 국제상사중재에 관한 규칙
ICC Rules	ICC, 1988	ICC Rules of Conciliation and Arbitration : 국제상업회의소의 중재·상사규칙 구성 : 제1장 제11개 조항, 제2장 26개 조항, 부록 Ⅰ Ⅱ Ⅲ	국제상업회의소 산하기관인 중재재판소의 명성이 높아지면서 국제상사중재업무가 급증하고 복잡하게 전개됨에 따라 해석기준으로 제정한 상사중재에 관한 규칙

제 2 부

무역계약의 성립

제 4 장

무역계약 성립의 의의와 요건

제1절 무역계약 성립의 의의와 형식

1. 무역계약 성립의 의의

무역계약은 상이한 국가에 영업소를 두고 있는 매도인이 물품의 인도를 약속하고 그 대가로 매수인이 대금을 지급할 것을 조건으로 체결되는 계약이다.

무역계약은 일방 당사자가 상대방에게 계약체결의 의사표시로서 청약(offer)을 하고 상대방이 계약체결의 의사표시로서 이를 승낙(acceptance)함으로써 성립된다.

따라서 무역계약의 성립에 있어 무엇보다도 중요한 전제조건이 되는 것은 당사자 사이의 서로 대립하는 의사표시가 내용적으로 완전히 합치하는 것이다.

실무상 무역계약의 성립은 단 1회의 단순한 교섭에 의해 체결되는 경우는 드물고 오랜 교섭과정과 많은 통신수단을 당사자 사이에 주고받음으로써 성립하게 된다.

그것은 각 당사자가 자기에게 유리한 나름대로의 거래조건들을 의중에 두고 있기 때문이다. 그러나 아무리 복잡한 교섭과정을 거쳤다 할지라도, 최종적으로는 하나의 유효한 청약과 하나의 유효한 승낙을 통해 성립하게 된다.

2. 무역계약 성립의 형식

무역계약의 성립은 계약자유 원칙과 불요식 및 낙성계약이 적용되는 것이 원칙이다. 그러나 실무상으로는 당사자의 합의에 따라 구두로 체결되는 경우, 서면으로 체결하는 경우, 서면 체결 후 공증을 요하는 경우 등 다양한 형식들이 있다.

실무상 법인 간 또는 법인과 개인 간의 계약체결은 서면으로 이루어지는 것이 일반적이지만, 서면으로 계약을 체결하지 않은 경우에도 무역계약은 원칙적으로 불요식계약이기 때문에 그 계약 자체가 무효가 되는 것은 아니다.

제2절 무역계약의 성립요건

무역계약은 일방의 청약과 타방의 승낙에 의해 성립된다. 그러나 성립된 무역계약이 유효한 계약이 되기 위해서는 그 의사표시는 다음의 요건들이 충족되어야 한다.

1. 의사표시의 합치

무역계약이 성립하려면 계약 당사자들의 유효한 합의가 반드시 존재해야 한다. 무역계약성립의 가장 중요한 요소는 이 합의이다. 합의의 성립에는 유효한 청약과 이에 부합되는 유효한 승낙이 있어야만 한다.

2. 당사자의 행위능력

무역계약이 성립하려면 의사표시를 한 당사자들이 행위능력(capacity to contract)을 가지고 있어야 한다. 즉, 계약체결의 당사자는 유효한 계약을 체결할 행위능력(즉, 계약능력 혹은 계약권능)을 가지고 있어야 한다.

따라서 무역계약을 체결할 당시에 법적으로 파산(bankrupt)한 자, 정신이상자, 무능력자(incompetents), 행위능력을 갖지 못한 미성년자 등이 체결한 계약이라면 일반적인 매매계약의 원리와 같이 그것은 당연히 무효가 된다.

3. 의사표시의 진정성

무역계약이 유효하게 성립하려면 당사자의 계약에 대한 동의(즉, 의사표시)는 진심이어야 하며 의사표시와 내심의 의사가 서로 어긋나거나 의사표시에 하자가 있어서는 안 된다. 또한 당사자가 그 합의에 법적 효과를 발생시키려는 확실한 의사를 가지고 있거나 적어도 그러한 의사를 가지고 있다고 인정될 수 있어야 한다. 따라서 허위의 계약이나 부실표시나 사기·강박 등에 의한 계약체결이 아니어야 한다.

4. 적법성

무역계약의 목적은 적법성을 갖추고 있어야 한다. 따라서 법률이나 공서양속(public order and good morals)에 위반되어서는 안 된다. 왜냐하면 일반적인 매매계약의 원리와 같이 불법계약은 무역계약에서도 당연히 무효가 되기 때문이다.

제5장

무역계약의 성립과정과 비엔나협약

제1절 무역계약 성립의 개요

1. 의의

일반적으로 무역계약의 성립은 해외시장조사 단계, 선정된 거래처와 거래교섭을 하는 계약체결을 위한 예비교섭 단계, 그리고 일방의 당사자가 계약체결을 청약하고 상대방이 이를 승낙하는 계약체결의 본 단계를 거치게 된다.

2. 무역계약의 성립단계

1) 해외시장조사 단계

무역계약을 체결하기 위한 첫 번째 단계는 해외시장조사 단계이다. 이 단계에서는 해당 국가의 정치, 경제, 사회, 문화 등 제반 여건들을 조사대상으로 하는 시장의 환경분석과 고객, 상품, 판매, 가격 등 모든 마케팅 활동들이 포함된다.

2) 계약체결을 위한 예비교섭 단계

해외표적시장이 선정되면 다음은 계약체결을 위한 예비교섭 단계이다. 이 단계에서는 적절한 거래 상대방을 물색하여 거래를 제의하고, 그 상대방에 대한 신용조사를 하며 품질, 수량, 가격, 결제, 선적 등 거래상품의 조건들에 대한 조회가 이루어진다.

3) 계약체결의 본 단계

계약체결을 위한 예비교섭 단계를 거치면 다음 단계는 거래 당사자가 수출입 본 계약을 확정하는 단계이다. 여기에서는 일방 당사자가 계약의 성립을 위해 청약하고 상대방이 이에 승낙함으로써 계약이 성립된다.

제2절 무역계약의 성립과정

1. 해외시장조사

1) 해외시장조사의 의의

해외시장조사(foreign market research)는 다양한 방법을 통해 해당 상품을 수출하거나 수입하기 적합한 해외시장을 조사하는 것을 말한다.

이것은 수출입거래에서 이루어지는 최초의 단계로, 무역거래를 시작함에 있어 자기가 취급하는 상품이 해외의 어느 시장에서 많이 소비하고 있는가, 또는 어느 해외시장을 통하여 유리하게 공급받을 수 있는가 등을 연구하여 목적시장을 물색하면서 그 시장의 상거래관습이나 상품에 관한 각종 정보를 조사하는 것이다.

2) 해외시장조사의 목적

해외시장조사는 취급상품의 거래처를 선정하기 위해 해당 해외시장에 대한 전체적이고 세부적인 동향들을 파악하는 과정이다. 해외시장조사의 목적은 목적시장이 취급상품의 수출입지역으로 적합한지 여부를 판단하여 해당 상품의 판매 가능성이나 구매 가능성을 측정함과 아울러, 수출입거래에 필요한 정보들을 수집하는 데 있다.

3) 해외시장조사의 중요성

해외시장은 국내시장과 달리 법, 제도, 문화, 종교, 상관습, 언어 등에 차이가 있다. 따라서 무역거래에서 발생하는 위험을 최소화하고 무역업을 성공적으로 영위하기 위해서는 정확한 해외시장조사가 선행되어야 한다.

4) 해외시장조사의 내용

해외시장조사는 우선적으로는 목적시장에 대한 정치, 경제, 사회, 문화, 역사, 인구, 과학기술 수준, 기후, 언어 등 전반적인 상황을 조사해야 한다.

그 다음에는 취급상품의 가격정책, 국내·외 수급동향, 수익성 분석, 취급상품의 국내·외 경쟁 상대자 등 세부적이고 특수한 사항들을 조사해야 한다.

수출입의 성공 여부는 정확한 해외시장 정보의 확보에 달려 있다. 따라서 무역업을 성공하기 위해서는 무엇보다도 목표시장을 형성하는 여러 요소들을 철저하게 조사하고 적격성을 정확하게 판단하는 능력을 가지고 있어야 한다.

2. 해외 거래처의 선정

해외 거래처의 선정(selection of buyer)은 해외시장조사를 통해 선정된 목적시장에 있는 해외 거래처나 잠재적인 고객을 발굴하거나 확보하는 것을 말한다.

무역거래는 물품인도와 대금지급에 시차가 발생하는 거래이므로 Claim Hunter를 거래 상대방으로 선택하는 일이 없도록 거래처를 엄선하는 것이 매우 중요하다.

해외 거래처를 선정하는 방법에는 직접적인 방법과 간접적인 방법이 있으나, 실무에서는 두 가지 방법을 병행하고 한다.

1) 직접적인 방법

(1) 무역업자 명부를 통하여 선정하는 방법

이것은 각국이나 기관에서 발행하는 상공인 명부나 간행물을 통해 해당 상품을 취급하는 무역업자 명단을 입수하여 접촉함으로써 거래처를 선정하는 방법이다.

(2) 직접 출장이나 각종 사절단의 참가를 통해 선정하는 방법

이것은 유망한 목적시장으로 판단되는 현지에 직접 출장하여 거래관계를 희망하는 업체를 발굴하거나 무역 관련 기관에서 주선하거나 파견하는 각종 민간 무역사절단이나 경제협력 사절단의 일원으로 참가하여 업체를 만나는 방법이다.

무역사절단의 상세한 일정 등은 한국무역협회를 통해 파악할 수 있다. 수출입 박람회나 전시회의 일정이나 규모는 KOEX 전시부나 대한무역투자진흥공사(KOTRA) 전시담당부서, 그리고 해당 품목을 관장하는 수술조합이나 지방자치단체 등을 통해서도 파악할 수 있다.

(3) 각종 박람회나 전시회를 이용하여 선정하는 방법

이것은 국내·외에서 개최되는 박람회나 전시회의 일원으로 참가하여 거래관계를 희망하는 업체를 만나는 방법이다.

(4) 거래제의와 함께 홍보물을 발송하여 선정하는 방법

이것은 각국의 상공인 명부나 주한 외국대사관 상무관실, 한국무역협회 거래알선실, 대한무역투자진흥공사나 대한상공회의소 등 무역 관련 유관기관을 통해 입수한 거래처의 명단(buyer list) 중 몇몇을 잠정적인 후보 거래처로 선정한 다음, 이들 업체에 거래제의와 함께 각종 홍보물을 발송하여 거래처를 선정하는 방법이다.

2) 간접적인 방법

(1) 국내·외 해외홍보매체를 활용하여 선정하는 방법

이것은 국내·외 해외 광고와 해외홍보용 Catalog 및 전단(leaflet)을 제작하여 목적 시장에 배포하거나 국내·외 홍보매체에 자사 상품을 홍보한 결과, 이에 응한 거래처를 통해 거래관계를 물색하는 방법이다.

국내에서 간행되고 있는 대표적인 해외 광고매체는 대한무역투자진흥공사가 발간하는 Korea Trade & Business, World Trade Zone, Korea Buyer's Guide 등이 있다.

(2) 국내·외 무역 관련 유관기관이나 재외공관을 활용하여 선정하는 방법

이것은 해외 거래처를 알선하거나 물색해주는 국내·외 무역 관련 유관기관이나 재외공관을 활용하여 거래처를 선정하는 방법이다.

국내의 대표적인 무역 관련 유관기관으로는 한국무역협회(KITA)와 대한무역투자진흥공사(KOTRA), 그리고 대한상공회의소(KCCI) 등이 있고 국외의 기관으로는 각국의 상업회의소나 세계무역센터가 있다. 국내의 경우는 한국무역협회나 대한상공회의소의 거래알선실에 의뢰하여 거래알선 서비스를 받거나 세계 각국에 현지 무역관을 운영하고 있는 KOTRA의 종합상담실에 의뢰하여도 거래처를 소개받을 수 있다.

또한 우리나라 재외공관의 협조를 받게 되면 국내·외 무역 관련기관에서 얻지 못하는 정보나 거래처를 소개받을 수도 있다.

(3) 인터넷(Internet)을 활용하여 선정하는 방법

이것은 무역업체가 인터넷과 같은 공개된 네트워크를 통해 자기 회사 정보나 상품정보를 전 세계의 거래 상대방에게 홍보함과 아울러, 웹 사이트에 등록되어 있는 정보의 검색이나 열람을 통해 거래처를 발굴하는 방법이다.

전 세계에는 많은 사이트들이 있는데, 이들 사이트에 자신의 웹 사이트를 구축하여 각종 검색엔진에 등록하고 배너광고 등을 통해 자사 제품을 직접 홍보할 수 있다.

또한 이들 거래알선 사이트나 무역 관련 사이트에 연결된 잠재고객도 찾을 수 있다. 특히 무역거래 전문 전자알선사이트(e-Market place, e-MP)를 활용하면 바이어 선정은 물론 수출입물품의 홍보 등 다양한 정보를 제공받을 수 있다.

e-마켓 플레이스는 복수의 바이어와 판매자를 하나의 집중된 전자상거래 시장에 집결시키고, 각 전자상거래 시장의 규칙에 따라 결정되는 동적인 가격에 의해 서로 매매가 이루어지도록 지원하는 기업간 인터넷 가상 거래공간이다.

3. 거래제의

1) 거래제의의 의의와 중요성

해외에 있는 유력한 잠재 거래처가 선정되면 다음은 그 거래처에게 거래를 적극적으로 권유하는 거래제의(business proposals)의 단계이다.

거래제의는 자사의 연혁, 지위, 평판, 생산규모, 취급품목, 거래실적 등을 개괄적으로 소개하고, 가격표나 카탈로그 등을 동봉하여 앞으로 양 회사가 서로 거래관계를 개설할 것을 적극적으로 권유하는 것을 말한다.

매도인은 앉아서 거래 상대방을 기다리지 말아야 한다. 그 이유는 연락처나 주소 등을 확보한 잠재적 매수인에게 얼마나 적극적으로 거래를 제의하느냐의 여부가 무역거래 초기에 거래를 성사시키는 중요한 요인이 되기 때문이다.

2) 거래제의서의 기재내용

일반적으로 거래제의서(circular letter)에는 다음과 같은 내용들이 기재된다.

① 상대방 회사 이름과 주소, 연락처 등을 알게 된 경위 및 목적

② 거래를 제의하는 회사의 업종이나 취급상품

③ 거래를 제의하는 회사의 자국 내에서의 지위, 평판, 경험, 매출액

④ 거래를 제의하는 상품, 수량, 가격, 결제 등 거래조건을 개괄적으로 제시하고 본 시장을 상대방 회사를 통해 개척하고 싶다는 의지표명

⑤ 자사의 신용조회처(credit references) 제시

⑥ 호의적인 회답을 희망하는 거래권유 및 정중한 결문

거래제의서를 발송할 때 해당 상품에 대한 견본이나 카탈로그 등도 함께 송부할 수도 있다. 그러나 이것들은 처음부터 발송하지 않고 상대방이 거래관계를 개설할 의지를 분명히 가지고 있거나 해당 상품에 관심을 표명할 때 발송해 주는 것이 좋다.

3) 거래제의서의 작성과 강조사항

거래제의서를 작성할 때에는 간단하고 명료한 단어나 문장을 사용하는 것이 좋다. 왜냐하면 간단하고 명료한 거래제의서는 상대방의 의중을 쉽게 파악하고 이해할 수 있기 때문이다. 거래제의서에는 해당 시장을 상대방을 통해 처음으로 개척하고 싶다는 점을 강조하면서 취급 상품의 종류나 품질 등의 우수성을 설명하는 것이 좋다.

그리고 거래가 성사되면 유리한 조건으로 해당 상품을 제공함으로써 서로에게 유익할 것이라는 점도 강조하는 것이 좋다.

4. 신용조회

1) 신용조회의 의의

거래제의를 했을 때 이를 승낙하거나 관심을 표명하는 업체는 본격적인 계약관계를 진전시키기 전에 반드시 신용조회(credit inquiry) 과정을 거쳐야 한다.

신용조회는 향후 그 업체와의 거래 가능성과 지속성을 진단하고 위험요소가 무엇인지를 사전에 파악할 수 있는 근거가 된다는 점에서 그 중요성이 강조되고 있다.

왜냐하면 무역거래는 당사자 상호 간의 신용(credit)을 전제로 이루어지는 것이므로 사전에 철저한 신용조회를 통해 믿을 수 있는 거래처와 거래관계를 맺는다면 무역거래에서 발생하는 클레임의 대부분을 예방할 수 있기 때문이다.

거래 상대방에 대한 완벽한 신용조회는 미래에 발생할 수 있는 무역클레임을 손쉽게 해결할 수 있는 방법이 될 뿐 아니라 무역사기나 고의적인 클레임을 사전에 예방하는 매우 중요한 대책이 될 수 있다.

2) 신용조회의 필요성

무역거래는 물품인도와 대금지급에 시차가 발생하는 국제거래이다. 따라서 마켓클레임(market claim)을 상습적으로 제기하는 Claim Hunter를 거래 상대방으로 선택하는 일이 없기 위해서는 철저한 신용조사가 선행되어야 한다.

마켓클레임은 클레임의 대상도 되지 않는 경미한 사안에 대해 악의적으로 대금감액을 요구하거나 화물의 인수를 거절하는 등 바람직하지 않은 클레임을 말한다.

무역거래에서는 이와 같이 악덕 상인(claim merchant)들이 많다. 악덕 상인들은 교묘한 방법으로 매도인으로 하여금 정상적인 계약이행에 차질을 빚게 한 후 고의적으로 클레임을 제기하거나, 매도인에게 책임이 있는 클레임이 아니라 시장 상황의 변화로 시가의 하락이 발생한 경우에는 가격의 손실을 회피하고자 클레임을 제기하는 악의적인 수입자들을 말한다.

또한 무역거래에서는 계약을 체결하지 않으면서 여러 구실로 고가의 견본만을 요구하여 이를 생계수단으로 삼는 '견본 상인(sample merchant)'이라고 불리는 위장 무역업자도 있다. 견본상인은 각국의 수출자로부터 견본을 요구하지만 정식 주문은 발주하지 않고 모아놓은 견본을 팔아서 그것으로 생계를 유지하는 상인들이다.

이들은 대개 수출자에게 자기 회사를 칭찬하는 거짓 서한을 보낸 후, 상대방이 이를 믿고 보내주는 견본을 국내시장에 판매한다.

3) 신용조회의 내용

상대방의 신용을 조회할 때 필수적으로 포함시켜야 하는 핵심적인 내용들은 해당 조회업체의 Character, Capacity 및 Capital이다. 이것을 해당 업체의 신뢰도를 측정하는 [Three C's]라고 한다. 여기에 그 기업이 처한 환경, 소속국가, 거래통화, 담보능력 중 두 가지를 추가하여 [5 C's]라고 부르기도 한다.

환경(condition)은 거래기업을 둘러싸고 있는 정치, 경제, 사회 여건이나 환경을 말하며 소속국가(country)는 상대방 국가의 국가 위험도를 말한다.

거래통화(currency)는 거래되는 통화(화폐)의 공식력이나 안정성 등을 말하며 담보능력(collateral)은 해당 거래 상대방 회사의 담보능력과 상태를 말한다.

(1) 성격

성격(character)은 거래성격이나 상도덕을 의미한다. 여기에는 Market Claim을 예방하는데 필수적인 해당 업체의 영업태도, 의무를 이행하는 자세, 평판(reputation), 성실성(integrity), 계약이행에 대한 도의심 및 개성(personality) 등이 포함된다.

Character는 거래상대방의 사업행태를 파악하는 것이기 때문에 특히 신규업체와의 거래에서는 신뢰도를 측정하는 요소 중에 가장 중요한 것이 바로 이 '성격'이다.

따라서 실무에서 신용조회 또는 신용조사라고 하면 보통 이것을 의미한다.

(2) 능력

능력(capacity)은 상대방의 거래능력이나 판매능력을 의미한다. 여기에는 해당 기업의 손익계산서를 기준으로 해당 업체의 연혁, 개인 및 법인 등 업체형태, 연간매출액, 업종 등 거래 상대방의 업무능력에 관한 내용 등이 포함된다.

주로 해당 업체의 손익계산서와 관련되는 사항들이 주요 조사항목을 이루고 있다.

(3) 자본

자본(capital)은 해당 기업의 자본이나 대금결제능력 등의 재무 상태를 의미한다. 주로 상대 업체의 대차대조표(Balance Sheet, B/S)의 사항들이 중심을 이룬다.

여기에는 수권자본(authorized capital)과 납입자본금(paid-up capital) 등 업체의 재무상태(financial status)나 재무구조(financial structure), 재무구조의 건전성 여부, 자기자본(owned capital)과 타인자본(borrow capital)의 비율, 기타 고정자산(fixed assets)과 유동자산(circulating assets) 등 자산상태나 결제능력 및 대금결제와 직결되는 내용 등이 포함된다.

4) 신용조회의 방법

(1) 은행 신용조회처

은행 신용조회처(bank references)는 신용조회처가 은행인 경우로, 수출자나 수입자가 주로 거래하고 있는 은행을 통해 상대방의 신용을 조회하는 방법이다.

실무에서는 보통 거래제의 서한에 그 회사의 거래은행을 신용조회처로 명시하고 있다. 자기의 주거래 은행에 의뢰하여 그 은행의 해외지점이나 거래은행을 통해 거래처의 신용상태를 조사하도록 하는 경우도 있다.

(2) 동업자 신용조회처

동업자 신용조회처(trade references)는 상대방과 거래경험이 있는 국내업자나 현지의 단골거래처를 통해 상대방의 신용을 조회하는 방법이다.

즉, 오랜 기간 동안 거래관계를 맺은 단골 외국 거래처에 의뢰하여 조사대상 회사의 신용상태를 조사 및 보고하게 하는 방법이다.

단골거래처가 목적시장에서 상당한 거래관계를 맺고 있거나 당사에게 상당한 호의를 가지고 있는 경우에는 유효하고도 확실한 신용정보를 얻을 수 있다. 그러나 기업 환경들이 급속히 변화하고 있기 때문에 이러한 조회방법뿐 아니라 다른 신용조회 방법도 병행하여 신용을 조회하는 것이 바람직하다.

(3) 상업흥신소

상업흥신소(mercantile agency)는 수요자의 의뢰에 따라 기업의 신용상태를 전문적으로 조사하는 신용조사 전문회사를 통해 상대방의 신용을 조회하는 방법이다.

이들이 조사하는 내용은 성실성, 평판, 재정상태, 영업능력, 영업실적 등 조사대상 회사를 둘러싼 객관적 조건에 대한 사항들이 주종을 이루고 있다.

국제적으로 유명한 상업흥신소들은 국내는 물론 세계 주요 국가에 통신원이나 조사원을 주재 또는 파견하여 현지조사도 하고, 세계 각국의 동업자들과 연락을 취하여 자료나 정보를 교환하면서 신용조사를 위한 전문적인 활동을 수행하고 있다.

유명한 상업흥신소는 Dun & Bradstreet Inc.(미국), Bradstreet British Ltd.(영국), Auskunft W. Schimmelpfung(독일), Tokyo Mercantile Agency(일본) 등이 있다.

(4) 국내 신용조사 전문기관

국내에서 해외 무역업자의 신용을 전문적으로 조사하는 기관들로는 신용보증기금, 한국무역보험공사, 한국수출입은행, 대한무역투자진흥공사(KOTRA) 등이 있다.

5. 상품조회

1) 상품조회의 의의

일반적으로 조회(inquiry)는 어떤 상품을 사려고 하는 사람이 자기 의사를 상대방에게 타진하는 과정을 말한다.

그러므로 무역거래에서 상품조회(trade inquiry)는 거래관계의 제의를 권유받은 당사자가 그 물품에 대한 관심이나 구매할 의사가 있는 경우 그것에 대해 알고 싶거나 궁금한 사항들을 조회하는 것을 의미한다.

상품조회는 수출자가 판매의 권유나 판매조건을 수입자에게 제시하는 판매권유 서한(sales letter)이나 거래제의서(circular letter)와 구별된다. 왜냐하면 상품조회는 수입자가 자신이 수입하려는 상품에 대해 구체적인 매매조건(품질, 수량, 가격, 결제, 선적 등)을 수출자에게 문의하는 것이기 때문이다.

또한 상품조회는 거래를 시작하기 전에 상대 거래업체에 대한 신용상태를 확인하는 신용조회와도 구별된다. 왜냐하면 상품조회는 계약이 체결되기 전에 예비적인 무역상담의 과정에서 수입자의 물품수입에 관한 최초의 의사표시이며, 신용조회와 달리 상품의 매매와 관련된 제반사항들을 조회하는 것이기 때문이다.

상품조회의 주된 내용은 ① 거래상품의 품질조건 ② 가격조건 ③ 수량조건 ④ 포장조건 ⑤ 선적조건 ⑥ 결제조건 ⑦ 보험조건 ⑧ 분쟁해결조건 등이다.

2) 상품조회의 회신

상품조회는 일반거래조건을 협정(Agreement)하거나 청약을 위한 당사자 간의 거래조건에 대한 의사를 타진하는 상담과정에서 이루어지기 때문에 조회를 받은 수출자는 가능한 한 빨리 그 조회내용에 대해 회신하는 것이 좋다.

즉, 수입자로부터 조회 서한을 받게 되면 그 내용을 검토하여 즉시 회신할 수 있는 사항들은 지체 없이 정중히 회답하고, 시간을 요하는 사항들은 언제까지 회신을 하겠다고 통보해야 한다.

실무에서는 상품조회와 함께 ① 상품의 상세한 목록(illustrated catalogue)이나 견본 및 가격표(price list)의 발송을 요구하거나 ② 예비적으로 계약조건(특히 가격이나 선적조건)을 대략적이라도 알려 달라고 하거나 ③ 청약자에게 상세한 오퍼의 조속한 제공을 요청하는 경우도 있다.

상품조회는 예전에는 우편이나 서신으로 송부하는 경우가 많았으나, 요즘에는 정보통신기술의 발달로 팩스(Facsimile)나 전자메일(e-mail)을 많이 사용하고 있다.

6. 청약과 승낙

계약의 성립과정에서 청약과 승낙이라는 의사표시는 대륙법과 영미법 국가 모두에서 공통적으로 인정하고 있는 필수적인 요소이다.

계약이 유효하게 성립하기 위하여 대륙법은 당사자의 대립하는 의사표시의 합치가 있어야 한다고 보고 있고, 영미법은 당사자 일방이 청약을 하고 상대방이 이를 승낙함으로써 당사자 사이의 상호합의(mutual assent)가 형성되어야 한다고 보고 있다.

이러한 원칙을 적용하면 무역계약의 경우도 법적으로는 일방 당사자의 확정적인 의사표시인 청약(offer)에 대해 상대방의 무조건적인 의사표시인 승낙(acceptance)이라는 의사가 상호 간에 합치되면 성립된다.

1) 청약

청약(offer)은 청약자(offeror)가 상대방인 피청약자(offeree)에게 어떠한 상품을 어떠한 가격과 인도 및 결제조건 등으로 판매하겠다는 의사표시를 상대방에게 제시하는 것을 말한다. 실무에서는 오퍼, 대외무역법에서는 물품매도확약서라 부르고 있다.

청약이 피청약자에 의해 승낙되면 사법상의 법률관계가 형성되어 무역계약이 성립되고, 그 효력은 이때로부터 진행되어 법률상 서면계약서(written contract)의 효력을 가지게 된다. 그러므로 무역계약이 성립되려면 반드시 일방의 청약에 대해 상대방의 유효한 승낙의 의사표시가 전제되어야만 한다.

청약(offer sheet)의 통일된 형식은 없지만 일반적으로는 품명, 규격이나 등급, 단가, 수량, 금액, 포장방법, 선적기일, 대금결제방식, 원산지 등이 기재되어 있다.

오늘날 무역거래에서는 서신이나 팩스로 일단 간략하게 오퍼하고, 이어 그 내용을 보다 상세히 기재한 일정한 서식을 갖춘 Offer Sheet를 우송하는 경우도 많다.

2) 승낙

무역계약은 당사자 사이의 상담이나 협상(business negotiation) 과정을 거칠 뿐 아니라 원 청약(original offer)에 대하여 수차의 반대청약(counter offer)을 거쳐서 서로 합의점에 최종적으로 도달함으로써 성립된다.

승낙(acceptance)은 피청약자(offeree)가 구두나 행위로 청약의 조건들을 수락하고 그 계약을 성립시키겠다는 동의를 표시하는 것을 말한다.

무역계약은 유효한 청약에 대해 유효한 상대방의 승낙이 있어야만 성립될 수 있다. 이때 승낙의 의사표시는 청약에 대한 무조건이며 절대적인 동의가 되어야 한다.

7. 주문과 주문승낙

무역계약은 일방의 청약에 대한 상대방의 승낙 외에도, 일방의 주문(order)에 대한 상대방의 주문승낙(acknowledgement)으로도 성립된다.

1) 주문

매도인이 발행하는 매도청약(selling offer)과 달리, 주문(order)은 매수인이 구매하려는 물품의 내역과 조건을 명기하여 매도인에게 구매의사를 밝힌 것을 말한다.

주문은 법적으로는 매수인이 매도인에게 매입을 신청하는 매수청약(buying offer)의 성격을 가지고 있으며 실무적으로는 주문서(Purchase Order, P/O)라고 부른다.

무역거래에서는 매수인이 매도인으로부터 입수한 견본, 상품목록 및 가격표 등을 보고 자기가 매입하고자 하는 품목을 골라 매도인에게 주문하는 경우가 많다.

일반적으로 주문 혹은 주문서에는 오퍼의 경우와 마찬가지로, 계약을 체결하기 위하여 필요한 상품의 명세 즉, 품질, 수량, 가격, 포장, 선적, 결제, 보험 등과 같은 무역계약의 기본적인 조건들이 명시되어 있다.

주문서의 형식은 일반적인 서신문 형식(order sheet)으로 발송하는 서신주문(letter order)방식과 일정한 양식을 구비하여 그 안에 필요한 주문사항을 기입한 후 이를 본문과 함께 송부하는 전자메일 주문(e-mail order)방식이 있다.

과거에는 전자의 방식이 주로 사용되었으나 최근에는 후자를 많이 사용하고 있다.

2) 주문승낙

일반적으로 매도인이 청약을 하고 매수인이 이를 승낙함으로써 계약은 성립된다.

그러나 한편으로는 매수인이 능동적으로 매도인으로부터 입수한 견본, 권유장, 상품목록(catalog) 및 가격표(price list)를 토대로 자기가 구매하거나 수입하고자 하는 물품에 대해 주문(order)하는 경우도 있다.

주문승낙(acknowledgement)은 매수인의 주문에 대해 피청약자(매도인)가 주문 내용을 확인하여 계약을 성립시키겠다는 승낙의 의사를 표시하는 것을 말한다.

이와 같이 매수인의 주문을 받은 매도인이 이를 승낙하여 승낙의 표시를 송부하는 것을 실무에서는 '주문승낙서'라고도 부르고 있다.

주문승낙서에는 ① 주문승낙의 표시와 주문에 대한 감사 ② 주문 내용의 재확인 ③ 선적시기, 선박명 등 선적 사항 재확인 ④ 결제조건의 제시 ⑤ 주문품의 만족스러운 공급을 약속하고 계속적인 거래를 희망하는 문구 등이 기재된다.

8. 무역계약서의 작성

1) 무역계약서 작성의 필요성

무역계약에서는 국제적으로 통일된 양식이나 형식이 별도로 존재하지 않는다. 계약을 체결하는 방법도 서면이나 구두방식 등 어느 것을 채택해도 무방하다.

또한 무역계약은 법적으로 불요식계약이기 때문에 문서로 작성하는 것이 무역계약 성립의 전제요건이 되는 것도 아니다.

그러나 무역거래는 격지자 간의 거래이고 계약의 성립으로부터 대금결제에 이르기까지 오랜 기간이 소요되며 복잡한 절차를 통해 이행된다. 따라서 양 당사자가 의도한 것을 명확히 해두고 계약이행 과정에서 발생될 수도 있는 분쟁을 사전에 예방하기 위해서는 합의내용을 문서로 작성해 두는 것이 필요하다.

2) 무역계약서의 작성

무역계약서는 일반적으로 매도인이 정부 2통을 작성하여 이에 서명을 한 후 이들을 매수인에게 발송하면 매수인이 내용을 확인 및 검토한 후 미비점이나 상위점이 없을 때에는 계약서 2통에 각각 서명하고, 그 중에 정본(original)은 자신이 보유하며 나머지 부본(duplicate)은 매도인에게 발송이나 교부하여 보관한다.

3) 무역계약서 작성 시 검토사항

첫째, 무역계약서는 물품의 특성이나 거래의 성격에 적합하도록 작성되어야 한다.

둘째, 무역계약서의 내용은 계약 당사자가 의도한 것과 일치되게 작성되어야 한다. 특히 약정 물품의 품질, 수량, 가격, 결제 등 핵심적인 계약내용들은 조금이라도 불분명하거나 오해의 소지가 없도록 작성되어야 한다.

셋째, 무역계약서를 작성할 때에는 장래 발생할 수 있는 법적인 문제점을 충분히 검토하여 분쟁의 예방에 유용한 계약서가 되도록 작성해야 한다.

넷째, 무역계약서를 작성할 때에는 계약내용의 충분성 여부, 계약서 내용의 논리성과 일관성 여부, 계약내용의 합법성과 구속력, 계약기간과 갱신절차, 계약해지의 내용, 계약내용이 해당 국가의 법규에 위배되는 조항은 없는지 등을 검토해야 한다.

다섯째, 향후에 발생 가능한 무역클레임의 원만한 해결을 위해 당사자 자치 해결의 우선 원칙이나 중재 등 구체적인 분쟁해결 방법을 명시해야 한다.

여섯째, 사전에 당사자 사이에 교환하였던 의향서(Letter of Intent)나 각서가 있는 경우에는 이러한 내용들이 무역계약서에 잘 반영되었는지 확인해야 한다.

제3절 비엔나협약과 무역계약의 성립

1. 비엔나협약(CISG)

1) 비엔나협약의 개관

(1) 개요

국제물품매매계약에 관한 UN협약(United Nations Convention on Contracts for the International Sale of Goods, 1980, 이하 비엔나협약 혹은 CISG라고 부름)은 국제물품매매계약을 규율하는 국제통일매매법이다.

이 협약은 UN 산하 국제무역법위원회(UNCITRAL : United Nations Commission on International Trade Law)가 1978년 초안을 작성하였고 62개 국가와 8개의 국제기구들이 참여하여 1980년 4월 오스트리아 비엔나(Vienna)에서 개최된 외교회의에서 만장일치로 통과됨으로써 탄생하였고 1988년 1월 1일부터 발효되었다.

이 협약은 유엔통일매매법이라고도 불리고 있다. 2025년 8월 현재 미국, 러시아, 독일, 프랑스, 일본, 중국 등 97개국이 가입한 상태이다.

(2) 목적과 역할

기업들의 매매 활동을 규율하는 개별 국가들의 규범들은 오래전부터 존재했었다.

그러나 이 규범들은 국가 간 법집행과 적용상의 차이 때문에 불편함과 많은 혼란을 야기하였다. 이에 따라 기업 간 분쟁을 해소하고 통일된 해석기준을 제공하기 위해 국가적인 차원에서 국제매매관계에 적용될 법의 통일화 작업을 진행시킨 결과 탄생된 결과물이 바로 '비엔나협약'이다.

비엔나협약을 제정하게 된 궁극적인 목적은 국제물품매매계약에 관하여 국제적으로 통일된 상관습을 성문화함으로써 무역거래의 법률적인 장벽을 제거하며 국제무역의 발전을 증진시키는데 기여하는 데 있다.

이 협약은 체약국에게는 국제물품매매에 관한 한, 국내법보다 우선하여 적용하도록 되어 있으므로 체약국 사이에 통일된 법해석을 가능하게 하는 계기가 되었다.

또한 매매계약에서 합리적인 해석기준을 제공함으로써 계약의 성립이나 이행 및 종료에서 당사자들에게 예측 가능성을 향상시켜 주고 있다.

그리고 평등과 상호 이익을 기초로 하는 국제무역의 발전과 국가 간 우호를 촉진하는 데에도 중요한 역할을 담당하고 있다.

(3) 법적 근원과 영향

비엔나협약은 다양한 법적 배경을 가진 국가의 법률가들에 의해 성안되었고 매매계약에 관한 단행법 체계를 취하고 있다. 또한 미국통일상법전(UCC)의 영향을 많이 받았고 선진국과 개발도상국간 그리고 영미법계와 대륙법계의 입장을 조화시켰다.

비엔나협약은 국제상사계약원칙(Principles of International Commercial Contracts : PICC, 1994)과 유럽계약법원칙(Principles of European Contract Law : PECL, 1995)의 제정에도 큰 영향을 미쳤고, 이 협약의 개념과 용어들은 매매계약법의 국제적인 공용어가 되고 있다. 이러한 상황에서 이미 각국의 법원이나 중재원에서는 본 협약에 준거한 판례나 결정들이 등장하고 있다.

그러나 비엔나협약은 영미법과 대륙법을 아우르는 통일매매법의 가치는 충분히 있을지 몰라도 현실적으로는 실효성이 그다지 높지 않다. 왜냐하면 현재 무역매매에서 이를 준거법으로 채택하는 경우는 거의 없기 때문이다.

2) 비엔나협약의 성격과 국내법적 성격

(1) 비엔나협약의 성격

첫째, 비엔나협약은 국제물품매매계약에 직접 적용되는 직접법이며 실체법이다.
둘째, 비엔나협약은 영업소를 달리하는 당사자 간의 물품매매계약에 적용된다.
셋째, 비엔나협약은 국제물품매매계약에 적용되는 통일법이다.

(2) 국내법적 성격

비엔나협약은 자동 집행적 조약(self-executing treaty)이다. 이것은 협약 내용이 충분히 상세하고 특정되어 있어 별도의 국내 입법이 없어도 그대로 국내에 적용이 가능하여 국내에서 직접 효력을 발생시킬 수 있는 것을 말한다. 그 근거는 다음과 같다.

첫째, 본 협약 제2편에는 계약의 성립에 관한 규정을 두고 있고 제3편에는 계약 당사자의 권리·의무와 계약위반이 있는 경우 상대방의 구제에 관한 규정을 두고 있는 점으로 미루어 볼 때, 이들 규정들은 별도의 입법적인 장치가 없더라도 국제물품매매에 적용이 가능하도록 충분히 상세하게 규정되어 있다.

둘째, 본 협약상 별도의 입법조치가 요구되는 조항은 제4편 최종 규정의 일부 조항이다. 따라서 매매계약에 적용될 규정을 담고 있는 제1편, 제2편 및 제3편의 조항은 모두 별도의 입법조치가 없더라도 충분히 적용이 가능하며, 협약 자체에도 국내에서 법률로써 효력을 가지기 위해 체약국에 입법을 하도록 요구하는 규정이 전혀 없다.

3) 비엔나협약의 성립

(1) 헤이그협약의 성립과 한계

무역거래는 상이한 법률, 제도, 관습으로 인해 당사자들이 합의한 계약내용에 대해 다양한 해석이 있을 수 있고, 이로 인해 예측하지 못한 분쟁들이 발생할 수 있다.

이러한 문제의 발생을 미리 예견하여 계약내용을 완벽히 함으로써 분쟁을 사전에 차단하는 것이 가장 바람직하지만, 모든 상황을 미리 상정하여 대비한다는 자체가 불가능할 뿐 아니라 이는 거래의 신속성을 방해하는 요소가 될 수도 있다.

사전에 계약에 적용할 준거법을 명백히 정하는 방법도 고려할 수 있지만, 양 당사자에게 공평하다고 평가되는 준거법을 찾는 일도 쉽지 않다. 실제로 독일 등 대륙법계 국가와 미국 등 영미법계 국가들 간에는 법 해석상 많은 차이들이 존재한다.

준거법 채택의 어려움과 해석 차이는 무역거래를 위축시키는 요인이 될 수 있다.

교역규모가 확대되어 이러한 문제의 발생 빈도가 높아짐에 따라, 1960년대부터 국제매매거래에 적용되는 통일협약의 필요성이 강도 높게 제기되기 시작하였다.

통일협약의 제정 작업은 유엔(UN) 산하 UNIDROIT(International Institute for the Unification of Private Law : 사법통일을 위한 국제기구)가 주도하였다.

그 결과, 「국제물품매매계약의 성립에 관한 통일법 협약(Convention Relating to a Uniform Law on the Formation of Contract for the International Sale of Goods : ULF, 1964)」과 「국제물품매매에 관한 통일법 협약(Convention Relating to a Uniform Law on the International Sale of Goods : ULIS, 1964)」이 제정되었다.

이 협약들은 1964년 4월 헤이그에서 개최된 28개국 외교회의에서 채택되어 1972년에 발효되었다. 모두 헤이그에서 서명되었기 때문에 양 협약을 통칭하여 '헤이그 통일매매법 협약' 혹은 '헤이그협약(Hague Convention)'이라고 부르고 있다.

그런데 이 협약들은 다음과 같은 본질적인 문제점들을 가지고 있었다.

첫째, 협약을 채택할 당시에 회의에 참석한 국가들은 서유럽 중심의 28개국에 불과하였다. 또한 초안 작성과정에서 개도국들은 참여하지 않았다.

둘째, 비체약국도 적용되는 등 적용범위가 너무 넓었고 당사자의 자치를 허용하지 않아 유연성이 떨어졌으며, 대륙법계를 중심으로 작성되었기 때문에 영미법계 국가들에 대한 고려가 너무 부족하였다.

셋째, 주로 선진국에 속하는 매도인의 이익을 지나치게 보호하는데 중점을 두었기 때문에 매도인과 매수인의 이익을 공평하게 보호하지 못하였고, 이에 따라 개도국이나 후진국 및 제3세계 국가의 지지를 받지 못하였다.

이러한 문제점들 때문에 이 협약들은 1972년에 각각 발효되었지만, 협약에 가입한 총 국가들이 영국과 독일 등 9개 국가에 불과하였다. 이에 따라 더 많은 국가들이 참여하고 보다 균형 있는 새로운 국제통일매매법의 제정이 필요하게 되었다.

이러한 배경 속에서 UNCITRAL은 헤이그협약의 단점을 보완하고자 미국의 통일상법전(UCC) 제2편을 참고하여 새로운 협약을 제정하였다. 그것이 비엔나협약이다.

(2) 비엔나협약의 성립과 발효

UNIDROIT의 헤이그협약이 국제적인 통일매매규범으로 역할을 제대로 수행하지 못하게 되자, 1966년 유엔총회의 결의로 설립된 UNCITRAL은 1968년부터 국제매매에 관한 새로운 통일협약 제정을 위한 작업을 시작하였다. UNCITRAL는 이전 헤이그협약의 문제점을 감안하여 보다 많은 국가들이 수용할 수 있도록 의도하였다.

이 협약의 제정과정에는 62개 국가와 8개 국제기구들이 참여하여 헤이그협약보다 참여자들이 크게 증가하였고, 서방 선진국뿐만 아니라 사회주의 국가와 제3세계 국가, 개발도상국 등 다양한 배경을 지닌 주체들이 모두 참여함에 따라 여러 국가들의 거래 현실이 협약에 반영될 수 있었다.

또한 헤이그협약은 계약의 성립과 계약의 실체적 사항들을 분리하여 별개의 두 협약으로 되어 있었으나, 통일협약 작업에서는 이를 합하여 하나의 협약으로 통일하기로 하는 등 큰 변화를 시도하였다.

이후 1976년에는 국제물품매매에 관한 통일법협약(ULIS)에 기초한 매매협약 초안이 작성되었고, 1978년에는 국제물품매매계약의 성립에 관한 통일법 협약(ULF)에 기초한 계약성립 초안이 작성되었다. 이어 진행된 1978년 UNCITRAL 전체회의에서는 이 두 가지 협약 초안을 심의하여 두 협약 초안을 단일 협약으로 통합하였다.

이 협약 안은 1980년 비엔나에서 개최된 UNCITRAL 총회에서 '국제물품매매계약에 관한 유엔협약(United Nations Convention on Contracts for the International Sale of Goods, CISG)'으로 정식 채택되었다.

비엔나협약은 예전의 9개 가입국 외에, 추가로 1986년 12월 11일에는 미국, 중국, 이탈리아 등 총 가입국이 12개국이 됨에 따라, 본 협약 제99조 제a항(10번째의 비준서, 수락서, 승인서 또는 가입서가 기탁된 날로 12개월이 경과한 다음 달 1일에 효력을 발생한다)에 근거하여 1988년 1월 1일부터 정식 발효되었다.

비엔나협약은 헤이그협약과 달리, 많은 국가의 지지를 받는 통일매매법이 되었다. 이 협약은 국제물품매매계약에 관한 통일된 관습을 국제적으로 성문화한 것으로 무역거래의 법률적 장벽을 제거하는데 크게 공헌하고 있다.

4) 비엔나협약의 구조와 특징

(1) 비엔나협약의 구조

비엔나협약은 크게 전문, 총 4편(Part), 101개 조항(Article)으로 구성되어 있다.

제1편 적용범위와 총칙(1조~13조)은 협약의 적용범위 등 기본원칙을 규정하고 있고, 제2편 계약의 성립(14조~24조)은 청약과 승낙에 의한 계약의 성립을 규정하고 있다. 제3편 물품의 매매(25조~88조)는 본 협약의 가장 핵심 부분으로 매도인과 매수인의 의무, 위험이전, 매도인과 매수인의 의무에 공통된 사항들을 규정하고 있다.

제4편 최종 조항(89조~101조)은 협약의 효력발생과 유보사항들을 규정하고 있다.

제2편 '계약의 성립'은 1964년 헤이그협약의 ULF에 대응하는 규정이고 제3편 '물품의 매매'는 ULIS에서 다루고 있던 매매의 실체적 측면에 대응한 것이다.

이러한 이유로 비엔나협약에 가입할 때 제2편과 제3편 중 어느 하나만을 선택하여 가입하는 유보선언도 가능하다.

┃표 5-1┃ 비엔나협약의 구성

제1편 적용범위와 총칙 (13개 조문)	제1장 적용범위(제1조~제6조), 제2장 총칙(제7조~제13조)
제2편 계약의 성립 (11개 조문)	제14조~제24조
제3편 물품의 매매 (64개 조문)	제1장 총칙(제25조~제29조)
	제2장 매도인의 의무(제30조~제52조)
	제1절 물품의 인도와 서류의 교부(제31조~제34조)
	제2절 물품의 적합성과 제3자의 권리주장(제35조~제44조)
	제3절 매도인의 계약위반에 대한 구제(제45조~제52조)
	제3장 매수인의 의무(제53조~제65조)
	제1절 대금의 지급(제54조~제59조)
	제2절 인도의 수령(제60조)
	제3절 매수인의 계약위반에 대한 구제(제61조~제65조)
	제4장 위험의 이전(제66조~제70조)
	제5장 매도인과 매수인의 의무에 공통되는 규정
	제1절 이행기전의 계약위반과 분할인도계약(제71조~제73조)
	제2절 손해배상액(제74조~제77조)
	제3절 이자(제78조)
	제4절 면책(제79조, 제80조)
	제5절 해제의 효과(제81조~제84조)
	제6절 물품의 보관(제85조~제88조)
제4편 최종 조항 (13개 조문)	제89조~제101조 CISG의 효력발생, 가입, 탈퇴, 일부 조항의 유보 등

(2) 비엔나협약의 특징

첫째, 비엔나협약은 매도인과 매수인의 이익을 균형 있게 보장하고 있다. 이에 반해, UNIDROIT의 헤이그협약은 선진국 입장을 옹호하여 매도인을 보호하는데 중점을 두고 있다. 이러한 이유로 비엔나협약은 헤이그협약에 비해 많은 지지를 얻고 있다.

둘째, 비엔나협약의 적용범위는 매매계약의 성립에 관한 문제(제2편)와 매매계약에서 발생하는 매도인과 매수인의 권리와 의무(제3편)로 한정되어 있다. 따라서 계약자체의 효력이나 소유권 이전에 관한 계약이 가지는 효력 등은 적용대상에서 제외된다. 이에 반해, UNIDROIT의 헤이그협약은 모든 분야를 적용대상으로 하고 있다.

셋째, 비엔나협약은 적용대상을 국제거래로 한정하고 있다. 이것은 많은 국가들의 가입을 유도하며 각 회원국의 국내법이 무력화되는 것을 방지하고자 한 것이다.

넷째, 비엔나협약은 자동 집행조약(self-executing treaty)으로 별도의 입법 조치가 없이도 국내법과 동일한 효력을 갖도록 하였다. 이것은 비엔나협약은 각 회원국의 민사법을 통일하고자 만든 협약이 아니기 때문에 국내 매매법체계와 협약이 상충하더라도 서로 영향을 받지 않으며 유지될 수 있도록 한 것이다.

다섯째, 헤이그협약의 문제점 중 하나가 대륙법계 중심이었다는 것인데 비엔나협약은 이를 보완하여 대륙법과 영미법을 적절히 조화시켰다. 그런데 양 법계를 잘 조화시켰다고는 하지만, 국가마다 협약을 적용하는 태도는 많은 차이를 보이고 있다.

예를 들어 독일과 같이 자국의 민법을 비엔나협약에 합치되게 개정함으로써 협약을 적극적으로 적용하는 국가가 있는 반면, 판례법주의 국가인 미국과 같이 판결에서 협약의 적용에 상당히 소극적인 태도를 보이는 국가도 있다. 미국은 여전히 자국의 통일상법전(UCC)을 우선 적용하려는 경향이 강하다.

여섯째, 비엔나협약은 국제매매법의 절차적인 면과 실체적인 면을 통합하였다. 이에 따라 계약의 성립과 그 효과로 발생하는 당사자의 권리와 의무를 모두 규정하고 있다.

일곱째, 비엔나협약은 계약자유 원칙에 입각하여 본 협약의 적용 여부를 당사자들이 결정할 수 있도록 당사자 자치를 보장하고 있다. 이것은 비엔나협약은 임의규정이므로 협약 가입국의 당사자라 하더라도 반드시 이에 구속될 필요는 없다는 의미이다.

따라서 비체약국 당사자들은 비엔나협약을 적용하도록 합의할 수도 있고, 양 당사자의 의사가 합치된다면 협약의 일부 규정들은 배제시킬 수도 있다.

여덟째, 비엔나협약은 가입국의 유보를 허용하고 있다. 즉, 비엔나협약은 본 협약의 적용배제를 국가적 차원에서도 이루어지도록 하고 있다. 이에 따라 가입하고자 하는 국가가 일부 조항의 적용을 유보한 채로 가입하는 경우도 발생하고 있다.

5) 우리나라의 비엔나협약 가입

(1) 과정

우리나라는 1970년대 말 외무부 공무원과 학계 대표를 UNICITRAL 회의에 참석시킴으로써 늦게나마 본 협약의 성립에 적극 참여하였고, 1980년 비엔나 회의에도 대표를 참석시켜 최종 의정서에 서명까지 하였다.

그러나 협약 내용이 국내의 민법과 상법에 일부 배치된다는 점과 기업들의 인식도가 낮아 급하게 도입할 필요가 없다는 이유로 차일피일 가입을 미루었다.

그러다가 2003년에서야 국회의 비준 동의를 얻어 2004년 2월 17일에 비로서 협약에 가입하였고, 2005년 3월 1일에 사인이 발효되어 정식 체약국이 되었다.

(2) 의미

우리나라의 비엔나협약 가입은 여러 면에서 다음과 같은 중요한 의미를 가진다.

첫째, 비엔나협약은 국제물품매매를 규율하는 국제통일매매법의 확고한 지위를 차지하고 있다. 이것은 국제거래법의 빠른 변화에 우리나라가 신속하게 대응하는 전향적 자세를 취하고 있음을 의미한다.

둘째, 2025년 8월 현재 97개국이 가입하고 있는 비엔나협약은 미국, 러시아, 독일, 프랑스, 일본, 중국 등 우리나라의 주요 교역국들이 거의 모두 가입하고 있다. 따라서 우리나라의 가입은 전 세계적인 흐름에 적극 동참한다는 의미를 가지고 있다.

또한 우리나라가 비엔나협약에 가입함으로써 우리나라 대외무역의 반 이상의 국가들에게 비엔나협약의 적용이 가능하게 되었다.

비엔나협약이 우리나라의 교역과 관련된 중요한 법률이 되는 동시에 분쟁해결의 준거법으로 될 것이라는 점을 고려한다면 비엔나협약은 이제 단순히 학문적인 관심의 차원을 넘어 실무계에서도 관심을 가져야 하는 실제적인 영역이 되고 있다.

(3) 법적 지위

비엔나협약은 2005년 3월 1일 부터 우리나라에서 국내법으로 정식 발효됨으로써 국내법과 동일한 효력을 가지는 실정법과 민·상법상의 특별법이 되었다.

국내에서는 민법과 상법이 매매에 관한 일반법으로 기능하고 있지만, 국제거래에서는 비엔나협약이 적용된다. 우리나라 헌법 제6조 제1항은 '헌법에 의하여 체결 및 공포된 조약과 일반적으로 승인된 국제법규는 국내법과 동일한 효력을 가진다.'라고 규정하고 있으므로 비엔나협약은 국내법과 동일한 지위에 있게 되었다.

6) 비엔나협약의 적용범위와 요건

(1) 적용범위

첫째, 비엔나협약이 적용되는 계약은 '물품(goods)'의 매매계약이다. 비엔나협약의 입법 취지를 고려할 때 물품의 개념에는 매매계약의 목적을 구성하는 모든 목적물들이 포함된다. 따라서 CD 등 유형의 매체에 체화된 컴퓨터 프로그램(소프트웨어)도 비엔나 협약이 적용될 수 있는 대상물이다. 그러나 계약의 목적물이 물품이 아닌 서비스(용역)이나 지식재산권 그 자체는 본 협약의 적용 대상이 될 수 없다.

둘째, 비엔나협약이 적용되는 계약은 물품의 '매매계약(contracts of sale)'이다.

비엔나협약에는 매매계약이 구체적으로 무엇인지에 대한 정의는 두고 있지 않다. 그러나 매도인과 매수인의 의무 규정을 토대로 살펴볼 때, 매매계약은 일방의 당사자가 물품을 인도하고 타방 당사자는 그의 반대급부로 대금을 지급하는 계약이다. 따라서 단순한 물품교환계약(barter contracts)은 비엔나협약의 적용 대상이 되지 못한다.

(2) 비엔나협약의 적용요건

비엔나협약이 적용되기 위해서는 그 적용대상인 계약이 '물품의 매매계약'인 것을 기본으로 하여(제1조), ① 당사자가 상이한 국가에 영업소 내지 일상의 거주지를 두고 있을 것 ② 국제성에 대한 인식 가능성이 있을 것 ③ 당사자의 본거지가 있는 국가가 체약국일 것(제1조) ④ 비엔나협약의 적용배제에 관한 당사자의 합의가 없을 것(제6조)이라는 네 가지 요건을 모두 갖추어야 한다.

표 5-2 비엔나협약의 적용범위

제1조	Article 1
(1) 이 협약은 다음의 경우에, 영업소가 서로 다른 국가에 있는 당사자간의 물품매매계약에 적용된다. (a) 해당 국가가 모두 체약국인 경우, 또는 (b) 국제사법 규칙에 의해 체약국법이 적용되는 경우 (2) 당사자가 서로 다른 국가에 영업소를 가지고 있다는 사실은 계약으로부터 또는 계약체결 전이나 그 체결 시에 당사자간의 거래나 당사자에 의하여 밝혀진 정보로부터 드러나지 아니하는 경우에는 고려되지 않는다. (3) 당사자의 국적 또는 당사자나 계약의 민사적·상사적 성격은 이 협약의 적용 여부를 결정하는 데에 고려되지 않는다.	(1) This Convention applies to contracts of sale of goods between parties whose places of business are in different States : (a) when the States are Contracting States; or (b) when the rules of private international law lead to the application of the law of a Contracting State. (2) The fact that the parties have their places of business in different States is to be disregarded whenever this fact does not appear either from the contract or from any dealings between, or from information disclosed by, the parties at any time before or at the conclusion of the contract. (3) Neither the nationality of the parties nor the civil or commercial character of the parties or of the contract is to be taken into consideration in determining the application of this Convention.

① 영업소가 상이한 국가에 소재할 것

비엔나협약이 적용되기 위해서는 우선 양 당사자가 상이한 국가에 영업소를 가지고 있거나, 또는 영업소를 갖고 있지 않은 경우에는 그 일상의 거주지(즉, 상거소)를 상이한 국가에 가지고 있어야 한다(제1조 제1항 및 제10조 제b호).

즉, 본 협약은 계약 당사자가 서로 다른 국가에 영업소나 거주지를 가짐으로써 국제성을 갖춘 매매계약을 적용대상으로 한다. 이때 양 당사자의 국적은 묻지 않는다.

② 국제성에 관한 인식 가능성이 있을 것

비엔나협약이 적용되려면 당사자가 상이한 국가에 영업소를 가지고 있다는 사실만으로는 충분하지 않으며 계약관계의 국제성이 가시적이어야 한다. 즉, 당사자들이 다른 국가에 영업소를 갖고 있다는 사실이 계약이나 계약체결 당시 또는 그 이전에 당사자 사이의 거래관계나 당사자가 제시한 정보로부터 나타나야 한다(제1조 제2항).

왜냐하면 계약 당사자들이 상이한 국가에 영업소를 가지고 있어 본 계약이 국제물품매매계약이라는 사실을 당사자들이 모두 알고 있을 때 비로소 본 협약이 적용되도록 하는 것이 당사자들의 기대에 반하지 않는 것이기 때문이다.

③ 당사자의 본거지가 있는 국가가 체약국일 것

비엔나협약은 당사자가 상이한 국가에 영업소 내지 일상의 거주지를 갖고 있더라도, 원칙적으로 이들 국가가 모두 이 협약의 체약국일 경우에 한하여 적용된다. 당사자의 본거지가 있는 국가들이 체약국이어야만 본 협약의 적용이 가능한 것이다.

이 협약에서 계약의 성립은 해당국들이 청약의 시점에 체약국이며, 또 물품매매의 효력은 해당국들이 계약체결의 시점에 체약국일 경우에 한하여 적용한다(제100조).

이때 해당국이 이 협약의 체약국인지를 어느 시점에서 당사자들이 알았는지는 불문한다. 그러나 당사자의 국가가 모두 체약국이 아니더라도, 당사자들이 스스로 이 협약을 적용받기로 합의하는 경우에는 그 계약에 본 협약을 적용할 수 있다.

④ 적용배제의 합의가 없을 것

비엔나협약은 당사자가 협약 전체의 적용을 배제하거나 또는 협약의 일부 규정들에 대하여 그 효력을 감퇴시키거나 변경시킬 수 있도록 하고 있다(제6조).

따라서 당사자 간에 협약 전체의 적용배제에 관한 합의나 계약과 관련된 일부 규정에 대한 효력변경의 합의가 없어야 그 계약에 본 협약의 적용이 가능하다. 이것은 본 협약의 적용이나 적용배제에 관하여 당사자 자치의 원칙을 인정하고 있는 것이다.

7) 비엔나협약의 적용배제

(1) 의의

비엔나협약 제2조는 적용이 배제되는 거래유형을 규정하고 있고, 제6조는 합의에 의해 본 협약의 전부를 배제하거나 일부의 내용을 변경할 수 있다고 규정하고 있다.

실무에서는 비엔나협약에 대한 이해와 경험 부족으로 계약서에 본 협약의 적용배제를 명시하는 경우가 많다. 비엔나협약은 강행법규가 아니기 때문에 당사자들이 본 협약의 배제를 합의한 경우에는 적용되지 않는 것이 원칙이다.

(2) 특수한 대상물 매매의 적용배제

비엔나협약 제2조에 규정된 적용배제의 유형은 ① 매매의 용도에 의한 배제((a)호 ② 매매의 속성(또는 거래의 유형)에 의한 배제((b)호와 (c)호) ③ 물품의 속성(또는 매매의 대상)에 의한 배제((d)호~(f)호)로 구분할 수 있다.

즉, 비엔나협약은 일반적인 물품의 국제매매계약에 적용하기 위한 것이기 때문에, 다음과 같은 특수한 대상물의 매매에는 적용되지 않는다.

첫째, 사적사용을 목적으로 한 소비자의 비상업적 구매행위에는 본 협약이 적용되지 않는다. 즉, 본 협약은 물품의 국제매매계약이더라도 매수인(소비자)이 개인용, 가족용, 가정용으로 물품을 구매하는 행위에는 적용되지 않는다. 다만, 예외적으로 매도인이 계약의 체결 전 또는 그 당시에 물품이 그러한 용도로 구입된 것을 알지 못하였거나 알았어야 할 것도 아닌 경우에는 본 협약이 적용될 수 있다(제2조 (a)호).

국제적으로 소비자의 구매행위는 흔한 일이 아니며 주로 관광객의 수화물이거나 우편주문이 주종을 이루기 때문에, 그러한 거래에까지 본 협약의 규정을 적용한다는 것은 타당하지 못하다는 점 때문에 그 적용을 배제한 것이다.

둘째, 경매에는 이 협약이 적용되지 않는다. 왜냐하면 경매는 일반적인 국제매매계약의 대상이라고 볼 수 없고 경매시장 등에서 이루어지는 거래일 뿐 아니라 대개 각국의 경제정책상 강행법으로써 이를 별도로 규율하는 있기 때문이다.

셋째, 강제집행이나 기타 법률에 의한 매매에는 본 협약이 적용되지 않는다. 이것은 매도인 자신이 스스로 매도하는 것이 아니라 그의 의사와 관계없이 국가기관이 개입하여 강제적으로 그의 재산을 처분하는 것이기 때문에 적용을 배제시킨 것이다.

넷째, 주식, 지분, 투자증권, 유통증권, 투자증권, 어음, 수표 등의 유가증권이나 각국에서 통용되고 있는 화폐의 매매에는 본 협약이 적용되지 않는다. 왜냐하면 이러한 매매는 매매의 형태라기보다는 물품 자체의 거래를 목적으로 한 것이기 때문이다.

다섯째, 선박, 소선(小船), 부선(浮船) 또는 항공기 등의 매매에는 본 협약이 적용되지 않는다(동조 (e)호). 이것을 배제한 이유는 각국마다 이에 대한 별도의 등기와 등록제도를 마련하고 있기 때문에 법 적용의 충돌을 피하기 위한 것이다.

여섯째, 전기의 매매에는 본 협약이 적용되지 않는다(동조 (f)호). 왜냐하면 국제적인 전기의 공급계약은 각국이 국내의 특별법으로 이를 규제하고 있기 때문이다.

| 표 5-3 | 비엔나협약상 특수한 대상물 매매의 적용배제

제2조	Article 2
이 협약은 다음의 매매에는 적용되지 않는다. (a) 개인용·가족용 또는 가정용으로 물품을 구입하는 행위. 다만, 매도인이 계약체결 전이나 그 체결 시에 물품이 그와 같은 용도로 구입된 사실을 알지 못하였고, 알았어야 했던 것도 아닌 경우에는 그러하지 아니하다. (b) 경매 (c) 강제집행 그밖의 법령에 의한 매매 (d) 주식, 지분, 투자증권, 유통증권 또는 화폐의 매매 (e) 선박, 소선(小船), 부선(浮船), 또는 항공기의 매매 (f) 전기의 매매	This Convention does not apply to sales : (a) of goods bought for personal, family or household use, unless the seller, at any time before or at the conclusion of the contract, neither knew nor ought to have known that the goods were bought for any such use ; (b) by auction ; (c) on execution or otherwise by authority of law ; (d) of stocks, shares, investment securities, negotiable instruments or money ; (e) of ships, vessels, hovercraft or aircraft ; (f) of electricity.

(3) 재료공급과 서비스계약 등의 적용배제

비엔나협약은 물품을 제조하거나 생산하여 공급하는 계약은 매매로 간주하지만, 그 물품을 주문한 자가 그 원재료 가운데 중요한 부분을 공급하기로 약속한 경우에는 이를 매매로 보지 않는다고 규정하고 있다(제3조).

본 조항의 단서는 바로 수·위탁가공무역의 적용배제를 규정한 것이다. 물품을 구입하는 매수인이 물품의 상당 부분의 원재료를 공급하고 매도인이 아주 미미한 가공용역만을 제공하여 다시 건네받는 수·위탁가공무역은 본질적으로 국제물품매매계약이 아니므로 이를 매매로 보지 않아 본 협약이 적용되지 않는다는 것이다.

| 표 5-4 | 비엔나협약상 재료공급과 서비스계약의 적용배제

제3조	Article 3
(1) 물품을 제조 또는 생산하여 공급하는 계약은 이를 매매로 본다. 다만, 물품을 주문한 당사자가 그 제조 또는 생산에 필요한 재료의 중요한 부분을 공급하는 경우에는 그러하지 아니하다. (2) 이 협약은 물품을 공급하는 당사자의 의무의 주된 부분이 노무 그 밖의 서비스의 제공에 있는 계약에는 적용되지 않는다.	(1) Contracts for the supply of goods to be manufactured or produced are to be considered sales unless the party who orders the goods undertakes to supply a substantial part of the materials necessary for such manufacture or production. (2) This Convention does not apply to contracts in which the preponderant part of the obligations of the party who furnishes the goods consists in the supply of labour or other services.

또한 본 협약은 물품매매계약을 규율하는 것이기 때문에 물품을 공급하는 당사자의 의무 중에서 대부분이 노무나 기타 서비스의 제공으로 구성되어 있는 계약에는 적용되지 않는다. 이것은 물품의 인도와 노무서비스가 함께 제공되는 혼합계약에 대한 언급으로, 노무나 서비스가 포함되는 물품공급의 경우 당사자 의무의 '주된 부분'이 노무나 서비스의 제공인 경우에는 본 협약이 적용되지 않는다는 것이다.

(4) 계약의 유효성과 소유권 이전의 적용배제

비엔나협약은 매매계약의 모든 사항을 규율하는 것이 아니라 '매매계약의 성립'과 그 계약으로부터 발생하는 '매도인과 매수인의 권리와 의무'들을 규율한다.

따라서 이 협약에 별도의 명시적인 규정이 있는 경우를 제외하고, 비엔나협약은 ① 계약 자체나 그 조항의 유효성 또는 관행의 유효성 ② 물품의 소유권 이전의 문제 즉, 매매된 물품의 소유권에 관하여 계약이 미치는 효력에는 적용되지 않는다.

이것을 배제시킨 이유는 전자는 입법 작업이 너무 확대되어 시간이 지체될 수 있다는 점이고 후자는 각국마다 입장 차이가 너무 커서 통일적으로 규정하기가 부적합하다는 것이다. 그러나 이들이 비엔나협약의 적용대상에서 배제된다고 하더라도, 그것은 '비엔나협약에 달리 명시적인 규정이 없는 경우'로 한정된다.

이 협약에 규정이 없는 계약의 유효성 등은 당사자 자치의 합의 원칙(제6조)과 신의성실의 원칙(제7조 제1항) 등에 근거하여 해결해야 하며, 그러한 원칙도 적용될 수 없으면 합의된 준거법에 따라 해결되어야 한다(제7조 제2항). 예를 들어 계약의 체결능력, 착오, 사기, 강박 등에 의한 법률행위의 효력은 체약국의 국내법에 따르며 관행의 유효성도 역시 동일하게 적용된다.

그 외 공서양속에 반하는 법률행위나 각국의 법령에 저촉되는 계약의 효력도 각국의 국내법에 따르게 된다.

표 5-5 비엔나협약상 계약의 유효성과 소유권 이전의 적용배제

제4조	Article 4
이 협약은 매매계약의 성립 및 그 계약으로부터 발생하는 매도인과 매수인의 권리·의무만을 규율한다. 이 협약에 별도의 명시규정이 있는 경우를 제외하고, 이 협약은 특히 다음과 관련이 없다. (a) 계약이나 그 조항 또는 관행의 유효성 (b) 매매된 물품의 소유권에 관하여 계약이 미치는 효력	This Convention governs only the formation of the contract of sale and the rights and obligations of the seller and the buyer arising from such a contract. In particular, except as otherwise expressly provided in this Convention, it is not concerned with: (a) the validity of the contract or of any of its provisions or of any usage; (b) the effect which the contract may have on the property in the goods sold.

(5) 제조물책임에 의한 인적 손해의 적용배제

비엔나협약은 제조나 판매 및 공급된 물품으로 인하여 발생한 사람의 사망이나 신체적 상해에 대해 그 물품의 매도인에게 책임을 묻는 제조물책임은 적용되지 않는다.

그 이유는 제조물책임의 인정 범위는 각국마다 상이하기 때문에 이를 비엔나협약에서 획일적으로 적용하면 각국의 법들과 충돌될 수 있기 때문이다.

그런데 제조물책임에 따른 인적 손해가 아닌 '경제적 손해'나 '물적 손해'는 본 협약의 적용범위이다. 그리고 인적 손해는 「물품으로 인하여」 야기 되었어야 한다.

따라서 물품 자체의 하자로 생긴 인적 손해나 물품 자체는 하자가 없었으나 매도인의 설명 잘못으로 발생한 인적 손해는 모두 본 협약의 적용이 배제된다.

| 표 5-6 | 비엔나협약상 제조물책임에 의한 인적 손해의 적용배제

제5조 이 협약은 물품으로 인하여 발생한 사람의 사망 또는 상해에 대한 매도인의 책임에는 적용되지 않는다.	Article 5 This Convention does not apply to the liability of the seller for death or personal injury caused by the goods to any person.

(6) 당사자 합의에 의한 적용배제

비엔나협약에서 당사자는 그들 자신의 합의로 얼마든지 본 협약 전체의 적용이나 일부의 적용을 배제시킬 수도 있고 그 내용도 변경시킬 수 있다.

이것은 비엔나협약은 당사자들이 원할 경우, 준거법의 지정을 통해 그 적용을 배제할 수 있는 임의규정이라는 사실에 근거한 것이며, 본 협약의 적용이나 적용배제에 있어서 당사자 자치에 의한 합의 원칙이 우선적으로 적용된다는 것을 천명한 것이다.

| 표 5-7 | 비엔나협약상 당사자 합의에 의한 적용배제

제6조 당사자는 이 협약의 적용을 배제할 수 있고, 제12조에 따를 것을 조건으로 하여 이 협약의 어떠한 규정에 대하여도 그 적용을 배제하거나 효과를 변경할 수 있다.	Article 6 The parties may exclude the application of this Convention or, subject to article 12, derogate from or vary the effect of any of its provisions.

적용배제는 「본 계약에 비엔나협약(CISG)은 적용되지 않는다.」 또는 「본 계약에 비엔나협약(CISG)은 적용되지 않고 한국법이 적용된다.」는 방식으로 이루어진다.

여기에서 '제12조에 따를 것을 조건으로 하여'는 계약형식의 국내 요건을 규정한 것인데, 이는 결국 체약국의 국내법이 당사자 합의에 우선하여 적용된다는 의미이다.

8) 비엔나협약의 해석기준과 원칙

(1) 비엔나협약의 해석기준

비엔나협약은 궁극적으로 각국의 국내 법원에서 이를 해석하고 적용하는 것이기 때문에, 본 협약 제1편 제2장 총칙(제7조 내지 제13조)은 이러한 협약 해석의 차이를 최소화하기 위한 규정들을 마련하고 있다.

본 협약의 제정 목적은 첫째, 국제매매계약에서 협약 적용의 통일성을 높이고 둘째, 준거법을 따로 결정해야 하는 빈도를 줄이며 셋째, 법정지(法廷地) 선택의 빈도를 줄이는데 있다. 이상의 목적은 다음의 해석기준을 적용함으로써 달성할 수 있다.

① 국제적 성격의 고려

비엔나협약의 해석은 국제적 성격을 고려해야 한다. 이것은 비엔나협약은 국내법의 개념이나 제도에 의거하여 해석되어서는 안 된다는 것을 의미한다. 이 기준은 현지 법원이 국내법에 따라 비엔나협약을 해석하는 것을 방지하기 위한 것이다.

② 적용상의 통일성 고려

비엔나협약의 해석은 적용상의 통일성을 고려해야 한다. 그러므로 비엔나협약의 해석은 본 협약에 관한 다른 체약국의 판례도 참조할 필요가 있다. 그러나 그것은 구속력을 갖지는 못하며 설득적 효력만 있을 뿐이다. 이것은 적용상의 통일을 도모하여 당사자들이 '자신에게 유리한 법정지를 선택하는 것'을 막기 위한 것이다.

③ 국제거래상 신의 준수 증진의 필요성 고려

비엔나협약의 해석은 국제거래상의 신의성실 원칙 준수의 증진을 고려해야 한다. 이것은 해석기준일 뿐만 아니라 당사자 간의 관계에도 영향을 미치는 원칙이 된다.

| 표 5-8 | 비엔나협약의 해석기준

제7조	Article 7
(1) 이 협약의 해석에는 그 국제적 성격 및 적용상의 통일과 국제거래상의 신의 준수를 증진할 필요성을 고려해야 한다. (2) 이 협약에 의하여 규율되는 사항으로서 협약에서 명시적으로 해결되지 아니하는 문제는, 이 협약이 기초하고 있는 일반원칙, 그 원칙이 없는 경우에는 국제사법 규칙에 의하여 적용되는 법에 따라 해결되어야 한다.	(1) In the interpretation of this Convention, regard is to be had to its international character and to the need to promote uniformity in its application and the observance of good faith in international trade. (2) Questions concerning matters governed by this Convention which are not expressly settled in it are to be settled in conformity with the general principles on which it is based or, in the absence of such principles, in conformity with the law applicable by virtue of the rules of private international law.

(2) 비엔나협약의 해석원칙

① 통일적 해석의 원칙

비엔나협약은 각국의 매매법이 가지는 모순과 충돌을 극복하기 위해 제정된 것이다. 그러므로 각국의 법원에서 이 협약을 서로 다른 의미로 해석한다면 협약을 제정한 의미는 심히 훼손될 수밖에 없다. 따라서 비엔나협약 제7조는 협약의 통일적 해석의 원칙을 보장하기 위하여 '이 협약의 해석에는 그 국제적 성격 및 적용상의 통일과 국제거래상의 신의 준수를 증진할 필요성을 고려해야 한다.'라는 규정을 두고 있다.

이러한 해석원칙은 통일된 국제법이 없는 현 상황에서 각국이 비엔나협약을 해석하고 적용할 때 쉽게 국내법에 편향될 가능성을 막기 위한 조치이다.

이 조항은 본 협약을 해석함에 있어 협약의 국제적인 성격과 협약을 적용함에 있어 통일을 촉진할 필요성이 있다는 원칙을 고려해야 한다는 것을 의미한다.

이 협약의 해석기준으로 국제적 성격을 고려해야 한다는 것은 각국이 국내법을 해석하는 전통적 기법이나 원칙에 의존하여 이 협약을 해석하지 않아야 한다는 것을 의미한다. 이 협약은 국제적 관점으로 준비되고 합의되어 제정된 법률이기 때문이다.

그러나 어느 국가가 본 협약에 가입하여 그것에 의해 규율된다고 할지라도 자국의 법률구조는 그대로 유지된다. 따라서 이 협약을 해석할 때 국제적 성격을 고려하여 그 요건과 용어를 해석해야 한다. 즉, 특정한 국내법을 전통적으로 해석하는 방법이 아니라 이 협약 그 자체의 문맥으로써 이를 해석해야 한다.

여기서 '국제거래상의 신의 준수(observance of good faith)'는 유사한 국제사례에 대한 다른 체약국의 법원에 의한 해석과 판결의 내용을 존중해야 한다는 의미이다.

② 법률흠결 보완의 원칙

비엔나협약은 이 협약에 의해 규율되는 사항이지만 명시적 해석규정이 없어 법률의 흠결이 있는 경우에는, 본 협약 제7조 제1항의 경우와 같이 국내법에 의존하지 말고 본 협약 자체를 통한 해석을 추구하도록 하고 있다.

즉, 제7조 제2항에는 '이 협약에 의해 규율되는 사항으로서 협약에서 명시적으로 해결되지 않는 문제는 이 협약이 기초하고 있는 일반원칙, 그 원칙이 없는 경우에는 국제사법 규칙에 의하여 적용되는 법에 따라 해결되어야 한다.'라고 규정하고 있다.

이것은 법률의 흠결이 있는 사항은 협약의 확대 적용 또는 유추 적용의 방법으로 협약 자체 내에서 해결하는 것이 바람직하지만, 그것이 불가능한 경우에는 부득이 국제사법의 규정이 정하는 준거법에 따라 해결해야 한다는 것을 의미한다.

③ 당사자 의사의 우선 해석원칙

비엔나협약상 당사자의 의사표시나 기타 행위에 대한 해석기준은 첫째, 표의자의 사실적 의사가 우선이지만(제8조 제1항, 주관적 의도), 둘째, 그러한 의사가 정해지지 않았으면 객관적으로 해석해야 하며(제8조 제2항, 객관적 의도), 셋째, 그러한 의사표시의 의미를 결정할 때는 관련 상황들을 고려해야 한다는 것이다(제8조 제3항).

이 규정은 제6조에 선언된 당사자 의사의 우선성을 보충하고 구체화하는 역할을 담당하는데, 이를 구체적으로 살펴보면 다음과 같다.

첫째, 본 협약을 적용함에 있어, 당사자의 진술이나 기타의 행위는 상대방이 그 당사자의 의도를 알았거나 알 수 있었던 경우에는 그 의도에 따라 해석되어야 한다.

당사자의 참된 의사의 문제는 상호 간의 언어나 문서에 외국어가 사용될 때 자주 발생하게 된다. 표의자의 참된 의사는 상대방이 알았거나 모를 리 없었을 때에 인정되기 때문에 표의자는 그 외국어가 수령자의 입장에서 이해할 수 있도록 표시해야 한다.

둘째, 그런데 만일, 제8조 제1항이 적용되지 않는 경우(즉, 표의자의 참된 의사를 알 수 없을 때), 당사자의 진술이나 기타의 행위는 상대방과 동일한 부류의 합리적인 사람이 동일한 상황에서 가졌을 이해 정도(즉, 상식 수준)에 따라 해석되어야 한다.

셋째, 당사자의 의도 또는 합리적인 사람이 이해하였을 바를 결정함에 있어서는 교섭, 당사자 사이의 관례, 관행 및 당사자의 후속 행위를 포함하여 관련된 모든 사항들을 적절히 고려해야 한다.

▌표 5-9▐ 비엔나협약의 당사자 의사의 해석원칙

제8조	Article 8
(1) 이 협약의 적용상, 당사자의 진술이나 기타의 행위는 상대방이 그 당사자의 의도를 알았거나 모를 수 없었던 경우에는 그 의도에 따라 해석되어야 한다. (2) 제1항이 적용되지 아니하는 경우에 당사자의 진술이나 기타의 행위는 상대방과 동일한 부류의 합리적인 사람이 동일한 상황에서 이해하였을 바에 따라 해석되어야 한다. (3) 당사자의 의도 또는 합리적인 사람이 이해하였을 바를 결정함에 있어서는 교섭, 당사자간에 확립된 관례, 관행 및 당사자의 후속 행위를 포함하여 관련된 모든 사항을 적절히 고려해야 한다.	(1) For the purposes of this Convention statements made by and other conduct of a party are to be interpreted according to his intent where the other party knew or could not have been unaware what that intent was. (2) If the preceding paragraph is not applicable, statements made by and other conduct of a party are to be interpreted according to the understanding that a reasonable person of the same kind as the other party would have had in the same circumstances. (3) In determining the intent of a party or the understanding a reasonable person would have had, due consideration is to be given to all relevant circumstances of the case including the negotiations, any practices which the parties have established between themselves, usages and any subsequent conduct of the parties.

④ 국제관행과 관례의 존중원칙

비엔나협약은 합의된 관행과 당사자 사이에 확립된 관례가 당사자들을 구속하며, 합의된 것이 없으면 국제거래에서 널리 인정된 관행을 구속력 있는 것으로 인정한다고 규정하고 있다(제9조). 이를 구체적으로 살펴보면 다음과 같다.

첫째, 비엔나협약상 당사자는 합의한 관행과 확립된 관례에 구속된다. 이것은 계약의 성립과 내용에 관하여 당사자 간에 합의한 관행이나 그들 사이에 확립되어 있는 관례가 있을 경우에는 당사자 자치의 원칙에 따라 이에 구속된다는 것이다.

여기에서 관행(usages)과 관례(practices)는 어느 당사자의 일정한 행위가 오랫동안 반복됨으로써 상대방과 같은 부류의 합리적인 자가 그와 동일한 사정이라면 계속 이어질 것으로 기대할 수 있는 일련의 행위를 말한다.

둘째, 별도의 합의가 없는 한, ① 당사자가 알았거나 알 수 있었던 관행으로서 ② 국제거래에서 해당 거래와 동종의 계약을 하는 사람에게 널리 알려져 있고 ③ 통상적으로 준수되고 있는 관행은 당사자의 계약 또는 그 성립에 묵시적으로 적용되는 것으로 본다. 즉, 비록 당사자의 합의가 없어도 국제거래에서 널리 알려져 있고 일반적으로 준수되고 있는 관행은 당사자가 그 존재를 알았거나 당연히 알 수 있었던 경우에는 당사자 사이에 묵시적 합의가 있은 것으로 보기 때문에 구속력을 갖는다는 것이다.

국제물품매매에서 가장 널리 이용되는 국제적인 관행은 인코텀즈(Incoterms)이다. 따라서 인코텀즈는 비엔나협약 제9조에 따라 그 협약보다 우선하여 적용될 수 있다.

또한 매매계약서에 INCOTERMS의 적용을 명시한 경우에는 당사자 간에 합의된 관행으로 비엔나협약에 우선하여 INCOTERMS가 적용된다(제9조 제1항).

만일 매매계약서에 인코텀즈의 적용을 명시하지 않더라도 당사자 간에 적용이 확립되어 있으면 확립된 관행으로 INCOTERMS의 적용이 가능하다.

| 표 5-10 | 비엔나협약상 국제관행과 관례의 존중원칙

제9조	Article 9
(1) 당사자는 합의한 관습과 당사자 간에 확립된 관행에 구속된다. (2) 별도의 합의가 없는 한, 당사자가 알았거나 알 수 있었던 관행으로서 국제거래에서 해당 거래와 동종의 계약을 하는 사람에게 널리 알려져 있고 통상적으로 준수되고 있는 관행은 당사자의 계약 또는 그 성립에 묵시적으로 적용되는 것으로 본다.	(1) The parties are bound by any usage to which they have agreed and by any practices which they have established between themselves. (2) The parties are considered, unless otherwise agreed, to have impliedly made applicable to their contract or its formation a usage of which the parties knew or ought to have known and which in international trade is widely known to, and regularly observed by, parties to contracts of the type involved in the particular trade concerned.

2. 비엔나협약과 무역계약의 성립

1) 무역계약의 성립과 효력

비엔나협약은 제14조에서 제24조까지 계약의 성립에 관한 규정을 두고 있다. 이 규정은 청약에 관한 4개의 조항(제14조~제17조), 승낙에 관한 5개의 조항(제18조~제22조), 그리고 계약의 성립시기에 관한 2개의 조항(제23조~제24조)으로 구성되어 있다.

이들 규정은 1964년 헤이그협약을 기초로 하고 여기에 영미법계와 대륙법계의 주장을 조화시켜 수정과 보완을 가한 것이다.

그리고 계약의 효력 즉, 당사자의 권리와 의무는 제30조 내지 제44조(매도인의 의무), 그리고 제53조 내지 제60조(매수인의 의무)에 각각 상세한 규정을 두고 있다.

2) 무역계약의 성립요건

(1) 당사자 의사의 합치와 계약의 성립

계약은 약속(promise)을 의미하는데, 약속에는 약속자와 수약자(受約者)라는 두 당사자의 존재가 필요하며, 완전한 의미의 약속은 이러한 약속자와 수약자간, 즉 청약자와 승낙자 간에 계약체결을 위한 합의에 도달하는 것을 말한다.

그러므로 계약이 성립되기 위하여 가장 중요한 요건이 되는 것은 당사자 의사의 합치(meeting of the minds)이다. 이러한 의사표시는 시간적으로 순차적이어야 한다. 또한 앞의 의사표시는 뒤의 의사표시를 유도하는 인과관계에 있어야 한다. 이 경우 앞의 의사표시는 청약이 되고 뒤의 의사표시는 승낙이 된다.

결국, 계약의 성립되기 위해서는 먼저 복수의 의사표시가 있어야 하며, 그러한 의사표시의 내용은 서로 일치해야 하며, 2개의 의사표시는 당사자 사이에 교환적으로 대립되어야 한다. 따라서 청약과 승낙은 먼저 그 자체적으로 의사표시로서의 효력을 인정받아야 하고, 이로써 서로 대응관계가 구속력을 가지게 된다.

(2) 비엔나협약상 무역계약의 성립요건

무역계약의 경우도 일반적인 계약성립의 원칙이 그대로 적용된다. 따라서 무역계약의 성립에는 당사자 사이의 합의가 필요하며, 그러한 합의는 당사자 일방의 청약과 상대방의 승낙에 의해 이루어진다. 그러므로 청약과 승낙 중 어느 하나라도 법적으로 결여된 경우 계약은 성립하지 않는다. 비엔나협약도 매매계약은 청약과 승낙의 효력이 합치된 때 성립한다는 원칙을 천명하고 있다(제23조).

3) 무역계약의 성립시기

비엔나협약 제23조에는 '계약은 청약에 대한 승낙이 이 협약에 따라 효력을 발생하는 시점에서 성립된다.'고 규정하고 있다. 이것은 '청약에 대한 승낙은 동의의 의사표시가 청약자에게 도달하는 시점에 효력이 발생한다.'라는 제18조 제2항과 의미를 같이하고 있는 것이다.

여기에서 '승낙이 효력을 발생하는 시점'이란 승낙이 도달하는 때를 의미하지만, 승낙의 행위가 이루어지는 때(제18조 제3항)가 되는 경우도 있다. 또한 연착된 승낙은 제21조 요건에 따라 연착된 승낙이 도달하는 때에 승낙의 효력이 발생한다.

| 표 5-11 | 비엔나협약상 무역계약의 성립시점

제23조 계약은 청약에 대한 승낙이 이 협약에 따라 효력을 발생하는 시점에 성립된다.	Article 23 A contract is concluded at the moment when an acceptance of an offer becomes effective in accordance with the provisions of this Convention.

한편, 비엔나협약 제24조는 청약, 승낙, 철회, 회수, 거절, 통지 등의 의사표시가 과연 언제 상대방에게 '도달'한 것으로 간주되는가에 대한 정의를 규정하고 있다.

이 규정에서는 도달의 의미를 구두와 기타의 방법(예로 서면이나 팩스, 텔렉스, 전자메일 등)으로 구분하고 있다. 구두에 의한 경우는 대화자 간 또는 전화에 의한 통화가 해당되며, 이때에는 통지한 때에 도달한 것으로 간주된다.

기타의 방법에 의한 경우에는 상대방 본인에게 전달된 때, 또는 상대방의 영업소나 우편주소에 전달된 때, 만일 영업소나 우편주소를 가지지 않는 경우에는 상대방의 거주지(habitual residence, 상거소)에 전달된 때에 도달한 것으로 간주된다.

이때 도달의 의미는 상대방이 의사표시 내용을 인식할 때가 아니라 우편함 등 상대방의 세력권 안에 넣어져 의사표시 내용을 인식할 수 있는 상태에 있으면 족하다.

| 표 5-12 | 비엔나협약상 도달의 의미

제24조 이 협약 제2편의 적용상, 청약, 승낙, 그 밖의 의사표시는 상대방에게 구두로 통지된 때 또는 그 밖의 방법으로 상대방 본인, 상대방의 영업소나 우편주소에 전달된 때, 상대방이 영업소나 우편주소를 가지지 아니한 경우에는 그의 거주지에 전달된 때에 상대방에게 "도달"된다.	Article 24 For the purposes of this Part of the Convention, an offer, declaration of acceptance or any other indication of intention "reaches" the addressee when it is made orally to him or delivered by any other means to him personally, to his place of business or mailing address or, if he does not have a place of business or mailing address, to his habitual residence.

4) 무역계약의 방식

(1) 방식자유의 원칙

비엔나협약상 계약방식은 원칙적으로 자유이다. 따라서 서면으로 체결되거나 입증될 필요가 없다. 이러한 계약방식의 자유는 강행규정이다.

따라서 당사자는 이들을 배제하거나 이와 다른 합의를 할 수 없다(제12조). 그러나 당사자 사이에 본 협약 전체의 적용을 배제하기로 하였다면 그 경우는 예외가 된다.

(2) 유보선언과 그 효과

비엔나협약 제12조와 제96조는 당사자가 그 국가에 영업소를 가지고 있는 경우 체약국의 국내법이 매매계약의 형식을 규정하도록 선언하는 것을 허용하고 있다.

따라서 유보를 한 국가(예로 헝가리, 우크라이나, 러시아, 베트남 등)의 국내법상 '매매계약은 서면일 것'을 요구하면 계약은 서면으로 작성되어야 한다. 왜냐하면 서면방식을 요구함에도 이것을 지키지 못하면 계약의 효력은 상실될 수 있기 때문이다.

(3) 서면의 범위

비엔나협약은 1980년에 제정된 것이다. 따라서 제13조는 '서면'의 정의는 내리지 않고, 전보와 텔렉스는 서면에 포함된다고만 규정되어 있을 뿐 최근 많이 활용되고 있는 전자기록 등에 대한 언급이 전혀 없다. 그러나 이 규정은 일종의 예시적인 것이므로 팩스나 전자메일, EDI 등도 서면에 해당한다고 보는 것이 타당할 것이다.

표 5-13 비엔나협약상 무역계약의 방식과 입증방법

제11조 매매계약은 서면에 의하여 체결되거나 입증될 필요가 없고, 방식에 관한 그 밖의 어떠한 요건도 요구되지 않는다.	Article 11 A contract of sale need not be concluded in or evidenced by writing and is not subject to any other requirement as to form.
제12조 매매계약, 합의에 의한 매매계약의 변경이나 종료, 청약, 승낙, 그 밖의 의사표시를 서면 이외의 방법으로 할 수 있도록 허용하는 이 협약 제11조, 제29조 또는 제2편은 당사자가 이 협약 제96조에 따라 유보선언을 한 체약국에 영업소를 가지고 있는 경우에는 적용되지 않는다. 당사자는 이 조를 배제하거나 그 효과를 변경할 수 없다.	Article 12 Any provision of article 11, article 29 or Part II of this Convention that allows a contract of sale or its modification or termination by agreement or any offer, acceptance or other indication of intention to be made in any form other than in writing does not apply where any party has his place of business in a Contracting State which has made a declaration under article 96 of this Convention. The parties may not derogate from or vary the effect of this article.
제13조 이 협약의 적용상 『서면』에는 전보와 텔렉스가 포함된다.	Article 13 For the purposes of this Convention "writing" includes telegram and telex.

5) 무역계약의 변경 또는 종료

(1) 계약방식의 자유 원칙

무역계약은 계약 당사자의 합의만으로도 충분한 불요식계약의 성격을 가지고 있고, 비엔나협약도 계약방식은 원칙적으로 자유임을 선언하고 있다(제11조).

또한 계약의 변경이나 종료 역시 그 방식이 자유임을 선언함으로써 당사자의 합의만으로 무역계약은 변경이나 종료될 수 있도록 하고 있다(제29조).

이 규정은 본 협약 제11조의 내용을 계약변경이나 계약종료에 까지 확대하고 있는 것이다. 이 경우 계약의 변경이나 종료는 서면에 의하지 않아도 된다.

(2) 예외

비엔나협약 제29조는 만일 계약의 변경이나 종료를 서면방식으로 할 것을 당사자가 합의한 경우에는, 이후 당사자의 구두합의만으로는 계약의 변경이나 종료를 할 수 없고 서면으로 이루어져야 한다고 것을 규정하고 있다. 그러므로 이 서면규정을 배제하고자 한다면 이 경우에도 먼저 서면 합의가 있어야 한다.

또한 계약변경이나 계약종료를 서면방식으로 하는 것으로 정해 놓은 경우에도 사후에 서면방식에 의하지 않아도 계약변경이나 계약종료가 인정되는 예외가 있다.

이 경우에는 다음의 두 가지 요건들이 충족되어야 한다. 첫째, 서면방식을 합의했음에도 불구하고 서면에 의하지 않고도 계약변경이나 계약종료가 합의된 것으로 상대방이 인정할 수 있는 일방 당사자의 '행동'이 있어야 한다.

둘째, 이러한 행동을 상대방이 '신뢰'하였어야 한다. 물론, 그러한 신뢰가 보호받기 위해서는 단순히 신뢰한 것만으로는 부족하며 신뢰의 결과가 있어야 한다. 예를 들어 그 신뢰를 믿고 비용을 지출했거나 이행을 준비했어야 한다.

표 5-14 비엔나협약상 계약의 변경 또는 종료

제29조	Article 29
(1) 계약은 당사자의 합의만으로 변경 또는 종료될 수 있다. (2) 서면에 의한 계약에 합의에 의한 변경 또는 종료는 서면에 의해야 한다는 규정이 있는 경우에, 다른 방법으로 합의 변경 또는 합의 종료될 수 없다. 다만, 당사자는 상대방이 자신의 행동을 신뢰한 한도까지는 그러한 규정을 원용할 수 없다.	(1) A contract may be modified or terminated by the mere agreement of the parties. (2) A contract in writing which contains a provision requiring any modification or termination by agreement to be in writing may not be otherwise modified or terminated by agreement. However, a party may be precluded by his conduct from asserting such a provision to the extent that the other party has relied on that conduct.

제 6 장

청약과 승낙

제1절 청약(offer)

1. 청약의 의의와 형식

1) 청약의 의의

청약(offer, 請約, 오퍼)은 협약과 각 법령에 따라 다양하게 정의되고 있다.

그러나 일반적으로 청약은 거래당사자 일방(청약자)이 상대방(피청약자)에게 일정한 조건으로 계약을 체결하고 싶다는 취지의 의사를 언어나 행동으로 표시하는 확정적인 의사표시(manifestation of willingness)를 말한다.

이 경우에 청약을 하는 사람을 청약자(offerer, offeror)라고 부르고, 청약에 동의하는 상대방을 피청약자(offeree)라고 부른다. 청약을 실무에서는 '오퍼' 또는 '청약서(offer sheet)'라고 부르고 대외무역법에서는 '물품매도확약서'라고 부르고 있다.

청약은 계약체결을 위한 교섭 과정상의 단순한 제의가 아니라 상대방이 승낙하면 그것에 구속되겠다고 하는 청약자의 의사표시이기 때문에 특정한 상대방에게 이루어져야 하며 그 내용은 충분히 확정적(sufficiently definite)이어야 한다.

청약은 하나의 의사표시에 지나지 않으므로 청약만으로는 계약이 성립하지 않는다. 따라서 계약이 성립되려면 반드시 일방의 유효한 청약에 대해 상대방의 유효한 승낙의 의사표시가 있어야만 한다.

2) 청약의 형식

청약(offer)은 특정한 형식이나 방식에 의할 필요는 없기 때문에 구두로 이루어져도 무방하다. 그러나 실무거래에서는 보통 서신이나 Fax 및 전자메일 등에 의하거나 일정한 서식을 갖춘 Offer Sheet를 주로 사용하고 있다.

2. 청약의 법적 성질

첫째, 청약은 하나의 의사표시에 불과한 단독행위이기 때문에 그 자체 단독으로는 당사자가 목적하고 있는 법률적 효과를 발생시킬 수 없다. 왜냐하면 청약은 반드시 일방의 승낙을 기다려 일정의 법률 효과를 발생시키는 것이기 때문이다.

둘째, 청약은 법령에 별도로 규정되어 있지 않는 한, 별도의 형식을 요하지 않고 자유임이 원칙이다. 따라서 구두, 서면 또는 행위로써 상대 당사자(offeree)에게 전달하면 된다. 이것은 무역계약이 불요식계약이라는 법적 성질에 기인한 것이다.

셋째, 청약은 단순한 거래의 제의가 아니기 때문에 청약의 내용은 명확해야 하며 조금이라도 확정할 수 없는 것이 있으면 안 된다.

그러므로 청약에는 계약물품, 수량, 가격 등 청약에 필요한 기본요소들이 분명하게 나타나 있어야 한다. 그러나 이것은 매매계약의 모든 조항들이 청약에 명시되어 있어야 한다는 의미와는 구별된다.

넷째, 청약은 특정인에 대하여 이루어질 수도 있고 특정 단체의 다수인 또는 불특정 다수인에게도 이루어질 수도 있다. 그러나 청약자는 특정인으로 반드시 특정되어야 한다. 왜냐하면 청약자는 승낙의 의사표시를 수령하는 당사자가 되기 때문이다.

다섯째, 청약은 상대방에게 전달 혹은 통지되어야 한다. 왜냐하면 통지되지 않는 청약은 계약에 구속되기 싫다는 의사표시로 구속력이 없을 뿐 아니라 상대방으로서는 청약의 내용을 알기 전에는 승낙을 할 수 없기 때문이다. 이 경우 청약이란 용어를 반드시 사용해야 하는 것은 아니며 명시적이 아닌 묵시적이라도 무방하다.

비엔나협약에서는 청약은 피청약자에게 도달할 때에 그 효력이 발생한다는 도달주의(arrival rule)를 원칙으로 하고 있다. 왜냐하면 청약이 피청약자에게 도달하지 않은 상태에서는 청약의 내용을 상대방이 인지할 수 없기 때문이다.

여섯째, 청약은 계약을 성립시키려는 의사에 의해 이루어진 확정적 의사표시이어야 한다. 그렇지 않으면 그것은 청약의 유인이 된다. 즉, 불특정인을 대상으로 한 신문방송에 의한 광고, 선전 책자, 상품안내, 가격표 배포 등 불특정인 또는 2인 이상의 일방 대중을 상대로 하는 청약은 청약이 아니라 청약의 유인에 불과한 것이다.

표 6-1 비엔나협약상 청약의 효력발생시기

제15조 (1) 청약은 상대방에게 도달한 때에 효력이 발생한다.	Article 15 (1) An offer becomes effective when it reaches the offeree.

3. 청약의 요건

비엔나협약 제14조상 유효한 청약은 다음의 요건들이 모두 충족되어야 한다.

1) 청약 상대방의 특정성

청약은 1인 또는 2인 이상의 특정인을 상대로 한 의사표시이어야 한다. 따라서 카탈로그의 배포나 광고 등 불특정 다수인에 대한 의사표시는 원칙적으로 청약이 아니라 청약의 유인이 된다. 그러나 의사를 표시한 자가 불특정인에 대한 의사표시를 청약인 것으로 명확히 한 때는 청약이 되는 경우도 있다.

2) 청약 내용의 확정성

청약자의 제의 내용은 충분히 확정적이어야 한다. 의사표시가 확정적이기 위해서는 최소한 물품이 표시되고 수량과 가격을 정하거나 정할 수 있어야 한다.

물품과 수량 및 가격은 청약을 구성하는 최소한의 기본 요건이 된다. 따라서 실제 계약에서는 물품과 수량 및 가격 외에 결제, 선적, 보험, 포장, 분쟁해결 등 여러 조건들이 추가로 합의되고 있다.

3) 청약의 구속의사

청약은 승낙이 있으면 구속된다는 구속의사가 전제되어야 한다. 여기에서 구속은 청약에 구속된다는 의미보다는 승낙 시 그 계약내용에 구속된다는 의미이다. 따라서 구속의사가 없는 단순한 가격표나 선전물 및 불특정인의 다수를 위한 광고나 상품안내는 청약이 아니라 청약의 유인이 된다.

| 표 6-2 | 비엔나협약상 청약의 의의의 요건

제14조	Article 14
(1) 1인 또는 그 이상의 특정인에 대한 계약체결의 제안은 충분히 확정적이고, 승낙시 그에 구속된다는 청약자의 의사가 표시되어 있는 경우에 청약이 된다. 제안이 물품을 표시하고, 명시적 또는 묵시적으로 수량과 가격을 지정하거나 그 결정을 위한 조항을 두고 있는 경우에 그 제안은 충분히 확정적인 것으로 한다. (2) 불특정 다수인에 대한 제안은 제안자가 반대 의사를 명확히 표시하지 아니하는 한, 단지 청약의 유인으로 본다.	(1) A proposal for concluding a contract addressed to one or more specific persons constitutes an offer if it is sufficiently definite and indicates the intention of the offeror to be bound in case of acceptance. A proposal is sufficiently definite if it indicates the goods and expressly or implicitly fixes or makes provision for determining the quantity and the price. (2) A proposal other than one addressed to one or more specific persons is to be considered merely as an invitation to make offers, unless the contrary is clearly indicated by the person making the proposal.

4. 청약과 청약유인의 구별

1) 청약유인의 의의

청약(offer)은 상대방에게 보내는 확정적 의사표시이며 일방의 승낙이 있으면 계약이 성립되는데 매우 중요한 구성요소가 된다.

그러나 청약의 유인(invitation to offer)은 상대방이 청약을 하도록 유도하는 계약체결을 위한 예비행위나 예비교섭(preliminary negotiation)의 의사표시이다.

따라서 상대방이 이를 수락하더라도 계약은 성립되지 않으며, 상대방의 승낙에 대한 재차 승낙이 있어야만 계약이 성립한다. 즉, 계약은 청약의 유인→청약→승낙의 순서를 거쳐서 성립하게 된다.

2) 청약유인의 형태

청약유인의 대표적인 형태는 확인조건부 청약(offer subject to confirmation), 견적서, Catalogue, 가격표(price-list), 광고, 경매나 입찰공고, 거래안내장, 정찰가격의 상품진열 등이 있다. 이들은 구속력 있는 확정적 의사표시가 아니라 거래교섭 단계에서 불특정 다수인들에게 보내는 권유의 성격을 가지고 있다.

정찰가격의 상품진열은 그 자체는 청약의 유인이며 고객의 요구가 청약이 된다.

매매나 도급계약에 많이 이용되는 경매(tender)나 입찰(auction)의 모집공고는 복수의 상대방을 경쟁시켜 최고가격 또는 최저가격(가장 유리한 조건)을 제시한 낙찰자와 계약을 체결하고자 하는 단순한 의사표시에 불과하다.

5. 청약의 유효기간과 효력

청약은 상대방에게 도달된 때에 효력이 발생하지만, 계약은 상대방이 그 청약에 대하여 승낙을 할 경우에 한하여 성립될 수 있다. 청약의 유효기간은 청약이 효력을 지속할 수 있는 기간으로, 청약자가 자유롭게 결정하는 것이 원칙이다.

확정청약은 유효기간이 경과하면 효력이 상실되며, 유효기간이 확정되어 있지 않은 무확정청약은 합리적인 기간(within a reasonable time) 동안은 유효하지만 그 기간이 경과하면 청약의 효력은 소멸된다.

여기에서 '합리적인 기간'은 청약이 피청약자에게 도달하기에 필요한 기간, 피청약자가 그 청약에 대하여 고려한 다음 승낙 여부 결정에 필요한 기간, 그리고 승낙통지가 청약자에게 도달하기에 필요한 기간을 포함하는 포괄적인 기간을 의미한다.

6. 청약의 기재내용

청약(offer)은 특별한 형식을 요하는 것이 아니기 때문에 거래되는 상품이나 거래방식에 따라 형식이 다양하며 기재내용도 다양하다.

그러나 형식이나 내용이 다양할 지라도 청약의 핵심적인 내용들은 품명(commodity name), 규격(specification)이나 등급(grade), 수량(quantity), 금액(amount), 포장방법(method of packing), 원산지(origin), 단가(unit price), 선적일(shipping date), 대금결제방법(payment terms), 유효기간(validity) 등 유사한 측면이 있다.

1) HS No.(상품번호)

HS No.(상품번호)는 국제통일상품분류체계(Harmonized Commodity Description and Coding System)에 따라 무역상품을 총괄적으로 분류한 품목분류 코드를 말하며, 보통 HS번호, HS Code 또는 품목분류라고 부른다.

HS번호는 국제협약에 따라 10자리까지 사용할 수 있다. 6자리까지는 국제공통으로 사용하는 코드로, 앞의 1~2자리는 상품의 군별 구분, 3~4자리는 소분류로 동일류 내 품목의 종류별 및 가공도별 분류, 5~6자리는 세분류 동일호 내 품목의 용도 및 기능 등에 따른 분류이다. 7자리부터는 각 국가에서 세분화하여 부여하는 숫자인데 우리나라(HSK)는 10자리를 사용하고 있다.

예로, 컴퓨터 마우스의 우리나라 HS번호는 8471601030이다. '84'는 기계, '71'은 자동자료처리기, '60'은 입력 및 출력장치에 대한 분류코드로 여기까지는 국제공통이고, '10'은 입력장치, '30'은 마우스에 대한 분류로 한국에서 세분하여 부여한 것이다.

한편, 수입물품의 HS번호는 관세행정에서 민원인과의 마찰과 법적 분쟁이 가장 많이 발생하는 분야 중의 하나이다.

그 이유는 해당 품목마다 적용되는 관세율이 정해져 있고 그 상품의 HS번호를 어떻게 분류하느냐에 따라 수입상품의 관세에 대한 납세액이 크게 달라지기 때문이다.

2) Commodity & Description(상품과 명세)

상품과 명세는 여러 비슷한 종류가 있는 상품의 경우에 혼동을 일으키지 않도록 분명하고 정확하게 기재해야 한다. 예를 들어 만년필의 경우, 단순히 Pen이라 기재하는 것보다 Fountain Pen으로 표시하여 Ball Pen과 구별하여 표기해야 한다.

또한 같은 품목이라도 그 등급(grade)이나 규격에 따라 가격 차이가 많이 발생하는 품목은 후일 분쟁이 발생하지 않도록 등급이나 규격을 구분하여 표시해야 한다.

3) Quantity (수량)

수량은 총 가격을 산출하는 기초가 되기 때문에 명확히 표시해야 한다. 실무거래에서 주로 사용되고 있는 단위로는 중량, 용적, 개수, 포장, 길이, 면적이 있다.

4) Unit Price (단가)

Offer에서 가장 중요한 것이 단가이다. 각국 마다 화폐단위가 다를 뿐 아니라 동일 화폐단위라 하더라도 그 가치기준이 상이하므로 어느 국가의 통화인지를 명확히 표시해야 한다. 아울러 그 근거가 되는 무역조건(trade terms)도 함께 표시해야 한다.

단가의 표현

- US$ 3.00/set CIF Hong Kong
- @US$11.50 per dozen, CIF New York, INCOTERMS 2020.

5) Origin (원산지)

원산지는 상품의 국적으로 동식물의 경우는 성장한 지역을 말한다. 원산지가 어디인가에 따라 가격차이가 많이 발생하므로 1차 산품은 원산지 표시가 매우 중요하다.

6) Shipping Date (선적날짜)

선적날짜는 선적이 이루어진 일자를 말한다. 이는 계약된 선적기한 내에 인도의무를 이행하였는지를 판가름하는 중요한 근거가 된다. Offer에는 언제까지 계약상품이 선적되어야 한다는 선적날짜가 구체적으로 표기되어야 한다.

선적날짜의 표현

- Shipment : During May
- Shipment shall be made during first half of May, 2025.
- Shipment shall be made at the beginning of May, 2025.
- Latest shipping date : by May 10, 2025.
- Shipment : on or about May 10, 2025.
- Time of Shipment : Within 60 days after receipt of your L/C.
- Shipment : Within 3 months after the date of issuance for the Credit.

7) Payment (결제조건)

결제조건에는 대금결제를 송금, 추심, 신용장 결제방식 중 어느 것에 의할 것인지, 상품이나 서류인도와 대금지급의 시차관계를 어떻게 할 것이지, 그리고 환어음이 발행되는지, 환어음이 발행된다면 그 만기일이 일람출급인지 기한부인지에 관한 합의사항이 명확하게 기재되어야 한다.

결제조건의 표현

- Payment : Under irrevocable L/C at 60 days after sight to be opened in our favor.
- Terms : By an irrevocable at sight Credit to be opened in our favor.
- Payment Terms : By an irrevocable & transferable L/C, in favor of International Seoul Trading Co., Ltd.
- PAYMENT : D/P AT SIGHT
- PAYMENT : L/C AMOUNT US$ 18,296.15, T/T AMOUNT US$ 29,350.60

8) Insurance (보험조건)

보험조건은 보험계약을 통해 보험자가 보상하는 범위와 조건들이 명시되어 있는 것을 말한다. 기본적인 보험조건에는 ICC(A), ICC(B), ICC(C)가 있다. ICC(A) 조건은 보험자의 보상범위가 가장 큰 조건으로 구약관인 전위험담보(A/R)에 해당한다.

ICC(B) 조건은 구약관의 분손담보(W/A)에 해당하며, ICC(C) 조건은 보상범위가 가장 좁은 조건으로 구약관인 분손부담보(FPA)에 해당한다. ICC(C) 조건은 전손과 공동해손은 보상되나 특정 분손 이외의 단독해손은 보상되지 않는 조건이다.

한편, 부가조건 혹은 추가 담보조건은 추가 보험료를 내고 별도로 부보하는 조건으로 ICC(B) 조건이나 ICC(C) 조건의 경우에는 화물의 성질에 따라 필요한 부가조건을 특약할 필요가 있다. 대표적인 부가조건으로는 War, SRCC, TPND 등이 있다.

보험조건의 표현

- Insurance : To be covered on ICC(B) including War Risks for 10% over the invoice amount.
- Insurance : Seller to cover the CIF price plus 10% against ICC(B) including War and SRCC Risks.
- Insurance : TO BE COVERED BY SELLER

9) Packing (포장조건)

곡물이나 광물, 철근 등의 산화물(bulk cargo)은 포장되지 않은 상태로 운송되는 것이 일반적이지만 기타 대부분의 공산품들은 포장된 상태로 운송된다.

상품에 따라 포장 상태는 천차만별이지만 일반적으로는 항공으로 운송되는 경량화물은 Carton Box, 선박으로 운송되는 화물은 Wooden Case에 주로 포장한다.

포장조건의 표현

- Packing Method : Each in a vinyl bag, 100 pieces in a carton box.
- Packing : Standard Export Packing.
- Packing : Export standard packing, completely free from moisture and water.

10) Validity (유효기간)

Offer에는 보통 유효기간이 명시되어 있다. 이 유효기간 내에 상대방이 승낙하면 계약이 성립되기 때문에 무역계약에서 유효기간은 매우 중요한 의미를 가진다.

상품의 국제시세가 수시로 변하는 원면이나 원맥 등 1차 산품의 경우 유효기간을 과도하게 길게 설정하면 국제시세의 등락에 따른 손실을 볼 수 있다.

이에 반해, 일반 공산품의 경우 유효기간을 너무 짧게 설정하면 상대방이 청약의 내용을 충분히 검토하는데 시간적으로 부족할 수도 있다. 따라서 오퍼의 유효기간은 거래상품의 특성이나 국제시세의 변동에 적합하도록 설정해야 한다.

유효기간의 표현

- Validity of Offer : December 10, 2025.
- Validity : We offer you firm subject to your reply reaching us by
  the 23rd July, 2025.
- Validity of Offer : until end of May, 2025.
- We offer firm for your reply reaching us within 24 hours.

11) Other terms and condition (기타 조건)

이외에도 분할선적(partial shipment), 환적(transshipment), 검사(inspection), 클레임(claim) 등의 조건들이 오퍼에 표기되는 경우가 있다. 그러나 이 조건들은 오퍼에 반드시 명시되어야 하는 필수조건들은 아니다.

❙ 서식 6-1 ❙ Offer Sheet

INTERNATIONAL SEOUL TRADING CO., LTD.
Number 15 DongBang Bldg
310 Teheran-ro, Kangnam-ku, Seoul Korea, 06211

OFFER SHEET

Messrs. GLOBAL ENTERPRISING CO., INC.
25 W 31s St, New York, NY
10001, U.S.A

OFFER NO : CO-N-1
Date : May 28, 2025.

We are pleased to offer you the under-mentioned goods as per the terms and conditions as stated below.

HS NO.	COMMODITY & DESCRIPTION	QUANTITY	UNIT PRICE	AMOUNT
			CIF New York per dozen	
9109-10.0030	100% COTTON SHIRTS FOR MEN Style No.10	500 Doz	@US$120.00	US$60,000.
TOTAL		500 Doz		US$60,000.

Origin : Republic of Korea(ROK)
Place of Shipment : Busan, Korea
Time of Shipment : Within 3 months after receipt of your L/C
Destination : New York, U.S.A
Payment : By an irrevocable documentary at sight L/C to be opened in favor of INTERNATIONAL SEOUL TRADING CO., LTD. Seoul, Korea.
Insurance : Seller to cover the CIF price plus 10% against ICC(B) including War, SRCC and TPND Risks.
Packing : 1(one) dozen each to be packed in a carton box and 100 dozen in a wooden case
Inspection : Seller's inspection to be final
Validity : June 10, 2025.
Shipping Marks : 〈ISTC〉
New York
C/No. 1-up
USE NO HOOKS
Made in Korea

We are looking forward to your valued acceptance for the above offer.

Accepted by : ______________

____

INTERNATIONAL SEOUL TRADING CO., LTD.

E. J. Han

Vice President

7. 청약의 종류

1) 발행자를 기준으로 한 분류

청약을 누가 발행하였는가를 기준으로 분류하면 청약은 매도청약(selling offer)과 매수청약(buying offer)으로 구분된다. 즉, 매도인(seller)이 청약을 할 경우에는 매도청약이 되는 것이고 매수인(buyer)이 청약을 할 경우에는 매수청약이 된다.

(1) 매도청약

매도청약(selling offer)은 매도인(seller)이 판매조건과 함께 판매의사를 피청약자에게 제시하는 오퍼를 말한다. 매도인이 Offeror가 되고 매수인이 Offeree가 된다.

무역거래에서 보통 오퍼라고 하면 이 매도청약을 의미한다.

(2) 매수청약

매수청약 (buying offer)은 매수인(buyer)이 구매하려는 조건과 함께 구매의사를 매도인에게 제시하는 오퍼를 말한다. 매수청약은 실무적으로는 매입주문서 혹은 구매주문서(Purchase Order, Order, P/O, 주문)를 의미한다.

2) 발행지를 기준으로 한 분류

(1) 국외발행오퍼

국외발행오퍼는 수출하고자 하는 회사나 그 회사의 대리인이 외국에서 발행한 오퍼를 말한다. 즉, Offer가 국외의 매도인(수출자)이나 그 대리인이 직접 국외(해외)에서 국내의 수입자에게 발행한 오퍼이다. 무역거래에서 일반적으로 오퍼라고 하면 이 국외발행오퍼를 의미한다.

(2) 국내발행오퍼

국내발행오퍼는 국내 오퍼상이 해외의 물품공급자(수출자)와 대리점계약을 체결한 후 국내에서 해당 물품을 수입하고자 하는 자에게 해외의 물품공급자 이름으로 발행하는 오퍼를 말한다. 이것은 과거 대외무역법상 국내 오퍼상인 갑류무역대리업자(offer agent)가 외국의 수출자를 대리하여 국내에서 수입자에게 발행하던 오퍼이다.

과거 우리나라 대외무역법에서는 물품을 수입하기 위하여 수입허가(승인)를 받으려면 예외적인 경우를 제외하고는 원칙적으로 국내발행오퍼를 제출하도록 하였다. 그러나 현재에는 이러한 제도가 없어졌기 때문에 거의 모든 오퍼는 국외발행오퍼이다.

3) 확정력의 유무를 기준으로 한 분류

오퍼의 내용이 확정력(determinacy)이나 구속력(binding power) 또는 취소불능성을 가지고 있는지 여부에 따라 청약은 확정청약과 무확정청약으로 구분된다.

(1) 확정청약

확정청약(firm offer)은 유효기간 내에는 오퍼를 발행한 당사자도 그 오퍼 내용을 임의로 변경(amendment)하거나 취소(cancellation, revocation), 철회(withdrawal)할 수 없고 피청약자도 그 유효기간 내에 이를 승낙해야만 계약이 유효하게 성립되는 오퍼를 말한다. 무역거래에서 보통 오퍼라고 하면 이것을 의미한다.

확정청약에는 'This firm offer is subject to your acceptance reaching us by March, 15, 2025.'과 같이 청약에 유효기간(time of validity, expiry date)이 명시되어 있거나 유효기간이 없더라도 확정적(firm) 또는 취소불능(irrevocable)이라는 표시가 있어야 하며 물품이나 가격, 수량, 선적, 대금결제 등 여러 거래조건들이 확정적으로 제시되어 있어야 한다.

(2) 무확정청약

무확정청약(free offer)은 유효기간을 정하지 않았거나 거래조건이 확정적임을 표시하지 않은 오퍼를 말한다. 무확정청약에서 청약자는 피청약자의 승낙이 있기 전까지는 그 청약의 내용을 임의로 변경, 취소 또는 철회할 수 있다.

확정청약은 판매와 구매에 대한 당사자의 확정적 의사표시(definite intention for selling or buying)인데 반해, 무확정청약은 단순한 의사를 표시하는 것에 불과하다. 따라서 무확정청약은 일종의 매매권유장의 역할을 한다.

무확정청약에서는 피청약자가 오퍼를 승낙하여도 청약자가 가격과 선적기한, 재고상태 등을 검토하여 피청약자에게 승낙형식의 최종 확인을 해야만 계약이 성립된다.

이것을 매도인 최종 확인 조건부 오퍼(offer subject to our final confirmation)라고 부른다. 이것은 피청약자가 승낙을 하여도 그것만으로 계약이 성립되지 않고 청약자의 최종적인 확인이 다시 있어야만 계약이 성립되는 오퍼이다.

이 오퍼를 'Sub-con offer'라고도 부르는데 이것은 사실상 청약이 아니다. 그 이유는 청약은 승낙이 있으면 계약이 성립되지만 이 오퍼는 상대방이 승낙하여도 그것만으로 계약이 성립되지 않고 다시 Sub-con offer를 한 당사자가 최종적으로 확인할 필요가 있기 때문이다. 따라서 이 오퍼는 청약의 유인에 해당되며, 이것에 대한 상대방의 승낙이 오퍼이고 Sub-con offer를 한 당사자의 최종 확인이 승낙이 된다.

4) 조건부 청약(conditional offer)

(1) 무확약오퍼

무확약오퍼(offer without engagement)는 시장의 상황변동에 따라 상대방에게 사전통지도 없이(without prior notice) 오퍼에 제시된 가격 등이 얼마든지 변동될 수 있음을 나타내고 있는 신축조항(escalation clause)이 포함된 오퍼를 말한다.

'Subject to change without prior notice' 등의 조건이 붙어 있으며 가격변동이 격심한 물품의 거래에 주로 사용된다. 이 오퍼는 형식적으로는 청약이지만 법적으로는 Free Offer이기 때문에 청약의 유인에 해당한다.

(2) 재고잔류조건오퍼

재고잔류조건오퍼(offer subject to prior sale)는 일정한 조건이 충족될 경우에 한하여 계약상의 의무를 부담하는 조건부오퍼의 하나로, 해당 물품의 재고가 남아 있는 경우에 한하여 계약이 성립되도록 할 때 사용하는 오퍼이다.

즉, 오퍼에 대한 승낙의 의사가 청약자에게 도착했을지라도 계약이 바로 성립되지 않고, 승낙시점에서 해당 물품의 재고가 남아있는 분에 한해 유효하다는 조건으로 발행된 오퍼이다. 이 오퍼는 Free Offer의 일종이며 'Offer subject to being unsold' 또는 '선착순매매조건오퍼'라고도 한다. 이 오퍼는 한정된 물량을 여러 사람에게 오퍼하는 경우나 매기가 활발한 물품거래의 경우에 주로 사용된다.

(3) 점검 후 구매조건오퍼

점검 후 구매조건오퍼(offer on approval)는 매도인이 오퍼를 할 때 물품을 함께 송부하여 매수인이 이 물품을 점검해 보고 승낙 여부를 결정하는 오퍼를 말한다.

즉, 매도인이 Offer와 함께 발송한 현물을 피청약자(offeree)가 점검한 후 만약 구매의사가 있으면 송금하고 그렇지 않으면 현물을 반환토록 한 Offer이다.

이 오퍼는 'You can keep it for a week. If you like it, send U$ 500, if not, you may return it to us without any obligation on your part.' 등으로 표시되어 있다.

(4) 반품허용조건오퍼

반품허용조건오퍼(offer on sale or return)는 다량의 현물을 Offer와 함께 발송하되 판매 후 남은 물품을 반품하기로 하는 조건으로 발행되는 오퍼를 말한다.

이 오퍼는 잡지나 서적을 다량으로 주문하여 일정기간 동안 판매하고 잔품(殘品)을 오퍼 발행자에게 반품하는 것을 조건부로 하는 위탁판매수출에 주로 사용된다.

8. 반대청약과 교차청약

1) 반대청약(counter offer)

(1) 의의

청약(offer)이 제시되면 상대방이 이를 바로 승낙하는 경우는 매우 드물다. 그 이유는 피청약자도 자기 나름대로의 가격수준이나 그 밖의 거래조건을 의중에 두고 있을 것이며 협의과정에서 가능한 한 그것에 접근시키려고 할 것이기 때문이다.

청약자가 제시한 원 청약(original offer)의 내용 중 일부를 피청약자가 수정하여 제시하는 것을 반대청약 또는 대응청약이라고 부른다.

법적으로 반대청약은 원 청약의 거절(refusal of original offer)이 되는 동시에 새로운 청약(new offer)의 성격을 가진다. 따라서 반대청약 그 자체는 계약을 성립시키지 못하며, 피청약자의 반대청약에 대해 원청약자가 승낙을 해야만 계약이 성립된다.

(2) 비엔나협약과 반대청약

① 변경된 승낙

비엔나협약 제19조는 '승낙을 의도하고 있으나 원 청약(original offer)에 추가나 제한 또는 기타의 변경을 포함하고 있는 청약에 대한 피청약자의 회답은 청약의 거절이면서 또한 반대청약이 된다.'고 규정하고 있다. 이 규정은 완전일치의 원칙을 다시 한번 강조하고 있는 것이다.

그런데 청약과 내용적으로 불일치한 승낙 또는 변경된 승낙이 승낙의 의도를 가지고 한 것인지 아니면 단순한 문의인지의 문제는 당사자의 진술이나 행위의 해석에 대해 규정하고 있는 본 협약 제8조에 따라 해석되어야 한다.

② 비본질적으로 변경된 승낙

비엔나협약 제19조는 청약의 조건을 비본질적으로 변경(materially alter)하지 않은 추가적 조건 또는 상이한 조건을 포함하고 있는 청약에 대한 회답은 승낙으로 간주하고 있다. 즉, 변경된 승낙이 청약과 내용적으로 불일치하더라도 그 불일치가 비본질적인 것이라면 변경된 승낙의 내용으로도 계약이 성립할 수 있도록 하고 있다.

이 경우 청약자가 그 불일치에 대해 이의를 제기하면 변경된 승낙은 승낙으로 인정받지 못하게 된다. 반대로, 불일치한 내용이 비본질적인 것이기 때문에 청약자가 이의를 제기하지 않으면 변경된 내용으로 계약이 성립하게 된다.

여기에서 무엇이 비본질적 변경인가에 대한 해석이 문제가 되는데, 비엔나협약은 동법 제19조 제3항에 열거된 조건 이외를 비본질적인 것으로 간주하고 있다.

③ 본질적인 변경

비엔나협약은 특히 가격, 대금지급, 물품의 품질과 수량, 인도장소와 시기, 당사자 일방의 상대방에 대한 책임 및 분쟁해결 등에 대한 추가적 조건이나 변경은 청약의 조건을 본질적(즉, 실질적)으로 변경하는 것으로 간주하고 있다.

이 규정은 단순히 해석원칙에 불과한 것이므로 결국, 청약자가 개개의 상황에서 청약의 변경된 내용을 받아들일지 여부에 따라 본질적 변경 여부가 최종 결정된다.

따라서 계약의 근간을 훼손하지 않는 사소한 불일치 또는 청약자에게 유리하게 변경된 경우 등은 비본질적인 변경으로도 인정될 수 있다.

표 6-3 비엔나협약상 반대청약

제19조	Article 19
(1) 승낙을 의도하고 있으나, 추가, 제한, 그 밖의 변경을 포함하는 청약에 대한 응답은 청약에 대한 거절이면서 또한 새로운 청약이 된다. (2) 승낙을 의도하고 있고, 청약의 조건을 비본질적로 변경하지 아니하는 추가적 조건 또는 상이한 조건을 포함하는 청약에 대한 응답은 승낙이 된다. 다만, 청약자가 부당한 지체 없이 그 상위(相違)에 구두로 이의를 제기하거나 그러한 취지의 통지를 발송하는 경우에는 그러하지 아니하다. 청약자가 이의를 제기하지 아니하는 경우에는 승낙에 포함된 변경이 가하여진 청약조건이 계약조건이 된다. (3) 특히 가격, 대금지급, 물품의 품질과 수량, 인도의 장소와 시기, 당사자 일방의 상대방에 대한 책임범위 또는 분쟁해결에 관한 추가적 조건 또는 상이한 조건은 청약조건을 실질적으로 변경하는 것으로 본다.	(1) A reply to an offer which purports to be an acceptance but contains additions, limitations or other modifications is a rejection of the offer and constitutes a counter offer. (2) However, a reply to an offer which purports to be an acceptance but contains additional or different terms which do not materially alter the terms of the offer constitutes an acceptance, unless the offeror, without undue delay, objects orally to the discrepancy or dispatches a notice to that effect. If he does not so object, the terms of the contract are the terms of the offer with the modifications contained in the acceptance. (3) Additional or different terms relating, among other things, to the price, payment, quality and quantity of the goods, place and time of delivery, extent of one party's liability to the other or the settlement of disputes are considered to alter the terms of the offer materially.

(3) 실무상 반대청약

실무상 반대청약은 ① 수출자가 오퍼한 Offer Sheet의 가격 부분 등을 수입자가 사선을 긋고 자신이 원하는 목표가격(target price) 등을 다시 보내오거나 ② 전자메일이나 팩스로 목표가격만을 별도로 명시하여 보내오거나 ③ 전화로 얼마를 깎아주면 주문하겠다는 식으로 가격협상을 제시하거나 ④ 처음의 Offer를 취소하고 조건의 일부를 변경한 새로운 Offer Sheet를 다시 보내라고 요구하는 모습 등으로 나타난다.

(4) 비엔나협약과 서식논쟁

① 서식논쟁의 의의

계약은 전통적으로 청약과 승낙에 의해 성립하는 것으로 여겨져 왔으며, 그에 따라 계약의 성립과 효력에 관한 법규범 역시 청약과 승낙을 중심으로 형성되어 왔다.

그러나 실무거래에서는 청약과 승낙을 엄격하게 구분하기 힘든 경우도 많다. 특히, 당사자 간에 여러 서식을 주고받으면서 계약을 체결하고 이를 이행하면 무엇이 청약이고 무엇이 승낙인지 파악하기가 매우 곤란하다. 또한 당사자들의 서식 사이에 불일치하는 내용이 포함되어 있음에도 당사자들이 그대로 계약을 이행하다가 계약 내용으로 인해 분쟁이 발생하기도 한다. 이와 같이 당사자들이 주고받은 서식에 서로 일치하지 않는 내용이 포함되어 있는 경우를 서식논쟁(battle of the forms) 또는 서식전쟁이라고 한다.

② 서식논쟁의 법리

영미법은 '승낙은 청약의 내용과 완전히 일치해야 하며 승낙의 내용이 청약과 조금이라도 상이하면 그것은 반대청약이 된다.'는 입장을 견지하고 있다.

그러나 실무에서는 완전 합의에 도달하지 않았음에도 중요한 조건이 합치되면 계약이 성립된 것으로 간주하고 계약의 이행을 시작하는 경우가 일반적이다. 이러한 서식논쟁을 해결하기 위한 방법으로 최후발포규칙과 충돌배제규칙이 제시되고 있다.

최후발포규칙(last shot rule)은 최후에 제시된 서식에 따라 계약이 성립한다는 이론이다. 서식논쟁의 상황 하에서 이행이 이루어지고 나중에 분쟁이 발생한 경우에는 최후에 제시된 서식이 우선한다는 이론이다.

이 원칙은 가장 마지막으로 보낸 서식이 매수인의 승낙 또는 반대청약이 되고 매도인이 물품을 선적하였다면, 이에 대해 양 당사자의 의사표시의 합치가 없더라도 매도인이 선적한 것은 매수인의 계약내용을 받아들인다는 것으로 간주되기 때문에 최후에 보내진 매수인의 서식이 우선한다는 것이다.

충돌배제규칙(knock-out rule)은 당사자들이 서식 차이가 있음에도 당사자 사이의 묵시적인 합의나 관행에 의해 당사자가 불일치하는 부분을 제외하고 계약을 체결하려는 의사를 가지고 있을 때에는 그 범위 내에서 계약의 성립을 인정하는 이론이다.

이 원칙에서는 청약과 승낙이 완전히 일치하지 않아도 계약은 존재할 수 있고, 이때 양 당사자가 사용한 서식의 내용 중 본질적인 면에서 공통된 사항들은 계약내용이 되고, 기타 나머지 상이한 내용들은 일치하는 범위가 아니기 때문에 사라지고 해당 공백은 법률의 일반원칙으로 해석된다는 것이다.

③ 비엔나협약상 서식논쟁의 내용

국제물품매매 분야에서 성공적인 입법 모델로 평가받고 있는 비엔나협약은 청약과 승낙은 엄격히 일치해야 한다는 보통법(common law)상의 '완전일치의 원칙'을 보다 완화하여 유연한 입장을 취하고 있지만, 서식논쟁 자체에 관한 구체적인 규정은 두고 있지 않다. 따라서 비엔나협약에서 서식논쟁의 문제는 결국 변경된 승낙의 문제를 규정하고 있는 제19조에 따라 최종적으로 해석되어야 한다.

왜냐하면 서식논쟁은 계약의 성립 측면에서 보면 청약과 승낙이 일치하지 않음으로써 발생하는 것이기 때문에 변경을 가한 승낙의 문제와 직결되기 때문이다.

비엔나협약 제19조 제1항은 '승낙을 의도하고 있으나 부가, 제한, 그 밖의 변경을 포함하고 있는 청약에 대한 응답은 청약에 대한 거절이면서 또한 새로운 청약이 된다.'라고 규정하여 원칙적으로 청약과 승낙이 엄격히 일치되지 않으면 청약의 거절 및 반대청약이 된다는 보통법상의 완전일치 원칙을 채택하고 있다.

제19조 제1항에서 완전일치의 원칙을 채택하고 있는 근본적인 이유는 이러한 원칙이 대륙법계와 영미법계의 전통적인 계약법상의 이론에 부합될 뿐 아니라, 완전일치의 원칙을 적용한 결과가 너무 가혹하다고 할지라도 예측가능하고 명확하며 적용이 간편하기 때문이다.

그러나 비엔나협약에서는 제19조 제1항에 규정된 완전일치 원칙의 채택으로 인한 엄격성을 완화하기 위하여 동조 제2항에 '실질적 변경(material alteration)'의 기준을 도입하고 있다. 따라서 비실질적 변경을 가한 승낙은 비엔나협약 제19조 제2항이 적용되기 때문에 제19조 제1항이 적용되는 것은 실질적 변경을 가한 승낙으로 한정된다.

본 협약 제19조 제2항의 규정상 승낙자가 청약의 내용과 다른 서식을 제시하는 경우에 그것이 비본질적인 변경으로 인정된다면 청약자의 지체 없는 이의제기가 없는 한, 승낙자의 변경된 승낙의 내용으로 계약은 성립된다.

즉, 부가적 또는 상이한 조건이 청약의 조건을 실질적으로 변경하지 않은 경우 청약자가 이의를 제기하지 않는 한, 이를 승낙으로 보아 계약의 성립을 인정하는 동시에 변경된 조건을 계약의 내용으로 편입시키고 있다. 따라서 비엔나협약 제19조 제2항의 적용에는 실질적 변경의 기준이 무엇인지가 매우 중요한 의미를 가지게 된다.

그러나 그 변경이 본질적인 것이라면 변경된 승낙은 청약에 대한 거절이 되며 동시에 새로운 청약이 된다.

결국, 비엔나협약은 논리적으로 제일 나중에 제시된 서식의 내용대로 계약이 성립된다고 하는 최후발포규칙을 인정하고 있다.

2) 교차청약(cross offer)

(1) 의의

청약과 승낙에 의해 계약은 성립된다. 그런데 실무적으로는 거의 발생하지 않는 교차청약에 의해서도 계약은 성립될 수 있는지가 문제가 될 수 있다.

교차청약은 계약체결의 특수한 형태로, 매도인과 매수인 사이에 우연히 동일한 내용의 청약이 동시에 각각 상대방에게 송부되어 쌍방의 청약 내용이 서로 일치하는 것을 말한다. 즉, A가 어떤 물건을 1만 달러에 팔겠다고 B에게 청약했는데 B도 동일한 물건을 1만 달러에 사고 싶다고 A에게 청약하는 경우를 말한다.

이 경우 청약은 독립적으로 둘이 존재하나 승낙은 없는 상태가 된다. 이러한 현상을 청약의 교차 또는 교차청약(cross offer)이라고 한다.

(2) 영미법계와 대륙법계의 입장

현재 교차청약에 의한 무역계약의 성립 여부는 국제적으로 통일되어 있지 않으며, 교차청약의 효력에 관한 통일된 국제법도 존재하지 않는 상태이다.

그럼에도 영미법계에서는 교차청약 그 자체는 인과관계가 없기 때문에 교차청약에 의한 계약의 성립을 인정하지 않고 있다. 이에 반해, 일본 등 대륙법계에서는 교차청약은 양자의 의향이 동일하기 때문에 구태여 승낙의 과정을 거치지 않더라도 계약은 성립된다는 입장을 취하고 있다. 우리나라도 민법 제533조에 '당사자 사이에 동일한 내용의 청약이 상호 교차된 경우에는 양 청약이 상대방에게 도달한 때에 계약이 성립한다.'고 규정함으로써 교차청약에 의한 계약의 성립을 인정하고 있다.

그 이유는 같은 물건을 동일한 가격으로 A는 팔겠다고 하고 B는 사겠다고 한 것이므로 양자의 의사표시는 객관적으로나 주관적으로나 합치한 것으로 볼 수 있고, 전통적인 청약과 승낙 이외의 방법에 의한 계약의 성립을 인정해도 폐해가 없을 뿐만 아니라 도리어 신속성을 중요시하는 실무업계의 형편에 맞기 때문이다.

(3) 실무적 입장

교차청약의 문제는 준거법을 어느 국가의 법으로 할 것인가에 따라 해석이 달라질 수 있다. 실무적인 측면에서는 교차청약에 의한 계약의 성립을 인정하는 것이 거래의 신속이라는 요청에 충족되는 것이고, 당사자의 의사에도 부합된다고 할 수 있다.

그러므로 교차청약이 발생하면 어느 한 당사자가 재확인 절차를 거침으로써 문제의 소지를 없애는 것이 거래상 안전한 방법이 될 수 있다.

9. 청약의 통지와 효력발생시기

1) 청약의 통지

청약이 효력을 발생하기 위해서는 청약은 상대방에게 통지되어야 한다. 그 이유는 상대방에게 통지할 의도가 없는 의사표시는 단순한 하나의 의사나 의도를 표시한 것에 지나지 않으므로 그 자신을 구속시킬 의도가 없는 것이며, 피청약자로서는 통지가 없으면 그 청약의 내용을 알지 못하여 승낙할 수 없기 때문이다.

그러한 의미에서 발송되지 않은 의사표시나 청약자의 의지 없이 또는 의지에 반하여 발송된 의사표시는 거래를 성립시킬 구속력이 없는 청약이 된다.

청약의 통지과정은 발송, 수령, 수령인의 실제적 인지라는 3단계를 거친다. 여기에서 청약의 통지는 피청약자가 청약을 실제로 인지하는 것을 의미하지 않고, 청약이 수신인의 영역 내로 통지되어 수신인이 청약을 수령할 수 있는 상태를 의미한다.

청약을 통지하는 방법은 보통 전보나 팩스를 포함한 서면이 많이 사용되지만, 최근에는 전자메일 등 정보통신기술을 이용하는 경우도 많다.

2) 청약의 효력발생시기

청약은 도달주의(arrival rule)를 원칙으로 적용하기 때문에 피청약자에게 도달할 때에 그 효력이 발생한다(협약 제15조). 왜냐하면 청약이 피청약자에게 도달하지 않은 상태에서는 청약의 내용을 상대방이 인지할 수 없기 때문이다.

또한 도달주의를 채택하지 않을 수 없는 이유는 청약은 상대방의 승낙을 구해야 하므로 발신주의를 채택할 수 없기 때문이다. 따라서 청약이 도달하지 않는 한, 승낙의 의사표시를 할 수도 없고 승낙의 의사표시를 하더라도 아무 효력이 없게 된다.

이는 우리나라 민법(제11조)이나 세계 각국의 법률이 모두 취하고 있는 입장이다.

도달주의 원칙에 따라 청약의 불착(不着)이나 연착(延着)에 의한 불이익은 당연히 청약자가 부담한다. 또한 청약이 상대방에게 도달하기 이전에는 청약은 효력이 발효되기 이전의 상태이므로 철회가 가능하다. 그러나 청약이 일단 상대방에 의하여 승낙되거나 상대방에게 도달한 청약은 청약자가 임의대로 이를 취소할 수 없다.

| 표 6-4 | 비엔나협약상 청약의 효력발생시기

제15조 (1) 청약은 상대방에게 도달한 때에 효력이 발생한다.	Article 15 (1) An offer becomes effective when it reaches the offeree.

10. 청약의 효력소멸

청약은 그 효력이 발생할 때 승낙적격의 상태가 된다. 청약이 이러한 상태에 있는 한 청약자가 임의로 그 청약의 효력을 소멸(discharge)시키는 것은 불가능하다.

그러나 청약의 효력이 발생한 후에도 그 효력을 지속시키는 것이 무의미할 경우가 있다. 따라서 다음과 같은 사유가 발생하면 청약의 효력은 소멸된다.

1) 상대방의 승낙

청약은 상대방이 승낙하면 계약이 성립되므로 청약 자체의 효력은 소멸된다. 즉, 청약은 청약자가 보내는 단독의 의사표시이므로 승낙될 때까지 그 자체는 어떠한 법률적 권능도 발생하지 않는다. 그러나 유효기간 내에 피청약자가 그 청약을 승낙하면 계약이 성립되므로 그 시점에서는 청약의 독자적인 존재 이유는 상실하게 된다.

2) 청약의 철회나 취소

(1) 청약의 철회나 취소와 효력소멸

청약이 철회(withdrawal, 회수)되거나 취소(revocation)되면 그 청약의 효력은 당연히 소멸된다. 청약의 철회는 청약이 효력을 발생하기 이전 상태(즉, 청약이 상대방에게 도달하기 전)에 청약자가 임의로 청약의 효력을 소멸시키는 행위를 말한다.

이에 반해, 청약의 취소는 청약이 상대방에게 도달하여 효력이 발생한 후 피청약자가 승낙의 통지를 보내기 전에 청약의 효력을 소멸시키는 행위를 말한다. 청약이 상대방에게 도달하면 이것은 청약의 철회가 아니라 청약의 취소 문제가 된다.

(2) 비엔나협약

① 청약의 철회

청약은 그 의사표시가 상대방에게 도달한 때에 효력이 발생하기 때문에 청약자는 그 효력이 발생하기 전에 이를 철회하여 청약을 하지 않은 것으로 할 수 있다.

비엔나협약 제15조에도 청약은 취소불능이라도 청약의 의사표시가 도달하기 전 또는 도달함과 동시에 그 청약을 철회하겠다는 의사표시가 상대방에게 도달하는 경우에는 청약은 효력이 없는 상태이므로 이를 철회할 수 있도록 하고 있다.

이 규정을 둔 이유는 확정적인 승낙기간을 정한 청약의 경우에 상대방인 피청약자의 거절이 있은 후에도 여전히 그 승낙기간 동안 청약자가 자신의 청약 내용에 구속되어야 하는가에 대한 의문을 해명해 주기 위한 것이다.

| 표 6-5 | 비엔나협약상 청약의 철회

제15조 (2) 청약은 취소불능일지라도, 철회의 의사표시가 청약의 도달 전 또는 그와 동시에 상대방에게 도달하는 경우에는 철회될 수 있다.	Article 15 (2) An offer, even if it is irrevocable, may be withdrawn if the withdrawal reaches the offeree before or at the same time as the offer.

청약은 의사표시가 상대방에게 도달한 때 효력이 발생되는 것이 원칙이기 때문에 도달 전의 청약에 대한 철회가 이루어질 수 있는 것은 당연한 것이다.

이와 같이 청약은 승낙이 이루어지기 전(즉, 계약이 성립되기 전)에는 언제나 철회될 수 있으나 이 경우 그 철회의 의사표시는 상대방이 승낙의 통지를 발송하기 전에 도달해야 한다. 결국, 철회의 의사표시 역시 도달주의 원칙을 따르고 있는 것이다.

② 청약의 취소

비엔나협약 제16조는 계약이 성립되기 전에는 청약의 취소가 자유롭게 이루어질 수 있도록 하고 있다. 그러나 비엔나협약에서도 이 원칙에 제한을 두어 다음 두 가지 사유 중 어느 하나 사유가 발생하면 청약은 취소될 수 없는 것으로 하고 있다.

이것은 청약의 자유로운 취소를 인정하는 영미법계와 청약의 구속력을 인정하는 독일법계를 조화롭게 타협한 결과물이라 할 수 있다.

첫째, 청약에서 Firn Offer와 같이 승낙을 위한 기간을 명시하였거나 기타의 방법으로 청약이 취소될 수 없다는 의사를 표시하고 있는 경우(취소불능 표시)이다.

둘째, 피청약자가 청약을 취소될 수 없음을 신뢰하는 것이 합리적이고 피청약자가 그 청약을 신뢰하여 행동한 경우(신뢰보호 원칙)이다. 예를 들어 피청약자가 생산설비를 갖춘다든지, 원료를 구입한다든지, 사람을 특별히 고용한 경우가 여기에 해당한다.

| 표 6-6 | 비엔나협약상 청약의 취소

제16조 (1) 청약은 계약이 체결되기까지는 취소될 수 있다. 다만, 상대방이 승낙의 통지를 발송하기 전에 취소의 의사표시가 상대방에게 도달되어야 한다. (2) 그러나 다음의 경우에는 청약은 취소될 수 없다. (a) 승낙기간의 지정 그 밖의 방법으로 청약이 취소될 수 없음이 청약에 표시되어 있는 경우, 또는 (b) 상대방이 청약이 취소될 수 없음을 신뢰하는 것이 합리적이고, 상대방이 그 청약을 신뢰하여 행동한 경우	Article 16 (1) Until a contract is concluded an offer may be revoked if the revocation reaches the offeree before he has dispatched an acceptance. (2) However, an offer cannot be revoked: (a) if it indicates, whether by stating a fixed time for acceptance or otherwise, that it is irrevocable; or (b) if it was reasonable for the offeree to rely on the offer as being irrevocable and the offeree has acted in reliance on the offer.

3) 청약의 거절 및 반대청약

(1) 청약의 거절과 효력소멸

청약에 대한 피청약자의 행동은 승낙, 거절, 조건부 승낙, 조건변경 등으로 나타나며 유효기간 내에 아무런 통지가 없으면 이것은 청약을 거절한 것으로 간주한다.

거절(rejection, refusal)의 명백한 의사표시가 있는 경우에는 청약은 유효기간이 남아있을 지라도 그 시점에서 효력이 자동적으로 소멸된다.

청약의 거절(rejection of the offer)이란 청약자가 보내온 청약을 피청약자가 승낙하지 않겠다는 의사표시를 말하는데, 청약자가 보낸 청약을 피청약자가 거절한 경우에는 당연히 그 청약은 효력을 잃게 된다.

청약의 거절은 명시적으로 이루어지는 것이 일반적이지만 피청약자가 다른 조건의 청약을 요구하는 경우와 같이 묵시적으로도 이루어질 수 있다.

(2) 비엔나협약

비엔나협약 제17조는 '청약은 비록 취소불능일지라도, 거절의 의사표시(통지)가 청약자에게 도달한 때에는 효력이 상실한다.'고 규정함으로써 청약의 거절이 청약의 효력을 소멸시키는 원인이 된다는 것을 분명히 하고 있다.

이것은 청약은 계약을 위한 승낙적격의 기간 내에만 효력이 있다는 것이며, 이 기간 내에 피청약자가 적극적으로 청약을 거절하면 효력이 상실한다는 것을 의미한다.

이 규정을 둔 이유는 확정청약의 경우 상대방의 거절이 있은 후에도 여전히 그 승낙기간 동안 청약자가 청약에 구속되어야 하는 불합리를 제거해 주기 위한 것이다.

이 규정에 따라 피청약자의 거절의 의사표시가 청약자에게 도달한 후에는 피청약자가 다시 승낙을 해도 계약은 성립되지 않는다. 이 경우 피청약자의 승낙의 의사표시는 반대청약으로서 새로운 청약(new offer)이 된다.

비엔나협약은 청약거절의 통지도 도달주의를 채택하고 있다. 따라서 피청약자가 청약을 일단 거절한 후에 보다 빠른 통신수단을 이용하여 다시 승낙의 의사표시를 청약자에게 도달시킨 때에는, 승낙은 효력이 발생하게 된다.

표 6-7 비엔나협약상 청약의 거절

제17조 청약은 비록 취소불능일지라도, 거절의 의사표시가 청약자에게 도달한 때에는 효력을 상실한다.	Article 17 An offer, even if it is irrevocable, is terminated when a rejection reaches the offeror.

이에 반해 우리나라 상법은 상인이 거래관계에 있는 자로부터 계약의 청약을 받을 때에는 지체 없이 승낙의 통지를 발송해야 하며, 이를 태만히 한 때에는 승낙한 것으로 본다고 규정하고 있다. 그러나 이 규정은 어디까지나 국내법에 불과한 것이다.

게다가 무역거래에서는 비엔나협약의 취지를 받아들이고 있는 것이 일반적이다.

청약의 거절에는 피청약자가 반대청약(counter offer)을 하거나 청약의 내용을 추가하거나 변경하여 승낙한 것 등이 포함된다.

(3) 반대청약

반대청약(counter offer)은 승낙이 아니라 일종의 원 청약(original offer)에 대한 청약의 거절인 동시에 새로운 청약이 된다.

우리나라 민법도 '승낙자가 청약에 조건을 붙이거나 변경을 가하여 승낙한 때에는 그 청약의 거절과 동시에 새로 청약한 것으로 본다.'고 하여 반대청약은 청약의 거절로 간주하고 있다. 한편 청약의 거절은 그 통지가 청약자에게 도달하면 효력이 발생한다.

4) 유효기간의 경과

(1) 유효기간의 경과와 효력소멸

청약에 유효기간(또는 승낙기간)이 설정된 확정청약은 그 유효기간이 경과(lapse of time)되면 당사자의 의사표시가 없이도 자동적으로 효력을 상실하게 된다.

그런데, 청약에 유효기간이 설정되어 있지 않은 경우 그 청약은 언제 효력이 소멸되는지가 문제가 될 수 있다. 이 경우에는 상품의 특성, 매매의 성질, 통신수단 등을 고려하여 합리적 기간이 경과하면 그 청약의 효력은 소멸되는 것으로 해석하고 있다.

(2) 비엔나협약

비엔나협약에는 이에 관한 명문의 규정을 두고 있지 않다. 그러나 법리상 승낙의 기간을 정한 계약의 청약은 청약자가 그 기간 내에 승낙의 통지를 받지 못한 때에는 그 효력을 잃고, 승낙의 기간을 정하지 아니한 계약의 청약은 청약자가 합리적 기간 내에 승낙의 통지를 받지 못한 때에는 그 효력을 잃는다고 해석해야 할 것이다.

영미법이나 대륙법도 시간의 경과가 청약의 효력을 상실하게 한다고 보고 있다.

우리나라 민법도 승낙기간을 정한 청약은 청약자가 그 기간 내에 승낙통지를 받지 못한 때 효력을 잃으며, 승낙기간을 정하지 않은 청약은 청약자가 합리적 기간 내에 승낙의 통지를 받지 못한 때에는 그 효력을 잃는다는 입장을 취하고 있다.

5) 당사자의 사망과 행위능력 상실

비엔나협약에는 계약 당사자의 사망(death)과 행위능력의 상실(incapacity)에 대한 명시적인 규정을 두고 있지 않다.

여기에서 계약 당사자의 행위능력(capacity of the parties)은 법적으로 유효한 법률행위를 할 수 있는 능력을 말한다. 이것은 당사자가 유효한 계약을 체결할 능력이라는 의미에서 계약능력 또는 계약권능이라고도 부른다.

한편, 대륙법계는 당사자의 사망과 행위능력 상실을 청약의 효력소멸 원인으로 간주하지 않고 있다. 이러한 입장에서 보면 표의자인 청약자가 청약의 통지를 한 후 사망하거나 행위능력을 상실하더라도 의사표시의 효력에는 영향을 미치지 않게 된다.

그것은 국제물품매매에 있어서 당사자는 개인보다 법인이나 기타 기업의 형태가 주종이므로 당사자의 개성은 그리 중요하지 않기 때문이다.

반면, 영미법계는 청약자나 피청약자의 사망 또는 행위능력의 상실을 청약의 실효사유로 간주하고 있다. 즉, 계약 당사자의 사망과 행위능력이 상실되어 무능력이나 무권한(lack of authority) 또는 불법(illegality)이 된다면 청약의 효력 소멸은 물론 그 계약 자체도 무효가 된다고 보고 있다.

실무상의 관점에서는 매매계약에서 특정된 당사자의 사망이나 행위능력 상실은 향후 당사자 간에 더 이상의 정상적인 계약관계를 진전시킬 수 없기 때문에 청약의 효력이 소멸되는 것으로 간주하는 것이 타당할 것이다.

6) 후발적 위법

후발적 위법(subsequent illegality)은 청약이 이루어진 이후에 매매계약의 이행이 오히려 위법이 되는 경우에는 그 청약의 효력은 소멸된다는 것을 말한다.

예를 들어, 청약자가 피청약자에게 어떤 물품을 매도청약한 후 청약을 승낙하기 이전에 동 행위를 금지하는 수출금지 또는 수출제한 조치의 법률이 제정되어 시행되었다면 그 청약의 효력은 소멸된다. 그런데 청약을 승낙한 후에 이러한 문제가 발생하였다면 이것은 후발적 위법이 아니라 이행불능(frustration)의 문제가 된다.

이행불능은 계약 성립 후 소유권이 매수인에게 이전되기 전에 당사자의 과실에 의하지 않고 계약이 법적으로 이행이 불가능하게 되거나 이행사항이 계약을 체결할 때 예상했던 것과는 완전히 달라졌기 때문에 이행할 가치가 없게 된 경우를 말한다.

이행불능은 국내거래보다는 불확실성이 큰 무역거래에서 보다 큰 중요성을 가진다. 후발적 위법에 대해 비엔나협약에는 명시적인 규정을 두고 있지 않다. 그러나 이러한 사유의 발생은 청약의 효력을 소멸시키는 것으로 보는 것이 일반적이다.

제2절 승낙(acceptance)

1. 승낙의 의의와 요건

1) 승낙의 의의

승낙은 법이나 학자들에 따라 다양하게 정의되고 있다. 그러나 일반적으로 승낙은 피청약자(offeree)가 구두나 행위로(by words or conduct) 청약의 조건들을 수락하고 계약을 성립시키겠다는 동의를 표시(manifestation of assent)하는 것을 말한다.

무역계약은 청약에 대해 상대방의 유효한 승낙이 있어야만 성립될 수 있다.

2) 승낙의 요건

무역계약을 성립시킬 수 있는 유효한 승낙이 되기 위해서는 승낙은 다음과 같은 요건들을 모두 갖추어야 한다.

첫째, 승낙의 내용은 청약의 내용과 완전히 일치해야 한다. 이것은 승낙은 계약을 성립시킬 목적으로 하는 의사표시이므로 청약의 내용 그대로 승낙해야 한다는 것을 의미한다. 이것을 경상(鏡像)의 법칙(mirror image rule) 또는 완전일치의 원칙이라고도 부르는데 이것은 각국 계약법의 기본원칙이 되어 왔다.

이 원칙에 위배되는 승낙은 조건부 승낙(conditional acceptance), 청약내용의 변경승낙, 부분승낙(partial acceptance), 애매한 승낙(equivocal acceptance) 등이 있다.

둘째, 승낙의 내용은 청약의 내용을 무수정(without revision), 절대적(absolute), 최종적(final), 무조건적(unconditional)으로 이루어져야 한다.

절대적이며 무조건적이고 무수정한 동의의 의사표시가 아니라 청약에 조건을 붙이거나 변경을 추가하여 승낙하면, 그것은 유효한 승낙이 아니라 원 청약의 거절임과 동시에 새로운 청약을 한 반대청약이 된다.

셋째, 승낙은 청약의 상대방만이 해야 한다. 따라서 그 이외의 다른 당사자가 승낙하면 그는 승낙의 적격 당사자가 아니기 때문에 계약은 성립되지 않게 된다.

넷째, 승낙은 청약이 효력을 가지고 있는 기간 내에 이루어져야 한다. 그러므로 청약을 승낙할 의사가 있으면 지연된 승낙이 되지 않도록 신속히 해야 한다.

다섯째, 승낙의 의사는 청약자에게 표시되어야 한다. 이 이유는 상대방이 마음속으로 승낙할 결심을 했을지라도 그 결심만으로는 유효한 승낙으로 되지 않기 때문이다.

이 경우 어떤 방법으로 의사를 표시할 것인가는 원칙적으로는 자유이기 때문에 명시적인 방법 이외에 묵시적인 방법으로도 가능하다.

3) 계약을 성립시킬 수 없는 승낙의 유형

전술과 같이 유효한 승낙이 되려면 청약 내용 그대로를 승낙해야 한다는 경상의 원칙이 무역계약에서 철저히 준수되고 있다.

따라서 이 원칙에 위배되는 승낙 즉, 조건부 승낙, 청약내용의 변경승낙, 부분승낙, 지연된 승낙 및 반대청약 후에 원 청약을 승낙한 것으로는 계약이 성립되지 않는다.

다만, 이러한 승낙을 받은 청약자가 이를 승낙하는 경우는 계약이 성립될 수 있다.

(1) 조건부 승낙

조건부 승낙(conditional acceptance)은 청약에 어떤 조건을 붙여 승낙한 것을 말하며 그러한 승낙으로는 계약이 성립되지 않는다. 그런데 승낙을 하면서 가급적 무엇인가를 해주면 좋겠다는 부탁을 하는 경우도 있는데 그것을 '단순의뢰부 승낙'이라고 한다. 이것은 조건부 승낙과 달리 정상적인 승낙으로 간주된다.

(2) 변경승낙

변경승낙(modified acceptance)은 청약내용을 변경하여 승낙한 것을 말하며 그러한 승낙으로는 계약이 성립되지 않는다. 이는 반대청약(counter offer)이 된다.

(3) 부분승낙

부분승낙(partial acceptance) 혹은 일부승낙은 청약의 내용 가운데 그 일부만을 승낙한 것을 말하며 그러한 승낙으로는 계약이 성립되지 않는다. 대표적인 것이 청약에 포함된 품목 가운데 일부 품목에 대해서만 승낙을 하거나 매매조건 중 일부의 조건만을 승낙하는 경우이다.

(4) 지연승낙

지연승낙(delayed acceptance)은 유효기간(validity) 내지 승낙기간이 경과한 후에 승낙을 하는 것을 말하며 그러한 승낙으로는 계약이 성립되지 않는다.

(5) 반대청약 후 원 청약의 승낙

피청약자가 청약을 받고 그 내용을 변경하여 반대청약을 발송하였다가 이를 번복하여 원래의 청약대로 다시 승낙한 경우에는, 만일 그 반대청약과 승낙의 의사표시가 원 청약자에게 도달하였다면 그러한 승낙으로는 계약이 성립되지 않는다.

왜냐하면 반대청약이 성립되면 원 청약은 이미 그 효력을 상실하였기 때문이다.

2. 승낙의 표시와 침묵

1) 승낙의 표시

피청약자는 승낙 여부를 청약자에게 통지할 의무가 없다. 그러나 승낙도 청약과 같이, 계약성립에 필요한 의사표시이기 때문에 피청약자로서는 계약을 성립시킬 의사가 있으면 그 뜻을 적극적으로 청약자에게 표시해야 한다.

이에 관하여 비엔나협약은 '승낙은 청약에 대한 동의를 표시하는 진술 또는 행위이어야 한다.'고 규정하고 있다. 이 경우 승낙은 반드시 진술로 해야 하는 것은 아니며, 기타 청약의 내용을 수락한다는 취지의 행위(예를 들어 물품의 인도, 물품의 수령, 대금지급, 신용장 발행 등)도 승낙행위가 될 수 있다(제18조 제1항).

즉, 청약에 의하여 또는 당사자 사이에 확립된 관례나 관행의 결과로 상대방이 청약자에 대한 승낙의 통지가 없이도, 물품의 발송이나 대금지급과 같은 행위를 함으로써 동의를 표시를 하는 것도 승낙이 된다(제18조 제3항). 이와 같은 형태로 계약이 성립되는 것을 '의사실현에 의한 계약의 성립'이라고 한다.

이것은 청약자의 의사표시나 관습에 의해 승낙의 통지를 필요로 하지 않을 때는 승낙의 의사표시라고 인정되는 사실이 있을 때 계약은 성립된다는 것이다.

이 경우 비엔나협약은 다음과 같은 요건의 충족을 요구하고 있다. 즉, 이하의 요건이 충족되면 그 행위를 하는 때에 승낙의 효력이 발생하여 계약이 성립된다.

첫째, 그러한 행위도 동의의 의사표시가 된다고 청약에서 인정하고 있거나 그러한 내용이 관행이나 관례에 의해 널리 인정되고 있어야 한다. 즉, 아무 때나 효력이 발생하여 계약이 성립되는 것이 아니라 의사표시나 관습에 의해 그러한 승낙의 통지가 필요 없다고 인정되어야만 한다. 둘째, 그러한 행위가 청약자가 정한 기간 내에 또는 그것이 없으면 합리적인 기간 내에 이루어져야 한다.

▌표 6-8▌ 비엔나협약상 승낙의 표시와 도달하지 않는 승낙의 효력

第18조	Article 18
(3) 청약에 의하여 또는 당사자 간에 확립된 관례나 관행의 결과로 상대방이 청약자에 대한 통지 없이, 물품의 발송이나 대금지급과 같은 행위를 함으로써 동의를 표시할 수 있는 경우에는, 승낙은 그 행위가 이루어진 시점에 효력이 발생한다. 다만, 그 행위는 제2항에서 정한 기간 내에 이루어져야 한다.	(3) However, if, by virtue of the offer or as a result of practices which the parties have established between themselves or of usage, the offeree may indicate assent by performing an act, such as one relating to the dispatch of the goods or payment of the price, without notice to the offeror, the acceptance is effective at the moment the act is performed, provided that the act is performed within the period of time laid down in the preceding paragraph.

2) 승낙에 대한 침묵

청약에 대해 피청약자가 행위나 회신을 전혀 하지 않았을 때 이것은 승낙에 대한 침묵 또는 무행위가 된다.

침묵(silence)은 어떤 일에 대하여 그 내용을 밝히지 아니하거나 비밀을 지키는 상태를 말하며, 무행위(inactivity)는 어떠한 조치나 행위를 전혀 취하지 않는 것을 말한다.

비엔나협약상 침묵이나 무행위는 청약자에 대한 피청약자의 승낙의 통지가 없는 것이기 때문에 원칙적으로 유효한 승낙의 방법으로 인정되지 않고 있다.

예를 들어 주문하지 않은 물품을 보내면서 반송하지 않으면 승낙으로 간주하겠다는 청약에 대하여 침묵하거나 물품을 반송하지 않아도 이것은 승낙행위가 되지 않는다.

우리나라 상법도 청약에 대하여 낙부(諾否)의 결정을 하지 않고 침묵을 지키는 것은 승낙으로 인정되지 않는다고 규정하고 있다.

표 6-9 비엔나협약상 승낙의 의사표시

제18조 (1) 청약에 대한 동의를 표시하는 상대방의 진술 그 밖의 행위는 승낙이 된다. 침묵 또는 무행위는 그 자체만으로 승낙이 되지 않는다.	Article 18 (1) A statement made by or other conduct of the offeree indicating assent to an offer is an acceptance. Silence or inactivity does not in itself amount to acceptance.

그러나 당사자 사이에 미리 양해된 경우, 관행이나 관습에 따라 침묵을 승낙으로 간주하거나 승낙의 통지가 필요 없는 경우는 유효한 승낙으로 인정될 수 있다.

3. 승낙의 방법과 효력발생

물품매매계약에서 승낙의 의사표시는 구두나 우편, 팩스 등의 통신수단이나 일정한 행위로도 가능하지만, 문제는 어느 때에 그 승낙의 효력이 발생하는가이다.

1) 승낙의 방법이 지정된 경우

청약자는 승낙의 방법을 자유로이 지정할 수 있고 승낙을 어떠한 방법으로 할 것인가도 원칙적으로 자유이다. 그러나 청약을 할 때 그 승낙의 방법이 지정되어 있는 경우에는 승낙을 할 때도 그 방법을 따라야 한다. 이 경우 다른 방법으로 승낙을 하면 청약자가 인정하지 않는 한, 그 승낙은 무효로 된다. 왜냐하면 승낙의 방법이 지정된 경우에 그 이외의 방법으로 승낙하는 것은 반대청약이 되기 때문이다.

2) 승낙의 방법이 지정되지 않은 경우

청약에 승낙의 방법이 지정되어 있지 않은 경우에는 합리적인 방법으로 승낙하면 된다. 즉, 청약이 전보로 온 경우에는 전보로, 팩스로 온 경우에는 팩스로 하면 된다.

여기에서 '합리적인 방법(by reasonable method)'이란 그 거래의 사정 등을 고려하여 결정해야 할 문제이지만, 상거래의 신속성 측면에서 예를 들어 팩스로 온 청약은 우편으로 온 경우보다 신속한 승낙을 요구하고 있다고 해석되어야 한다.

따라서 승낙방법이 지정되지 않은 경우는 가능한 한 빠른 방법이나 청약시 이용한 방법으로 다시 회송하는 것이 계약을 성립시키는 최선의 방법이 될 수 있다.

4. 승낙의 효력발생시기

1) 도달주의 원칙

피청약자가 청약자의 청약을 승낙할 때 계약은 성립한다. 그런데 승낙의 효력발생시기는 곧 계약의 성립 시점이 된다는 점에서 매우 중요함에도 불구하고, 무역거래는 격지자 간의 상거래이기 때문에 승낙의 의사표시가 피청약자로부터 청약자에게 도달될 때까지의 어느 시점에서 계약이 성립되는지의 문제가 발생할 수 있다.

승낙의 효력발생시기에 관한 대표적인 이론으로는 발신주의(mailbox or post theory), 도달주의(arrival theory), 요지주의(acknowledgement theory)가 있다.

| 표 6-10 | 승낙의 효력발생시기의 이론

구분	효력발생시기	비고
발신주의	피청약자가 승낙의 의사표시를 발송한 때	한국·영미·일본 등 (격지자 간 통신수단)
도달주의	피청약자의 승낙이 청약자에게 도달한 때	일반원칙, 비엔나협약
요지주의	피청약자에게 도달할 뿐만 아니라 현실적으로 청약자가 그 내용을 인지한 때	

일반적으로 영미법계와 대륙법계를 불문하고 대부분의 국가들은 의사표시에 관한 일반원칙과 대화자 간의 의사표시는 모두 도달주의를 채택하고 있다.

도달주의는 승낙이 청약자에게 도착된 때에 효력이 발생한다는 이론이다. 도달주의는 승낙의 의사표시가 청약자에게 도달되지 않았을 때는 의사의 합치가 존재하지 않으며 따라서 계약은 성립되지 않는다는 법 이론에 근거하고 있는 것이다.

2) 격지자 간 통신수단의 효력발생시기

우리나라 민법(제531조)과 일본법, 영미법은 격지자 간 통신수단에 한하여 발신주의를 채택하고 있다. 그러나 일본과 우리 민법은 발신주의 인정에 일정한 제한을 두어 청약에 승낙기간을 정한 경우에는 이 기간 내에, 청약에 승낙기간이 정해지지 않은 경우에는 청약자가 합리적 기간 내에 승낙통지를 받을 것을 조건으로 하고 있다.

표 6-11 승낙의 효력발생시기

준거법 \ 통신수단			한국법	일본법	영미법	독일법	CISG
의사표시에 의한 일반원칙			도달주의	도달주의	도달주의	도달주의	도달주의
승낙의 의사표시	대화자 간 통신수단	대화(구두)	도달주의	도달주의	도달주의	도달주의	도달주의
		전화, FAX, EDI	도달주의	도달주의	도달주의	도달주의	도달주의
		전자우편, 텔렉스	도달주의	도달주의	도달주의	도달주의	도달주의
	격지자 간 통신수단	우편	발신주의	발신주의	발신주의	도달주의	도달주의
		전보	발신주의	발신주의	발신주의	도달주의	도달주의

3) 비엔나협약상 승낙의 효력발생

비엔나협약 제18조 제2항은 승낙의 의사표시가 청약자에 도달한 때에 효력이 발생한다는 도달주의를 채택하고 있다. 따라서 승낙은 청약자가 정한 기간 내에 도달하거나 이러한 기간이 없으면 합리적 기간 내에 도달해야 한다. 그런데, 구두 청약은 특별한 사정이 없는 한, 즉시 승낙되지 않으면 효력이 발생하지 않는다.

표 6-12 비엔나협약상 승낙의 효력발생

제18조	Article 18
(2) 청약에 대한 승낙은 동의의 의사표시가 청약자에게 도달하는 시점에 효력이 발생한다. 동의의 의사표시가 청약자가 지정한 기간 내에, 기간의 지정이 없는 경우에는 청약자가 사용한 통신수단의 신속성 등 거래의 상황을 적절히 고려하여 합리적인 기간 내에 도달하지 아니 하는 때에는, 승낙은 효력이 발생하지 않는다. 구두의 청약은 특별한 사정이 없는 한, 즉시 승낙되어야 한다.	(2) An acceptance of an offer becomes effective at the moment the indication of assent reaches the offeror. An acceptance is not effective if the indication of assent does not reach the offeror within the time he has fixed or, if no time is fixed, within a reasonable time, due account being taken of the circumstances of the transaction, including the rapidity of the means of communication employed by the offeror. An oral offer must be accepted immediately unless the circumstances indicate otherwise.

5. 승낙기간의 기산일과 연착된 승낙

1) 승낙기간의 기산일

(1) 승낙기간

비엔나협약 제20조의 승낙기간은 청약자가 승낙기간을 정한 때에는 '청약자가 정한 기간'이 되고 청약자가 승낙기간을 정하지 않은 경우에는 '합리적인 기간'이 된다.

(2) 승낙기간의 기산일

비엔나협약상 승낙기간의 기산일은 기간의 시작 시기가 분명하지 않을 때 적용되는 규정이다. 청약자가 전보나 서신에서 지정한 승낙기간은 전보는 발신하기 위해 교부된 시점, 서신은 서신에 기재된 일자, 서신에 일자가 표시되지 않은 경우는 봉투에 기재된 일자로부터 승낙기간은 기산한다. 비엔나협약에서 승낙기간의 기산일은 발신주의를 채택하고 있는데, 이것은 발신주의가 양측 모두 확인이 수월하기 때문이다.

그러나 발신과 수신의 시간적 간격이 없는 대화자 간 통신수단인 전화, 텔렉스, 팩스나 전자메일 등의 승낙기간은 청약이 상대방에게 도달한 시점으로부터 기산한다.

(3) 승낙기간의 만기일과 공휴일

승낙기간 중의 공휴일이나 비영업일은 기간의 계산에 산입한다. 다만, 기간의 말일이 청약자 영업 소재지의 공휴일이나 비영업일에 해당하여 승낙의 통지가 말일까지 청약자에게 도달될 수 경우에는 그 다음의 최초 영업일까지 기간이 연장된다.

표 6-13 비엔나협약상 승낙기간의 산정

제20조	Article 20
(1) 청약자가 전보 또는 서신에서 지정한 승낙기간은 전보가 발송을 위하여 교부된 시점 또는 서신에 표시되어 있는 일자, 서신에 일자가 표시되지 아니한 경우에는 봉투에 표시된 일자로부터 기산한다. 청약자가 전화, 텔렉스 그 밖의 동시적 통신수단에 의하여 지정한 승낙기간은 청약이 상대방에게 도달한 시점으로부터 기산한다. (2) 승낙기간 중의 공휴일 또는 비영업일은 기간의 계산에 산입한다. 다만, 기간의 말일이 청약자의 영업소 소재지의 공휴일 또는 비영업일에 해당하여 승낙의 통지가 기간의 말일에 청약자에게 도달될 수 없는 경우에는, 기간은 그 다음의 최초 영업일까지 연장된다.	(1) A period of time of acceptance fixed by the offeror in a telegram or a letter begins to run from the moment the telegram is handed in for dispatch or from the date shown on the letter or, if no such date is shown, from the date shown on the envelope. A period of time for acceptance fixed by the offeror by telephone, telex or other means of instantaneous communication, begins to run from the moment that the offer reaches the offeree. (2) Official holidays or non-business days occurring during the period for acceptance are included in calculating the period. However, if a notice of acceptance cannot be delivered at the address of the offeror on the last day of the period because that day falls on an official holiday or a non-business day at the place of business of the offeror, the period is extended until the first business day which follows.

2) 연착된 승낙

(1) 원칙과 예외

비엔나협약상 연착된 승낙은 승낙의 효력이 없는 것이 원칙이다(제18조 제2항 2문). 그러나 비엔나협약은 이러한 원칙에 대한 예외를 두어 승낙기간이 경과한 후에 도달하는 연착된 승낙은 승낙의 통지가 전혀 없는 경우와 다르기 때문에, 청약자가 이를 유효한 것으로 취급하여 계약관계를 유지할 수 있는 선택권을 부여하고 있다.

(2) 승낙으로 인정되기 위한 연착승낙의 요건

비엔나협약상 연착된 승낙도 다음 요건을 충족하면 승낙의 효력이 발생하게 된다.

첫째, 연착된 승낙이더라도 청약자가 그 연착된 승낙이 승낙으로서 효력을 가진다는 뜻을 발송하는 경우에는 승낙의 효력을 가진다. 이때 청약자는 그러한 표시를 지체 없이 해야 한다. 이 경우 승낙의 효력은 연착된 승낙의 도달시점에서 발생한다.

둘째, 연착된 승낙이더라도 전달이 정상적으로 이루어졌다면 승낙기간 내에 도달할 수 있었을 발송이었고, 또한 이것을 청약자가 서신 등에서 인식할 수 있었던 것이라면 그것은 승낙의 효력을 가진다. 예를 들어 전달기관이 다른 곳에 전달하거나 빠뜨리고 있다가 이후에 제대로 전달한 경우가 그것이다. 이러한 경우에 승낙자는 계약이 성립되었을 것을 예상하고 있기 때문에 그를 보호해 주기 위한 것이다.

그러나 이러한 경우에도 청약자가 지체 없이 청약이 효력을 상실하였다는 취지를 상대방에게 구두로 통고하거나 그러한 취지의 통지를 발송하게 되면 그 연착된 승낙은 효력을 상실하게 된다.

표 6-14 비엔나협약상 연착된 승낙

제21조	Article 21
(1) 연착된 승낙은 청약자가 상대방에게 지체 없이 승낙으로서 효력을 가진다는 취지를 구두로 통고하거나 그러한 취지의 통지를 발송하는 경우에는 승낙으로서의 효력이 있다. (2) 연착된 승낙이 포함된 서신, 그 밖의 서면에 의하여, 전달이 정상적이었다면 기간 내에 청약자 에게 도달되었을 상황에서 승낙이 발송되었다고 인정되는 경우에는, 그 연착된 승낙은 승낙으로서의 효력이 있다. 다만, 청약자가 상대방에게 지체 없이 청약이 실효되었다는 취지를 구두로 통고하거나 그러한 취지의 통지를 발송하는 경우에는 그러하지 아니하다.	(1) A late acceptance is nevertheless effective as an acceptance if without delay the offeror orally so informs the offeree or dispatches a notice to that effect. (2) If a letter or other writing containing a late acceptance shows that it has been sent in such circumstances that if its transmission had been normal it would have reached the offeror in due time, the late acceptance is effective as an acceptance unless, without delay, the offeror orally informs the offeree that he considers his offer as having lapsed or dispatches a notice to that effect.

6. 승낙의 철회와 승낙의 효력소멸

1) 승낙의 철회

비엔나협약상 승낙은 상대방에 도달하면 효력이 발생하고 계약이 성립된다. 이 경우 승낙은 철회가 불가능하다. 그러나 승낙의 효력이 발생하기 전(즉, 승낙의 의사표시가 청약자에게 도달하기 전)에는 승낙의 철회는 가능하다(제22조). 다만, 철회의 의사표시는 승낙의 의사표시보다 먼저 또는 동시에 청약자에게 도달해야 한다.

▌표 6-15▐ 비엔나협약상 승낙의 철회

제22조	Article 22
승낙은 그 효력이 발생하기 전 또는 그와 동시에 철회의 의사표시가 청약자에게 도달하는 경우에는 철회될 수 있다.	An acceptance may be withdrawn if the withdrawal reaches the offeror before or at the same time as the acceptance would have become effective.

2) 승낙의 효력소멸

비엔나협약상 승낙은 그 의사표시가 청약자에게 도달하여 일단 승낙의 효력이 발생하게 되면 원칙적으로 이를 소멸시킬 수 없다. 왜냐하면 계약은 청약에 대한 승낙이 본 협약에 따라 효력이 발생하는 시점에서 성립되기 때문이다(제23조). 따라서 승낙의 효력이 발생한 이후에 이를 소멸시키는 것은 계약 자체의 '취소'를 의미한다.

▌표 6-16▐ 비엔나협약상 무역계약의 성립시점

제23조	Article 23
계약은 청약에 대한 승낙이 이 협약에 따라 효력을 발생하는 시점에 성립된다.	A contract is concluded at the moment when an acceptance of an offer becomes effective in accordance with the provisions of this Convention.

그러나 비엔나협약은 '승낙은 그 효력이 발생하기 전 또는 그와 동시에 철회의 의사표시가 청약자에게 도달하는 경우에는 철회될 수 있다.'고 규정하고 있다(제22조).

나아가 협약은 계약의 성립에 관련된 의사표시의 도달에 관하여 제24조에 이 협약 제2편의 적용상 청약, 승낙, 기타 의사표시는 ① 상대방에게 구두로 통고된 때 ② 기타 방법으로는 상대방 본인, 상대방의 영업소나 우편주소에 전달된 때, 상대방이 영업소나 우편주소가 없는 경우에는 그의 거주지(habitual residence)에 전달된 때에 상대방에게 '도달'된 것으로 간주한다는 정의 규정을 두고 있다.

제 7 장

무역계약의 주요 내용

제1절 품질에 관한 조건

1. 품질의 결정방법

1) 견본매매

견본매매(sales by sample)는 당사자가 제시한 견본과 동일한 품질의 물품을 인도하도록 약정하는 방법이다. 오늘날 공산품거래의 대부분은 이 방법을 사용하고 있다.

2) 표준품매매

표준품매매(sales by standard)는 품질을 대표하는 상품의 등급을 정하여 거래하는 방법이다. 수확이나 채취가 예정되어 있는 농산물, 수산물, 광물 등 1차 산품은 공산품과 달리 일정한 규격이 없고 견본제시도 곤란하므로 이 방법이 주로 사용된다.

(1) 보통표준품질조건

보통표준품질조건(usual standard quality : USQ)은 공인검사기관이나 공인표준기준에 의거하여 판정하는 등급으로 품질을 결정하는 방법이다.

(2) 평균중등품질조건

평균중등품질조건(fair average quality : FAQ)은 동종 상품 중 평균중등의 품질을 표준물로 거래하는 방법이다. 곡물류나 과일류 매매에서 주로 사용된다.

(3) 판매적격품질조건

판매적격품질조건(good merchantable quality : GMQ)은 인도 당시의 품질이 해당 물품의 성질이나 상관습상 판매가 가능한 물품임을 매도인이 보증하는 방법이다.

이 조건에서는 수입지에서 인수한 현물에서 내부의 부패나 잠재하자가 발견되어 판매가 불가능한 부분이 있으면 매수인이 매도인에게 배상을 요구할 수 있다.

이 조건은 원목을 포함한 목재류, 냉동어류, 광석류 등 물품 내부의 부패나 기타의 잠재하자가 발생할 가능성이 있는 생산물의 매매에 주로 사용된다.

3) 상표매매

상표매매(sales by trade mark)는 코카콜라와 삼성 카메라 등 상표로 품질수준을 표시하여 계약을 체결하는 방법으로 통명매매(sales by brand)라고도 부른다.

4) 설명서매매

설명서매매(sales by description)는 해당 상품의 소재와 구조, 성능 등을 알려주는 설명서나 설계도, 청사진(blueprint) 등을 제시하여 이것으로 거래상품의 품질을 약정하는 방법이다. 선박이나 철도 등 거대 기계류를 거래할 때에 주로 사용된다.

5) 규격매매

규격매매(sales by type)는 상품의 규격이 KS와 같이 수출국의 공적 규정으로 특정되어 있는 경우에 적용되는 품질의 결정방법이다.

6) 점검매매

점검매매(sales by inspection)는 내수인이 현물의 품질을 직접 확인한 후 계약을 체결하는 경우의 품질의 결정방법이다. 주로 국내거래에서 사용된다.

2. 품질의 결정시기

1) 선적품질조건

선적품질조건(shipped quality terms)은 품질의 결정시기를 선적 완료시점으로 하는 조건이다. 인코텀즈상 E, F, C로 시작되는 무역조건들은 모두 선적품질조건이다.

2) 양륙품질조건

양륙품질조건(landed quality terms)은 인도물품의 품질이 계약과 일치하는지의 여부를 양륙항에서 물품을 양륙한 시점에서 판정하는 조건이다. 이 조건에서는 운송 중에 상품의 변질이 발생했다면 매도인이 모든 책임을 지고 배상해야 한다.

제2절 수량에 관한 조건

1. 의의와 단위결정

1) 의의

수량조건은 당사자 사이에 상품의 수량에 관한 사항들을 약정한 조건을 말한다.

수량은 총 가격을 산출하는 기초가 되므로 무역계약에서 매우 중요한 조건이다.

그런데 상품의 성질이나 국가 간 관습에 따라 수량의 해석에는 차이가 있으므로 수량조건은 매매계약 체결 시에 오해가 발생하지 않도록 명확히 약정해야 한다.

수량조건에서 핵심은 수량단위의 결정, 과부족용인조건(more or less clause, M/L clause), 수량의 결정시기 및 수량의 검증방법 등이다.

2) 수량단위의 결정

수량단위의 결정은 거래되는 상품의 수량단위로 어떤 단위를 사용할 것인가를 약정하는 것이다. 무역거래에서 주로 사용되고 있는 수량의 단위로는 화물의 성질이나 특성에 따라 중량, 용적(부피), 개수, 포장, 길이, 면적이 있다.

중량(weight)은 곡물, 석탄, 철강, 수산물 거래에서 주로 사용되며, 1b(pound), Kg, Ton이 있다. 톤 중에서 Long Ton(L/T)은 1톤에 1,016kg, Short Ton(S/T)은 907.2kg, Metric Ton(M/T)은 1,000kg에 해당한다.

중량 중에서 총중량(gross weight)은 외포장과 내포장을 합한 포장 즉, 내부충전물과 순수 내용물까지 모두 합하여 계량하는 조건으로 소맥분의 거래에 사용된다.

순중량(net weight)은 총중량에서 포장의 무게를 제외한 순수한 상품의 중량으로, 가장 일반적인 중량조건이다. 순순중량(net net weight)은 중량에서 내포장과 충전물을 제외한 물품 내용물만의 순수한 중량만을 계량하는 조건이다.

용적(measurement)은 유류나 액체, 목재의 단위로 사용된다. 석유에는 Barrel, 곡물에는 Bushel이 주로 사용되고, 목재의 용적은 SF(super feet)가 주로 사용된다.

개수(piece)는 낱개의 단위로 Piece, Dozen, Gross가 잡화 등의 단위로 사용된다.

포장(package)은 일정한 묶음의 단위를 말하며 Case, Bundle, Can, Bale, Carton, Drum 등이 많이 사용되고 컨테이너의 경우는 TEU와 FEU가 사용된다.

길이(length)의 단위로는 Meter, Feet, Inch, Yard가 사용되며 섬유류, 동관, 전선 등의 거래에서 사용된다. 면적(square)의 단위는 Square Feet(평방피트)가 사용되며 유리, 합판, 타일 등의 거래에 주로 사용된다.

표 7-1 수량의 단위

수량단위	종 류	
중량 (무게) (weight)	kg (킬로그램), 1kg : 1000그램 lb (pound), 1 pound : 0.453599kg ton ┌ Long ton (L/T)=English ton =Gross ton=2,240lbs (1,016Kgs)=영국톤 ├ Short ton (S/T)=American ton = Net ton=2,000lbs (907Kgs)=미국톤 └ Metric ton (M/T)=French ton = Kilo ton=2,204lbs (1,000Kgs)=프랑스톤 weight ┌ gross weight (총중량) ├ net weight (순중량) └ net net weight (순순중량)	
용적 (부피) (measurement)	목재	cubic feet (CFT, 입방피트=1 feet×1 feet×1 feet) super foot (S.F, 슈퍼푸트)=1 square feet×1 inch
	액체	barrel (1 barrel : 약 159 liter=31.5 gallons (미)) gallon (1 gallon : 약 3.79 liter) gallon ┌ English gallon (imperial gallon)=4.546 liter └ American gallon (wine gallon)=3.7853 liter liter (1 liter : 0.264 gallon) pint (1 pint : 0.47 liter (미국), 0.57 liter (영국)=약 1/8 gallon) quart (1 quart : 1/4 gallon=2 pints=0.95 liter (미국), 1.14 liter (영국) cubic meter (CBM, 입방미터, m^3), 1 CBM=1m (가로)×1m (세로)×1m (높이)
	곡물	bushel (1부셸 : 약 35 L=8 gallon)
개수 (piece)	piece (개), set (세트), dozen (1 Dozen＝12 Pcs (pieces)) ┌ 1 gross=12×12=144개=12다스 ├ small gross=12×10=120개=10다스 └ great gross=12×12×12=1,728개=12 gross=144다스	
포장 (package)	TEU (twenty feet equivalent unit : 약 6.1미터 길이, 약 18톤 적재) 20피트=5.8m (L)×2.3m (W)×2.3m (H)=30.682 CBM FEU (forty feet equivalent unit : 약 12미터 길이, 약 20톤 적재) 40피트=12m (L)×2.3m (W)×2.3m (H)=63.480 CBM Keg (나무통) : 못이나 볼트 등의 포장용기, 표준중량 단위는 100파운드 bag : 천이나 가죽 등으로 만든 가방, 백, 포대, 자루 case (나무상자), bundle (다발, 꾸러미, 묶음), can (함석통, 통조림, 깡통) bale (곤포) : 곡물 등의 농산물을 집어넣는 포대 형태의 용기 carton (종이상자) : 골판지나 판지로 만들어진 수송 포장용 상자 drum (드럼통) : 강철제 원통형 용기로 200 ℓ (55gal), 20 ℓ (5.5gal) 등 다양	
길이 (length)	meter (1 meter : 100cm) yard (1 yard : 3피트, 36인치, 91.4cm, 略 yd) inch (1 inch : 2.54cm, 12 inch : 1 feet) feet (1 feet : 약 12 inch, 30.48cm, foot의 복수)	
면적 (square)	square feet (제곱피트, 평방피트, 略 : sq. ft., ft^2) 1 square feet=1 feet×1 feet=0.3048×0.3048=0.09290304 m^2	

2. 과부족용인조건

1) 의의

수량의 과부족용인조건(more or less clause, M/L Clause)은 계약수량의 과부족을 인정하는 거래조건을 말한다. 곡물이나 광석 등 개별단위로 포장하지 않고 운송되는 산화물(bulk cargo, 살물)은 상품의 성질상 계약수량을 정확히 인도하기 어렵기 때문에, 수송 중 어느 정도 과부족은 클레임을 제기하지 않는다는 조건을 약정한다.

2) 당사자의 별도 합의가 있는 경우

포장단위나 개개 품목의 개수로 수량을 명시할 수 있는 물품은 그 수량이 인도되어야 한다. 그러나 약정수량을 정확히 인도하기 어려운 산화물은 당사자들이 약정수량에 신축성을 부여할 목적으로 과부족을 인정하는 범위를 예를 들어 '100 M/T, 3% more or less at seller's option'과 같이 설정한다. 이러한 경우에는 97~103톤의 범위 내로 수량이 인도되면 계약위반이 되지 않는다.

3) 당사자의 별도 합의가 없는 경우

신용장거래는 신용장통일규칙(UCP)에 의거하여 산화물의 과부족 수량에 당사자 간의 별도 합의가 없는 경우에도 5%의 과부족은 인정되고 있다. 이것은 산화물을 신용장으로 거래하는 경우에만 적용되며 신용장 금액을 한도로 환어음이 발행되어야 한다는 것을 요건으로 한다.

따라서 T/T 등의 송금결제거래나 D/P나 D/A 등의 추심결제거래는 이러한 요건들이 적용되지 않기 때문에 계약을 체결할 때 별도로 과부족 범위를 약정해야 한다.

4) 개산수량조건

개산(槪算)수량조건은 화물의 성질상 정확하게 계약수량을 인도하기 어려운 경우에 사용되는 것으로 인도 수량에 about, circa, some, approximately, around 등의 용어를 사용하여 인도 수량의 신축성을 부여한 것을 말한다.

그런데 '약(about)'이라는 표현이 과연 어느 정도까지의 과부족을 의미하는가에 대해 해석상 분쟁의 소지가 있다. 따라서 신용장통일규칙에서는 '신용장에 명기된 신용장의 금액, 수량 또는 단가와 관련하여 사용된 '약(about)', '대략(approximately)' 또는 '이와 유사한 표현'은 이에 언급된 금액, 수량 또는 단가의 10%를 초과하지 아니하는 과부족을 허용하는 것으로 해석한다.'고 규정되어 있다.

5) 과부족수량의 정산

M/L Clause는 인도 수량에 일정한 과부족이 발생하여도 그것을 계약위반으로 간주하지 않는다는 인도상의 문제이지, 과부족에 따른 금전적인 손해까지도 일방이 무조건 감수해야 한다는 것을 의미하는 것은 아니다.

따라서 과부족분에 대한 대금의 정산은 당사자 사이에 별도로 이루어져야 한다.

과부족수량의 정산 기준가격으로는 원래의 계약가격(contract price), 선적일의 가격 및 도착일의 가격 등 세 가지가 있다. 정산 기준가격에 대해 아무런 약정이 없을 때에는 계약가격으로 정산하는 것이 국제상거래 관행이다.

3. 수량의 결정시기

1) 선적수량조건

선적수량조건(shipped quantity terms)은 선적항에서 화물을 선적할 때의 상태를 계약조건으로 하는 조건이다. 이 조건에서는 실제 선적수량이 계약 수량이면 매도인의 책임은 충족되기 때문에 수송 중의 감량이나 누손은 매수인이 부담한다. 인코텀즈상의 E, F, C자로 시작하는 조건들은 모두 선적수량조건에 해당한다.

2) 양륙수량조건

양륙수량조건(landed quantity terms)은 화물이 양륙된 상태를 계약조건으로 하는 조건이다. 따라서 이 조건에서는 계약물품이 양륙되어 검품이 이루어지기 전의 모든 감량은 매도인이 책임을 부담한다.

이 조건은 잡곡류, 청과류, 수산물, 화공약품 등과 같이 장기수송 중에 감량이나 누손이 발생하기 쉬운 상품에 주로 적용된다. DDP와 같이 인코텀즈상의 D자로 시작하는 조건들은 모두 양륙품질조건에 해당한다.

4. 수량의 검증방법

선적수량조건의 경우는 매도인이 약정수량의 검증을 위해 선적 시에 세계적으로 유명한 SGS와 같은 전문 검사기관이나 공인 검량기관이 검량하여 발행한 중량 및 용적증명서(Certificate of Weight and Measurement)를 매수인에게 제공해야 한다.

양륙수량조건의 경우는 매수인이 수량의 검증을 위해 전문 검량기관으로부터 중량 및 용적증명서를 발급받아 매도인에게 제공해야 한다.

제3절 가격에 관한 조건

1. 의의와 수출입가격의 구성

1) 의의

가격조건(terms of price)은 무역거래에서 발생하는 여러 가지 비용을 매도인과 매수인 중 누가 부담하느냐를 나타내는 FOB와 CIF와 같은 무역조건을 말한다. 또한 가격조건은 매도인과 매수인의 계약상의 의무와 비용 부담의 분기점 및 위험부담의 한계 등을 정형화하여 규정한 것이다.

그러므로 무역조건은 단순히 비용부담의 한계를 나타내는 가격조건의 의미 이외에도 위험 부담의 분기점 등 당사자의 의무관계를 정형화한 개념으로 사용되고 있다.

유사한 표현으로 무역조건, 정형거래조건 또는 무역거래조건(trade terms) 등이 많이 사용되고 있는데 이들은 가격조건보다 광범위한 상위 개념이다.

2) 수출입가격의 구성

무역거래에서 무엇보다도 중요한 것이 수출입 단가(unit price)의 산정이다. 보통 수출입 단가는 물품을 직접 제조하거나 타사에서 구매하는데 소요되는 비용인 제조원가(기본원가)에 이윤을 붙이고, 거기에 수출입에 수반되는 여러 가지 부대비용을 포함시킨 '수출입 요소비용' 전체가 단가로 채산된다.

2. 수출입에 수반되는 부대비용

수출입에 수반되는 여러 부대비용에는 수출포장비용, 물품검사비용, 제세공과금, 선적항지의 국내운송비, 선적비용, 부두사용료, 창고비용과 보관료, 해상운임, 해상보험료, 수입통관비용과 관세, 항구세, 수입국 내의 창고료와 보관료, 각종 행정비용, 그밖에 수출입에 수반되는 이자(interest), 은행비용, 환비용(cost of exchange)을 포함한 다양한 영업비용과 잡비, 그리고 희망이익 등이 포함된다.

부대비용 중 어느 비용을 매도인이 부담하고 어느 비용을 매수인이 부담할 것인가에 따라 상품의 수출입 단가는 달라진다. 매도인의 물품에 대한 책임부담이 커질수록 매도인이 부담하는 부대비용들도 많이 발생하므로 수출단가가 비싸지게 된다.

다음 표는 무역조건 중에서 가장 널리 사용되는 FOB와 CFR 및 CIF계약의 수출가격 구성요소를 중심으로 매매가격에 대한 원가 구성요소를 나타낸 것이다.

| 표 7-2 | 주요 조건별 수출가격의 구성요소

무역조건	가격의 구성요소	비 고
FOB조건 원가	1. 제조원가(manufacturing cost) 2. 수출포장비(export packing charge) 3. 물품검사비용(inspection fees) 4. 수출허가 등 제세공과금 5. 통신비(communication charge) 6. 잡비(petty expenses)	생산원가 (제조원가)
	6. 국내운송비(inland transport charge) 7. 검수·검량비(measuring and/or weighing charge) 8. 선적비용(shipping charge), 부두사용료(wharfage), 창고비용, 보관료(storage), 항구세 9. 수출통관비용(export clearance fees) 및 수출세	운송비용
	10. 이자(interest)와 환비용 11. 은행수수료(banking charge and commission)	금융비용
	12. 희망이익(expected profit)	이윤(margin)
CFR조건 원가	13. 해상운임(ocean freight)	해상운임 추가
CIF조건 원가	14. 해상보험료(marine insurance premium)	해상보험료 추가

3. 가격조건의 국제적 정형화

무역거래에서 가격조건은 FOB, CFR, CIF 등 무역조건(trade terms)이라고 불리는 정형화된 용어를 의미한다.

무역조건들에 대해 국가마다 해석기준이 상이하면 이로 인해 분쟁이 발생할 수 있기 때문에 이 해석기준을 국제적으로 통일시킨 것이 인코텀즈(INCOTERMS)이다.

인코텀즈는 1920년에 설립된 국제상업회의소(ICC)가 제정한 것이다. 인코텀즈는 매도인과 매수인의 일반의무(계약물품의 인도와 대금지급 및 서류의 제공), 물품에 대한 위험과 비용부담의 분기점, 매도인과 매수인의 수출과 수입통관, 운송계약의 체결과 선박의 지정의무, 보험계약의 체결 당사자와 그 요건, 물품의 검사, 포장, 하인표시 등을 대칭적으로 규정하고 있다.

2020년 인코텀스에는 EXW, FCA, CPT, CIP, DAP, DPU, DDP, FAS, FOB, CFR, CIF 등 11개 무역조건 또는 무역규칙이 규정되어 있다. 이 중에서 우리나라에서 전통적으로 많이 사용되고 있는 것은 FOB, CFR, CIF조건이다.

4. 인코텀즈 2020

1) 인코텀즈의 의의와 주요 내용

(1) 인코텀즈의 의의

INCOTERMS(International Rules for the Interpretation of Trade Terms)는 국제상업회의소(ICC)가 주관이 되어 1936년에 제정한 '무역조건(trade terms)의 해석에 관한 국제규칙'이다. 인코텀즈는 역사성이나 실무적 활용도 측면에서 매매당사자 사이의 해석기준으로 가장 널리 사용되고 있는 국제상관습규칙이다.

(2) 인코텀즈의 주요 내용

인코텀즈는 거래조건별로 매도인과 매수인이 각각 무엇을 해야 하는지, 위험과 비용부담을 포함하여 상대방에 대해 어떠한 의무를 부담하는지 등을 규정하고 있다.

주요 내용은 ① 매도인과 매수인의 일반의무(계약물품의 인도와 대금지급 및 서류의 제공) ② 물품의 인도와 인수수령 ③ 위험의 이전 ④ 운송계약을 체결해야 할 당사자 등 ⑤ 보험계약을 체결할 당사자 등 ⑥ 인도와 운송서류 및 물품인도의 증거서류 ⑦ 매도인과 매수인의 수출과 수입통관 ⑧ 물품의 검사, 포장, 하인표시 ⑨ 계약물품에 대한 당사자의 비용부담 분기점 ⑩ 통지 등이다.

2) 인코텀즈의 제정목적과 개정

(1) 인코텀즈의 제정목적

인코텀즈는 무역조건의 용어나 약어가 잘못 해석됨으로써 무역업자간에 발생할 수 있는 분쟁과 마찰을 방지하며 국가마다 다른 거래관행에 대한 불안전성을 해소하고 무역거래의 관습과 용어를 국제적으로 통일시키기 위해 제정되었다.

(2) 인코텀즈의 개정

무역조건에 관한 통일적 해석이 국제적으로 정립되지 않았던 때에는 거래상의 오해나 분쟁들이 발생할 수밖에 없었다. 이에 따라 1920년에 창설된 국제상업회의소(ICC)가 1936년에 최초로 11종의 조건을 규정한 인코텀즈를 제정하였다.

이후 무역환경의 변화와 운송 기법, 그리고 무역거래관행의 변화에 부응하여 1953년, 1967년, 1976년, 1980년, 1990년, 2000년, 2010년에 각각 개정되었고, 현재는 2020년 1월부터 'INCOTERMS 2020'이 사용되고 있다.

3) 인코텀즈 2020의 구성과 주요 개정내용

(1) 인코텀즈의 구성과 비교

인코텀즈 2020은 전체 11개 무역조건을 운송수단에 따라 첫째, 모든 운송방식에 적용되는 규칙 둘째, 해상운송과 내수로 운송에 적용되는 규칙으로 구성되어 있다.

| 표 7-3 | 인코텀즈 2020의 구성과 비교

<table>
<tr><th colspan="2">Incoterms® 2000</th><th colspan="2">Incoterms® 2010</th><th colspan="2">Incoterms® 2020</th></tr>
<tr><td>Groups E (Departure)
(현장인도조건)</td><td>EXW</td><td rowspan="2">모든
운송
규칙</td><td rowspan="2">EXW, FCA
CPT, CIP
DAT, DAP
DDP</td><td rowspan="2">모든
운송
규칙</td><td rowspan="2">EXW, FCA
CPT, CIP
DAP, DPU
DDP</td></tr>
<tr><td>Groups F
(Main carriage unpaid)
(주운임미지급조건)</td><td>FCA, FAS
FOB</td></tr>
<tr><td>Groups C
(Main carriage paid)
(주운임지급조건)</td><td>CFR, CIF
CPT, CIP</td><td rowspan="2">해상
운송
규칙</td><td rowspan="2">FAS, FOB
CFR, CIF</td><td rowspan="2">해상
운송
규칙</td><td rowspan="2">FAS, FOB
CFR, CIF</td></tr>
<tr><td>Groups D (arrival)
도착지인도조건</td><td>DAF, DES
DEQ, DDU
DDP</td></tr>
</table>

(2) 주요 개정내용

인코텀즈 1990에서 2000, 그리고 2000에서 2010으로 개정될 때에는 전면적인 변화들이 이루어졌다. 그러나 인코텀즈 2020은 많은 변화들이 이루어질 것이라는 예상과 달리, 다음과 같은 점을 제외하고는 큰 변화는 이루어지지 않았다.

첫째, 인코텀즈 2010에서 신설된 DAT(Delivered At Terminal) 규칙을 삭제하는 대신 DPU(Delivered at Place Unloaded) 규칙을 새로 만들었다.

둘째, 11가지 개별 규칙을 설명하기 위하여 과거의 인코텀즈 2010에서 사용된 지침서(Guidance Note)를 사용자를 위한 설명문(Explanatory Notes for User)으로 명칭을 변경하였고 각 개별규칙마다 실제 내용도 좀 더 명확하게 개정되었다.

셋째, 인코텀즈 2010에서는 운송이 요구되는 각 규칙의 경우에는 원칙적으로 독립된 제3자 운송인(third party carrier)에 의한 물품의 운송을 전제로 하였다.

그러나 인코텀즈 2020에서는 FCA규칙과 D규칙(DAP, DPU, DDP)의 경우 반드시 독립된 운송인이 운송을 할 필요는 없도록 개정됨으로써 매도인 또는 매수인 자신의 운송수단에 의한 운송도 허용하였다.

그런데 이 개념은 운송계약이 포함되지 않는 EXW규칙, 선박으로 운송하는 FAS규칙과 FOB규칙, 매도인이 운송계약을 체결해야 하는 C규칙에는 적용되지 않는다.

넷째, CIF규칙과 CIP규칙에서의 부보 범위를 이원화하여 당사자의 별도 합의가 없는 한, CIF규칙은 최소담보조건(FPA나 ICC(C) 조건)을 규정하는 반면, CIP규칙에서는 최대담보조건(A/R이나 ICC(A) 조건)으로 부보하도록 하였다.

다섯째, 인코텀즈 2010에서는 재래화물의 단일 해상운송규칙인 FAS, FOB, CFR, CIF규칙에서만 조달(procure)이 인정되었다. 그러나 인코텀즈 2020에서는 FCA, CPT, CIP, DAP, DPU, DDP규칙도 조달의무가 인정되도록 확대되었다.

여섯째, FCA규칙에서는 당사자 간의 별도 합의가 있는 경우, 매수인은 자신의 위험과 비용으로 운송인에게 본선적재식(on board) 선하증권의 발행을 지시할 수 있고, 매도인은 은행을 통해 본선적재식 선하증권을 제공할 수 있도록 신설하였다.

일곱째, 인코텀즈 2020에서는 수출자(A)와 수입자(B)로 나뉘는 11개의 개별 규칙에서 계약물품의 인도와 인도 수령, 위험이전의 중요성이 더욱 부각되면서 'A2/B2', 'A3/B3' 부분이 2010년보다 상단으로 배치되었고 비용분담에 관한 조항은 마지막 조항인 '통지' 앞 'A9/B9'에 배치되었다. 따라서 인코텀즈 2020은 일반의무(A1/B1), 인도·인도 수령(A2/B2), 위험의 이전(A3/ B3), 운송(A4/B4), 보험(A5/B5), 인도·운송서류(A6/B6), 수출입통관(A7/B7), 점검·포장·하인표시(A8/B8), 비용분담(A9/B9), 통지(A10/B10) 순으로 개정되었다.

| 표 7-4 | 인코텀즈 2020의 조항 순서 비교

Incoterms® 2010 조항 순서	Incoterms® 2020 조항 순서
• A1/B1 General obligations of the seller/buyer	• A1/B1 General obligations
• A2/B2 License, authorizations, security clearances and other formalities.	• A2/B2 Delivery/Taking Delivery
• A3/B3 Contracts of carriage and insurance	• A3/B3 Transfer of Risks
• A4/B4 Delivery/Taking delivery	• A4/B4 Carriage
• A5/B5 Transfer of risks	• A5/B5 Insurance
• A6/B6 Allocation of costs	• A6/B6 Delivery/Transport Document
• A7/B7 Notices to the buyer/seller	• A7/B7 Export/Import Clearance
• A8/B8 Delivery document/Proof of delivery	• A8/B8 Checking/Packaging/Making
• A9/B9 Checking/Packaging/Making	• A9/B9 Allocation of Costs
• A10/B10 Assistance with information and related costs	• A10/B10 Notices

4) 인코텀즈 2020의 11가지 규칙

(1) 모든 운송방식에 적용되는 규칙

① EXW [Ex Works(insert named place of delivery)]

'공장인도'는 매도인이 다음과 같이 한 때 매수인에게 물품을 인도하는 것을 의미한다. ▷ 매도인이 물품을 (공장이나 창고와 같은) 지정장소에서 매수인의 처분 하에 두는 때, 그리고 ▷ 그 지정장소는 매도인의 영업구내일 수도 있고 아닐 수도 있다.

인도가 일어나기 위하여 매도인은 물품을 수취용 차량에 적재하지 않아도 되고, 물품의 수출통관이 요구되더라도 이를 수행할 필요가 없다. 본 규칙은 선택되는 어떤 운송방식이 있는 경우에 그것이 어떠한 단일 또는 복수의 운송방식인지를 불문하고 사용될 수 있다.

EXW는 매도인에게 최소의 일련의 의무를 지우는 인코텀즈 규칙이다. 매수인이 물품을 수출하기를 원하나 수출통관을 하는 데 어려움이 예상되는 경우 매수인은 수출통관을 할 의무와 그에 관한 비용을 매도인이 부담하는 FCA규칙을 선택하는 것이 좋다.

② FCA [Free Carrier(insert named place of delivery)]

'운송인인도'는 매도인이 물품을 매수인에게 다음과 같은 두 가지 방법 중 어느 하나로 인도하는 것을 의미한다. 첫째, 지정장소가 매도인의 영업구내인 경우, 물품은 다음과 같이 된 때 인도된다. ▷ 물품이 매수인이 마련한 운송수단에 적재된 때. 둘째, 지정장소가 그 밖의 장소인 경우, 물품은 다음과 같이 된 때 인도된다. ▷ 매도인의 운송수단에 적재되어 ▷ 지정장소에 도착하고 ▷ 매도인의 운송수단으로부터 양하준비된 상태로 ▷ 매수인이 지정한 운송인이나 제3자의 처분 하에 놓인 때.

그러한 두 장소 중에서 인도장소로 선택되는 장소는 위험이 매수인에게 이전하는 곳이며 또한 매수인이 비용을 부담하기 시작하는 시점이 된다.

③ CPT [Carriage Paid to(insert named place of destination)]

'운송비지급인도'는 매도인이 다음과 같이 매수인에게 물품을 인도하는 것을 - 그리고 위험을 이전하는 것을 - 의미한다. ▷ 운송인에게 물품을 교부함으로써 ▷ 매도인에 의해 계약이 체결된 ▷ 또는 그렇게 인도된 물품을 조달함으로써 ▷ 매도인은 사용되는 운송수단에 적합한 방법으로 그에 적합한 장소에서 운송인에게 물품의 물리적 점유를 이전함으로써 물품을 인도할 수 있다. CPT에서는 물품이 인도되는 장소 또는 지점(있는 경우)과 물품의 목적지로서 합의된 장소 또는 지점이 중요하다.

④ CIP [Carriage and Insurance Paid to(insert named place of destination)]

'운송비·보험료지급인도'는 매도인이 다음과 같이 매수인에게 물품을 인도하는 것을 - 그리고 위험을 이전하는 것을 - 의미한다. ▷ 운송인에게 물품을 교부함으로써 ▷ 매도인에 의해 계약이 체결된 ▷ 또는 그렇게 인도된 물품을 조달함으로써.

매도인은 사용되는 운송수단에 적합한 방법으로 그에 적합한 장소에서 운송인에게 물품의 물리적 점유를 이전함으로써 물품을 인도할 수 있다. 매도인은 물품을 인도지로부터 합의된 목적지까지 운송계약을 체결해야 한다.

본 규칙은 어떠한 운송방식이 선택되는지를 불문하고 사용할 수 있고 둘 이상의 운송방식이 이용되는 경우에도 사용될 수 있다. CIP에서는 두 곳이 중요하다. 물품이 (위험이전을 위하여) 인도되는 장소 또는 지점이 그 하나이고, 물품의 목적지로서 합의된 장소 또는 지점이 다른 하나이다.

매도인은 인도지점으로부터 목적지까지 매수인의 위험에 대하여 보험계약을 체결해야 한다. 이는 목적지 국가가 자국의 보험자에게 부보하도록 요구하는 경우에는 어려움을 야기할 수 있다. 이러한 경우 당사자들은 CPT규칙으로 매매하는 것을 고려해야 한다. 또한 매수인은 'CIP하에서 매도인은 협회적하약관(ICC) (C)약관에 의한 제한적 담보조건이 아니라 협회적하약관(ICC) (A)약관이나 그와 유사한 약관에 따른 광범위한 담보조건으로 부보해야 한다.'는 것을 유의해야 한다. 그러나 당사자들은 여전히 더 낮은 수준의 담보조건으로도 합의할 수 있다.

⑤ DAP [Delivered at Place(insert named place of destination)]

'도착지인도'는 다음과 같이 된 때 매도인이 매수인에게 물품을 인도하는 것을 - 그리고 위험을 이전하는 것을 - 의미한다.

▷ 물품이 매수인의 처분상태로 놓인 때 ▷ 도착 운송수단에 실어둔 채 양하준비된 상태로 ▷ 지정 목적지 내에 또는 ▷ 어떠한 지점이 합의된 경우에는 그 지점에서.

매도인은 물품을 지정 목적지까지 또는 지정목적지 내의 합의된 지점까지 가져가는데 수반되는 모든 위험을 부담한다. 따라서 본 인코텀즈 규칙에서 인도와 목적지의 도착은 같은 것이다. 본 규칙은 어떠한 운송방식이 선택되는지를 불문하고 사용할 수 있고 둘 이상의 운송방식이 이용되는 경우에도 사용될 수 있다.

DAP에서는 해당되는 경우에 매도인이 물품의 수출통관을 해야 한다. 그러나 매도인은 물품의 수입을 위한 또는 인도 후 제3국을 통과하기 위하여 통관을 하거나 수입관세를 납부하거나 수입통관 절차를 수행할 의무가 없다.

⑥ DPU [Delivered at Place Unloaded(insert named place of destination)]

'도착지양하인도'는 다음과 같이 된 때 매도인이 매수인에게 물품을 인도하는 것을 - 그리고 위험을 이전하는 것을 - 의미한다. ▷ 물품이 ▷ 도착 운송수단으로부터 양하가 완료된 상태로 ▷ 매수인의 처분 상태로 놓인 때 ▷ 지정목적지 내에 또는 ▷ 어떠한 지점이 합의된 경우에는 그 지점에서. 매도인은 물품을 지정목적지까지 가져가서 그곳에서 물품을 양하는데 수반되는 모든 위험을 부담한다.

DPU는 매도인이 목적지에서 물품을 양하해야 하는 유일한 인코텀즈 규칙이다.

따라서 매도인은 자신이 그러한 지정장소에서 양하를 할 수 있는 입장에 있는지를 확실히 해야 한다. 당사자들은 매도인이 양하의 위험과 비용을 부담하기를 원하지 않는 경우에는 DPU를 피하고 그 대신 DAP를 사용해야 한다.

본 규칙은 어떠한 운송방식이 선택되는지를 불문하고 사용할 수 있고 둘 이상의 운송방식에도 사용할 수 있다. 여기에 '조달한다.'고 규정한 것은 특히 일차산품거래에서 일반적인 수차에 걸쳐 연속적으로 이루어지는 매매에 대응하기 위함이다.

DPU에서는 해당되는 경우에 매도인이 물품의 수출통관을 해야 한다. 그러나 매도인은 물품의 수입을 위한 또는 인도 후 제3국 통과를 위한 통관을 하거나 수입관세를 납부하거나 수입통관 절차를 수행할 의무가 없다.

⑦ DDP [Delivered Duty Paid(insert named place of destination)]

'관세지급인도'는 다음과 같이 된 때 매도인이 매수인에게 물품을 인도하는 것을 의미한다. ▷ 물품이 매수인의 처분 상태로 놓인 때 ▷ 수입통관을 필하여 ▷ 도착 운송수단에 실어둔 채 ▷ 양하가 준비된 상태로 ▷ 지정목적지에서 또는 지정목적지 내의 어떤 지점이 합의된 경우에는 그 지점에서.

매도인은 물품을 지정목적지까지 또는 지정목적지 내의 합의된 지점까지 가져가는데 수반되는 모든 위험을 부담한다. DDP에서는 인도가 도착지에서 일어나고 매도인이 수입통관과 해당되는 세금의 납부책임을 부담하므로 DDP는 11개의 모든 인코텀즈 규칙 중에서 매도인에게 최고수준의 의무를 부과하는 규칙이다.

여기에 '조달한다.'고 규정한 것은 특히 일차산품거래에서 일반적인 수차의 걸쳐 연속적으로 이루어지는 매매(연속매매)에 대응하기 위함이다.

매도인은 자신의 운송계약상 인도장소/목적지에서 양하에 관하여 비용이 발생한 경우에 당사자 간에 달리 합의되지 않는 한 그러한 비용을 매수인으로부터 별도로 상환받을 권리가 없다. DDP에서는 매도인은 해당되는 경우에 물품의 수출통관 및 수입통관을 수행해야 하고 또한 수입관세를 납부하거나 모든 통관절차를 수행해야 한다.

(2) 해상운송과 내수로 운송에 적용되는 규칙

① FAS [Free Alongside Ship(insert named port of shipment)]

'선측인도'는 다음과 같이 된 때 매도인이 물품을 매수인에게 인도하는 것을 의미한다. ▷ 물품이 선박의 선측(예컨대 부두 또는 바지선)에 놓인 때 ▷ 매수인에 의해 지정된 ▷ 지정된 선적항에서 ▷ 또는 이미 그렇게 인도된 물품을 조달한 때.

물품의 멸실 또는 손상의 위험은 물품이 선측에 놓인 때에 이전하며 매수인은 그러한 시점 이후의 모든 비용을 부담한다.

본 규칙은 당사자들이 물품을 선측에 둠으로써 인도하기로 하는 해상운송이나 내수로 운송의 경우에만 사용되어야 한다. 따라서 FAS규칙은 물품이 선측에 놓이기 전에 운송인에게 교부되는 경우, 예컨대 물품이 컨테이너 터미널에서 운송인에게 교부되는 경우에는 적절하지 않다. 이러한 경우에 당사자들은 FAS규칙 대신에 FCA규칙을 사용하는 것을 고려해야 한다. 당사자들은 지정 선적항에서 물품이 부두나 바지선으로부터 선박으로 이동하는 적재지점을 가급적 명확하게 명시하는 것이 좋다.

FAS규칙에서 매도인은 해당되는 경우에 물품의 수출통관을 하여야 한다. 그러나 매도인은 물품을 수입통관하거나 또는 제3국 통관을 위한 통관을 하거나 수입관세를 납부하거나 수입통관 절차를 수행할 의무는 없다.

② FOB [Free on Board(insert named port of shipment)]

'본선인도'는 매도인이 다음과 같이 물품을 매수인에게 인도하는 것을 의미한다.

▷ 본선상에 적재함 ▷ 매수인에 의해 지정된 ▷ 지정된 선적항에서 ▷ 또는 이미 그렇게 인도된 물품을 조달함. 본 규칙은 당사자들이 물품을 선박에 적재함으로써 인도하기로 하는 해상운송이나 내수로 운송의 경우에만 사용되어야 한다.

따라서 FOB규칙은 물품이 선박에 적재되기 전에 운송인에게 교부되는 경우, 예컨대 물품이 컨테이너 터미널에서 운송인 에게 교부되는 경우에는 적절하지 않다. 이러한 경우에 당사자들은 FOB규칙 대신에 FAC규칙을 사용하는 것을 고려해야 한다.

매도인은 물품을 선박에 적재하여 인도하거나 선적을 위하여 이미 그렇게 인도된 물품을 조달해야 한다. 여기에 '조달한다.'고 규정한 것은 특히 일차산품거래에서 일반적인 수차의 걸쳐 연속적으로 이루어지는 매매(연속매매, string sale)에 대응하기 위함이다. FOB규칙에서 매도인은 해당되는 경우에 물품의 수출통관을 하여야 한다. 그러나 매도인은 물품을 수입통관하거나 또는 제3국 통관을 위한 통관을 하거나 수입관세를 납부하거나 수입통관 절차를 수행할 의무는 없다.

③ CFR [Cost and Freight(insert named port of destination)]

'운임포함인도'는 매도인이 다음과 같이 물품을 매수인에게 인도하는 것을 의미한다. ▷ 본선상에 적재함 ▷ 또는 이미 그렇게 인도된 물품을 조달함.

CFR에서 매도인은 매수인에 대하여 부보의무가 없다. 따라서 매수인은 스스로 부보하는 것이 좋다. 본 규칙은 해상운송이나 내수로 운송의 경우에만 사용되어야 한다. 물품이 컨테이너터미널에서 운송인에게 교부되는 경우와 같이 둘 이상의 운송방식이 사용되는 경우에 적합한 규칙은 CFR이 아니라 CPT이다.

여기에 '조달한다.'고 규정한 것은 일차산품거래에서 일반적인 수차에 걸쳐 연속적으로 이루어지는 매매에 대응하기 위함이다. CFR에서는 두 항구가 중요하다. 물품이 선박에 적재되어 인도되는 항구와 물품의 목적항으로 합의된 항구가 그것이다.

위험은 물품이 선적항에서 선박에 적재됨으로써 또는 이미 그렇게 인도된 물품을 조달함으로써 매수인에게 인도된 때 매도인으로부터 매수인에게 이전된다. 그러나 매도인은 물품을 인도지부터 합의된 목적지까지 운송하는 계약을 체결해야 한다.

④ CIF [Cost, Insurance and Freight(insert named port of destination)]

'운임·보험료포함인도'는 매도인이 다음과 같이 물품을 매수인에게 인도하는 것을 의미한다. ▷ 본선상에 적재함 ▷ 또는 이미 그렇게 인도된 물품을 조달함.

본 규칙은 해상운송이나 내수로 운송의 경우에만 사용되어야 한다. 물품이 컨테이너터미널에서 운송인에게 교부되는 경우에 일반적으로 그러하듯이 둘 이상의 운송방식이 사용되는 경우에 적합한 규칙은 CIF가 아니라 CIP이다.

CIR에서는 두 항구가 중요하다. 물품이 선박에 적재되어 인도되는 항구와 물품의 목적항으로 합의된 항구가 그것이다. 위험은 물품이 선적항에서 선박에 적재됨으로써 또는 이미 그렇게 인도된 물품을 조달함으로써 매수인에게 이전된다.

매도인은 물품을 인도지부터 합의된 목적지까지 운송하는 계약을 체결해야 한다.

또한 매도인은 선적항으로부터 적어도 목적항까지 매수인의 물품의 멸실이나 손상위험에 대하여 보험계약을 체결해야 한다. 이는 목적지 국가가 자국의 보험자에게 부보하도록 요구하는 경우에는 어려움을 야기할 수 있다. 이러한 경우 당사자들은 CFR로 매매하는 것을 고려해야 한다.

또한 매수인은 인코텀즈 2020 CIF하에서 매도인은 협회적하약관(ICC) (A)약관에 의한 보다 광범위한 담보조건이 아니라 협회적하약관(ICC) (C)약관이나 그와 유사한 약관에 따른 제한적인 담보조건으로 부보해야 한다는 것을 유의해야 한다.

5) FOB계약의 거래관습

(1) FOB계약의 의의

FOB(Free on Board, 본선인도)는 매도인의 물품이 지정 선적항에서 본선에 적재되었을 때 그의 인도의무가 이행되며 매수인은 그 지점으로부터 물품의 멸실이나 손상에 대한 모든 비용과 위험을 부담해야 하는 조건이다.

FOB계약에서 매도인은 매수인이 지정한 본선에 물품이 인도되기까지 모든 위험과 비용을 부담하며 물품이 본선에 적재하여 인도하거나 선적을 위하여 이미 그렇게 인도된 물품을 조달하면 인도가 완료되고 그 후의 위험과 비용은 매수인이 부담한다.

이 조건은 무역계약에서 가장 많이 채용되는 계약조건이면서 가장 오래된 역사를 지니고 있는 해상운송에 관한 무역조건이다. 따라서 이 조건은 해상 또는 내수로 운송에서만 사용될 수 있으며, 매도인이 수출을 위한 통관수속 절차를 밟아야 한다.

FOB는 해상 및 내수로 운송조건이기 때문에 만약 컨테이너 화물이 터미널에 인도되는 경우에는 FOB규칙이 아닌 FCA규칙을 사용해야 한다.

(2) FOB계약의 특징

① 선적지 매매조건

FOB는 매도인이 자기의 위험과 비용으로 약정기간 내에 지정 선적항에서 약정된 물품을 매수인이 수배한 선박에 선적함으로써 인도를 완료하는 조건이다.

여기에서 해당 물품의 위험은 물품이 본선에 적재될 때 매도인으로부터 매수인에게 이전되고, 매수인은 그 시점 이후에 발생하는 위험과 모든 비용을 부담해야 한다. 이와 같이 FOB는 선적지에서 물품을 파고 사는 선적지 매매조건이다.

② 현장인도조건

FOB는 현실적 인도조건으로서 매도인이 매수인 혹은 매수인이 지정하는 운송인에게 현실적으로 물품의 점유를 이전시켜 계약을 이행한다.

FOB에서는 보통 운송인에게 인도하는데 이때 운송인은 매수인의 이행보조자이다. 따라서 매수인이 선박의 지정을 게을리 하거나 그 이행보조자인 운송인의 귀책사유에 의해 선적이 불가능하게 되면 매수인이 그 책임을 부담해야 한다.

③ 본선인도조건

FOB는 선적지의 본선상에서 인도가 이루어진다. 'FOB PUSAN'이라고 표시된 경우 PUSAN은 계약물품의 인도 장소이며 위험 및 비용부담의 분기점이 된다.

6) CIF계약의 거래관습

(1) CIF계약의 의의

무역계약에서 가장 많이 사용되고 있는 무역조건 중의 하나가 CIF(Cost Insurance and Freight, 운임·보험료포함조건)이다. CIF조건에서는 매도인은 지정된 목적항까지 운송계약을 체결한 후 약정기간 내에 계약물품을 선적하며 선적 후의 물품의 위험에 대비하여 보험계약을 체결하고 운송서류를 정비하여 이것을 매수인에게 제공해야 한다. 매수인은 선적 이후의 계약물품에 관한 모든 위험을 부담하는 동시에 운송서류와 상환으로 대금을 지급해야 한다.

CIF계약의 가격조건은 수출지에서 본선에 선적을 완료할 때까지의 비용을 포함하는 수출원가(export cost : C)인 FOB가격에 수입지 목적항까지의 해상보험료(marine insurance premium : I) 및 해상운임(ocean freight : F)의 비용을 가산한 금액이 된다. 그러므로 CIF조건은 Cost의 [C], Insurance의 [I] 및 Freight의 [F]의 머리글자의 조합으로 구성되어 있는 무역조건이다.

(2) CIF계약의 특성

① 서류에 의해 이행되는 상징적 인도형식

CIF계약에서 매도인은 선적항에서 계약물품을 선박에 적재하고 매수인에게 운송서류의 제공함으로써 인도의무를 완료하게 된다. 그런데 전자는 인도라는 의미의 본질적인 것으로 일반적인 매매계약에 있어서의 인도방식을 의미하는 것이고, CIF계약에서 매도인의 인도는 후자의 상징적 인도를 절대적인 조건으로 하고 있다.

② 복합가격으로 구성된 조건

CIF계약에서 매도인의 물품에 대한 위험은 선적 시에 이전하지만, 인도 후의 비용, 즉 목적항까지의 운임과 보험료는 수출가격에 포함되어 있다.

따라서 CIF계약은 선적항까지의 원가(cost)에 목적항까지 해상보험료와 운임으로 구성된 복합가격이므로 'CIF = C + I + F = FOB원가 + I + F'와 같은 등식이 성립한다.

③ 서류필수의 물품에 관한 매매계약

CIF계약에서 매도인은 약정된 기일 내에 계약물품을 선적 완료한 후 선적된 물품을 상징하는 운송서류와 상환으로 대금을 지급받고 있다. 따라서 CIF계약은 물품매매계약이라기보다는 서류매매계약의 특성을 가지고 있다.

④ 계약이행지가 선적지인 매매계약

CIF계약은 최종적으로 운송서류와 상환으로 대금이 결제되는 특성을 가지고 있기 때문에, 그 본질적인 이행지에 의해 구분할 때 선적지 매매인가 양륙지 매매인가라는 점이 논쟁의 대상이 되었던 적이 있다.

또한 CIF계약에서는 일반적으로 CIF라는 용어 다음에 지정 도착항이 명시된다. 그 지명은 물품이 양륙되는 수입지의 목적항을 의미한다. 또한 선적항에서 목적항으로 물품이 송부되고 거기까지의 운임이나 보험료를 매도인이 부담하기 때문에 CIF계약을 양륙지 매매계약(arrival contract)으로 오해할 수도 있다. 그러나 CIF 다음에 표시되는 지명은 단순히 목적항이지 계약이행지가 아니기 때문에 CIF계약은 분명히 선적지 매매계약(shipment contract)이다.

⑤ 해상 및 내수로 운송에 의한 매매계약

CIF계약은 매도인에게 해상운송계약과 해상보험계약 체결의 의무를 부가하는 선적지에서의 해상운송(carriage of goods by sea)을 전제로 한 해상매매계약이다.

(3) CIF계약의 효용성

① 매도인의 측면

첫째, 매도인은 선적항에서 선적 완료와 동시에 그 계약물품에 대한 모든 위험으로부터 벗어날 수가 있다. 왜냐하면 CIF계약에서 매도인은 계약물품이 본선에 적재될 때까지만 모든 위험을 부담하기 때문이다.

둘째, CIF계약에서 매도인은 운송서류와 상환으로 물품대금을 지급받기 때문에 목적항에 물품이 도착하기 전에도 운송서류를 은행에 제출하여 물품대금을 회수하여 현금화할 수 있고, 서류를 이용하여 금융상의 편익도 누릴 수 있다.

셋째, 특히 신용장거래의 경우 매도인은 선적한 물품이 운송 중에 멸실되어도 신용장에서 요구되는 서류를 제공하게 되면 대금을 안전하게 회수할 수 있게 된다.

② 매수인의 측면

첫째, 국가 간에 물품 이동과 관련하여 수출입, 운송, 보험 등의 여러 수출절차를 매도인이 처리하므로 매수인은 물품구매에 따른 이러한 절차를 밟지 않아도 된다.

둘째, CIF계약에서 거래상품은 수입항에 도착할 때까지의 주요 부대비용을 가산한 가격으로 결정되므로, 매수인으로서는 선적항에서의 운임과 보험료를 구체적으로 조사한 후에 수입채산을 할 필요가 없으며 오직 매도인이 제시한 가격만을 기준으로 하기 때문에 쉽고도 정확하게 수입가격을 견적할 수 있다.

7) 인코텀즈와 비엔나협약의 관계

(1) 인코텀즈

인코텀즈는 법률이 아니므로 실제 계약에 이것을 적용하고자 한다면 명시적으로 그러한 취지를 계약서에 나타내야 한다. 또한 인코텀즈에는 계약의 성립이나 계약 위반시 당사자의 구제방법은 전혀 언급하고 있지 않기 때문에 국제물품매매계약에서 발생하는 분쟁에 대응하기 곤란한 한계가 있다.

(2) 비엔나협약

비엔나협약은 국제협약이기 때문에 계약 당사자가 계약에서 그것을 명시적으로 배제하지 않는 한 그것은 당연히 적용된다는 점에서 인코텀즈와 구별된다.

인코텀즈와 비엔나협약은 역할이 서로 다르고, 상호보완적 기능을 수행하지만, 만일 양자의 규정이 상충될 경우에는 인코텀즈의 규정이 우선 적용된다.

왜냐하면 비엔나협약 제9조 제1항은 '당사자들은 당사자 자신들이 동의한 관행과 당사자들이 자신들 사이에서 확립된 관습에 구속된다.'라고 규정하여 인코텀즈와 같은 거래관행이 우선 적용되도록 하고 있기 때문이다.

| 표 7-5 | 인코텀즈와 비엔나협약의 비교

구 분	인코텀즈(INCOTERMS)	비엔나협약(CISG)
제정 주체	ICC	UN(UNCITRAL)
제정년도	1936년	1980년
효력발생	1936년 이후 8차례 개정 (현재 2020년)	1988년 1월 1일
적용 근거	당사자가 계약서에 인코텀즈를 적용한다는 문언을 삽입할 때만 적용	체약국 당사자가 CISG를 배제한다는 문언이 없는 한, 적용
규정 내용	11개 정형 무역조건의 정의, 위험과 비용부담의 분기점 등 매도인과 매수인의 의무 규정	적용범위, 계약의 성립, 매도인과 매수인의 의무 규정 계약위반 시 당사자의 구제권
당사자의 의무	11개 무역조건별 매도인 의무 : 10가지 메수인 의무 : 10가지로 상세히 규정	포괄적 규정 매도인 의무 : 4가지 매수인 의무 : 3가지
위험이전	정형 무역조건별로 상세히 규정	포괄적 규정
적용 대상	유형재인 물품매매거래 (국제 및 국내거래)	유형재인 국제물품매매거래(영업소가 상이한 국가에 있는 계약)
상대방 구제권리	관련 규정 없음 (당사자의 계약 위반시 권리구제에 관한 규정이 전혀 없음)	상세한 규정 매도인 구제권리 : 5가지 매수인 구제권리 : 7가지

제4절 선적에 관한 조건

1. 의의와 선적시기

1) 인도와 선적의 의미

무역계약에서는 매도인이 매수인에게 물품을 인도할 목적으로 운송인에게 넘겨주는 것으로 그의 물품인도의무를 이행한 것으로 간주하는 것이 국제상거래관행이다.

여기에서 물품의 인도(delivery)는 물품의 점유권과 소유권을 어느 특정인이 타인에게 이전하는 행위를 말하며 물품의 인도는 곧 '선적(shipment)'을 의미한다.

흔히 선적이라고 하면 선박에 물품을 싣는 것으로 이해하고 있다. 그러나 선적은 육상, 해상, 항공 모두에서 사용할 수 있는 포괄적인 용어이다.

특히 신용장거래에서 선적일자와 관련하여 사용된 'Shipment'라는 용어는 운송에 형태에 따라 해상운송의 경우는 본선적재(loading on board), 항공운송의 경우는 발송(dispatch), 컨테이너를 포함한 복합운송의 경우는 수탁(taking in charge), 우편운송의 경우는 우편수취일자(date of post receipt)를 포괄하는 개념이다.

2) 선적조건의 의의

선적조건(terms of shipment)이란 선적시기, 분할선적, 환적, 그리고 선적지연과 선적일의 증명 등을 약정하고 계약에서 약정한 선적을 이행하는 것을 말한다.

선적조건이 중요한 이유는 무역거래에서 매도인의 가장 중요한 의무는 계약물품의 인도인데, 이러한 계약물품의 인도는 선적을 통해 이루어지기 때문이다.

3) 선적시기

(1) 특정일 선적조건

특정일 선적조건은 계약서나 신용장에 선적을 이행해야 하는 일정한 기간을 명시하고 있는 것을 말한다. 현재 선적시기 중 가장 많이 사용되고 있는 조건이다.

① 단월 선적조건과 연월 선적조건

단월 선적조건은 'Shipment : June'와 같은 것이고, 연월 선적조건은 'Shipment shall be made from May to June, 2025'과 같은 것이다.

이 경우에는 계약에서 지정된 단월(해당 월의 1일부터 말일까지) 혹은 연월 동안(특정 월의 1일부터 연속되는 특정 월의 말일까지)에 선적이 이루어지면 된다.

② 특정기간 선적조건

특정기간 선적조건은 'Shipment : during first half of August, 2025'과 'Shipment : beginning of May, 2025'의 형태이다.

이때 어느 월의 상반(fist half)과 하반(second half)은 해당 월의 1일부터 15일까지, 16일부터 말일까지를 의미하고 상순(beginning), 중순(middle), 하순(end)은 해당 월의 1일부터 10일까지, 11일부터 20일까지 그리고 21일부터 말일까지를 의미한다.

그리고 'Shipment shall be made on or about May 10, 2025.'라는 표현을 사용하기도 한다. 이때 「on or about」는 '해당 일자 또는 그때 쯤'이라는 뜻으로 해당 일자와 양끝 날짜를 포함하여 5일 전부터 5일 후까지의 기간, 즉 위 예문의 경우 2025년 5월 5일부터 5월 15일까지의 기간 내에 선적이 이행되어야 하는 것을 의미한다.

그런데, 이것은 신용장통일규칙(UCP)에 규정된 내용이므로 UCP의 적용을 받지 않는 신용장 이외의 대금결제에는 적용되지 않음에 유의해야 한다.

③ 최종일 선적조건

특정일 선적조건은 최종 선적날짜를 표시하는 형태로 'Latest shipping date : May 10, 2025', 'By May 10, 2025', 'Shipment : on or before May 10, 2025' 등이 있다.

④ 조건부 선적조건

조건부 선적조건에는 'within 30 days after receipt of L/C' 혹은 'within 3 months after the conclusion of the contract' 등과 같은 형태가 많이 사용되고 있다. 이것은 '계약체결 후 3개월 이내'와 같이 선적시기를 특정조건이 이행되는 시점을 기준으로 약정하는 방법이다.

(2) 즉시 선적조건

즉시 선적조건이란 선적시기를 특정 날짜로 지정하지 않고 'immediately, promptly, quickly, as soon as possible, at once, without delay, soonest 등의 용어를 사용하여 선적을 요구하는 것을 말한다.

이러한 표현은 매우 애매한 표현이다. 왜냐하면 후일 선적이행의 시기와 관련하여 '즉시'라는 의미가 어느 시점인지에 대한 분쟁의 소지가 있을 수 있기 때문이다.

따라서 신용장통일규칙은 이러한 표현은 애매한 표현이므로 사용되어서는 안 된다고 규정하면서, 그럼에도 불구하고 이러한 표현이 사용된 경우에 은행은 신용장에 선적기한이 없는 것으로 간주하여 서류를 심사할 때 이를 무시(disregard)하도록 규정하고 있다.

이 경우 최종적인 선적날짜는 신용장의 유효기간(expiry date)이 된다.

(3) 선적날짜와 기간의 해석

선적날짜와 기간의 해석에 대하여 신용장통일규칙 제3조는 다음의 규정을 두고 있다.

① to, until, till, from, between, before, after

선적날짜를 결정하기 위하여 사용되는 용어 중, '까지(to, until, till)', '부터(from)' 및 '사이(between)'라는 단어는 해당 일자를 포함하는 것으로 해석된다.

그러나 '이전(before)' 및 '이후(after)'라는 단어는 해당 일자를 포함하지 않는 것으로 해석되기 때문에 해당 기간의 초일은 산입되지 않는다.

그런데 '부터(from)' 및 '이후(after)'라는 단어가 선적날짜가 아니라 만기일(maturity day)을 결정하기 위해 사용되면 언급된 해당 일자는 제외된다. 즉, '부터(from)'라는 단어가 선적기간의 결정을 위해 사용되면 해당 일자를 포함하지만 환어음의 만기일 결정을 위해 사용되면 해당 일자는 제외된다. 그러나 '이후(after)'라는 단어가 선적기간뿐만 아니라 환어음의 만기일의 결정을 위해 사용되면 해당 일자는 제외된다.

② on or about

'~경에(on or about)' 등의 표현이 사용된 경우에는 언급된 일자의 5일 전부터 5일 후까지의 기간으로서, 이들 일자는 모두 그 양끝의 일자인 초일과 종료일을 포함하는 것으로 해석된다. 따라서 이러한 표현의 경우는 언급된 일자의 5일 전부터 5일 후까지의 기간(양끝의 일자를 포함) 내에 약정된 조건을 이행해야 한다.

이러한 표현은 UCP 500에서는 선적일(dates for shipment)과 관련해서만 사용되었지만, UCP 600에서는 모든 일자에 사용되는 것으로 변경되었다.

③ frist half, second half

특정 월의 '전반(first half)'은 그 특정 월의 1일부터 15일까지, '후반(second half)'은 15일부터 말일까지의 기간으로서 이들 일자는 모두 그 양끝의 일자를 포함하는 것으로 해석된다. 이러한 표현은 UCP 500에서는 선적일에만 사용되었지만, UCP 600에서는 모든 일자에 사용되는 것으로 변경되었다.

④ beginning, middle, end

특정 월의 '상순(beginning)'은 그 특정 월의 1일부터 10일까지, '중순(middle)'은 11일부터 20일까지, '하순(end)'은 21일부터 말일까지의 기간으로서 이들 일자는 모두 그 양끝의 일자를 포함하는 것으로 해석된다. 이러한 표현은 UCP 500에서는 선적일과 관련해서만 사용되었지만, UCP 600에서는 모든 일자에 사용되는 것으로 변경되었다.

2. 전량선적과 분할선적

1) 전량선적

전량선적(complete shipment, full shipment, single shipment)은 특정 기간 동안에 계약물품을 2회 이상으로 나누지 않고 1회에 모두 선적하는 것을 말한다.

분할선적을 금지하는 경우에는 1회에 계약물품 전부를 선적해야 한다.

2) 분할선적

(1) 분할선적

계약물품은 약정된 날짜에 한 번에 선적하는 것이 좋다. 그러나 매도인 또는 매수인의 요청과 합의에 따라 2회 이상 나누어서 선적하는 것이 오히려 당사자에게 유리한 경우도 있다. 분할선적(partial shipment)은 계약목적물의 약정 수량을 일시에 선적하지 않고 수차례에 나누어 선적하는 것을 말한다.

분할선적은 계약물품의 수량이 많아 매도인이 한꺼번에 제공하기 어려운 경우, 자금과 판매능력 및 시장 상황 등의 제약으로 매수인이 물품 전량을 한꺼번에 인수하기 어려운 경우, 선박의 배선일정 등 운송 사정으로 매도인이 계약물품 전량을 한꺼번에 선적하기 어려운 경우에 주로 이루어진다. 또한 매수인도 자신의 판매계획이나 시장 상황, 보관 문제 등으로 분할하여 선적하기를 매도인에게 요구하는 경우도 있다.

분할선적은 할부선적과 구분되는 개념이지만, 실무에서는 할부선적도 넓은 의미의 분할선적에 포함시켜 동일한 개념으로 취급하고 있다.

(2) 할부선적과의 구별

할부선적(instalment shipment)은 매수인의 요구나 당사자의 합의에 따라 분할선적의 횟수, 각 할부분의 수량이나 선적시기 등이 미리 정해져 있는 것을 말한다.

이에 비해, 분할선적은 선적하는 횟수나 수량 등이 정해져 있지 않고 송하인이 임의로 나누어 선적할 수 있는 것을 말한다.

할부선적은 분할선적의 일종이나 특정 기간 동안 일정량의 화물을 수회에 걸쳐 선적하는 방법이기 때문에 신용장거래에서 할부선적을 요구하고 있는 경우에는 반드시 지정된 기간 내에 지정된 수량이 선적되어야 한다.

분할선적이나 할부선적을 허용하는 경우에는 'allowed', 'permitted', 'authorized' 등으로 표시하고, 금지하는 경우에는 'not allowed', 'not permitted', 'prohibited', 'not authorized' 등으로 표시한다.

3. 환적과 직항선적

1) 환적

환적(transshipment)은 선적지에서 선적된 화물을 목적지로 가는 도중에 다른 선박이나 다른 운송수단으로 이적(移積)하거나 재선적하는 것을 말한다.

다른 운송기관으로 환적하려면 하역(적재와 양륙)작업이 필요한데, 이때 물품의 멸실이나 손상이 발생할 가능성이 크기 때문에 수입자는 보통 환적을 원하지 않는다.

따라서 환적을 금지할 때에는 'Transshipment : prohibited'라는 문언을 기재하게 된다. 그러나 복합운송은 과정상 환적이 수반될 수밖에 없기 때문에 복합운송의 경우에는 환적이 당연히 인정되고 있다.

2) 직항선적

직항선적(direct shipment)은 관습적인 항로로 운항되어 운송 중에 다른 항구로 기항하지 않고 목적항으로 직접 운송하는 직항선박으로 선적하는 것을 말한다. 직항선적은 환적을 금지한다는 의미를 내포하고 있는 것이다.

4. 선적지연과 선적일의 증명

1) 선적지연

선적지연(delayed shipment)은 매도인의 고의나 과실 혹은 매도인이 책임질 수 없는 사유로 약정된 선적기한 내에 계약물품의 선적을 이행하지 않은 것을 말한다.

매도인의 고의나 과실에 의한 지연선적은 매도인의 명백한 계약위반이기 때문에 매도인이 매수인에게 계약불이행에 대한 모든 책임을 부담해야 한다.

그러나 천재지변이나 전쟁, 동맹파업 등으로 인한 선적지연은 매도인의 귀책사유로 보기 어렵기 때문에 각국의 법규나 국제무역규칙은 이를 면책으로 인정하고 있다.

2) 선적일의 증명

선적일(date of shipment)은 계약물품을 선적해야 하는 최종적인 날짜를 말한다. 선적일의 증명을 통해 약정기일 내에 매도인이 선적의무를 이행했는지 확인된다.

선적일의 증명은 운송서류의 발행일을 기준으로 한다. 일반거래조건협정서나 매매계약서에도 이것을 명확히 하기 위해 'The date of Bill of Lading shall be taken as conclusive proof of the day of shipment.'라는 문언을 삽입하고 있다.

제5절 결제에 관한 조건

1. 의의와 결제수단

1) 의의

결제조건은 대금지급에 관한 조건을 말한다. 무역계약에서는 매도인의 물품인도조건(선적조건)과 함께 매수인의 대금결제조건이 가장 중요한 조건 중의 하나이다.

2) 결제수단

(1) 물품결제

물품결제는 수출입의 대가로 다른 물품(goods)을 수입하거나 수출하는 방식이다. 물품결제는 주로 물물교환 방식이나 연계무역(counter trade)의 형태로 이루어진다.

(2) 현금결제

현금결제는 현금(cash)으로 대금을 결제하는 방식이다. 대표적인 것에는 CWO(Cash With Order), COD(Cash On Delivery), CAD(Cash Against Documents)가 있다.

(3) 환결제

환결제는 전신환(Telegraphic Transfer, T/T)이나 우편환(Mail Transfer, M/T) 등과 같은 환(transfer)을 송금(remit)함으로써 대금을 결제하는 방식이다. 나중에 설명하는 단순송금방식 또는 사전송금결제방식이 대표적인 환결제방식이다.

(4) 환어음결제

환어음결제는 환어음(Bill of Exchange, B/E)을 발행하여 대금을 결제하는 방식이다. 무역거래에 사용되는 환어음은 화환어음(documentary bill)이 원칙이지만, 경우에 따라서는 무화환어음(clean bill, 무담보어음)이 발행되는 경우도 있다.

화환어음은 환어음에 물품을 대표하는 운송서류 등을 첨부하여 대금을 회수하는 방식이며, 무화환어음은 환어음에 담보서류로서 운송서류 등이 첨부되지 않는 방식이다. 환어음은 신용장에 사용되는 환어음과 무신용장거래인 추심결제방식에 사용되는 환어음으로 구분된다. 전자는 일람출급어음(sight bill)과 기한부어음(usance bill)으로 구분되며, 후자는 D/P어음과 D/A어음으로 구분된다.

2. 결제시기와 결제방식

1) 결제시기

대금결제의 시기는 물품의 선적(혹은 서류의 인도)과 대금지급의 시차에 의한 결제관계를 말하며 다음과 같은 조건들이 있다.

(1) 선지급

선지급(payment in advance, 전지급)은 수출자가 물품을 인도하기 전에 수입자가 대금을 결제하는 방식이다. 수출자의 신용이 두텁고 거래관계가 빈번하여 서로 신뢰할 수 있을 경우에 사용되며 매수인에게는 매우 불리한 결제방식이다.

(2) 동시지급

동시지급(concurrent payment)은 물품이나 운송서류의 인도와 동시에 대금결제가 이루어지는 방식이다. 송금결제방식에서는 상품인도결제방식(Cash On Delivery, COD)과 서류상환결제방식(Cash Against Document, CAD)이 동시지급에 해당한다.

또한 신용장거래는 환어음이 지급인에게 제시되면 지급인이 이를 일람과 동시에 환어음의 대금을 지급하는 일람출급신용장(sight L/C) 방식이 여기에 포함된다.

그리고 환어음을 추심해서 대금을 회수하는 추심결제방식(collection base)에서는 환어음이 지급인(매수인)에게 제시되었을 때 대금지급과 동시에 운송서류가 인도되는 지급인도방식(D/P)이 동시지급에 포함된다.

(3) 후지급

후지급(deferred payment, 연지급)은 물품의 선적(또는 인도)이나 선적서류의 인도가 있은 후 일정한 기간이 경과되어야 대금결제가 이루어지는 방식이다.

여기에는 신용장거래에서 환어음이 지급인에게 제시된 후 일정기간이 경과되어야 지급되는 기한부 신용장방식(usance L/C)과 추심결제에서 환어음을 추심할 때 어음제시가 있어도 지급인은 대금지급을 하지 않고 인수 후 어음만기일에 대금을 지급하게 되는 인수인도방식(D/A)이 있다.

(4) 혼합결제방식

혼합결제방식은 선지급, 동시지급, 후지급 방식이 혼합된 결제방식이다. 대표적인 것이 누진지급(progressive payment)이다. 이것은 대금을 일시에 결제하지 않고 계약, 선적, 도착시 등으로 분할하거나 공정에 따라 분할하여 지급하는 방식이다.

2) 결제방식

대금결제의 방식은 신용장 방식과 무신용장방식이 있으며, 후자는 다시 송금결제방식과 추심결제방식으로 구분된다.

(1) 송금결제방식

① 송금결제방식의 의의

송금결제방식(remittance)은 수입자가 상품의 인도 전·인도 후 또는 인도와 동시에 수출자에게 송금함으로써 결제가 완료되는 방식이다.

② 단순송금결제방식

단순송금결제방식(Advance Payment, T/T in advance) 수입자가 상품대금의 전액을 T/T 등으로 수출자에게 미리 송금하여 결제하고 수출자는 계약된 기간 이내에 상품을 선적하는 방식이다. 이를 사전송금방식이라고도 한다.

수출자는 돈부터 미리 받고 상품을 선적하기 때문에 가장 좋은 대금회수 방식이다. 그러나 수입자는 상품을 받기도 전에 돈부터 미리 결제했으나 계약상품이 도착할 때까지 안심할 수가 없다. 따라서 이 결제방식은 처음 거래하는 소액 수출이나 서로 신뢰가 쌓인 후에 이용하는 것이 좋다.

사전송금결제방식에서 가장 일반적으로 발생하는 사기는 대금 전액을 송금했으나 수출자가 선적을 하지 않고 잠적하는 유형이다.

③ 동시송금결제방식

동시송금결제방식은 COD 및 CAD가 있다. 상품인도결제방식(cash on delivery, COD)은 수출자가 상품을 선적한 후 선적서류를 자신의 대리인(주로 수입국가에 소재) 또는 지사에 송부하여 상품이 목적지에 도착하면 수입자가 품질이나 수량을 직접 검사한 후에 상품을 인도 받으면서 대금을 현금으로 결제하는 방식이다.

이 결제방식은 수입자가 대금을 지급하기 전에 물품의 품질을 직접 검사할 수 있다는 장점이 있기 때문에, 상품가격이 고가이며 동일 상품일지라도 상품의 색상, 가공방법, 순도 등에 따라 가격의 차이가 있는 보석류나 귀금속, 그리고 육감에 의한 물품의 검사를 필요로 하는 경우의 소액거래에 주로 이용된다.

이 결제방식에서 수입자는 대금을 결제하기 전에 직접 상품을 검사할 수 있는 장점을 지닌다. 그러나 수출자는 수입자가 물품에 만족하지 않을 경우 대금을 받을 수 없는 위험을 감수해야 한다.

서류인도방식(Cash Against Documents, CAD)은 수출자가 상품을 선적 후 운송서류를 수입자의 대리인(주로 수출국가에 소재)이나 거래은행에 제시하여 서류와 상환으로 대금을 결제하는 방식이다. 이 방식은 수출국에 수입자를 대신하여 대금을 결제해 줄 대리인이나 은행이 있을 경우에만 이용이 가능하다. 이 방식에서 수출국의 은행을 통해 결제가 이루어지게 되면 추심결제방식인 D/P결제와 유사하게 된다.

④ 사후송금결제방식

사후송금결제방식은 사전송금결제방식과 정반대로, 수출자가 일방적으로 먼저 상품을 실어 보낸 이후에 수입자가 이후에 결제하는 방식이다. 이것은 수출자가 수입자에게 신용(credit)을 부여하는 일종의 외상거래형태이다.

사전송금결제방식에는 수출자의 대금수취 위험이 전혀 없지만 사후송금방식인 경우에는 수출자의 대금결제에 대한 신용위험이 매우 높다.

사후송금결제방식의 경우, 수입자가 물품대금을 지불하지 않고 물품이나 샘플을 미리 인수하게 되므로 수출자의 입장에서는 대금회수가 불투명해질 수밖에 없으며 경우에 따라서는 물품을 잃어버릴 위험에 처하기도 한다.

(2) 추심결제방식

추심결제방식은 외상거래방식이므로 수입자의 신용을 절대적으로 하는 본지사간의 거래에 주로 이용된다. 추심결제방식에는 D/P결제와 D/A결제가 있다.

추심결제방식은 국제상업회의소가 제정한 '추심에 관한 통일규칙(Uniform Rules for Collections, 1995 Revision ICC Publication No.522, URC)'의 적용을 받는다.

추심결제방식은 첫째, 환어음이 사용된다는 점 둘째, URC가 적용되는 점 셋째, 서류와 대금이 관계은행(추심은행 등)을 통해 송부한다는 점 넷째, 은행의 지급확약이 없다는 점 다섯째, 환어음의 지급인이 수입자라는 특징을 가지고 있다.

① D/P결제

추심결제방식에서 선적서류는 '수출자 → 추심의뢰은행(remitting bank) → 추심은행(collecting bank) → 수입자'의 경로로 인도되고, 대금은 '수입자 → 추심은행 → 추심의뢰은행 → 수출자'의 경로로 선적서류 인도의 역순으로 결제된다.

이러한 절차대로 순탄하게 수출입과 결제절차가 이루어진다면 아무런 문제가 없겠으나, D/P결제방식에서 수출자가 선적하고 서류를 보냈는데도 수입자가 결제와 서류인수를 미루며 가격인하 등을 요구하며 버티면 수출자는 대금회수에 애를 먹게 된다.

② D/A결제

D/A결제는 수출자가 상품을 먼저 선적하고 대금은 추심을 통해 결제되는 방식이기 때문에 D/A와 D/P 모두 지급시기에만 차이가 있을 뿐 수출자에게는 신용위험이 동일하게 상존하는 결제방식이다.

특히 D/A결제는 외상거래로 추심은행이 환어음 지급인(수입자)에 대하여 어음의 인수와 동시에 운송서류를 인도하여 주고 그 환어음의 만기일에 지급인으로부터 대금을 받아 추심의뢰은행에 송금하여 주는 거래방식이다.

그러므로 대금회수에 대한 확실한 보장이 없기 때문에 지급에 대한 책임은 전적으로 수입자에게 의존하게 된다. 따라서 D/A거래는 상대방의 신용이 확실한 경우에만 사용하는 것이 좋으며 D/A거래에 따른 대금 미회수를 커버하기 위해 한국무역보험공사의 수출보험에 가입하면 후일에 문제가 발생할 때 손해를 최소화할 수 있다.

(3) 신용장결제방식

① 의의

신용장결제방식은 수입국 은행의 수출자에 대한 조건부 지급확약으로 결제되는 방식으로, 수입국의 은행이 신용장 조건에 일치하는 소정의 운송서류를 첨부한 화환어음(documentary bill)과 상환(相換)으로 수출자(beneficiary)에게 대금지급을 보증하는 방식이다. 현재 대금결제방식으로 널리 사용되고 있다.

② 한계

신용장거래에서 독립추상성(independence and abstraction)의 원칙은 신용장거래에 사기가 개입되는 경우에는 치명적인 한계성을 나타낸다. 원래 신용장은 상품거래가 아니라 서류거래이며 매매계약으로부터 독립되어 있는 독립추상성의 원칙에 따라 신용장의 관계당사자들은 단지 서류만을 근거로 모든 것을 판단한다.

따라서 수출자로서는 실제의 계약 상품을 선적하였음에도 불구하고 신용장에서 요구하고 있는 서류를 제대로 구비하여 제시하지 못하면 서류상의 불일치를 이유로 대금을 지급받지 못하게 되는 경우도 있다.

수입자로서는 자신이 원하는 상품을 정확하게 입수하지 못하게 되는 경우도 발생할 수 있다. 왜냐하면 수출자가 독립추상성을 악용하여 품질이 나쁜 상품 혹은 계약과 전혀 다른 상품을 선적하고 서류만 신용장의 조건대로 일치하여 은행에 제시할지라도 은행이 대금을 지급하기 때문이다.

제6절 보험에 관한 조건

1. 의의와 보험조건

1) 의의

운송 도중에 발생한 화물의 손해에 대해 운송인이 하주에게 전액을 배상해 준다면 하주가 별도로 보험계약을 체결할 필요는 없을 것이다.

그러나 운송계약에 따른 운송인의 책임은 여러 가지로 제한되어 있을 뿐 아니라 책임에도 한도액이 설정되어 있고, 더욱이 운송인에게 보상책임이 없는 면책손해를 보상받으려면 별도로 보험계약을 체결하는 것이 필수적이다.

2) 보험조건과 무역조건

운송중의 위험을 매매당사자 중 어느 당사자가 부담하며 그 위험에 대해 보험에 들어야 할 당사자가 누구인가, 그리고 보험료의 부담자가 누구인지는 당사자 사이에 체결된 무역조건(trade terms)에 따라 결정된다.

2. 손해보상범위와 보험금액

1) 손해보상범위와 보험조건

피보험자가 어떤 조건으로 보험에 가입할 것인지는 보험계약 체결 시 결정되는데, 기본적인 손해보상범위는 런던보험자협회가 제정한 협회적하약관(ICC)에 규정되어 있다. 협회적하약관은 구협회적하약관(A/R, FPA, WA조건)과 1983년 3월 1일부터 적용되고 있는 신협회적하약관(ICC(A), ICC(B), ICC(C))이 있다.

이중에서 FPA 조건 또는 ICC(C) 조건은 손해보상범위가 가장 좁고 보험료도 가장 저렴한 조건이며, A/R 조건이나 ICC(A) 조건은 담보되는 보상범위가 가장 넓고 보험료도 가장 비싼 조건이다.

2) 보험금액과 부보통화

보험금액은 보통 '110% of the invoice value'와 같이 상업송장 금액 100%에 10%의 희망이익을 더한 110%로 한다. 따라서 전손의 보험사고가 발생하게 되면 110%를 보상받게 된다. 한편 부보통화는 환차손을 방지하기 위해 신용장의 통화와 동일한 통화가 되어야 한다.

제7절 포장과 하인에 관한 조건

1. 포장의 목적과 종류

1) 포장의 의의와 목적

포장은 화물의 운송, 보관, 하역 등에 있어 그 가치와 상태를 보호하고 유지하기 위해 적합한 재료나 용기 등으로 시공하는 기술이나 상태를 말한다.

포장의 일반적인 기능은 상품의 보호와 소비자의 구매의욕을 일으켜 판매를 촉진하는데 있다. 그러나 무역거래에서 포장은 수출입 상품을 운송 도중 안전하게 보호함으로써 상품으로서의 가치를 유지하기 위한 목적에 주안점을 두고 있다.

수출상품의 포장은 상품의 특성에 적합한 포장이 이루어져야 하며 값싸고 튼튼하게 이루어져야 한다. 수출자가 포장을 잘못하여 화물이 손상되면 해상보험에서도 보상되지 않기 때문에 화물의 성질을 고려한 적절한 포장이 이루어져야 한다.

2) 포장의 종류

(1) 개장

개장(unitary packing)은 소매의 단위가 되는 상품의 최소 묶음을 개별적으로 하나씩 포장하는 것을 말한다. 개장에는 상표나 제조업체의 회사명이 기재되고 구매의욕을 자극하도록 디자인된 포장지를 사용하는 것이 일반적이다. 개장에서는 상품 몇 개를 소포장하고 다시 이것을 몇 개씩 포장하는 방법이 많이 이용되고 있다.

(2) 내장

내장(interior packing)은 개장된 물품을 수송이나 취급이 용이하도록 적절한 재료로 싸거나 용기에 충전하는 것을 말한다. 내장은 외부에 의해 상품이 손상되지 않도록 주로 내부에 충전제, 판재, 합성수지 등을 사용하여 포장한다.

(3) 외장

외장(outer packing)은 화물을 수송함에 있어서 파손, 변질, 도난, 부실 등을 방지하기 위해 적절한 재료나 용기로써 화물을 보호하기 위해 포장하는 것을 말한다.

수출입거래에서 포장 또는 수출포장은 이 외장을 의미한다. 외장은 내장보다 더 튼튼한 포장재를 사용하여 포장하는데 일반적으로는 나무상자나 종이상자 등 상품마다 정형화된 포장용기가 주로 사용되고 있다.

2. 하인

1) 하인의 의의와 기능

하인(shipping mark, 荷印)은 포장 외부의 표면에 기입하는 특정한 기호나 목적지 등을 말한다. 하인의 목적은 화물취급자로 하여금 다른 상품과 구분을 용이하게 할 뿐 아니라 선적서류와 상품과의 대조에 편리성을 부여하는데 있다.

2) 하인의 구성

(1) 주표시(main mark) : 하인 중 가장 중요한 표시로 외장에 다이아몬드 형, 마름모형, 타원형, 삼각형 등을 표시하고 그 안에 상호 등의 약자를 써넣기도 한다.
(2) 부표시(counter mark) : 주표시의 보조로 타 화물과 식별이 용이하게 표시한다.
(3) 품질표시(quality mark) : 동일 화물이라 하더라도 품질이나 등급에 차이가 있는 경우에는 계약에서 합의된 내용의 품질이나 등급을 표시한다.
(4) 중량표시(weight mark) : 운임계산에 도움이 되도록 중량을 표시한다.
(5) 목적항 표시(port mark, destination mark) : 화물의 선적이나 양하 작업을 용이하게 하도록 목적 항구나 공항명칭을 표시한다.
(6) 포장 일련번호표시(case number marks) : 포장화물이 여러 개인 경우 포장마다 고유번호를 표시하여 총 개수 중에서 몇 번째인지를 표시한다.
(7) 원산지표시(country of origin mark) : 화물의 생산지를 표시한다.
(8) 주의표시(care mark) : 선적이나 운송 시 취급상의 주의사항을 표시한 것이다.
(9) 기타 : 순중량(net weight), 신용장 번호(L/C No.) 등이 추가되기도 한다.

| 그림 7-1 | 하인의 구성 예

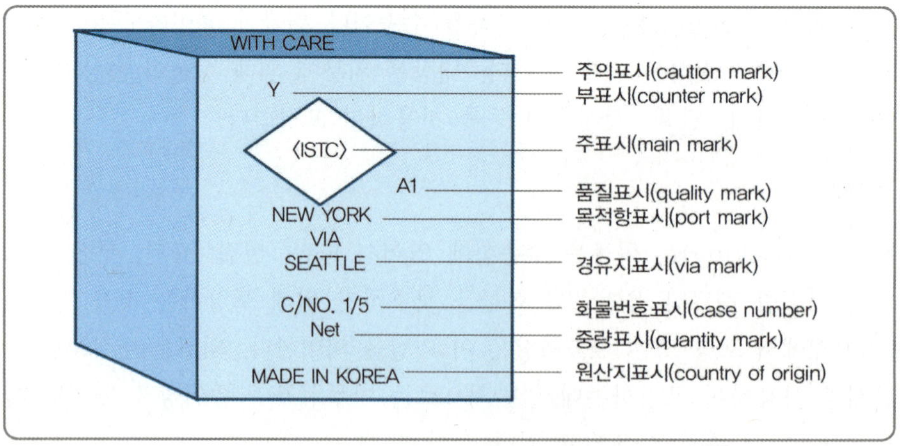

제8절 분쟁해결에 관한 조건

분쟁해결에 관한 조건은 당사자 일방의 계약 불이행에 따른 클레임의 발생에 대비하기 위해 미리 클레임의 제기기한이나 해결방법 등을 설정해 둔 조항을 말한다. 여기에는 클레임조항, 중재조항, 준거법조항, 재판관할조항 등이 있다.

1. 클레임조항과 중재조항

1) 클레임조항

클레임조항(claim clause)은 무역클레임이 발생한 경우 클레임을 제기할 수 있는 기한과 방법 등을 규정하고 있는 조항이다. 클레임의 제기기한은 클레임을 제기하는 당사자의 입장에서 보면 무역클레임을 제기할 수 있는 권리의 행사기간이다.

> Any claims by buyer of whatever nature arising under this contract shall be made by Fax within 30 days after arrival of the goods at the destination specified in the Bills of Lading.
>
> Full particulars of such claim shall be made in writing, and forwarded by registered mail to seller within 15 days after cabling. Buyer must submit with surveyor's reports when the quality or quantity of the goods is in dispute.
>
> 이 계약에서 매수인으로부터 제기되는 모든 형태의 클레임은 선하증권에 규정된 목적지에 물품이 도착 후 30일 이내에 팩스로 제기되어야 한다.
>
> 그러한 클레임에 관한 모든 세부사항은 팩스로 통지한 후 15일 이내에 서면으로 작성되어, 등기우편으로 매도인에게 송부되어야 한다. 상품의 품질이나 수량에 관한 분쟁의 경우 매수인은 검수인의 보고서를 제시해야 한다.

2) 중재조항

중재조항(arbitration clause)은 중재제도가 가지는 신속성 등의 장점을 살려 무역거래에서 발생하는 클레임을 중재로 해결한다는 내용이 들어 있는 조항이다.

우리나라 유일의 상설 중재기관인 대한상사중재원(The Korean Commercial Arbitration Board, KCAB)은 신속하고 원만한 분쟁 해결을 위하여 계약서에 다음과 같은 표준중재조항(standard arbitration clause)의 삽입을 권장하고 있다.

표준중재조항을 계약서에 삽입하면 중재합의가 이루어진 것으로 간주되기 때문에 중재합의에 관한 다툼 없이 중재를 진행시킬 수 있다.

국제거래에 적용되도록 권장하고 있는 표준중재조항의 핵심적인 내용은 계약상의 분쟁은 대한상사중재원의 국제중재규칙에 따라 최종적으로 해결한다는 것이다.

> All disputes, controversies, or differences which may arise between the parties, out of or in relation to or in connection with this contract, or for the breach thereof, shall be finally settled by arbitration in Seoul, Korea in accordance with the Commercial Arbitration Rules of the Korean Commercial Arbitration Board and under the laws of Korea. The award rendered by the arbitrator(s) shall be final and binding upon both parties concerned.
>
> 이 계약으로부터, 이 계약과 관련하여, 이 계약과 관계하여 또는 이 계약의 불이행으로 말미암아 당사자간에 발생하는 모든 분쟁, 논쟁 또는 의견 차이는 대한민국 서울에서 대한상사중재원의 중재규칙 및 대한민국 법에 따라 중재에 의해 최종적으로 해결한다. 중재인(들)에 의해 내려지는 판정은 최종적인 것이며 관련된 당사자 쌍방에 대해 구속력을 가진다.

2. 준거법조항과 재판관할조항

1) 준거법조항

준거법조항(governing law clause)은 무역계약의 성립과 이행 및 종료의 해석에 대해 어느 국가의 법률을 적용할 것인가를 규정하고 있는 조항이다.

무역계약은 법역(法域)을 달리하는 당사자 사이에서 이루어지는 매매계약이다. 따라서 그 계약으로 인하여 발생하는 문제들을 어느 국가의 법률에 따라 해결할 것인가 하는 준거법의 문제가 발생하게 되는데, 이때 필요한 것이 준거법조항이다.

국제적으로 통일된 물품매매법이 존재하지 않기 때문에 무역계약의 성립, 이행 및 종료 등에 대해 어느 법을 준거법으로 할 것인지에 관한 합의는 매우 중요하다.

무역계약과 관련된 준거법으로 널리 이용되고 있는 것이 비엔나협약(CISG)이다.

그런데 이 협약이 적용되기 위해서는 물품의 매매거래가 국제성을 가져야 하며 협약에 비준한 체약국간의 거래이어야만 한다. 또한, 본 협약에 대한 적용배제 선언이 없어야 하며, 어느 한 당사자가 체약국이 아닌 경우에는 법정지의 법이 체약국의 법률을 준거법으로 지정하고 있어야 한다.

> Governing law clause : Unless specially stated, the trade terms under this contract shall be governed and construed under and by the latest Incoterms and the formation, validity, construction and the performance of this contract are governed by the laws of Korea.
>
> 준거법조항 : 별도의 언급이 없는 한, 본 계약의 무역조건은 가장 최근의 인코텀즈에 준거하여 해석되며 본 계약의 성립, 유효성, 해석 및 이행은 한국 법에 따른다.

> This agreement shall be governed as to all matters including validity, formation, and performance under and by United Nations Convention on Contracts for the International Sale of Goods(1980).
>
> 본 합의는 유효성, 성립 및 이행을 포함한 모든 사항을 국제물품매매계약에 관한 유엔협약(1980)에 준거한다.

2) 재판관할조항

재판관할조항(jurisdiction clause)은 소송(재판)을 제기할 재판소를 당사자 사이에 미리 약정해 놓는 조항이다.

즉, 이 조항은 계약에 중재조항을 설정하고 있지 않은 경우 그 계약을 둘러싼 분쟁해결은 최종적으로 국가가 행하는 재판에 의해 해결된다는 것과 설령 중재조항이 설정되어 있다 하여도 중재에 회부할 범위 외의 사항들은 재판에 의하여 해결된다는 것을 규정하고 있다.

재판소를 지정할 때에도 한국 재판소 또는 미국 재판소라고 막연히 규정하는 것은 문제의 소지가 있으므로 서울, 뉴욕 등 특정지의 재판소를 지정하는 것이 좋다.

> Jurisdiction clause : This agreement must be construed and take effect as a contract made in Korea and in accordance with the laws of Korea and the parties hereby submit to the jurisdiction of the court of Korea.
>
> 재판관할조항 : 본 계약은 한국에서 한국법에 준거하여 작성된 계약으로 해석되고 효력이 있는 것으로 한다. 그리고 양 당사자는 한국 법원의 재판관할에 따르는 것으로 한다.

제9절 기타 조건

1. 권리침해조항과 완전합의조항

1) 권리침해조항

권리침해조항(infringement clause)은 지식재산권 침해에 대한 면책조항으로 매수인이 지정한 상표, 디자인, 특허 및 기술 등을 사용하여 제조하거나 공급한 상품에 향후 예기치 않은 특허침해 문제가 발생하는 경우 매도인이 이에 면책된다는 것을 규정하고 있는 조항이다.

> The Buyer shall be liable for and hold the Seller harmless from and against all losses and damages incurred and suits and claims brought by a third party due to possible infringement of trademark, parent, copyright or other proprietary right of the third party in connection with the Seller's manufacture and sale of the goods.
>
> 물품의 매매와 매도인의 제조와 관련하여 매수인은 상표, 특허, 저작권, 또는 기타 제3자의 재산권 침해로 인하여 제3자가 제기한 모든 멸실, 손해 및 손실 그리고 소송이나 클레임에 대해 책임을 지며 매도인은 면책된다.

2) 완전합의조항

완전합의조항(entire agreement clause, integration clause)은 최종 합의를 통해 계약이 체결되면 기존에 당사자 사이에 주고받았던 합의문, 의견교환서, 약속 등은 계약서에 완전히 통합되어 소멸된다는 것을 규정하고 있는 조항이다.

서식논쟁(battle of forms)을 예방하기 위해 이 조항은 반드시 삽입되어야 한다. 왜냐하면 이 조항은 계약서가 서명되기 이전까지 이루어진 일체의 합의 등을 부인하는 효과가 있기 때문이다.

> This Agreement constitutes the entire agreement between the parties, all prior representations having been merged herein, and may not be modified except by a writing signed by a duly authorized representatives of both parties. This agreement shall be valid on and after 3 May, 2025.

2. 지연이행조항과 전매조항

1) 지연이행조항

지연이행조항(delayed performance clause)은 천재지변(Act of God)이나 불가항력에 의해 계약이 이행되지 못하는 경우, 그 이행 기간을 얼마 정도까지 연장한다는 것, 그렇게 연장된 기간 내에도 불가항력이 지속되거나 그 후속 사태의 여파로 인해 여전히 당초 계약의 이행이 불가능한 경우의 여러 조치 사항들, 그리고 연장기간 경과 후에 계약이행이 있는 경우에 이를 수용할 것인가의 여부에 관한 상세한 사항들을 규정하고 있는 조항이다. 이 조항은 불가항력조항과 밀접한 관련이 있다.

> In all cases of force majeure the period of shipment stipulated shall be extended for a period of twenty one(21) days.
> In cases shipment within the extended period should still be prevented by a continuance of the causes of force majeure or the consequences of any of them, it shall be at Buyer's option either to allow the shipment of late goods or to cancel the order by giving Seller the notice of cancellation without delay.

2) 전매조항

전매조항(product release clause)은 매수인이 계약을 취소하거나 물품의 인수를 거절할 경우, 매도인이 상표권 등 지식재산권과 관계없이 현지에서 물품을 제3자에게 재판매하거나 처분할 수 있도록 규정하고 있는 조항이다.

즉, 수출상품에 대해 현지 수입자가 고의적으로 상품인수를 거절하거나 저작권 및 상표권 등의 분쟁이 발생하는 경우를 대비하기 위하여 계약을 체결할 때 이와 같은 상품인수의 거절이나 분쟁의 발생 시 현지에서 상표권 등과 관계없이 제3자에게 물품을 전매할 수 있도록 계약서에 명시해 둔 조항이다.

> In the event of cancellation of this contract or rejection of the goods, seller shall be entitled to resell or otherwise dispose of the goods to third parties, regardless of patent, trade mark, design, utility model, copy right etc.. Thereon buyer shall not raise any objection to such disposition.

3. 분리가능조항과 신축조항

1) 분리가능조항

계약의 분리는 계약내용의 일부에 무효사유가 있어서 계약의 일부는 무효가 되고 나머지는 유효하게 존속하여 결과적으로 계약의 내용이 일부 분리되는 것을 말한다.

분리가능조항(severability clause)은 계약의 일부 조항이 법원의 판결에 의해 효력을 상실하더라도 기타 조항은 그대로 유효하다는 것을 규정하고 있는 조항이다.

이 조항을 설정하는 목적은 특정 조항이나 계약의 일부가 국내 법령에 의해 무효가 되어도 해당 조항만 영향을 미치고 그 계약 전체가 무효로 되는 것을 방지하기 위한 것이다. 그러나 실무에서는 계약의 중요 부분들이 실효가 되면 계약 전체가 무효로 되는 것이 일반적이다.

> If any provision of this agreement is determined to be invalid or unenforceable, the provision shall be deemed to be severable from the remainder of this agreement and shall not cause the invalidity or unenforceable of the remainder of this Agreement.

2) 신축조항

신축조항(escalation clause, adaptation clause)은 계약을 체결할 때에는 계약금액이 고정되었으나 계약기간 중에 물가의 급등으로 인하여 정상적인 계약이행이 힘들어질 경우 이에 비례하여 대금의 감액이나 증액을 요구할 수 있도록 규정되어 있는 조항으로 가격변동조항 또는 가격조정조항이라고도 한다.

이 조항은 원류, 곡물, 원자재 등 시세변동이 심한 상품 거래나 계약기간이 긴 해외철도나 플랜트사업, 건설공사사업 등 대규모 공사의 계약조건에 주로 삽입된다.

> If during the performance of this agreement the seller's cost of delivering the goods to the buyer's increase unexpectedly by more than 10 percent from the contract due to fluctuations in currency exchange rates, increases in the cost of raw materials, oil or other energy sources, taxes or other governmental charge, or any other similar factors beyond the reasonable control of the parties concerned, then the prices shall be proportionally increased, unless otherwise agreed.

4. 비포기조항과 손해배상액예상조항

1) 비포기조항

비포기조항(non-waiver clause)은 일방이 계약을 위반했을 때, 상대방이 이에 대해 손해배상청구나 권리행사를 제기하지 않았다는 것이 권리를 포기하는 것은 아니라는 것을 규정하고 있는 조항으로 권리불포기조항이라고도 부른다.

즉, 계약 당사자 일방이 이전 거래에서 계약상의 어떤 조항에 의한 이행청구를 하지 않았더라도 이를 이유로 이후 발생하는 동일 계약위반에 대해 이행을 청구할 수 있는 권리를 포기하는 것이 아님을 선언하고 있는 조항이다.

예를 들어 2월과 4월 거래에서 각각 3일과 5일의 인도지연에 대해 매수인이 클레임을 제기하지 않았으나 6월 거래에서 15일 인도지연이 발생함에 따라 이에 매수인이 손해배상을 청구했을 때 앞의 2월과 4월에 거래 때 청구하지 않은 것이 단지 권리이행을 하지 않은 것뿐이지 권리를 포기한 것은 아니라는 의미이다.

> The failure of delay of either party to require performance by the other party of any provision of this Agreement shall not constitute a waiver of, or shall not affect, its right to require subsequent performance of such provision.

2) 손해배상액예상조항

손해배상액예상조항(liquidated damage clause)은 상대방의 계약불이행에 대비하여 청구할 손해배상액을 미리 계약서에 명시하고 있는 조항이다. 이를 Indemnity clause 또는 확정손해배상액이라고도 부른다.

어느 일방이 계약을 위반한 경우 상대방은 Claim 제기를 통해 손해배상을 청구한다. 이때에는 계약위반 사실과 손해액을 입증해야 하는데, 이의 입증이 어렵거나 절차가 까다로운 경우도 있으므로 계약 당시 손해배상액을 미리 계약서에 기재한다.

> If opening the letter of credit should be delayed due to the causes for which the Buyer is liable, the Buyer shall pay the Seller an amount equivalent to three tenths of one percent(0.3%) of the amount of relevant letter of credit per each full week as liquidated damages.

5. 하드쉽조항과 계약수정 및 변경조항

1) 하드쉽조항

하드쉽조항(hardship clause)은 계약체결 시 당사자가 예견할 수 없는 사태가 발생하여 당초의 계약이행이 불가능한 경우 당사자는 계약내용의 변경을 요구할 수 있고 상대방은 이에 응해야 함을 규정하고 있는 조항으로 사정변경조항이라고도 한다.

이 조항은 대형 선박 등 제조기간이 장기인 상품매매나 불가항력 사태가 발생하더라도 계약을 변경하여 계약관계를 유지하기를 원하는 경우의 계약에 주로 사용된다.

불가항력조항은 불가항력 사태의 발생 시 당사자의 면책을 규정하고 있는 조항이며, 하드쉽조항은 계약체결 후 발생하는 변화에 따라 계약내용의 변경을 규정하고 있는 조항이라는 점에서 서로 구별된다.

> Substantial hardship shall mean if at any time or from time to time during the term of this Agreement, without default of the party concerned, there are the occurrences of an intervening event or change of circumstances beyond the said party's control, when acting as a reasonable operator, such that the consequences and effects of which are fundamentally different from what was contemplated by the parties at the time of entering into this agreement.
>
> The party claiming that it is placed in such a position as aforesaid may by notice request the other for a meeting to determine if said occurrence has happened and, if so, agree upon what, if any, adjustment in the price then in force under this Agreement and/or other terms and conditions thereof is justified in the circumstances, in fairness to the parties to alleviate said consequence and effects of said occurrence.

2) 계약변경조항

계약변경조항(modification clause, amendment clause)은 계약서를 수정하거나 변경할 때 따라야 할 절차에 관한 사항을 규정하고 있는 조항이다.

> This agreement is not changed, modified or amended by the parties of this agreement except as such change, modification or amendment is in writing and signed by both parties.

6. 이행불능조항과 불가항력조항

1) 이행불능조항

이행불능조항(frustration clause)은 후발적 불능이 발생하면 계약은 자동적으로 소멸된다는 것을 규정하고 있는 조항이다. 계약의 이행과정에서 계약에 규정된 이행불능의 사유가 발생하게 되면 계약의 효력은 자동적으로 소멸되게 된다.

그러나 당사자가 스스로 이행불능을 자초한 경우나 계약서상에 소멸 배제의 명시 규정이 있을 경우, 또는 예측된 사건의 경우 등은 Frustration의 적용이 배제된다.

이행불능조항은 이행불능의 사유가 발생할 때 해당 계약을 자동적으로 소멸시키고 당사자의 의무를 면제하기 위한 목적으로 설정한다.

> Neither Purchaser nor Seller may rely on the failure of any condition set forth in this Section 7 to be satisfied if such failure was caused by such party's failure to comply with or perform any of its covenants or obligations set forth in this Agreement.

2) 불가항력조항

(1) 의의

불가항력조항(force majeure clause)은 불가항력 사태가 발생하여 계약 당사자의 의무이행이 불가능하게 된 경우에 당사자의 면책을 규정하고 있는 조항이다.

즉, 불가항력조항은 계약체결 이후 당사자에게 귀책사유 없는 후발적 사태의 발생과 같이 계약의 원만한 이행을 저해하는 여러 장애 사태로부터 당사자가 면책을 인정받을 수 있는 범위를 규정하고 있는 조항이다. 여기에서 '불가항력 사태'는 당사자의 통제를 넘어서는 것으로 자연재해와 같은 천재지변을 비롯한 전쟁, 폭동, 혁명, 동맹파업과 같은 사건이나 사태를 말한다.

(2) 불가항력 사태의 범위와 한계

불가항력조항의 의미는 다를 수 있으나, 보통 무역계약에서 이행을 불가능하게 하는 불가항력 사태로는 자연적인 현상에 의한 것, 정치와 사회불안에 의한 것, 상업적 내지 경제적 요인에 의한 것과 법률의 작용에 의한 것들이 있다.

첫째, 자연적인 현상에 의한 것은 천재지변(Act of God)을 의미하며 지진, 태풍, 폭풍우, 홍수, 수해나 낙뢰 등이 대표적이다.

둘째, 정치와 사회불안에 의한 것은 전쟁과 같이 국가 사이의 투쟁, 봉쇄, 폭동, 내란, 혁명, 2001년에 발생한 미국의 9.11테러와 같은 종교적 내지 정치적 목적의 동시다발 테러행위 등의 비상사태가 대표적이다.

셋째, 상업적(경제적) 요인은 동맹파업과 사업장의 폐쇄(lockout)가 대표적이다.

넷째, 법률의 작용은 계약 성립 후에 법률의 개정이나 새로운 법률의 시행에 의해 계약이 불능하게 되거나 그 국가가 무역정책의 일환으로 채택한 명령에 의해 해당 품목의 수출입이 금지되거나 제한되는 사태 등이 대표적이다.

만일, 당사자에게 책임을 물을 수 없는 이상과 같은 불가항력 사태가 발생하고 이로 인하여 계약의 이행이 불가하다는 것이 인정되면 당사자는 그의 의무로부터 면제받게 된다. 그러나 실제 계약서를 작성할 때에는 구체적으로 어떠한 사건의 발생이 불가항력인지 일일이 열거하여 명시한다는 것 자체가 불가능하다.

또한 단지 불가항력이라는 용어만을 기술할 경우에 그 내용의 의미가 극히 막연하고 애매할 때가 많으며, 불가항력의 의미를 때로는 당사자들이 그 의미를 변화시켜 사용하는 경우도 있다.

따라서 불가항력 사태로부터 면책을 인정받고자 의도하는 당사자에게는 이러한 상황변동 등을 모두 반영한 불가항력 조항의 합리적 설정이 필요하다. 그러나 상대방의 입장도 조화롭게 고려한 조항의 설정은 상거래 도덕상 필요한 덕목이다.

1. Force majeure clause : Neither party shall be liable for failure to perform its part of this agreement when such failure is due to fire, flood, strikes, labour troubles or other industrial disturbances, inevitable accidents, war (declared or undeclared), embargoes, blockades, legal restrictions, riots, insurrections, or any cause beyond the control of the parties.

불가항력조항 : 어떠한 당사자도 본 계약을 이행할 수 없는 사유가 화재, 홍수, 동맹파업, 노동쟁의, 기타 노사분규, 불가피한 사고, 전쟁(선전포고 유무를 불문함), 수출금지, 봉쇄, 법적 제한, 폭동, 내란, 기타 당사자가 통제할 수 없는 일체의 원인에 의한 경우는 본 계약의 불이행에 대해 책임을 지지 않는다.

Force majeure : seller shall not be responsible for delay in shipment of the goods or any part thereof occasioned by any Act of God, strike, lockout, riot or civil commotion, combination of workman, breakdown of machinery, flood, fire or any cause comprehended in the term 'force majeure'.

3) 이행불능조항과 불가항력조항의 차이

이행불능조항과 불가항력조항은 계약이행이 불가능한 경우를 규정하고 있다는 점에서는 공통점이 있다. 그러나 전자는 계약 자체를 소멸시키지만, 후자는 계약조건의 불이행에 따른 당사자의 면책만을 인정한다는 점에서 근본적인 차이가 있다.

또한 이행불능조항은 당사자가 계약체결 후 예상치 못했던 사정의 발생으로 양 당사자의 과실 없이 급부의 이행이 불가능하거나 설사 물리적으로 가능하더라도 계약의 목적 달성이 불가능하게 된 경우에 그 계약을 장래에 향하여 종료시키는 것이다.

따라서 이행불능조항은 계약의 이행이 전혀 불가능하거나 이행 자체는 가능하나 그 계약이행이 무의미하게 된 경우를 대상으로 하지만, 불가항력조항은 이행 자체가 불가능한 사태를 전제로 한다.

4) 하드쉽조항과 불가항력조항의 차이

하드쉽조항(hardship clause)은 계약을 이행해야 하는 양 당사자에게 어떤 정치적, 경제적 문제가 발생하여 계약의 이행이 곤란한 경우 계약내용을 변경해 줄 것을 요청할 수 있는 조항이다. 여기에서 하드쉽은 '심각한 이행 장애'를 의미한다.

불가항력조항(force majeure clause)은 실제 불가항력의 사태가 발생하면 계약 당사자는 약정된 계약의 이행으로부터 면책된다는 내용이 규정되어 있는 조항이다.

그러한 의미에서 이 두 가지 조항은 당사자가 예측하지 못한 불가피한 사정으로 계약 이행이 불가능하다는 점에서는 공통점이 있으나, 다음과 같은 차이점도 있다.

첫째, 하드쉽조항은 계약의 이행이 곤란하게 된 경우를 대비하는 조항이다. 이에 반해, 불가항력조항은 당사자의 통제를 넘어서는 불가항력 사태로 당사자의 의무이행이 불가능하게 된 경우 해당 책임을 면하기 위해 설정하는 조항이다.

둘째, 가장 큰 차이점으로 불가항력조항의 경우 불가항력이 발생하면 계약은 소멸되므로 양 당사자는 의무에서 면제되어 이행할 필요가 없게 된다. 그러나 하드쉽조항은 계약이 즉시 소멸되거나 의무 자체가 면책되는 것이 아니라 현 계약을 유지하면서 계약 내용의 변경을 요청할 수 있다.

셋째, Hardship은 계약 내용대로 이행될 경우 불이익을 당하는 당사자는 예상치 못한 손해를 입게 되나 그 상대방에게는 여전히 이행에 의미가 있는 경우를 말한다.

물품의 생산에 필요한 원자재의 가격이 급등 내지 폭락한 경우, 시장 상황이 급변하여 그 물품의 가격이 급락 내지 급등한 경우 등 경제적 사정의 급변은 하드쉽에 해당한다. 그러나 지진이나 전쟁 등 자연적, 인위적 사건은 불가항력에 해당한다.

제 8 장

무역계약서

제1절 국제물품매매계약서

1. 의의와 필요성

1) 의의

무역계약서(trade contract) 또는 좁은 의미에서 국제물품매매계약서는 상이한 영업소를 가진 당사자들에 의해 이루어지는 물품의 매매계약에 필요한 제반 사항들과 당사자들의 의무사항을 합의하여 규정한 문서를 말한다.

2) 필요성

(1) 계약내용의 명확화

매매계약은 본질적으로 불요식계약의 특성을 가지고 있으므로 무역계약서를 문서로 작성하는 것이 계약성립의 필수적인 요건이 되는 것은 아니다.

그러나 무역거래는 계약의 성립에서 대금결제에 이르기까지 상당한 시일이 요구되기 때문에 선적이나 대금결제 등 중요한 계약내용을 보다 명확히 해두기 위해서는 문서로 된 계약서의 작성이 필요하다.

(2) 계약내용에 대한 증거

매매계약의 법적 특성상 문서에 의하지 않더라도 매매계약은 성립된다. 그런데 문서로 계약서를 작성하게 되면 후일 계약내용에 대한 증거로 이를 활용할 수 있다.

즉, 매매계약이 성립된 후에는 양 당사자가 계약내용을 확인하고 서명한 계약서를 작성해야만 계약내용에 대해 당사자 사이에 오해를 피할 수 있을 뿐 아니라 문서화된 계약서는 경우에 따라서는 계약내용의 법적 증거를 확보할 수 있는 수단이 된다.

(3) 오해나 클레임의 예방

매매계약에서 매도인은 물품의 인도보다는 대금회수에 더 관심을 집중하게 되고 매수인은 대금지급보다는 저렴한 가격에 좋은 물품을 원하는 시기에 들여오는 것에 관심이 집중되다 보면 서로 상대방이 원하는 측면을 소홀히 하게 된다.

예들 들어 매도인이 선적날짜나 포장방법 등에 대한 고려를 하지 않으면 매수인은 판매기간이 지난 제품을 수입하게 되거나 물품의 파손 등으로 손실을 입을 수 있고, 반대로 매수인이 신용장을 적기에 발행하지 않거나 대금결제를 고의로 지연시키면 매도인은 자금회수에 문제가 발생할 수 있다.

따라서 계약이행 과정에서 발생될 수 있는 오해나 클레임을 방지하려면 계약서를 작성하여 당사자가 의도한 바를 명확히 설정해 둘 필요가 있다.

(4) 신뢰도 향상과 원만한 무역거래

당사자 간에 계약서를 작성하게 되면 계약내용이 명확해지고 무역클레임이 감소되기 때문에 이를 바탕으로 한 상대방에 대한 신뢰도가 향상된다. 또한 서로의 합의내용을 보다 구체적으로 문서화해 두면 원만한 거래가 이루어질 수 있도록 도와준다.

2. 물품매매계약서 작성 요령

물품매매계약서를 작성할 때에는 효과적이며 적합한 계약서가 되도록 해야 하며 특히 다음 사항들을 유념하여 작성하는 것이 좋다.

첫째, 당사자가 합의된 내용을 가급적 간단하지만 명료하게 표현하는 것이 좋다.

간단하고 명료하게 작성되어야만 누구나 쉽게 이해할 수 있고 오해나 분쟁을 예방할 수 있기 때문이다. 특히 매매계약서에는 전문적인 용어나 표현들이 사용되기 때문에 이러한 것들은 계약의 본질과 내용에 적합하도록 표현되어야 한다.

둘째, 매매계약서에는 반드시 필요한 사항들이 빠져서는 안 된다. 따라서 계약서에는 품질조건이나 가격조건, 선적조건 등 기본 조건 외에도 분쟁해결조항, 클레임 조항, 손해배상조항 등과 같은 권리구제 조항들도 포함되어야 한다.

셋째, 매매계약서에는 당사자들의 책임과 의무가 가급적 상세하게 기재되어야 한다. 왜냐하면 계약의 시작과 끝은 당사자의 책임과 의무에 있기 때문이다.

넷째, 매매계약서를 작성할 때에는 세계 공통어인 영어로 작성되는 경우가 많은데, 이 경우 그 의미의 해석에 문제가 발생할 수 있다. 따라서 매매계약서를 작성할 때는 가급적 무역영어에 능통한 계약전문가의 도움을 받는 것도 필요하다.

3. 매매계약의 문서화 유형

1) 판매확인서나 구매주문서

매매계약에서는 청약이 승낙되거나 주문이 승낙되면 그때부터 계약이 성립되기 때문에 이를 확실히 하기 위하여 판매확인서(Sales Note)나 구매주문서(Purchase Order)를 교부함으로써 계약 내용을 문서로 확인하고 있다.

계약서 중에서 매도인이 작성하여 매수인에게 제시할 때에는 일정한 서식에 따라 인쇄된 판매확인서(Sales Note, Sales Confirmation Note)가 주로 사용되며, 반대로 매수인이 작성하여 매도인에게 제시할 때에는 매입 혹은 구매주문서(Purchase Note, Purchase Contract, Order Sheet 또는 Purchase Order Note)가 주로 사용된다.

이 방식에서는 보통 매도인이 정·부 2통(in duplicate, in original and duplicate)을 작성하여 서명(signature)을 한 후 이들을 매수인에게 송부하면, 매수인은 이를 점검하고 확인한 후 미비점이나 틀린 점이 없을 때에는 계약서 2통에 각각 서명하고 그중에 정본(original)은 자신이 보유하며 부본(duplicate)은 매도인에게 발송·교부함으로써 정식으로 계약을 문서로 성립시킨다.

이 계약서에는 구체적이고 세부적인 계약조건들은 전면에 기재되어 있고, 기본 조건들에 대한 포괄적인 사항들은 이면 약관인 일반거래조건협정서에 기재되어 있다. 이것은 매매계약에서 계약내용을 문서화하는 가장 일반적인 방식이다.

2) 매매계약서

매매계약서(Sales Contract, Contract Sheet)는 당사자 간에 처음으로 매매거래가 성립되거나 복잡한 계약 또는 중장기에 걸쳐 대금이 결제되는 경우에 별도로 매매계약서를 작성하여 당사자가 서명함으로써 매매계약 내용을 문서화하는 방식이다.

이것은 계약규모가 거액이고 계약내용이 복잡한 플랜트수출이나 선박, 철도, 대형기계류와 같은 연불수출입에 주로 사용된다. 왜냐하면 이러한 물품의 매매는 Sales Note나 Purchase Note로는 복잡한 거래조건들을 모두 규정할 수 없기 때문이다.

3) Offer Sheet 또는 Order Sheet

이것은 매도인이 송부한 청약서(Offer Sheet)에 그대로 매수인이 승낙의 서명을 하거나, 또는 매수인이 송부한 주문서(Order Sheet)에 매도인이 그대로 승낙의 서명을 함으로써 매매계약 내용을 문서화하는 방식이다. 이 경우에는 반드시 서류를 정·부 2통으로 작성하여 각각 1통씩 보관해야만 분쟁을 예방할 수 있다.

4. 정형화된 매매계약서 사용 여부

매매계약서는 정형화된 매매계약서를 사용하는 경우와 정형화된 매매계약서를 사용하지 않는 경우로 구분할 수 있다.

1) 정형화된 매매계약서를 사용하는 경우

정형화된 매매계약서는 보통 다음과 같은 두 부분으로 구성되어 있다.

첫째는 전면 혹은 표면약관이다. 이것은 전면에 수기나 타이핑으로 기재한 것으로 일종의 특약약관이다. 여기에는 계약 당사자, 계약체결일, 상품의 명세, 수량, 결제, 포장, 선적, 보험, 검사 조건 등에 관한 사항들이 기재된다.

둘째는 이면약관이다. 이것은 구체적으로 기재된 앞면의 내용에 대한 향후의 거래준칙을 포괄적으로 합의하고 있는 계약서 이면에 첨부된 부분이다. 여기에는 거래의 개괄적인 사항들을 기재하고 있는 일반거래조건협정서가 첨부되는 것이 보통이다.

이면약관이 기재된 조항들도 상대방이 이에 대해 이의를 제기하지 않으면 그대로 계약의 일부가 된다. 따라서 상대방으로부터 이러한 이면약관이 첨부된 매매계약서가 송부되어 올 때는 합의사항들이 정확히 반영되었는지를 면밀히 검토해야 한다.

정형화된 매매계약서가 사용하는 경우, 계약서 해석의 우선순위는 다음과 같다.

첫째, 표면약관이 이면약관보다 우선하고, 특수약관은 일반약관보다 우선한다.

둘째, 조항이 수기(handwriting), 타이핑(typewritten), 인쇄(printed) 문언으로 되어 있는 경우에는 수기 문언>타이핑 문언>인쇄 문언의 순서로 우선 적용한다.

2) 정형화된 매매계약서를 사용하지 않는 경우

대부분의 기업들은 계약을 체결할 때 정형화된 매매계약서 양식을 사용하고 있다. 그러나 회사의 상황이나 거래품목의 성격에 따라서는 정형화된 양식을 사용하지 않는 경우도 있다. 이 경우에는 매매계약을 체결할 때 이면약관에 있는 일반거래조건협정서를 사용하지 않고 제 조건들을 각 항목별로 하나씩 상세하게 협의하여 기재한다. 그러므로 거래에 핵심이 되는 사항을 정밀하게 확인하여 명시해 두는 것이 중요하다.

매매계약에서 정형화된 계약서를 사용하지 않는 경우는 주로 규격품이 아니면서 대량인 화물 즉, 석탄, 가스, 석유, 곡물, 광석, 비료, 시멘트 등 일반화된 정형계약서를 사용하기에 불편한 경우가 많다.

그 이유는 이러한 화물은 매 거래 마다 대량의 화물을 취급하므로 보통 선적과 하역, 명세, 가격, 품질 등을 상세하게 기재하도록 요구하고 있기 때문이다.

5. 영문 매매계약서

계약서의 핵심은 당사자의 권리와 의무를 발생·변경·소멸시키는 것이기 때문에 당사자가 누구이며, 어떠한 법률관계가 형성되어 있으며 그 계약이 어떻게 이행되어야 하는지가 주로 기재되어 있다.

계약서는 그 표제로 구속력이 발생하는 것은 아니므로 표제가 계약서, 각서, 합의서, 협정서 등 어떠한 명칭으로 표시되어 있는지와 관계없고, 합의내용이 무엇인가가 중요하다. 본질적으로 계약서는 계약내용을 명확히 하는 동시에, 나아가 분쟁이 발생하여 소송으로 해결할 수밖에 없게 된 경우에 그 입증 자료로 사용하기 위한 것이다.

이하에서는 영미법에 근거한 전통적인 영문 매매계약서의 내용을 중심으로 살펴본다. 보통 영문 매매계약서는 표제, 전문(前文), 본문, 최종부 순서로 구성되어 있다.

첫째, 표제에는 계약의 제목이나 명칭 등이 기재된다.

둘째, 전문에는 ① 계약체결지 ② 계약의 체결일자 ③ 계약 당사자 ④ 법인 설립의 준거법 ⑤ 주소 ⑥ 당사자의 약칭 등이 기재된다.

셋째, 본문에는 설명과 약인 및 정의조항과 계약 당사자가 현실적으로 합의한 계약내용(품질, 수량, 가격, 결제, 선적 등), 불가항력, 분쟁해결방법 등이 기재된다.

넷째, 최종부에는 말미조항과 서명 및 날인(seal) 등이 기재된다.

1) 표제조항

표제(title, heading)는 'SALES AGREEMENT' 또는 'PLANT SUPPLY CONTRACT' 등 계약내용을 한 눈에 알아보기 쉽도록 표시한 제목을 말한다. 이 표시 자체가 특별한 법적 효과를 갖는 것은 아니므로 많은 경우가 표제의 기재를 생략하기도 한다.

표제는 무슨 계약인지를 알려주는 부분으로 명칭에는 Agreement와 Contract가 많이 사용되고 있다. 그런데 영미법상 'Contract'는 상호 간의 대가관계를 나타내는 약인조항이 있어야만 사용되고 있기 때문에 관례적 또는 실무에서는 'Contract(계약서)' 대신에 'Agreement(합의서)'를 많이 사용하고 있다.

> SALES AGREEMENT
>
> Headings in the Agreement have been inserted for convenience of reference only and are not to be used in construing or interpreting this Agreement.

2) 전문조항

(1) 의의

전문조항(non-operative part clause, preamble)은 계약서 제목 바로 다음에 나오는 부분으로, 계약서의 각 조항을 구성하기에 앞서 그 계약의 목적이나 기본원칙을 선언하는 모두(冒頭) 문언 혹은 서문을 말한다. 전문에는 ① 계약체결지 ② 계약체결 일자 ③ 계약 당사자와 약칭 표현 ④ 법인 설립의 준거법 ⑤ 주소 등이 기재된다.

(2) 기능

전문은 계약서 작성에서 반드시 필요한 것은 아니다. 그러나 이것을 통해 계약을 체결하는 당사자 관련 사항이나 계약체결의 동기를 파악할 수 있고, 제목에 계약의 명칭이 불분명한 경우에는 전체적인 계약의 형태를 확인할 수 있다.

따라서 전문은 계약 당사자의 법적인 지위를 확정하고 계약이 체결된 일자가 명시됨으로써 후일 계약성립을 둘러싼 분쟁이 발생할 경우 계약의 체결 일자와 계약 당사자 등에 관한 해석기준이 된다.

(3) 예문

THIS AGREEMENT made and entered into, in Seoul on the seventh day of May, 2025, by and between SEOUL INTERNATIONAL CORP., a corporation duly organized and existing under the laws of the Republic of Korea and having its principal office at 234, Nam-daemun-ro 1-Ga, Jung-Gu, Seoul, Korea (hereinafter referred to as 'PRINCIPAL'), and Mr. Henry Jones Jr. residing at 06 Broadway, New York 11037, U.S.A. (hereinafter referred to as 'AGENT'.

WITNESSETH

예문 아래에 기재된 WITNESSETH는 고어(古語)로서 This Agreement의 동사가 된다. 보통 THIS AGREEMENT is made seventh (7th) day of August, 2025. by and between …이라는 방식을 취하며 WITNESSETH를 생략하기도 한다.

WITNESSETH는 '본 계약서는 ~의 증가가 된다.'라는 의미이다.

전문조항에서 계약 당사자를 표시할 때 법인의 경우에는 법인의 주된 사무소 소재지와 정확한 법인 명칭을 기재해야 하는데 특히 미국 등 연방국가인 경우에는 어느 주에 속하는지를 함께 기재해야 한다.

3) 설명조항

설명조항(whereas clause, recitals)은 당사자가 계약체결에 이른 경위나 계약체결의 취지나 목적 등이 기재되어 있는 조항을 말한다. 설명조항을 통해 당사자의 계약체결이나 이행에 관한 포괄적인 의도를 파악할 수 있다.

설명조항에 기재된 내용은 특별한 법적 효력을 가지지 않는 것이 원칙이다. 그러나 계약내용이 조항만으로는 불명확한 경우에 설명조항은 계약 당사자의 진의를 파악하는 중요한 참고자료가 된다.

> WHEREAS, Seller is engaged in the manufacture of leather wearing apparel and desires to manufacture the same to Buyer's specifications and to sell the same exclusively to Buyer.

4) 약인조항

약인(約因) 혹은 대가는 청약자와 승낙자가 계약을 체결함에 있어 서로 주고받는 것(give and take)이 존재해야 한다는 것을 말한다.

약인조항(consideration clause)은 'Consideration Clause' 또는 'in consideration of'를 써서 계약에서 한쪽 당사자의 행위나 행위의 약속에 대해 상대방으로부터 제공되는 대가나 행위를 관행적으로 명시하여 기재하고 있는 조항이다.

계약서에 들어 있는 약인조항의 의미는 한쪽 계약 당사자가 합의된 계약을 이행했을 때 다른 당사자가 이에 대응하는 대가를 제공해야 한다는 내용으로, 영미법 국가에서는 유효한 계약의 요건으로 이 약인이 존재할 것을 요구하고 있다.

양 당사자의 이해관계가 첨예하게 대립되는 무역계약에서는 어떤 채무가 아무런 반대급부 없이 호의로 성립되는 경우는 거의 없기 때문에 오늘날 약인조항은 단순히 전통적인 의미만을 가지는 형식적인 조항이 되고 있다.

대가의 존재를 확인하는 약인조항은 보통 설명조항 다음에 기재된다.

> NOW, THEREFORE, In consideration of the performance of B's obligations hereunder, A hereby grants to B's personal license.
>
> 이제, 여기에 규정된 B의 의무이행을 약인으로 하여 A는 B에게 개인적 라이선스를 부여한다.

5) 정의조항

정의조항(definition clause)은 분쟁의 많은 부분들이 계약서상의 애매한 단어, 용어, 개념에서 비롯되기 때문에 당사자 사이에 해석상의 논란이 발생할 가능성이 있는 용어나 개념을 정의하여 계약서에 규정해 놓은 것을 말한다.

정의조항은 보통 매매계약서 본문의 제1조에 기재된다. 해당 계약에서 사용되는 대표적인 용어에 대한 정의를 제1조에 기재하고 있는 것은 제일 앞에 두면 언제든지 쉽게 참조할 수 있기 때문이다.

본 조항을 설정하는 목적은 용어의 뜻을 한정하여 계약내용을 명확히 함과 동시에, 계약조항 중에 반복 사용되는 개념을 표시할 때 반복적으로 기재하는 번잡함을 피하고 읽기 쉬운 계약서가 되도록 하는데 있다.

간단한 계약서에는 정의조항을 넣지 않는 것이 일반적이다. 정의조항은 플랜트수출계약서이나 차관계약(loan agreement), 합작투자계약(joint venture agreement) 등에서 많이 사용되고 있다.

> Unless the context clearly requires otherwise, the following terms in this Agreement shall have the meanings attributed to them below ;
> (1) 'KNOW-HOW' means
> (a) rearrangement of machinery layout
> (b) effective operation of machinery
> (c) technical improvement of training process.
> (2) 'TERRITORY' means the entire territory of Vietnam.

6) 계약의 주된 내용에 관한 조항

계약의 주된 내용에 관한 조항은 매매계약서의 가장 중요한 부분으로, 매매당사자가 계약을 체결함으로써 상호 어떠한 권리를 취득하고 의무를 부담하는가를 상세하게 기재하고 있는 조항을 말한다.

여기에는 ① 품질 ② 수량 ③ 가격 ④ 선적 ⑤ 결제 ⑥ 보험조건 등 주된 계약내용들과 매매계약 당사자의 권리와 의무에 관한 사항들이 기재된다.

이 조항을 설정할 때에는 당사자가 의도한 사항들이 명확히 반영되어 있는지, 당사자가 의도하는 것을 계약서상에 법률적으로 정확히 표현하고 있는지, 계약서의 내용 중 법령에 위반하여 무효로 될 소지 등은 없는지를 면밀히 검토해야 한다.

7) 계약기간조항

(1) 의의

계약기간(contracted period clause, duration)은 해당 계약이 유효하게 존속하게 되는 기간(duration)을 말한다. 즉, 계약의 효력이 발생하는 시점부터 그 효력이 소멸되는 종료 시점까지가 계약기간이다.

일반적으로 물품매매계약의 경우 계약의 효력이 발생하는 시점은 매매계약서를 작성하여 양 당사자가 이에 서명하는 날, 또는 그 날이 명확하지 않는 경우에는 전문 중에 기재되어 있는 계약서의 작성 날짜가 된다. 그러나 합작투자계약과 같이, 행정기관의 허가를 요하는 경우는 보통 그 허가를 얻은 날짜나 별도로 합의된 날짜로부터 계약의 효력이 발생한다.

(2) 갱신

계약의 갱신은 계약기간이 종료되었음도 불구하고 계약을 그대로 존속시키는 것을 말한다. 계약기간을 갱신하는 방법에는 당사자 협의에 의한 갱신과 자동 갱신의 방법이 있다. 전자는 그때그때 당사자가 협의하여 갱신 여부와 갱신기간 등을 결정하는 방법으로 실무에서 주로 사용되고 있는 방법이다.

후자는 계약기간이 종료되었으나 일방이 상대방에 대해 일정기간까지 계약 종료의 의사표시를 통지하지 않는 한, 당사자가 계약을 계속 유지하려는 의사를 가진 것으로 보아 별도의 의사표시나 절차 없이 자동적으로 계약이 갱신되도록 하는 방법이다.

> The term of this Agreement shall be three (3) years from the effective date of this Agreement and shall be automatically extended for further three (3) years provided that PRINCIPAL shall give, at least three months prior to termination, a written notice to AGENT.

> This Agreement comes into force on the date on which it is formally approved by the Vietnamese Government and continues for five years. On the expiry of the period, S Company may continue this Agreement for further five years by twelve (12) months' prior written notice to B Company.
>
> 이 계약은 베트남 정부의 정식 승인이 있는 날 발효하여 그로부터 5년간 효력이 있다. S사는 만료 12개월 전까지 B사에 서면으로 통지함으로써 계약기간을 5년 동안 더 연장할 수 있다.

8) 계약종료조항

계약종료조항은 계약이 종료되는 시점이나 사유 등을 규정하고 있는 조항을 말한다. 계약기간은 보통 약정기간이 종료되는 날짜에 그 효력을 잃게 된다.

계약의 종료(termination)는 계약기간이 원만히 종료되는 것을 의미하므로 '계약의 만기일'이라고도 부른다. 계약의 종료일은 어떤 특수한 사정으로 계약기간의 중도에 계약이 종료되는 경우의 종기를 말하는 '계약해약의 종료일'과는 구별되는 개념이다.

매매계약은 일반적으로 ① 계약의 기간만료 ② 해제조건(법률행위의 효력을 소멸하는 조건)의 성취 ③ 약정해제권의 행사 ④ 법정해제권의 행사에 의해 종료된다.

계약의 기간만료나 법정 해제권의 행사에 의한 계약의 종료는 당연한 것이므로 특별히 기재할 필요가 없으나, 해제조건의 성취와 약정해제권의 발생 원인은 계약종료 조항에 그 내용들을 구체적으로 명시해야 한다.

해제조건의 성취와 약정해제권의 발생 원인은 '~한 경우에는 계약을 해제할 수 있다.'와 같이, 당사자 합의로 정할 수 있으므로 장래 발생 가능성이 있는 사태를 고려하여 계약을 종료할 필요가 있는 사유들을 빠짐없이 기재해야 한다.

In the event of a breach of this Agreement not cured within ten (10) days from the receipt of notification when the breach consists of a failure to pay a sum due under this Agreement, or in the event of a different material breach of this Agreement not cured within thirty (30) days from the date of notification of such breach, this Agreement may be terminated by the aggrieved party.

Either party may terminate this Agreement immediately and without incurring thereby any liability to the other, by merely serving a notice of termination on the other in any of the following events;

(a) if the other party is declared in Court or notoriously becomes insolvent or bankrupt ;

(b) if a Receiver is appointed to take possession of the business or assets of the other party and his appointment is not revoked within fifteen (15) days ;

(c) if the other party closes or discontinues business operations relating to the Products for any reason, even beyond its control for more than ninety (90) days.

Termination of this agreement is without prejudice to any claim for any antecedent breach and to the right of the aggrieved party to recover damage, loss, compensation and all sums payable hereunder,

9) 계약양도조항

(1) 의의

계약양도조항(assignment clause)은 계약상의 권리나 의무를 당사자의 의사나 법률의 규정에 따라 일정한 조건하에 제3자에게 전부나 일부를 양도할 수 있도록 규정하고 있는 조항을 말한다.

보통 계약양도에 대한 별다른 규정을 두지 않은 경우에는 계약양도가 가능한 것으로 해석되므로 계약양도를 금지하려면 그 뜻을 계약에 분명히 명기해야 한다.

또한 계약양도에 대하여 조건을 붙이거나 일정한 절차를 요구할 경우에는 그 조건이나 구체적 절차들을 계약에 상세하게 규정해야 한다.

(2) 중요성과 내용

기술이나 노하우의 제공을 목적으로 하는 계약의 경우에는 당사자의 신뢰를 바탕으로 이루어지는 것이 일반적이고 다른 제3자가 동일한 자격(기술이나 노하우 등)이 있다고 보기 어렵기 때문에 매매계약서에 양도조항을 설정하는 것이 매우 중요하다.

양도조항의 주된 내용은 채권과 권리의 양도, 채무와 의무의 양도 그리고 영업의 일부나 전부의 양도 등이다.

(3) 예문

(a) None of the parties of this Agreement may directly or indirectly sell, assign or otherwise dispose of this Agreement to any third party unless it is assigned by the operation of law.

(b) This Agreement and any rights or obligations arising hereunder may not be assigned by either party without obtaining the prior written consent of the other party.

This agreement and each and every covenant, term and condition hereof shall be binding upon and effective to the benefit of the parties hereto and their respective successors and permitted assigns, but neither this agreement nor any right or obligations hereunder shall, without prior written consent of the other party, be assignable directly or indirectly, voluntarily or by operation of law by either party.

이 계약과 이와 관련한 모든 약정 및 조건은 관계당사자와 그 승계인 및 양수인을 구속하고 그들의 이익을 위해 효력이 있다. 다만, 상대방의 사전 서면동의 없이는 이 계약이나 이에 따른 어떠한 권리 또는 의무도 임의로 또는 법률의 정함에 의거하여 직·간접으로 양도할 수 없다.

10) 통지조항

통지조항(notice clause)은 계약 당사자 사이에 주고받을 통신의 장소, 방법, 효력발생시기 등을 규정하고 있는 조항을 말한다. 매매계약서에 이 조항이 필요한 이유는 매매계약에는 동의, 보고, 요구 등이 당사자 의무나 효력발생의 전제조건으로 되어 있는 경우가 많고 당사자 사이에도 상호 연락할 필요가 있기 때문이다.

통지조항에는 ① 통지장소 ② 통지방법 ③ 통지의 효력발생시기 등이 기재된다.

첫째, 통지장소는 당사자의 본사 주소가 기재되는 것이 일반적이지만, 지점이나 출장소를 그 장소로 정할 수도 있고 주소 이외의 사서함도 기재할 수 있다.

둘째, 통지방법은 항공우편(air mail)이나 등기우편(registered mail) 등과 함께 Fax, Cable, 전화, 이메일 등에 의한 통지가 일반적으로 이루어지고 있다. 전화로 통지하는 경우에는 추후에 서면통지에 의한 확인을 추가할 필요가 있다.

셋째, 통지의 효력발생시기는 도달주의를 취하는 것이 원칙이다. 그러나 우편과 같은 격지자 간의 통신수단의 경우 영미법계는 발신주의를 취하고 있다.

Any notice, request, consent, offer or demand required or permitted to be given in this Agreement, must be in writing and must be sufficiently given if delivered in person or sent by registered airmail or by cable confirmed by registered airmailed letter addressed as follow :

To the Exporter : (address)	To the Importer : (address)
Fax :__________	Fax :__________
Cable :__________	Cable :__________

Notice must be deemed to have been given on the date of mailing except the notice of change of address which must be deemed to have been given when received.

이 계약과 관련한 모든 통지, 요청, 동의, 제안 및 요구 등은 서면으로 하며, 직접 인편으로 전달하거나 혹은 등기 항공우편이나 이에 의해 확인된 텔렉스 또는 전문으로 다음 주소로 해야 한다.

수출자의 주소 :__________	수입자의 주소 :__________
팩스번호 :__________	팩스번호 :__________
전 문 :__________	전 문 :__________

통지는 발신일에 통지한 것으로 간주한다. 다만, 주소 변경의 통지는 도달일에 통지한 것으로 간주한다.

11) 손해배상조항

손해배상조항(indemnification clause)은 상대방이 계약을 위반하거나 불이행한 경우 이에 대한 손해를 배상하도록 규정하고 있는 조항을 말한다.

일반적으로 계약서에 많이 사용되는 손해배상조항의 문구는 '본 계약을 위반하는 경우, 위반 당사자는 일체의 손해를 배상한다.' 또는 '을이 비밀유지 의무를 위반하였을 경우, 을은 갑에게 1천만 원을 배상해야 한다.'는 것 등이다.

어떠한 계약에서는 계약 불이행에 따른 직접적인 피해뿐 아니라 그 불이행에 따른 기대이익의 상실 등 간접적인 피해까지 배상하도록 규정하고 있는 경우도 있다.

각국의 손해배상법에서는 손해배상을 청구하는 쪽이 손해 발생과 손해의 액수를 증명하도록 하고 있기 때문에 손해배상조항은 회사별로 맞춤 규정을 별도로 설정하는 것이 필요하다.

> In the event either party breaches an obligation under this Agreement or toward a third party, or delays or interferes with the other party in the performance of this Agreement, it shall be liable to the other party, but neither party shall be liable to the other party for any consequential damages or incidental damages, such as loss of profit.
>
> Each party shall pay all reasonable expenses, including the costs of litigation and attorneys' fees, reasonable incurred by the other party in enforcing this Agreement. In the event a third party commences any proceeding for which a party hereto intends to claim indemnification against the other party, such party shall promptly notify thereof the other party and allow equitable participation in all stages of the proceeding and settlement there of. Failure to promptly notify thereof or allow equitable participation by the other party shall reduce the right of indemnification to he extent of actual resultant prejudice.

12) 준거법조항

준거법(governing law clause)은 계약 당사자가 계약의 성립, 이행 및 종료의 해석에 관하여 어느 국가의 법률에 따를 것인가를 규정하고 있는 조항을 말한다.

> The validity, construction and performance of this agreement shall be governed by and interpreted in accordance with the laws of the State of New York, the United States of America.

13) 말미조항

매매계약서의 최종부(最終部)는 말미조항(testimony clause)과 함께 언제, 누가, 어떠한 자격으로 계약서에 서명했다는 것을 표시하기 위하여 당사자 본인이나 그 대리인이 서명하는 것과 날인하는 것으로 구성되어 있다.

우선 말미조항은 계약의 본문에 관한 기술이 끝난 다음 계약 성립을 확인한다는 내용이 기재되어 있는 조항을 말하며, 말미문언(terminal wordings)이라고도 한다.

주로 본 매매계약서의 유효한 체결을 증명하기 위하여 양 당사자가 정히 서명 또는 날인하였다는 내용이 들어 있다.

따라서 이 조항은 계약서의 형식을 갖추었다는 점뿐만 아니라 계약서의 실질적 효력 범위를 확정한다는 차원에서도 매우 중요한 의미가 있다.

계약서의 본문 작성이 끝나면 다음과 같은 말미조항을 기재하고, 날인증서(sealed deed)에 의한 계약서의 경우에는 당사자가 날인(seal)을 함으로써 날인증서 없는 계약서일 경우에는 당사자의 서명만으로 계약서는 완성된다.

(1) 날인증서가 있는 계약서의 말미조항

IN WITNESS WHEREOF, the parties have executed THIS AGREEMENT by causing their corporate seals to be hereunto affixed and duly attested and these presents to be signed by their duly authorized representatives, this ____day of _____ 20____.

(2) 날인증서 없는 계약서의 말미조항

IN WITNESS WHEREOF, the parties have executed THIS AGREEMENT in duplicate by their duly authorized representatives as of the date first above written.

IN WITNESS WHEREOF, the parties hereto have caused THIS AGREEMENT to be executed by their respective duly authorized representative as of the day and year first above written.

이에 증거로서 양 당사자는 서두에 언급된 날짜에 각자 정당한 권한을 부여한 대리인으로 하여금 이 계약을 체결하도록 하였다.

14) 서명조항

서명조항(signature clause)은 문서나 계약서의 제일 하단에 서명(sign)하는 것을 말한다. 서명은 계약서나 문서의 대한 책임 소재를 나타내는 동시에 이 계약서나 문서의 법적인 효력을 발생시키는 중요한 요건이 된다.

(1) 계약 당사자가 개인인 경우

이 경우에는 계약 당사자 자신(principal, 본인)이 자기의 성명이나 Initial을 기재한다. 자신이 본인인 경우에는 By _______ 다음에 서명을 기재하면 된다.

실무 사례에서는 Name은 계약서에 사전에 인쇄되어 있는 경우가 많고 Title도 인쇄되어 있는 경우가 많이 있다.

(2) 대리인이 계약 당사자를 대신하여 서명하는 경우

Signed for and on behalf of ××× (본인)
by ××× (대리인)

his duly authorized attorney in the presence of :
××× (증인)

증인을 세우지 않을 때는 아래의 문장에서 'in the presence of : ××× (증인)'을 삭제하면 된다.

(3) 계약 당사자가 법인인 경우

법인이 체결한 계약이 유효하게 성립하려면 그 계약을 체결한 법인이 계약능력을 가지고 있을 뿐 아니라 법인을 대표하는 권한이 있는 자가 서명해야 한다.

예시 1)	예시 2)
Signed for and on behalf of X co., Ltd. by ××× (서 명) its duly authorized attorney in the presence of : ××× (증인의 서명)	A & B Co., Ltd. ××× President Attest : ×××

15) 날인조항

날인(seal)은 서류에 도장을 찍는 것을 말한다. 행위자가 서면에 자신의 이름을 기재하고 도장을 찍는 것을 기명날인이라고 한다.

(1) 개인인 경우

개인의 경우 미국에서는 보통 서명 뒤에 'Seal' 혹은 'L.S'(Locus Sigilli = Place of the seal)라고 기입한다.

> Signed Sealed and Delivered for and on behalf of ×××.
>
> by (Sign) L.S.
>
> ×××
>
> his duly authorized attorney in the presence of
>
> (Sign)
>
> ×××

(2) 법인의 경우

법인의 경우는 사인(common seal)을 압인하고 이사 1명과 비서(secretary)로 하여금 그 면전에서 압인하였음을 보증하고 서명한다.

아래 예문은 X사의 사인을 이사인 John Clark과 비서인 Richard Mill 앞에서 날인하였다는 의미이다.

> The common seal of X Co., Ltd.
> was hereunto affixed in the presence of :
>
> (Sign)
>
> *John Clark*
>
> Director
>
> (common sign)
>
> *Richard Mill*
>
> Secretary

❙ 서식 8-1 ❙ 국제물품매매계약서 전면 (신용장결제)

INTERNATIONAL SEOUL TRADING CO., LTD.
Number 15 DongBang Bldg 310 Teheran-ro, Kangnam-ku,
Seoul Korea, 06211

Sales Contract No.700

MESSRS. GLOBAL ENTERPRISING CO., INC.
NY 10001, USA

DATE : June 20, 2025

We as Seller confirm having sold you as Buyer the following goods on the terms and conditions as stated below and on the back hereof.

DESCRIPTION	QUANTITY	UNIT PRICE	AMOUNT	REMARKS
		CIF New York		
100% Cotton Shirts for Men, Style No.10	500 Dozen	@US$120.00	US$60,000.	

ORIGIN : Republic of Korea(ROK)
SHIPMENT : Within 3 months after receipt of your L/C
SHIPPING PORT : Busan Port, Korea
DESTINATION PORT : New York Port, U.S.A
PARTIAL SHIPMENT : Not allowed
TRANSHIPMENT : Not allowed
INSURANCE : Seller to cover on ICC(B) including War, SRCC and TPND Risks for the CIF price plus 10%
PAYMENT : Under an irrevocable L/C at Sight to be opened in favor of Kangnam Trading Co., Ltd., Seoul, Korea.
PACKING : 1 (one) dozen each to be packed in a carton box and 100 dozen in a wooden case
SHIPPING MARKS : 〈ISTC〉
New York
NO. 1－UP
USE NO HOOKS
MADE IN KOREA
INSPECTION : Seller's inspection to be final.
COVERING : 500 Dozen of 100% Cotton Shirts for Men, Style No.10 US$120.00 per Dozen CIF New York, INCOTERMS 2020 as per Purchase Note No.123.

DOCUMENTS REQUIRED :
1) Signed Commercial Invoice and Packing List in triplicate.
2) Full set of clean on board ocean Bills of Lading made out to order of shipper, blank endorsed, marked "Freight Prepaid" and Notify accountee.
3) Insurance Policy or Certificate for full invoice value plus 10%, with claims payable in New York in the same currency as the draft, covering Institute Cargo Clauses(B) including War, SRCC and TPND Risks.
4) Certificate of Origin in duplicate.
5) Beneficiary's drafts at sight for 100 of invoice cost drawn on issuing bank of L/C.

PLEASE SIGN AND RETURN THE DUPLICATE

Global Enterprising Co., Inc.
John T. Bolen
John T. Bolen
President

INTERNATIONAL SEOUL TRADING CO., LTD.
E. J. Han
E. J. Han
Vice, President

| 서식 8-2 | 국제물품매매계약서 전면 (D/P Contract)

SALES CONTRACT

(D/P CONTRACT)

CONTRACT NO. : KA02-34

BUTER : GLOBAL ENTERPRISING CO., INC.
25 W 31s St, New York, NY
10001, U.S.A

DATE : JULY, 1 2025

SELLER : INTERNATIONAL SEOUL TRADING CO., LTD.
Number 15 DongBang Bldg 310 Teheran-ro,
Kangnam-ku, Seoul Korea, 06211

WE AS SELLER CONFIRM HAVING SOLD YOU AS BUYER THE FOLLOWING GOODS ON THE TERMS AND CONDITIONS AS STATED BELOW AND ON THE BACK HEREOF.

MODEL NO.	DESCRIPTION	QUANTITY	UNIT/PRICE	AMOUNT
			CIF New York	
	100% Cotton Shirts for Men, Style No.10	500 Dozen	@US$120.00	US$60,000.

ORIGIN : Republic of Korea(ROK)
SHIPMENT : Within 3 months after conclusion of the contract
SHIPPING PORT : Busan Port, Korea
DESTINATION PORT : New York Port, U.S.A
PARTIAL SHIPMENT : Not allowed
TRANSHIPMENT : Not allowed
INSURANCE : Seller to cover on ICC(B) including War, SRCC and TPND Risks for the CIF price plus 10%
PAYMENT : D/P at sight
PACKING : 1 (one) dozen each to be packed in a carton box and 100 dozen in a wooden case
SHIPPING MARKS : 〈ISTC〉
New York
NO. 1−UP
USE NO HOOKS
MADE IN KOREA
INSPECTION : Seller's inspection to be final.
COVERING : 500 Dozen of 100% Cotton Shirts for Men, Style No.10 US$120.00 per Dozen CIF New York as per Purchase Note No.123.

DOCUMENTS REQUIRED :
1) Signed Commercial Invoice and Packing List in triplicate.
2) Full set of clean on board ocean Bills of Lading made out to order of shipper, blank endorsed, marked "Freight Prepaid" and Notify accountee.
3) Insurance Policy or Certificate for full invoice value plus 10%, with claims payable in New York in the same currency as the draft, covering Institute Cargo Clauses(B) including War, SRCC and TPND Risks.
4) Certificate of Origin in duplicate.

COLLECTING BANK : New York Commercial Bank, New York.

GLOBAL ENTERPRISING CO., INC.
John T. Bolen
President

INTERNATIONAL SEOUL TRADING CO., LTD.
E. J. Han
Vice, President

▎서식 8-3▎ 국제물품매매계약서 전면 (D/A Contract)

D/A CONTRACT

CONTRACT NO. : SA02006
DATE : JULY, 1, 2025

BUTER : GLOBAL ENTERPRISING CO., INC.
25 W 31s St, New York, NY
10001, U.S.A

SELLER : INTERNATIONAL SEOUL TRADING CO., LTD.
Number 15 DongBang Bldg 310 Teheran-ro,
Kangnam-ku, Seoul Korea, 06211

WE AS SELLER CONFIRM HAVING SOLD YOU AS BUYER THE FOLLOWING GOODS ON THE TERMS AND CONDITIONS AS STATED BELOW AND ON THE BACK HEREOF.

MODEL NO.	DESCRIPTION	QUANTITY	UNIT/PRICE	AMOUNT
	100% Cotton Shirts for Men, Style No.10	500 Dozen	CIF New York @US$120.00	US$60,000.

ORIGIN	: Republic of Korea(ROK)
SHIPMENT	: Within 3 months after conclusion of the contract
SHIPPING PORT	: Busan Port, Korea
DESTINATION PORT	: New York Port, U.S.A
PARTIAL SHIPMENT	: Not allowed
TRANSHIPMENT	: Not allowed
INSURANCE	: Seller to cover on ICC(B) including War, SRCC and TPND Risks for the CIF price plus 10%
PAYMENT	: at 180 days from B/L date in The New York Commercial Bank under D/A Basis
PACKING	: 1 (one) dozen each to be packed in a carton box and 100 dozen in a wooden case
SHIPPING MARKS	: 〈ISTC〉 New York NO. 1－UP USE NO HOOKS MADE IN KOREA
COVERING	: 500 Dozen of 100% Cotton Shirts for Men, Style No.10 US$120.00 per Dozen CIF New York as per Purchase Note No.123.

DOCUMENTS REQUIRED :

1) Signed Commercial Invoice and Packing List in triplicate.
2) Full set of clean on board ocean Bills of Lading made out to order of shipper, blank endorsed, marked "Freight Prepaid" and Notify accountee.
3) Insurance Policy or Certificate for full invoice value plus 10%, with claims payable in New York, covering ICC (B) including War, SRCC and TPND Risks.
4) Certificate of Origin in duplicate.
5) Relevant draft to be drawn on buyer at 180 days from B/L date for 110% of invoice value.

GLOBAL ENTERPRISING CO., INC.	INTERNATIONAL SEOUL TRADING CO., LTD.
John T. Bolen	E. J. Han
President	Vice, President

❙ 서식 8-4 ❙ 국제물품매매계약서 (전면)

ABC CO., LTD.

Address

Tel :
Fax :
E-mail :

SALES CONTRACT

ABC CO., LTD., as seller, hereby confirms having concluded the sales contract with you(your company), as Buyer, to sell following goods on the date and on the terms and conditions herein-after set forth. The Buyer is hereby requested to sign and return the original attached.

<table>
<tr><td>MESSRS</td><td colspan="2">CONTRACT DATE</td><td colspan="2">CONTRACT NO.</td></tr>
<tr><td></td><td colspan="2"></td><td colspan="2"></td></tr>
<tr><td>COMMODITY DESCRIPTION</td><td>QUANTITY</td><td colspan="2">UNIT PRICE</td><td>AMOUNT</td></tr>
<tr><td></td><td></td><td colspan="2"></td><td></td></tr>
</table>

Time of Shipment :
Port of Shipment :
Port of Destination :
Payment :
Insurance :
Packing :
Special Terms & Conditions :
Subject to the Sales Agreement or General Terms and Conditions set forth on back hereof :

Accepted by (Buyer)	ABC CO., LTD. (Seller)
(Signature)	(Signature)
(Name & Title)	(Name & Title)
Date	Date

▌서식 8-5▐ 국제물품매매계약서 (이면, 원문)

SALES AGREEMENT

This Agreement("Agreement")is made this [1st] day of [March, 2025.] by and between [ABC Corp.], with its registered office at [111, West 31st Street, New York, N.Y., U.S.A] ("Buyer") and [NAM SEOUL Co., Ltd.], with its registered office at [234, Samsung-dong, Kangnam-ku, Seoul, Korea] ("Seller") :

WITNESSETH

WHEREAS, the Buyer desires to purchase from the Seller and the seller desires to sell to the Buyer [five million sets of TV] during a period of [5] years.
Now, THEREFORE, in consideration of the Premises and covenants herein contained, the parties hereto agree as follows :

Article 1. Sale of Goods

1.1 The Buyer shall purchase from the Seller and the Seller shall sell to the Buyer newly manufactured [TV Set] ("Goods") subject to the terms and conditions herein provided.

Article 2. Quantity, Specification and Quality

2.1 For [5] years commencing [March 1, 2025], the Buyer shall purchase from the Seller and the Seller shall sell to the Buyer [one million (1,000,000) pieces] of the Goods per year to make the total quantities of the sale of the Goods [five million (5,000,000) pieces] during [March 1, 2025] to [February 28, 2030].

2.2 The specification of the Goods shall be prescribed and specified in Specification attached hereto as Exhibit (I).

Article 3. Price

3.1 The agreed unit Price of each Goods("Price")is [Twenty thousand United States Dollars (US$ 2,000)] on [CIF New York] basis.

3.2 The Price is fixed and effective up to shipments per formed on or before [the end of September, [2025] and thereafter the Price shall be readjusted every [6] months according to Seller's request.

Article 4. Payment

4.1 Except otherwise agreed by the parties, all the payment for the Goods shall be made in United States Dollars by an irrevocable letter of credit in favor of the Seller, [confirmed by first class International bank designated by the Seller].

The letter of credit shall be established by the Buyer at least [two months] prior to each scheduled shipment date to be stipulated in Exhibit (Ⅱ) and to be negotiable at sight against draft and to be valid for no less than [thirty (30) days] after the latest date allowed for the shipment. The Buyer shall bear all banking expenses associated with the establishing of the letter of credit. Partial shipment, transshipment and partial negotiations of Letter of Credit shall be permitted and the letter of credit shall be worded accordingly.

4.2 Delay by the Buyer in establishing the letter of credit shall extend the time for performance of this Agreement by the Seller to such extent as may be necessary to enable it to make delivery in the exercise of reasonable diligence after such letter of credit has been established. Should opening the letter of credit be delayed for causes for which the Buyer is liable, Buyer shall pay the Seller amount equal to [two-tenth of one percent(0.2%)] of the amount of relevant letter of credit per each full week as liquidated damages in net cash or sight draft within [three days] from receipt of relevant bill from the Seller.

However, the total amount of liquidated damages shall not be more than [one percent (1%)] of the amount of relevant letter of credit. Should opening of letter of credit be delayed by more than [five (5) full weeks], the Seller may terminate the Agreement without prejudice to the Seller's rights under the Agreement, including claim of said liquidated damages.

Article 5. Shipment of the Goods

5.1 The Goods shall be delivered by the Seller to the Buyer at [any Korean port] in accordance with the Shipment Schedule attached hereto as Exhibit (Ⅱ) ("Shipment Schedule").

5.2 The Seller shall arrange the suitable vessel of any flag, subject to freight being available, to transport the Goods to the destination, [New York, U.S.A] or other seaport designated by the Buyer on relevant letter of credit provided that CIF price is not increased.

The Seller shall notify by telex or facsimile, the Buyer of necessary information at least [7] days before each shipment so that the Buyer may make arrangement for receipt and inland transportation, if necessary, of the Goods.

Article 6. Late Delivery

6.1 In the event that the Seller delays shipment of the Goods in accordance with the shipment Schedule for reasons solely attributable to the Seller, the Buyer shall grant the Seller [seven days] grace, without liquidated damage on each specified delivery.

After that [seven days] grace, the Buyer have the right to claim [one percent (1%)] of the contract price of the Goods of which shipment shall have been delayed, per each full week from [seven days] after the scheduled delivery date until actual shipping date thereof.

The total amount of the liquidated damage under the Agreement shall be limited to [six percent (6%)] of the contract price of the Goods delayed.

6.2 If the aforesaid delay of delivery exceeds [six (6) full weeks], the Buyer have the right to cancel the Agreement, without prejudice to Buyer's right under the Agreement, including claim of said liquidated damages.

6.3 In the event of Force Majeure, liquidated damage for late delivery shall not be applied.

Article 7. Packing and Marking

7.1 The Goods shall be packed and marked in the manner customary for exporting. In case special instructions are necessary, Buyer shall furnish Seller with such instructions in time for preparation or shipment of the goods.

Article 8. Insurance

8.1 Seller shall effect marine insurance on all shipments on [ICC (B)] for 110% of the invoice amount.

Article 9. Warranty

9.1 Each goods supplied by the Seller is hereby expressly warranted to be free from defect in material and workmanship under normal use and service.

9.2 This Warranty shall be limited to a period of [12 months] after delivery thereof to the Buyer under storage in a roofed warehouse.

9.3 The above warranty shall not apply to the Goods, which is used for a purpose for which it was not designed or which has been subject to normal wear and tear, damage caused by accident, misuse, abuse, damage occurring during shipment.

9.4 The Seller's liability under this warranty shall be IN LIEU OF ALL OTHER LIABILITIES OF THE SELLER for defect in material or workmanship of the Goods or ANY OTHER WARRANTIES, EXPRESS OR IMPLIED, statutory or at common law WHICH THE BUYER HEREBY WAIVES. In no event shall the seller be liable for consequential or indirect damages regarding the Goods.

Article 10. Claim

10.1 Any claim by the Buyer of whatever nature arising under this contract shall be made by cable within [thirty (30) days] after arrival of the goods at the destination specified in the Bills of Lading.

Full particulars of such claim shall be made in writing, and forwarded by registered mail to Seller within [fifteen [15] days] after cabling.

The Buyer must submit with particulars sworn surveyor's reports when the quality or quantity of the goods delivered is in dispute.

Article 11. Force Majeure

11.1 Except for the payments due for the Goods delivered by the Seller, any party("Affected Party") hereto shall not be responsible to the other party("Non-Affected Party") for nonperformance [either in whole or in part] or delay in performance of the terms and conditions of the Agreement, due to war, war-like operation, acts of God, riot, strikes, sabotage or other labor disturbances in the plant ; lockout of the manufacturing plant; epidemics, floods, earthquakes, typhoon, embargoes, laws and regulations of the Buyer's country or seller's country ; or any other causes beyond the control of the parties.

In case of any such event the terms of this Agreement relating to time and performance shall be suspended during the continuance of the event.

11.2 Within [five (5) days] from the date of commencement of the event, the Affected Party shall advise the Non-Affected Party by telex, facsimile or cable of the date when such delay in performance commenced, and the reasons therefor as enumerated in this Agreement; likewise, within [five (5) days] after the delays ends, the Affected Party shall advise Non-Affected Party by telex, cable or facsimile of the date when such delay ended, and shall also specify the redetermined time by which the performance of the obligation hereunder is to be completed.

Article 12. Breach, Indemnity

12.1 In the event either party breaches an obligation under this Agreement or toward a third party, delays or interferes with the other party in the performance of this Agreement, it shall be liable to the other party for any reasonable direct damages thereby sustained by the other party.

In the event a third party commences any proceeding for which a party hereto intends to claim indemnity, such party shall promptly notify the other party and allow suitable participation in all stages of the proceeding and settlement thereof.

Failure to promptly notify or allow suitable participation by the other party shall reduce the right of indemnity by the extent of actual resultant prejudice.

12.2 It is specifically understood and agreed by both parties that the Buyer shall be solely responsible for the observance of any restriction against importation of the Goods imposed by any [federal or local authority] and shall defend and save harmless the Seller from any liabilities and obligations under the restriction or any claims arising out of the infringement of the restriction.

Article 13. Taxes/Duties, Contingent Charges

13.1 Any duties, tariffs for import and export or other taxes or charges which are now assessed or imposed or which may hereafter be assessed or imposed by [U.S.A] Government or other competent authorities other than [Korea] in connection with the Goods and/or transactions thereof shall be borne and paid by the Buyer.

13.2 Increase in freight, insurance premiums and/or surcharge, due to war, threat of war, warlike conditions, port congestion or other emergency or contingency unforeseen or not existent at the time of concluding the Agreement, shall be for the Buyer's account.

Article 14. After sales Service

14.1 The Seller may, upon request of the Buyer and consent of the Seller, dispatch some experienced technicians to some places in [U.S.A] for the purpose of rendering effective after-service in connection with the Goods.

Article 15. Infringement

15.1 The Buyer shall be liable for and hold the Seller harmless from and against all losses and damages incurred and suits and claims brought by third party due to possible infringement of trademark, patent, copyright or other proprietary rights of the third party in connection with the Seller's manufacture and sale of the Goods according to the Specification attached hereto as Exhibit(I).

Article 16. Termination

16.1 The Agreement may be terminated upon occurrence of any of the following event :

i) Agreement in writing of the parties ;

ii) By the non-defaulting party, upon default by the other party in the performance of any of its obligations under the Agreement, if not remedied within [30 days] after receipt of written notice from the non-defaulting party ;

iii) By the other party, upon either party's (a) making an assignment for the benefit of creditors, being adjudged bankrupt, or becoming insolvent ;

(b) having a reasonable petition filed seeking its dissolution or liquidation not stayed or dismissed within [sixty (60) days] ; or

(c) ceasing to do business for any reason ;

iv) By the Seller, if the Buyer fails to open relevant letter of credit by more than [five (5) full weeks] as stipulated in Article 4.2 hereof ;

v) By either party, if a force majeure condition under Article 11 hereof makes it unreasonable to proceed with the Agreement in the foreseeable future.

16.2 Upon termination of the Agreement, neither party shall be discharged from any antecedent obligations or liabilities to the other party under the Agreement unless otherwise agreed in writing by the parties.

16.3 Nothing in the Agreement shall prevent either party from enforcing the provisions thereof by such remedies as may be available in lieu of termination.

Article 17. Arbitration

17.1 All disputes, controversies, or differences which may arise between the parties, out of or in relation to or in connection with this contract or for the breach thereof, shall be finally settled by arbitration in Seoul, Korea accordance with the Commercial Arbitration Rules of The Korean Commercial Arbitration Board. The award rendered by the arbitrator(s) shall be final and binding upon both parties concerned.

Article 18. Trade Terms and Governing Law

18.1 The Trade Terms under this agreement shall be governed and interpreted under the provisions of Incoterms 2020.

18.2 This Agreement shall be governed by and construed in all respects under and by the laws of Korea.

18.3 In the event of conflict between the laws of Korea and Incoterms 2020, Incoterms 2020 shall prevail and govern.

Article 19. Assignment

19.1 Either party shall not assign this Agreement to any other person without the other party's prior consent in writing. In the event of assignment with the written consent of the other, the one shall not be relieved from its obligations under this Agreement and shall be held responsible for its performance.

Article 20. Non-Waiver

20.1 No claim right of either party under this Agreement shall be deemed to be waived or renounced in whole or in part unless the waiver or renunciation of such claim or right is acknowledged and confirmed in writing by such party.

Article 21. Notice

21.1 Unless otherwise agreed by the parties, all notices, invoices and communications under this Agreement shall be sent to the parties at their addresses set forth in initial paragraph of the Agreement. All notices shall be sent by registered airmail and where circumstances require, notices may be sent by cable or facsimile which shall be confirmed by registered air mail.

Article 22. Entire Agreement

22.1 This Agreement constitutes the entire agreement between the both parties, all prior representations having been merged herein, and may not be modified except by a writing signed by a duly authorized representatives of both parties.

Article 23. Effective Date and Term

23.1 This Agreement shall become effective upon signing of the duly authorized representatives of both parties and remain in full force and effect up to [February 28, 2028] unless terminated earlier pursuant to Article 16.

IN WITNESS WHEREOF, the parties hereto have executed this Agreement as of the day and year first above written.

[ABC CORP.]	[NAMSEOUL CO., LTD.]
By: ____________________	By: ____________________
Title: ____________________	Title: ____________________

▌서식 8-6▌ 국제물품매매계약서 (이면, 번역)

매매계약서

이 계약은 [2025. 3. 1][ABC상사](이하 매수인 : 미국 뉴욕주 뉴욕시 웨스트 31가 111 소재)와 [남서울상사[주]](이하 매도인 : 대한민국 서울특별시 강남구 삼성동 234 소재) 간에 체결되었다.

매수인과 매도인은 향후 [5]년간 [500]만 대의 [TV] 를 매매하고자 희망하므로 여기에 기재된 약속을 약인으로 하여 당사자들은 다음과 같이 합의한다.

제1조 (상품매매)

매수인과 매도인은 이 계약에 규정된 조건으로 신제품 [TV 세트] (이하 상품)를 매매하기로 한다.

제2조 (수량·규격·품질)

① [2025. 3. 1]부터 [2028. 2. 28]까지 향후 [5]년간, 매수인은 매도인으로부터 [매년 100만 대]씩 총 [500만 대] 의 상품을 매입하고 매도인은 이를 매수인에게 판매한다.
② 상품의 명세는 첨부된 표 (I)의 명세서에 기재된 바와 같다.

제3조 (가격)

① 합의된 상품의 단가는 [뉴욕항도착 운임보험료포함가격조건]으로 [미화 2,000불]이다.
② 위의 가격은 [2025. 9월말] 이전에 선적된 상품에 적용되고, 그 이후의 가격은 매도인의 요청에 의해 매 [6]월마다 조정한다.

제4조 (결제)

① 당사자 사이에 달리 합의하지 않는 한, 상품대금은 매도인을 수익자로 하는 [매도인이 지정한 국제적인 제1급 은행이 확인한] 취소불능신용장으로 결제해야 한다. 신용장은 표 (2)에 기재한 예정선적일자보다 최소한 [2개월] 전에 개설되어야 하며 동 신용장은 일람출급 화환어음으로 결제되며, 허용된 최후 선적일로부터 최소한 [30일] 동안 유효한 조건이어야 한다.
매수인은 신용장 개설과 관련한 은행비용을 부담한다. 분할선적, 환적, 신용장에 의한 분할 결제 등이 허용되어야 하며 그러한 조건이 신용장에 명시되어야 한다.
② 매수인이 신용장을 지연하여 개설하는 경우, 이 계약의 이행기간은 신용장 개설 후, 합리적으로 노력하여 상품을 인도할 수 있을 만큼 연장된다.
매수인의 귀책사유로 신용장의 개설이 지연되는 경우에는 매수인은 지연되는 1주일마다 관련 신용장 금액의 [0.2%]를 예정손해금으로서 매도인의 청구를 받은 후 [3일] 이내 현금이나 일람출급 어음으로 매도인에게 지급해야 한다.

그러나 예정손해금은 관련 신용장 금액의 [1%]를 초과하지 못한다. 신용장의 개설이 [5주] 이상 지연되는 경우에 매도인은 위 예정손해금의 청구를 포함하여 이 계약에 의한 매도인의 권리를 침해함이 없이 이 계약을 해제할 수 있다.

제5조 (상품의 선적)

① 표 (2)로 첨부된 선적스케줄에 따라, 매도인은 상품을 [대한민국의 항구]에서 매수인에게 인도한다.

② 매도인은 [미국, 뉴욕]이나, CIF가격이 증가되지 않는 범위 내에서, 관련 신용장에서 매수인이 지정한 기타 항구를 목적항으로 운송하는 운임선급의 적절한 국적선을 수배해야 한다.
매도인은 매수인이 상품의 인수 및 내륙수송을 위한 필요한 조치를 취할 수 있도록 선적 시마다, 선적일 [7일] 전에 텔렉스나 팩스로 매수인에게 관련 정보를 통지해야 한다.

제6조 (지연인도)

① 매도인의 귀책사유로, 선적스케줄에 의한 선적이 지연되는 경우에는, 매수인은 예정된 인도에 관한 예정 손해금 없이 [7일간]의 유예기간을 행해야 한다.
[7일간]의 유예기간 후, 매수인은 예정된 인도기일 [7일] 후부터 실제로 선적된 일자까지 매 주마다 선적이 지연된 상품의 계약금액의 [1%]를 손해배상으로 청구할 권리를 가진다. 예정손해금의 총액은 지연된 상품의 계약금액의 [6%]를 초과하지 못한다.

② 상품의 인도가 [6주] 이상 지연되는 경우, 매수인은, 위 예정손해금의 청구를 포함하여 이 계약에 의한 매수인의 권리를 침해함이 없이, 계약을 해제할 권리를 가진다.

③ 불가항력의 경우, 인도지연에 대한 예정손해금은 적용되지 않는다.

제7조 (포장과 하인)

상품은 수출시 사용하는 관례적인 방법으로 포장되고 화인이 표시되어야 한다. 특별지시가 필요한 경우는 매수인은 매도인에게 상품선적을 위한 적절한 시일 내 동 지시를 통지해야 한다.

제8조 (보험)

매도인은 모든 적하에 대하여 송장금액의 110%에 상당한 금액으로 [협회적하약관 (B)] 조건의 해상보험에 부보해야 한다.

제9조 (담보)

① 매도인이 인도한 모든 상품에 대하여 정상적인 사용을 조건으로 재료와 기술상의 하자가 없음을 명시적으로 담보한다.

② 하자 담보는 매수인의 창고에 입고된 후부터 [12개월]까지 유효하다.

③ 위 담보책임은 상품이 예정 외의 목적에 사용되거나, 상품이 마멸, 사고에 의한 손상, 오용, 남용, 운송 중 손상 등의 경우에는 적용되지 않는다.

④ 이 담보조항에 의한 매도인의 책임은, 상품의 재료나 기술상의 하자에 대한 매도인의 기타의 모든 책임으로 대신할 수 있거나, 명시적으로 또는 묵시적으로 매수인이 유보하는 성문법이나 보통법상의 기타 담보책임으로 대신할 수 있다. 그러나 어느 경우에든, 매도인은 상품에 관한 파생적, 간접적 손상에 대하여는 책임을 지지 않는다.

제10조 (클레임)

이 계약으로 인하여 발생하는 어떠한 종류의 매수인의 클레임도 상품이 선하증권에 기재된 목적지에 도착한 후 [30일] 이내에 전신으로 제기해야 한다.

전신 후 [15일] 이내에 동 클레임의 명세는 서면으로 작성되어 등기우편으로 매도인에게 송부해야 한다. 상품의 품질이나 수량이 문제가 되는 경우에는 매수인은 상세한 검사보고서를 제시해야 한다.

제11조 (불가항력)

① 매도인이 인도한 상품대금의 지급을 제외하고, 어느 당사자도 전쟁, 준 전시상태, 천재지변, 파업, 태업 또는 기타 노동쟁의, 공장폐쇄, 전염병, 홍수, 지진, 폭풍, 수출금지, 매수인 또는 매도인 국가의 법규, 기타 당사자가 통제할 수 없는 사유로 계약조건을 불이행 [전부 혹은 일부]하거나 이행을 지연한 경우에는, 상대방에 대하여 그로 인한 책임을 부담하지 않는다. 위의 경우, 기간 및 이행에 관한 이 계약의 조건은 불가항력 사유가 지속되는 동안만큼 연기된다.

② 채무불이행 당사자는 불가항력 사유가 발생한 날로부터 [5일] 이내에 상대방에게 텔렉스, 팩스 또는 전신으로 지연사유의 개시일자와 이 계약에 열거된 지연 사유를 통보해야 한다.

또한 채무불이행 당사자는 지연사유가 종료된 후 [5일] 이내에 상대방에게 텔렉스, 팩스 또는 전신의 방법으로 지연사유의 종료일자와 예상되는 계약의무이행 완료 일자를 통보해야 한다.

제12조 (계약위반, 보상)

① 일방 당사자가 계약상 또는 제3자에 대한 의무를 위반하거나, 계약이행을 지연하거나, 상대방의 계약이행을 방해하는 경우에는 상대방이 입은 합리적인 직접손해에 대하여 책임을 진다.

제3자가 법적인 절차를 개시하고, 동 절차에 의하여, 일방 당사자가 상대방에게 배상을 주장할 수 있는 때에는, 일방은 즉시 상대방에게 통지하여 상대방 당사자가 위 절차 및 그의 해결을 위한 모든 과정에 적절히 참여할 수 있도록 해야 한다.

일방이 위의 통지를 하지 않거나, 상대 당사자가 위의 절차에 적절히 참여하도록 하지 못한 경우에는, 그 상대당사자가 입은 실질적인 손해만큼 배상권리가 경감된다.

② 특히, 양 당사자는 매수인만이 [미국 연방 또는 지방 당국]이 부과하는 상품수입에 관한 규제사항을 준수할 책임이 있다.

또한 규제사항에 의한 책임과 의무 또는 규제사항 위반에 의한 어떠한 클레임에 대해서도 매도인을 보호해야 하며, 매도인은 면책되는 것으로 양해하고 합의한다.

제13조 (세금, 관세, 불측 비용)

① 상품 또는 이 거래와 관련하여, [미국] 정부 또는 [한국] 이외의 기타 당국에 의하여 부과되거나 부과될 수 있는 수입과 수출의 조세, 관세, 기타 세금, 경비 등은 매수인의 부담으로 매수인이 지급하는 것으로 한다.

② 계약체결 시 예상할 수 없었거나, 존재하지 않았던 전쟁이나 전운, 전쟁상태, 항만적체 혹은 기타 긴급 상황으로 인한 운임 인상, 보험료 인상 그리고 혹은 추가경비 등은 매수인의 부담으로 하는 것으로 한다.

제14조 (사후판매서비스)

매수인의 요청과 매도인의 동의에 따라, 매도인은 본 건 상품과 관련하여 효율적인 사후 서비스를 위하여 [미국] 내로 유능한 기술자를 파견할 수 있다.

제15조 (권리침해)

표 (1)에 첨부된 명세서에 따라 제조된 상품과 관련하여 매수인은 상표, 특허, 저작권 또는 기타 제3자의 재산권 침해로 인하여 제3자가 제기한 손해 및 손실 그리고 소송이나 클레임에 대하여 책임을 지며, 매도인은 면책이 된다.

제16조 (계약종료)

① 이 계약은 다음 경우에 종료한다.
  1. 서면에 의한 당사자 합의에 의하여 ;
  2. 계약의무 불이행이 있고, 이에 따른 채무불이행 당사자가, 상대방의 서면에 의한 이행최고 후 [30일] 이내에 구제조치를 하지 않을 때, 그 상대방에 의하여 ;
  3. 일방이 (a) 일부 채권자들만의 이익을 확보해 주기 위한 사해행위를 하거나, 파산선고를 받거나, 지급불능인 상태가 되는 경우 (b) 해산 또는 청산을 구하는 소송이 [60일] 이내 정지되지 않거나, 기각되지 않은 경우 (c) 기타 이유로 영업을 중단한 경우, 그 상대방에 의하여 ;
  4. 이 계약 제4조 제2항에 규정된 바와 같이 매수인이 [5주] 이상 관련 신용장을 개설하지 않은 경우, 매도인에 의하여 ;
  5. 이 계약 제11조 불가항력 상황으로 인하여 계약을 지속한다는 것이 불합리한 경우에, 어느 일방 당사자에 의하여 ;

② 이 계약이 종료되는 경우, 상대방에 대하여 종료 이전의 이 계약에 의한 책임과 의무를 지지 않는다. 다만, 당사자들이 서면으로 이와 다른 약정을 한 경우에는 그러하지 아니하다.

③ 이 계약의 어느 조항도, 어느 일방이 계약 종료를 대신하여 이용 가능한 구제조치로서 이 계약의 조항을 강제하는 것을 방해하지 못한다.

제17조 (중재)

이 계약으로부터, 또는 이 계약과 관련하여 또는 이 계약의 불이행으로 말미암아 당사자 사이에 발생하는 모든 분쟁, 논쟁 또는 의견 차이는 대한민국 서울특별시에서 대한상사중재원의 상사중재규칙에 따라 중재에 의하여 최종적으로 해결한다. 중재인[들]에 의하여 내려지는 판정은 최종적인 것으로 당사자 쌍방에 대하여 구속력을 가진다.

제18조 (무역조건 및 준거법)

① 이 계약에 의한 무역조건은 Incoterms® 2020에 의하여 준거되고 해석된다.

② 이 계약은 한국법에 의하여 준거되고 해석된다.

③ Incoterms® 2020과 한국법이 상충되는 경우에는 Incoterms® 2020이 우선적으로 적용된다.

제19조 (계약의 양도)

어느 일방 당사자도 상대방의 서면에 의한 사전 동의 없이는 이 계약을 제3자에게 양도하지 못한다. 상대방의 서면 동의에 의하여 계약을 양도하는 경우에도 양도한 당사자는 이 계약에 대한 의무를 면하지 못하며 계약이행에 대해 책임을 진다.

제20조 (권리불포기)

이 계약에 따른 당사자의 클레임이나 권리의 전부나 일부는 그러한 클레임이나 권리의 포기를 서면으로 승인하거나 확인하지 않는 한 포기한 것으로 간주되지 않는다.

제21조 (통지)

당사자 사이에 달리 합의하지 않는 한, 이 계약에 의한 모든 통지, 송장, 통신 등은 이 계약의 서두에 기재된 주소로 송부되어야 한다.

모든 통지는 등기우편으로 이뤄져야 하며 상황에 따라, 전신 또는 모사전보(팩스)로 통지하는 경우에는 항공등기우편으로 확인해야 한다.

제22조 (완전합의)

이 계약은 당사자가 합의한 모든 것이며 종전의 모든 표시는 이 계약에 통합되어 있고 양 당사자의 정당한 권한을 가진 대리인의 서명이 있는 서면에 의하지 않고는 변경할 수 없다.

제23조 (효력발생일 및 기간)

이 계약은 정당한 권한을 가진 양 당사자의 대리인이 서명한 즉시 효력을 발생하며 [2028. 2. 20]까지 유효하다. 다만, 제16조에 따라 계약이 조기에 종료하는 경우에는 그러하지 아니하다.

증인 앞에서, 양 당사자는 서두에 기재된 일자에 본 계약을 작성한다.

[ABC상사]	[남서울상사㈜]
대표자명 : ____________________	대표자명 :____________________
직　　책 : ____________________	직　　책 :____________________

제2절 일반거래조건협정서

1. 의의

일반거래조건협정서(Agreement on General Terms and Conditions of Business)는 거래를 할 때마다 당사자들이 구체적으로 약정해야 하는 계약내용에 대한 세부사항들이 아니라, 어느 경우에도 공통적으로 적용되는 계약의 기본적이며 일반적인 거래조건들에 대한 협정서를 말한다.

이 협정서는 장래 전개될 거래에 대한 포괄적인 거래준칙을 당사자들이 미리 마련한 것이기 때문에 당연히 계약서의 일부가 된다. 이것을 일반거래협정서, 거래조건협정서 또는 MOA(memorandum of agree)라고도 부른다.

2. 필요성

일반거래조건협정서는 예측 가능한 거래조건들에 대해 일관성을 유지하고 향후 발생할지도 모르는 분쟁과 그 해결을 위하여 보통 당사자 사이에 장기간 거래가 예상되는 경우나 최초로 무역거래를 할 때 주로 작성된다.

이 협정서는 해당 계약에 적용될 일반적인 거래조건을 당사자가 합의한 것이기 때문에 현재와 장래의 거래를 보다 간단하고 신속하게 진행시킬 수 있고 계약과 관련된 오해나 분쟁을 방지할 수 있다.

3. 활용과 주요 내용

1) 활용

일반거래조건협정서는 보통 Offer Sheet나 Order Sheet 이후에 발생되는 매도확약서(sales note)나 구매주문서(purchase order) 이면에 인쇄되어 있다.

일반거래조건협정서는 매매 당사자 사이에 상호 장기간 동안 거래를 하였거나 동일한 상품을 오랜 기간 동안 계속적으로 거래할 때, 매 거래마다 개별적으로 계약하는 것이 피차 간에 불편하기 때문에 연간이나 장기간 기준으로 포괄적으로 일반거래조건으로 계약을 체결하고 필요시마다 세부적인 사항은 오퍼나 오더로 확정하는 포괄계약 또는 장기계약의 경우에 많이 활용된다.

따라서 매매계약이 체결될 때마다 서로 정식의 상세한 계약서가 작성되고 교환되는 개별계약의 경우에는 이것이 생략되는 경우가 많다.

2) 주요 내용

일반거래조건협정서에는 당사자가 체결하는 계약내용의 기초가 되는 조건들이 주로 기재된다. 즉, 이 협정서에는 Offer 등에 기재되는 세부 거래조건 이외의 내용들 즉, 약정 물품에 대한 특징이나 해당 거래의 특성을 감안해서 품질, 수량, 가격, 결제 등 여러 계약조건들의 내용들이 포괄적으로 기재되어 있다.

(1) 거래형태

거래형태(business)는 거래의 주체가 되는 당사자와 그 책임관계를 나타내는 것이다. 여기에는 수출입 거래가 각자 본인들의 계산과 책임 하에 이루어지는 본인 대 본인의 거래인지(as principal to principal), 본인 대 대리인의 거래인지(as principal to agent), 대리인 대 본인의 거래인지(as agent to principal), 아니면 대리인 대 대리인의 거래인지(as agent to agent)가 구분하여 명시되어 있다.

(2) 무역계약의 주요 조건

여기에는 ① 계약상품의 품질조건(quality terms) ② 수량조건(quantity terms) ③ 가격조건(price terms) ④ 선적조건(shipment terms) ⑤ 결제조건(payment terms) 이외에, 보험조건(insurance terms), 포장조건(packing terms), 불가항력조건(force majeure terms), 클레임조건(claim terms), 중재조건(arbitration terms), 준거법조건(governing law terms) 등 무역계약의 주요 조건들이 포괄적으로 기재되어 있다.

(3) 기타 조건

기타 조건으로는 승낙의 시기, 할인, 선적통지 등이 기재되는 경우도 있다.

4. 실제 사례

예시는 한국 수출업자인 서울 강남소재 ㈜국제서울무역(INTERNATIONAL SEOUL TRADING CO., LTD.)과 미국 뉴욕소재 ㈜글로벌엔터프라이징(GLOBAL ENTERPRISING CO., INC.)가 계약내용을 입증하여 체결한 매매계약서 전면과 거래조건이 포괄적으로 기재된 계약서 이면의 일반거래조건협정서이다.

[서식 8-7]은 계약서 이면에 첨부되는 일반거래조건협정서의 예시이다. [서식 8-8]은 실무거래에서 많이 사용되고 있는 국제물품매매계약서 전면의 예시이며 [서식 8-9]는 [서식 8-8] 뒤에 첨부되는 일반거래조건협정서의 예시이다.

❙서식 8-7❙ 일반거래조건협정서 (이면)

Agreement on General Terms and Conditions of Business

It is hereby agreed between INTERNATIONAL SEOUL TRADING CO., LTD., Seoul, Korea (hereinafter called the Sellers) and GLOBAL ENTERPRISING CO., INC., New York, U.S.A (hereinafter called the Buyers) that all business shall be conducted on the following terms and conditions :

『대한민국 서울에 있는 ㈜국제서울무역(이하 매도인이라 칭한다)과 미국 뉴욕에 있는 ㈜글로벌 엔터프라이징(이하 매수인이라 칭한다)은 모든 거래를 다음 조건으로 행할 것을 이에 합의하는 바이다.』

(1) Business : Business is to be transacted between Sellers and Buyers as principals to principals, on their own account and responsibility for the sale of the 100% Cotton Shirts for Men in New York.
『거래 : 거래는 뉴욕에 남성용 100% 면 셔츠를 매매하는데 있어서 그들 자신의 계산과 책임으로 본인 대 본인으로 행한다.』

(2) Quality : The Sellers are to supply the Buyers with samples free of charge and the quality of the goods to be shipped should be fully equal to that of the sample on which an order is given.
『품질 : 매도인은 매수인에게 무료로 견본을 보내야 하며 선적되는 상품의 품질은 주문이 이루어졌던 견본과 완전히 일치해야 한다.』

(3) Quantity : The minimum quantity for an order is to be the standard contents of one package.
『수량 : 1회 주문시 최소 수량은 한 포장의 표준 내용물이 되어야 한다.』

(4) Prices : Prices are to be quoted in U.S. Dollars on the basis of CIF New York unless otherwise specified.
『가격 : 가격은 별도로 명시되지 않는 한 뉴욕항 도착 운임보험료포함가격조건으로 미국 달러로 견적하기로 한다.』

(5) Firm Offer : Firm Offer is to remain effective for forty-eight hours after the time of dispatch, excluding Sundays and National Holidays.
『확정오퍼 : 확정오퍼는 일요일과 국경일을 제외하고 발송 시간으로부터 48시간 동안 유효하다.』

(6) Shipment : Shipment is to be made within the time stipulated in each contract, except in circumstances beyond the seller's control. The date of Bills of Lading shall be taken as conclusive proof of the date of shipment. Unless expressly agreed upon, the port of shipment shall be at the seller's option.
『선적 : 선적은 매도인의 통제를 벗어난 상황인 경우를 제외하고 각 계약서에 규정된 기간 이내에 이행되어야 한다. 선하증권의 발행일자를 선적일의 결정적인 증거로 간주된다.
별도의 다른 명시적 합의가 없는 한 선적항은 매도인이 선택한다.』

(7) Force Majeure : The Sellers shall not be responsible for the delay in shipment due directly or indirectly to force majeure including mobilization, war, riots, civil commotions, hostilities, blockades, requisition of vessels, prohibition of export, floods, earthquakes, fires, tempests, strikes, lockouts and any other contingencies, which prevent shipment within the period stipulated.
In the event of any of the aforesaid causes arising, documents proving its occurrence or existence shall be submitted by the Sellers to the Buyers without delay and furnish a certificate substantiated by the Korea Chamber of Commerce and Industry.
『불가항력 : 매도인은 동원, 전쟁, 폭동, 내란, 교전, 봉쇄, 선박의 징발, 수출금지, 홍수, 지진, 화재, 폭풍우, 파업, 작업장 폐쇄 및 약정된 기간 이내의 선적을 방해하는 기타 모든 우발사고를 포함하는 불가항력의 직 · 간접적인 원인으로 인한 선적지연에 대해서는 책임을 지지 않는다. 앞의 원인이 발생한 경우에는 매도인은 즉시 이의 발생 또는 존재했던 사실을 증명하는 서류를 매수인에게 송부해야 하며 대한상공회의소에 의해 입증된 증명서를 제공해야 한다.』

(8) Delayed Shipment : In all cases of force majeure provided in Article (7), the period of shipment stipulated shall be extended for a period of twenty-one(21) days.
In case shipment within the extended period should still be prevented by a continuance of the causes mentioned in Article (7) or the consequences of any of them, it shall be at the Buyer's option either to allow the shipment of late goods or to cancel the order by giving the Sellers the notice of cancellation by Fax.
『지연선적 : 본 협정서 제7조에 규정한 불가항력일 경우에는 약정된 선적기간이 21일간 연장되는 것으로 한다. 연장된 기간 내의 선적이 제7조에 기재된 요인들이 계속되거나 그 결과에 의하여 여전히 방해받고 있을 경우에는 지연화물의 선적을 허용하든지 아니면 팩스로 해약통지를 매도인에게 행함으로써 주문을 취소할 것인지는 매수인의 선택이다.』

(9) Shipping Samples : In case shipping samples be required, the Sellers shall forward them to the Buyers prior to shipment.
『선적견본 : 선적견본이 요구될 때 매도인은 견본을 선적 전에 매수인에게 송부한다.』

(10) Payment : Draft is to be drawn at sight under Irrevocable Letter of Credit which should be opened within 7 days after the conclusion of the contract in favor of the Seller, with full set of transport documents, viz. Bill of Lading, Insurance Policy, Commercial Invoice, Certificate of Origin and other documents which contract requires.
『대금결제 : 환어음은 계약이 체결되는 즉시 매도인을 수익자로 하여 발행되어야 하는 취소불능신용장에 의거하여 운송서류 전통 즉, 선하증권, 보험증권, 상업송장, 원산지증명서, 계약이 요구하는 기타 서류들을 첨부하여 일람출급으로 발행한다.』

(11) Marine Insurance : All shipments are to be covered on ICC(B) including War, SRCC and TPND Risks for the invoice amount plus ten percent, if no other conditions are particularly agreed upon, and the insurance policy is to be made out in US Dollars and claims payable at New York.
『해상보험 : 모든 선적품은 특별한 다른 조건이 약정되지 않는 한, 송장금액의 10%를 가산한 보험금액으로 전쟁, 동맹파업·폭동·소요위험 및 도난·발하·불착위험을 포함하여 협회적하약관(B) 조건으로 부보되어야 하며 보험증권은 미국 달러화로 작성하고 보험금의 지급지는 뉴욕으로 한다.』

(12) Packing : 1 (one) dozen each to be packed in a carton box and 100 dozen in a wooden case, each wooden case bearing the mark 〈ISTC〉 with port mark, running case numbers and the country of origin.
『포장 : 한 다스씩 나무상자에 포장되고 나무상자에 100다스씩 포장되어야 하며, 각 나무상자에는 원산지, 상자의 일련번호, 목적항 표시와 함께 〈ISTC〉가 표시되어야 한다.』

(13) Claims : Buyer's claims, if any, shall be made by Fax within 14 days from the date of final discharge of goods at destination and certificates by recognized surveyors shall be sent by mail without delay. Claims after the lapse of 14 days shall be considered as null and void. All claims which can not be amicably settled between Sellers and Buyers shall be settled by Arbitration in Seoul, in accordance with the rules of the Korean Commercial Arbitration Board, whose award shall be final and binding upon Sellers and Buyers. The arbitrators are consisted of three members.
『클레임 : 매수인의 클레임의 제기는 만일 있다면 최종 목적지에 상품이 도착된 후 14일 이내에 팩스로 제기되어야 하며 공인검정인의 증명서가 우편으로 즉시 송부되어야 한다. 14일 경과된 후의 클레임은 무효로 간주한다.
매도인과 매수인 사이에 우호적으로 해결할 수 없는 모든 클레임은 대한상사중재원의 중재규칙에 따라 서울에서 중재에 의해서 해결하며 중재인의 판정은 최종적인 것이며 매도인과 매수인 양자를 구속한다. 그 중재인들은 3명으로 구성한다.』

(14) Trade Terms : The trade terms used in this Contract shall be governed and interpreted by the provisions of INCOTERMS (2020 edition) unless otherwise specifically stated.
『무역조건 : 다른 특별한 언급이 없는 한, 본 계약에서 사용된 무역조건은 인코텀즈(2020년판)의 규정에 규율되고 해석되는 것으로 한다.

In witness whereof, International Seoul Trading Co., Ltd., has hereunto set their hand on the 5th day of June. 2025, at Seoul, and Global Enterprising Co., Inc. has hereto set their hand on the 11th day of June. 2025, at New York.

This Agreement shall be valid on and from the 1st of July 2025, and any of the Articles in the Agreement shall not be changed or modified unless by mutual consent.

『상기 사항의 증거로서 서울에 있는 ㈜국제서울무역은 2025년 6월 5일에 서명하였고 또 뉴욕에 있는 ㈜글로벌엔터프라이징은 2025년 6월 11일에 서명하였다.

본 협정서는 2025년 7월 1일부터 효력을 발생하며 본 협정서에 있는 어떠한 조항도 상호동의가 없는 한, 변경되거나 수정되지 않는 것으로 한다.』

Global Enterprising Co., Inc.	INTERNATIONAL SEOUL TRADING CO., LTD.
John T. Bolen	E. J. Han
John T. Bolen President	E. J. Han Vice President

▌서식 8-8▐ 국제물품매매계약서 (전면)

SALES CONTRACT

[ ], as Seller, hereby confirms having sold to [ ] as Buyer, the following goods by this sales contract made on the above date and on the terms and conditions hereinafter set forth.

	ITEM NO.	COMMODITY & SPECIFICATION	QUANTITY	UNIT PRICE	AMOUNT
◎					
◎					
◎					
				TOTAL AMOUNT	

▫ Time of Shipment : [DATE MONTH YEAR]
▫ Port of Shipment : [ ]
▫ Port of Destination : [ ]
▫ Payment

	AT SIGHT L/C	By an irrevocable Letter of Credit payable at sight
	USANCE	By an irrevocable, confirmed and unconditional Letter of Credit
	DP	By Documents against Payment
	DA	By Bll(s) of Exchange drawn on Buyer due [ ] days from B/L date
	DD	By a D/D (Demand Draft) within [ ] days after the date of B/L
	TT	By a T/T (Telegraph Transfer) within [ ] days after the date of B/L
	MT	By a M/T (Mail Transfer) within [ ] days after the date of B/L

▫ Insurance : Seller to cover the [CIF] price plus [ ] % against Al Risking SRCC Risks
▫ Packing : [Export standard packing]
▫ Marking : [ ]
▫ Special Terms & Conditions :

▫ This Contract is subject to the General Terms and Conditions set forth on back hereof.

	Seller	Buyer
By	[ ]	[ ]
Address	[ ]	[ ]
Title	[ ]	[ ]
Name	[ ]	[ ]
	매도인	매수인
당사자명	[ ]	[ ]
주 소	[ ]	[ ]
대표자명	[ ]	[ ]
서 명	[ ]	[ ]

❙ 서식 8-9 ❙ 국제물품매매계약서 (이면)

GENERAL TERMS AND CONDITIONS OF BUSINESS

『일반거래조건협정서』

Article 1 Shipment : Date of Bill of Lading shall be accepted as a conclusive date of shipment. [ ] days grace in shipping shall be allowed. Partial shipment and transshipment shall be permitted unless otherwise stated in this Contract.
Seller shall not be responsible for any delay of shipment, should Buyer fail to provide timely Letter of Credit in conformity with this Contract or in case the sailing of the steamer designated by Buyer be deferred beyond the prearranged date of shipment.

『제1조 선적 : 선하증권에 기재된 일자가 선적일이 된다. 선적에는 [ ] 일의 준비기간이 허용되어야 한다. 계약에 별도 규정이 없는 경우, 분할선적과 환적은 허용된다.
매수인이 본 계약과 일치하는 신용장을 적기에 제공하지 못하였거나 매수인이 지정한 선박의 항해가 사전 약정된 선적일보다 늦어진 경우, 매도인은 선적지연에 대해 책임이 없다.』

Article 2 Packing : Packing shall be at Seller's option. In case special instructions are necessary, Buyer should notify Seller thereof in time to enable Seller to comply with the same and all additional cost thereby incurred shall be borne by Buyer.

『제2조 포장 : 포장은 매도인의 선택에 따른다. 만일 특별한 지시가 필요한 경우, 매수인은 매도인이 동 지시를 따르는데 충분한 시간을 갖도록 적절한 시간을 두고 매도인에게 통보해야 하며 이로 인하여 발생되는 추가 비용은 매수인이 부담한다.』

Article 3 Insurance : In case of CIF or CIP basis, [ ] % of the invoice amount shall be insured, unless otherwise agreed; any additional insurance required by Buyer to be at his own expense; unless otherwise stated, insurance to be covered for marine insurance only FPA or ICC (C) Clause. Seller may, if he deems it necessary, insure against additional risks at Buyer's expense.

『제3조 보험 : CIF와 CIP 조건일 경우, 별도 합의가 없는 한 송장금액의 [ ]%로 부보된다. 매수인이 요청하는 추가보험은 매수인 자신의 부담이다. 별도로 정하지 않는 한, 보험은 해상보험을 위해 FPA 또는 ICC(C)조건으로 부보된다. 매도인은 필요한 경우, 매수인의 비용으로 추가위험을 부보할 수 있다.』

Article 4 Increased costs : If Seller's costs of performance are increased after the date of this Contract by reason of increased freight rates, taxes or other governmental charges or insurance rates, or if any variation in rates of exchange increases Seller's costs or reduces Seller's return, Buyer agrees to compensate Seller for such increased cost or loss of income. Further, if at any time Buyer requests shipment later than agreed and Seller agrees thereto, Seller may, upon completion of manufacture, store the goods and all expenses thereby incurred to Buyer.

『제4조 증가비용 : 매도인의 의무수행 비용이 본 계약체결일 이후에 운임인상이나 세금, 기타 정부 부과금 또는 보험료가 상승되거나, 환율변동이 매도인의 원가를 상승시키거나 매도인의 수익을 감소시키는 경우, 매수인은 매도인의 이런 증가비용이나 수익감소를 보상하기로 한다. 또한 매수인이 선적연기를 요청하고 매도인이 이에 동의하는 경우, 매도인은 생산완료 후 제품을 보관할 수 있으며 이에 따른 모든 비용은 매수인의 부담으로 한다.』

Article 5 Payment 제5조 대금결제

☐ AT SIGHT L/C An irrevocable Letter of Credit available against Seller's sight drafts shall be established through a prime bank satisfactory to Seller within [ ] days after the date of this Contract and be kept valid at least [ ] days after the date of last shipment. The amount of such letter of credit shall be sufficient to cover the Contract amount and additional expenses to be borne by Buyer.

『☐ AT SIGHT L/C 일람불 취소불능신용장이 본 계약일로부터 [ ] 일 이내에 매도인이 만족하는 일류은행을 통해 개설되고 동 신용장은 최종선적일로부터 최소한 [ ] 일 동안 유효해야 한다. 그 신용장금액은 계약금액과 매수인이 부담할 추가비용을 커버해야 한다.

☐ USANCE For the payment of the Contract Price specified hereof the Buyer shall provide the Seller with the irrevocable, confirmed Letter of Credit (hereinafter called "L/C") in the amount of USD [ ] at [ ] months usance basis(after the date of draft issued by the Seller or Bill of Lading) in favor of the Seller to be opened within [ ] days from the signing date of the Contract under the agreed terms and conditions by the Seller and Buyer.

『☐ USANCE 계약서에 기재된 계약금액을 결제하기 위하여 매수인은 매도인에게 본 계약체결일로부터 [ ] 일 이내에 (매도인의 환어음 발행일 또는 선하증권 발행일 후) 매도인을 수익자로 하여 [ ] 월의 기한부로 취소불능 확인신용장(앞으로 L/C라고 부름)을 액면금액 [ ] 로 하여 매도인과 매수인이 합의한 조건으로 개설한다.』

☐ D/P After shipment, the Seller shall deliver a sight Bill(s) of Exchange drawn on the Buyer together with the required documents to the Buyer through a bank. The Buyer shall effect the payment immediately upon the first presentation of the Bill(s) of Exchange and the required documents, i.e. D/P.

『☐ D/P 선적 후, 매도인은 매수인을 지급인으로 하여 발행한 일람불 환어음과 요구서류를 은행을 통해 매수인에게 제시한다. 매수인은 동 환어음과 요구서류를 제시 받은 즉시 즉, D/P 대금을 지급한다.』

☐ D/A After shipment, the Seller shall present Bill(s) of Exchange drawn on the Buyer, payable [ ] days after [ ], together with the required documents to the Buyer through a bank for acceptance. The Buyer shall accept the Bill(s) of Exchange immediately upon the first presentation of the Bill of Exchange and the required documents and shall effect the payment on the maturity date of the Bill(s) of Exchange.

『☐ D/A 선적을 한 후, 매도인은 요구서류와 함께 매수인 앞으로 발행한 만기가 [ ] 로부터 [ ] 일인 환어음을 인수를 위해 은행을 통해 매수인에게 제시한다. 매수인은 동 환어음과 요구 서류의 제시가 있으면 즉시 환어음에 인수하고 환어음의 만기에 결제한다.』

☐ D/D The Buyer shall pay the invoice value of the goods by means of D/D(Demand Draft) within [ ] days after the receipt of the required documents(or within [ ] days after the date of the Bill of Lading).

『☐ D/D 매수인은 요구서류를 수령한 후 [ ] 일 이내에 (또는 B/L발행일 후로부터 [ ] 일 이내에) 상품의 송장가격을 요구불환어음(D/D)으로 지급한다.』

☐ T/T The Buyer shall pay the invoice value of the goods to the Seller's account with the bank designated by the Seller by means of T/T within [ ] days after the receipt of the required documents (or within [ ] days after the date of the Bill of Lading).

『☐ T/T 매수인은 요구서류를 수령한 때로부터 [ ] 일 이내에 (또는 B/L 발행일로부터 [ ] 일 이내에) 상품의 송장가격을 매도인이 지정한 은행의 매도인 계좌로 전신환(T/T)으로 지급한다.』

☐ M/T The Buyer shall pay the invoice value of the goods by the Seller by means of M/T within [ ] days after the receipt of the required documents; within [ ] days after the date of the Bill of Lading

『☐ M/T 매수인은 요구서류를 수령할 후로부터 [ ]일 이내에 (또는 B/L(선하증권) 발행일 후로부터 [ ] 일 이내에) 상품의 송장가격을 우편환(M/T)으로 매도인에게 지급한다.

Article 6 Warranty : The Goods shall conform to the specification set forth in this Contract and free from defects in material and manufacturing process for [ ] months from the date of shipment. The extent of Seller's liability under this warranty shall be limited to the repair or replacement as herein provided of any defective Goods or parts thereof.
Provided, however, this warranty does not extend to any of the said Goods which have been : (a) subjected to misuse, neglect, accident or abuse, (b) improperly repaired, installed, transported, altered or modified in any way by any other party than Seller or (c) used in violation of instructions furnished by Seller.

『제6조 품질보증 : 상품은 본 계약에 규정된 명세에 부합해야 하며 선적일로부터 [ ] 개월 동안 원료와 제조공정에 하자 없어야 한다. 본 보증 하에서 매도인의 책임한도는 하자상품이나 그 부품의 수리 또는 교환으로 한정된다. 그러나 본 보증은 (a) 상품이 오용되거나 허술히 다뤄지거나, 사고가 나거나, 또는 남용된 경우 (b) 매도인 이외의 자가 부적절한 수리, 설치, 운반, 변경한 경우 (c) 매도인이 제공한 지시사항을 위반하여 사용된 경우에는 적용되지 않는다.

Article 7 Claims : Any claim by Buyer of whatever nature arising under this Contract shall be made by facsimile or e-mail within [ ] days after arrival of the Goods at the destination specified in the Bills of Lading.

Full particulars of such claim shall be made in writing, and forwarded by registered mail to Seller within [ ] days after such Fax or e-mailing.
Buyer must submit with particulars the inspection report sworn by a surveyor acceptable to the Seller when the quality or quantity of the Goods delivered is in dispute.
Failure to make such claim within such period shall constitute acceptance of shipment and agreement of Buyer that such shipment fully complies with the terms and conditions.

『제7조 클레임 : 본 계약 하에서 발생하는 매수인의 모든 클레임은 선하증권에 기재된 목적지에 상품이 도착한 날로부터 [ ] 일 이내에 Fax나 이메일(전자메일)로 제기한다.
클레임의 상세한 내역은 서면으로 작성하며 위 Fax나 이메일 일자로부터 [ ] 이내에 등기우편으로 매도인에게 송부한다. 매수인은 인도상품의 수량과 품질에 다툼이 있는 경우에는 위 클레임 명세서와 함께 매도인이 인정하는 검사인이 작성한 검사보고서를 제출한다. 위 기간 내에 클레임을 제기하지 못한 경우는 선적품의 인수로 간주되고 동 선적이 해당 조건을 충족시키고 있음을 매수인이 동의한 것이 된다.

Article 8 Remedy : If Buyer shall become insolvent, bankrupt or fail to make any payment to Seller including the establishment of the letter of credit within the due period, Seller may without prior notice thereof to Buyer exercise any of the following remedies among others :
(a) terminate this Contract;
(b) terminate this Contract as to the portion of the Goods in default only and resell them and recover from Buyer the difference between the price set forth in this Contract and the price obtained upon resale ; or
(c) terminate the Contract as to any unshipped balance and recover from Buyer as liquidated damages, a sum of [ ] percent of the price of the unshipped balance.

『제8조 계약의 구제조치 : 만일 매수인이 지급불능상태에 있거나 파산되거나 또는 정해진 기간 내에 신용장을 개설하는 것을 포함하여 매도인에게 대금을 지급하지 않는 경우, 매도인은 매수인에게 사전 통보 없이 다음의 구제조치를 행사할 수 있다.
(a) 본 계약의 해제 ; (b) 불이행한 물품의 부분에 관하여 계약을 해제하고 이를 재매도하여 계약 금액과 재매도가액과의 차액을 매수인으로 부터 징구 ;
(c) 미선적부분에 대해 계약을 해제하고 미선적 금액의 [ ] %를 매수인에게 손해배상액으로 징구』

Article 9 Force Majeure : Neither party shall be liable for its failure to perform its obligations hereunder if such failure is the direct result of circumstances beyond that party's reasonable control, including fire, prohibition of exportation, suspension of issuance of export license or other government restriction, act of God, war, blockade, revolution, insurrection, mobilization, strike, lockout or any labor dispute, civil commotion, riot, plague or other epidemic, typhoon, flood.

『제9조 불가항력 : 어떠한 당사자도 그 의무 불이행이 당사자의 합리적 통제를 벗어난 상황의 직접 결과인 화재, 수출금지, 수출허가서 발행의 정지 또는 기타 정부제한, 천재지변, 전쟁, 봉쇄, 혁명, 내란, 동원, 동맹파업, 직장폐쇄 또는 기타 노동쟁의, 시민소요, 폭동, 전염병 또는 기타 역병, 태풍, 홍수의 경우에는 그 의무 불이행에 대하여 책임지지 않는다.』

Article 10 Patents, Trade Marks, Designs, etc. : Buyer is to hold Seller harmless from liability for any infringement with regard to patent, trade mark, copyright, design, pattern, etc., originated or chosen by Buyer.

『제10조 특허, 상표, 디자인 등 : 매수인은 자신부터 기원하거나 자신이 선정한 특허, 상표, 저작권, 디자인, 패턴 등과 관련된 일체의 권리침해에 대한 책임으로부터 매도인에게 책임을 지지 않도록 해야 한다.』

Article 11 Governing Law : This Contract shall be governed under the laws of Korea.

『제11조 준거법 : 본 계약은 대한민국 법에 따른다.』

Article 12 Arbitration : Any dispute arising out of or in connection with this contract shall be finally settled by arbitration in Seoul in accordance with the Arbitration Rules of the Korean Commercial Arbitration Board. The award rendered by the arbitrator(s) shall be final and binding upon both parties concerned.

『제12조 중재 : 본 계약으로부터 또는 본 계약과 관련하여 발생하는 모든 분쟁은 대한민국 서울에서 대한상사중재원의 중재규칙에 따라 중재에 의해 최종적으로 해결된다. 중재인이 내린 판정은 최종적이며 관련된 당사자 쌍방을 구속한다.』

Article 13 Inspection : The inspection of the Goods shall be done according to the export regulation of the Republic of Korea and/or by the manufacturer(s) which shall be considered as final. Should any specific inspector be designated by Buyer, all additional charges incurred thereby shall be at Buyer's account and shall be added to the invoice amount, for which the letter of credit shall be amended accordingly.

『제13조 상품검사 : 상품검사는 대한민국 수출 관련 규정에 따르거나 제조업자에 의해 수행되고 동 검사는 최종적이다. 매수인이 특별한 검사인을 지정하는 경우, 이로 인한 모든 추가비용은 매수인이 부담하며 이는 송장금액에 추가되고 따라서 신용장 금액도 변경된다.』

Article 14 Language : This Agreement may be written in English and in other languages (including Korean). In the event of any difference or inconsistency among different versions of this Agreement, the English version shall prevail over in all respect.

『제14조 언어 : 본 계약은 영어와 기타의 다른 언어(한국어를 포함)로 작성될 수 있다. 서로 다른 언어로 작성된 계약서 간에 차이 또는 불일치가 있는 경우, 영문계약서가 모든 면에서 우선한다.』

Article 15 Trade Terms : All trade terms provided in the Contract shall be interpreted in accordance with the latest INCOTERMS 2020 of International Chamber of Commerce.

『제15조 무역조건 : 본 계약에 적용되는 모든 무역조건은 국제상업회의소(ICC)가 최근에 제정한 INCOTERMS 2020에 따라 해석된다.』

제3절 국제대리점계약서

1. 의의와 구분

1) 의의

국제대리점계약(international agency agreement)은 상품이나 기타에 관한 대리점 계약을 통해 그 판매와 구매가 국제적으로 이루어지는 계약형태를 말한다.

2) 구분

국제대리점계약은 자신의 계산과 위험으로 해외 매도인으로부터 상품을 매입하여 그 것을 제3자에게 전매하는 방식(광의의 국제판매점계약)과 매도인의 대리인으로서 오로지 매도인과 고객 간의 거래를 중개하는 방식(협의의 국제대리점계약)이 있다.

이들 판매점(distributor) 또는 대리점(agent)에게 특정지역 내에서 배타적인 판매권을 부여하는 것을 국제독점판매점 또는 국제총대리점이라고 한다.

국제대리점계약의 대부분은 국제판매점계약(international distributorship agreement)이다. 이것은 해외 수출자가 수입국의 판매점에게 일정기간 동안 상품에 대한 판매권을 부여하고 판매점은 그 상품의 일정량을 구매할 것을 약정하는 계약을 말한다.

국제판매점계약에서 직접 Buyer(소비자)에게 판매하는 것은 수입국의 현지판매점(distributor)이다. 그 지역의 특정 판매점에게만 판매권을 부여하는 것을 독점판매점계약(exclusive distributorship agreement), 다른 판매점에게도 판매권을 부여하는 것을 비독점판매점계약(non-exclusive distributorship agreement)이라 한다.

2. 차이

국제대리점계약은 매도인(수출자)의 수권범위 내에서 거래를 하는 것이므로 대리점과 매도인 및 수입국의 고객 사이에는 직접적인 거래관계가 형성된다.

한편 국제대리점계약은 Seller 자신의 명의로 계약을 체결하는 것이 아니고, 단지 Seller의 대리인으로서 고객들과 계약을 체결한다. 이에 반해 국제판매점계약은 자신이 Seller로서 자신의 명의로 고객인 Buyer와 계약을 체결한다.

또한 국제대리점계약에 따른 수입원(revenue)은 대리수수료이지만, 국제판매점계약의 수입은 판매액과 구매액의 차액이다. 또한 수출자(본인)와의 관계에 있어 국제대리점은 대리인이지만 국제판매점은 수출자와의 관계에서는 Buyer가 된다.

국제판매점계약의 대표적인 형태로 위탁판매계약(consignment contract)이 있다. 위탁판매계약은 위탁판매자(consignor)의 부탁에 의해 수탁판매자(consignee)가 직접 계약 당사자가 되어 최종구매자(buyer)에게 물품을 판매하는 방식이다.

현지 Buyer(소매상, 소비자 등)와의 관계에 있어 수탁판매자는 Seller로서 직접 계약의 당사자가 되지만, 위탁판매자는 계약의 당사자가 되지 못한다. 판매수익금은 전액 위탁판매자에게 귀속되고 수탁판매자는 수수료(위탁수수료)를 받을 뿐이다.

3. 주요 내용

국제대리점계약, 특히 국제판매점계약은 계속적 거래에 관한 계약의 성격을 가지고 있기 때문에 취급하는 상품의 범위, 세부적인 매매조건, 최저 판매수량을 정한 조항, 영업지역을 한정하는 조항, 매도인 이외의 자의 경쟁상품 취급 금지 조항 등 거래 전반을 포괄하는 사항들이 기재된다.

(1) 계약서 서문

계약서 서문에는 계약체결일과 당사자 등이 기재된다. 보통 국제판매점의 계약기간은 연간 단위로 갱신(또는 연장)되며 계약체결일은 계약기간의 기산일이 된다.

(2) 용어의 정의

① 대상제품

여기에는 국제판매점계약의 대상인 제품과 그와 관련된 상세한 명세들이 기재된다. 제품 명세는 특정하여 구체적으로 기재하고, 그 내용이 많은 경우에는 부록에 기재하기도 한다. 특수한 경우에는 수출자가 제품의 디자인이나 형식 등을 변경할 수 있는 규정을 추가하는 경우도 있다.

② 판매점계약의 계약기간

여기에는 계약기간이 기재되는데, 보통 계약체결일로부터 년 단위로 기재한다.

③ 판매지역

여기에는 판매점이 제품을 판매할 수 있는 지역(판매지역)이 기재된다. 판매지역은 당사자의 합의로 변경이 가능하다. 판매점은 판매지역 이외에서는 판매할 수 없다.

이것은 우회적으로 판매지역 제한을 피하는 것을 금지하기 위한 것이다. 보통 독점판매점계약의 경우에는 수출자도 판매지역에서 다른 판매점을 둘 수 없으나 비독점판매점계약의 경우에는 그러한 제한이 없다.

(3) 판매점의 지명 및 수락

여기에는 '수출자는 판매지역 내에서 제품을 판매할 수 있는 판매점을 지정하고, 판매점은 이를 수락한다.'는 내용들과 독점판매점계약 또는 비독점판매점계약의 여부도 기재된다. 독점판매점계약은 해당 지역에서 판매점에게만 판매권이 부여되므로 수출자는 판매점 이외의 자에게 제품을 공급할 수 없다. 판매점은 판매지역 내에서 대상제품과 경쟁하거나 유사한 제품을 직·간접적으로 유통하거나 취급할 수 없다.

(4) 주문 및 선적

여기에는 판매점의 최소 주문량 등이 기재된다. 판매점은 제품과 수량을 정하여 주문하며 주문한 제품과 수량의 수락 여부는 수출자의 재량사항이다.

판매점의 판매실적이 부족한 상태에서 계속하여 주문을 하게 되어 재고량이 많이 쌓이면, 판매점의 채무불이행이 발생할 수 있다.

(5) 가격 및 대금결제

여기에는 가격과 대금결제 사항들이 기재된다. 가격은 보통 당사자 합의로 결정되지만 판매점계약에서는 대금결제를 신용장방식으로 정하는 경우가 많다. 이 경우 판매점의 주문을 발주자가 수락하면 판매점은 수출자에게 신용장을 발행한다.

(6) 최소 구매량

여기에는 판매점의 연도별 혹은 월별 최소구매량이 기재된다.

(7) 기술지원

여기에는 '수출자는 판매점에게 기술지원을 하고, 판촉이나 광고를 위한 홍보물을 송부하며 판매점 직원을 교육 또는 훈련하여 판매를 돕는다.'는 내용들이 기재된다.

(8) A/S 및 부품

여기에는 '판매점은 적절한 대체 부품재고나 시설 및 인력을 유지하여 고객에게 합리적으로 A/S를 제공한다.'는 내용들이 기재된다.

(9) 검사 및 품질보증

여기에는 '판매점은 제품의 인수 즉시 검사해야 하며, 수출자는 제품의 소재 및 제조작업에 하자가 없음을 보장해야 한다.'는 내용들이 기재된다.

(10) 판매점의 책임

여기에는 '판매점(distributor)은 그 자신의 비용으로 정기적인 판촉물의 배포, 멀티미디어 광고 등을 수행하고, 판매지역 내에서 제품의 최대 판매를 달성할 수 있도록 노력한다. 그리고 판매점은 수요자의 수요에 적시 부응하기 위해 판매지역에서 제품의 적정재고를 유지한다.'는 내용들이 기재된다.

(11) 정보요청

여기에는 '수출자는 판매점의 국내 판매가격, 판매내역, 판촉이나 광고활동, 가격정책 등에 대한 정보나 자료들을 요청할 수 있다.'는 내용들이 기재된다.

(12) 판매점의 지위

여기에는 '판매점은 대리인이 아니며, 제품의 구매와 판매는 모두 자기 자신의 계산과 위험으로 한다.'는 내용들이 기재된다. 이러한 점에서 판매점계약은 대리점의 역할을 수행하는 대리점계약과 구별된다.

(13) 계약기간

여기에는 계약기간이 기재된다. 판매점의 계약기간은 계약체결일로 기산되며, 일정기간 동안 효력이 지속된다.

판매점계약은 특별한 사정이 없는 한 갱신(또는 연장)이 가능하다. 갱신방법에는 계약기간 만료 전에 당사자간 합의가 있어야 갱신(또는 연장)되는 방식과 계약기간 만료 전(예를 들어 만료 3개월 전)에 일방 당사자의 서면해지가 없으면 자동갱신(또는 연장)되는 방식이 있다.

(14) 계약해지

여기에는 '수출자는 다음 각 호의 사유가 발생한 경우, 판매점(distributor)에게 사전에 서면 통보를 함으로써 본 계약을 해지할 수 있다.'는 내용들이 기재된다.

- Distributor가 파산이나 지급불능이 되었을 때
- Distributor가 수출자의 사전 서면동의 없이 본 계약 또는 계약상의 권리를 제3자에게 양도하는 경우
- Distributor가 폐업하거나 정상영업을 중단하는 경우
- Distributor가 자신이 이행할 계약조건을 위반하거나 불이행하고 동 위반 등의 치유 요청을 받은 날로부터 [ ]일 이내에 위반이나 불이행을 치유하지 못하는 경우

4. 실제 사례

❙ 서식 8-10 ❙ 국제판매점계약서

INTERNATIONAL DISTRIBUTORSHIP AGREEMENT

This Agreement, made and entered into this [Date, Month, Year] by and between [회사명], a corporation duly organized and existing under the laws of the Republic of Korea, having its principal office at [주소] (hereinafter referred to as "COMPANY") and [회사명], a corporation duly organized and existing under the laws of [국가명], having its principal office at [주소] (hereinafter referred to as "Distributor").

『본 계약은 한국법에 의해 조직되어 존재하는 법인으로 주소가 [주소기재]인 [회사명] (이하 "COMPANY")와 [국가명] 법인으로서 주소가 [주소기재]인 [회사명] (이하 "Distributor") 간에 [년 월 일]에 다음과 같이 체결되었음.』

Article 1 Definitions

In this Agreement except where the context otherwise requires, the following terms and expressions shall be understood to have the precise meaning as follows :

1.1 Contract Products or Products shall mean the products as follows. COMPANY may modify the design and type of the Contract Products or parts thereof or discontinue any Contract Products, in its sole discretion.

ITEM NO.	SPECIFICATION	remarks

1.2 Territory shall mean [ ], as the parties may from time to time vary upon mutual agreement.

1.3 Without the prior written consent of COMPANY, the Distributor, its subsidiary or affiliate shall not, directly and indirectly, sell the Contract Products to any other areas than Territory, nor shall the Distributor sell the Contract Products to any person or entity which may resell them outside the Territory.

『제1조 정의

본 계약에 달리 규정되지 않는 한, 아래 조건이나 표현은 다음의 정확한 의미를 갖는다.

1.1 계약제품 또는 제품은 아래와 같은 제품을 의미하며, COMPANY는 임의로 계약제품 또는 그 부품의 디자인이나 형식을 변경하거나 계약제품의 공급을 임의로 중단할 수 있다.

품명	명세	비고

1.2 판매지역은 [ ]을 의미하며 당사자의 합의로 수시로 변경할 수 있다.

1.3 COMPANY의 사전 서면동의 없이는 Distributor나 그 자회사 또는 계열회사는 판매지역 이외의 지역에는 직·간접적으로 계약제품을 판매하지 못하며, 또한 판매지역 외로 판매할 자나 단체에게 계약제품을 판매하지도 못한다.』

Article 2 Appointment and Acceptance

2.1 During the term and subject to the conditions hereinafter set forth, COMPANY hereby appoints the Distributor as the sale and ☐ exclusive ☐ non-exclusive distributor for the Contract Products in the Territory and the Distributor accepts such appointment.

2.2 The Distributor shall not, directly or indirectly through another party, purchase, import, export, sell, distribute, or otherwise deal in products competitive with or similar to the Contract Products in the Territory.

『제2조 지명 및 수락

2.1 본 계약기간 및 계약조건에 따라, COMPANY는 Distributor를 판매지역 내에 있는 계약제품의 ☐ 독점 ☐ 비독점 공급업자로 지명하고 Distributor는 그 지명을 수락한다.

2.2 Distributor는 판매지역 내에서 계약제품과 경쟁하거나 유사한 제품을 다른 당사자를 통하여 직·간접적으로 구매·수입·수출·판매·분배 또는 취급할 수 없다.』

Article 3 Orders and Shipment

In placing orders with COMPANY, the Distributor shall clearly describe the Contract Products and quantity required, and shall include precise instruction for packing, invoicing and shipping. The orders shall not be binding unless and until they are accepted by COMPANY in its discretion. COMPANY agrees to supply the Distributor with Contract Product to enable fulfillment of the minimum purchases as set forth in Article 5 herein.

『제3조 주문 및 선적

COMPANY에게 주문할 때, Distributor는 계약제품과 필요 수량을 명확하게 명기하고 포장·송장 및 선적에 대해 정확하게 지시해야 한다. 주문은 그 재량으로 COMPANY가 수락했을 때에만 구속력이 있다. COMPANY는 Distributor가 아래 제5조에 규정된 최소구매량을 달성할 수 있도록 계약제품을 Distributor에 공급하기로 합의한다.』

Article 4 Price and Payment

4.1 The prices of the Contract Products may be determined mutually by both parties from to time. If the parties cannot agree on prices COMPANY reserves the right to terminate forthwith this Agreement upon giving a written notice to the Distributor with immediately effect.

4.2 Within [ ] days after receipt of COMPANY confirmation of order, the Distributor shall have an irrevocable at sight Letter of Credit be issued in favor of COMPANY or its nominee by a first class, international bank satisfactory to COMPANY.

『제4조 가격 및 대금결제

4.1 계약제품의 가격은 그때그때 당사자 합의로 결정한다. 만일 가격합의가 이루어지지 않을 경우 COMPANY는 Distributor에 대한 서면통지로 본 계약을 즉시 해지할 수 있다.

4.2 Distributor는 COMPANY의 주문확인을 수령한 후 [ ] 일 이내에, COMPANY가 만족하는 일류 국제은행을 통해 COMPANY와 그 지명자를 수익자로 하는 취소불능일람불신용장을 발행해야 한다.』

4.3 Unless otherwise agreed between the parties, currency of payment shall be in [ ].
4.4 The Distributor shall be liable for and shall pay any tax, duty, charge or any other impost of a similar nature imposed upon COMPANY or the Distributor, in accordance with the laws of the jurisdiction of the Distributor.
4.5 The Distributor shall be free to fix its own resale prices for the Contract Products but shall not set those prices so high as may make them uncompetitive in the Territory including any trade discounts or rebates and shall advise COMPANY of any subsequent changes.
4.6 Unless otherwise agreed in writing, all prices quoted by COMPANY shall be for goods delivered on [FOB] [BUSAN] basis.

『4.3 당사자 간의 바른 합의가 없는 한, 결제통화는 [ ] 로 한다.
4.4 Distributor는 Distributor 국가의 법에 따라 COMPANY 또는 Distributor에게 부과되는 세금, 관세, 기타 부과금을 그 책임으로 지급해야 한다.
4.5 Distributor는 계약제품의 재 판매가격을 임의로 정할 수 있으나, 할인이나 리베이트 등을 포함하여 판매지역 내에서 경쟁력을 잃을 정도의 고가를 설정할 수 없으며 COMPANY에게 그 변경 내역들을 알려주어야 한다.
4.6 별도의 서면합의가 없는 한, COMPANY가 제시한 가격은 [FOB] [부산] 가격기준이다.』

Article 5 Minimum Purchase

5.1 The Distributor shall purchase the Contract Products from COMPANY at least in the following amount:

	Contract Year	Contract Term	Quantity	Amount
	First Contract Year			
	Second Contract Year			
	Third Contract Year			

5.2 For the purpose of this Article, the Contract Products shall be considered to be purchased when shipped by COMPANY, excluding the sales returned to COMPANY.

『제5조 최소구매량
5.1 Distributor는 COMPANY로부터 다음의 최소물량의 계약제품을 구매해야 한다.

	계약년도	계약 조건	수량	금액
	첫 번째 계약년도			
	두 번째 계약년도			
	첫세 번째 계약년도			

5.2 본 조항에서 계약제품은 COMPANY가 선적하는 것을 기준으로 하며, COMPANY에 반품된 분량은 제외한다.』

Article 6 Technical Assistance

6.1 COMPANY is obligated to supply the Distributor with technical assistance such as, information and illustrated material, and to send advertising material suitable for the promotion and advertising of the Contract Products, as in the opinion of COMPANY may be necessary or useful to the Distributor.

6.2 COMPANY shall train a reasonable number of technical personnel of Distributor in [ ] by consent of both parties, if it becomes necessary due to the introduction of any new products, or generally, in order to achieve better installation and maintenance standards. Costs for round trips, meals, lodging, and other expenses of the Distributor's personnel dispatched for training shall be borne by the Distributor, and the Distributor shall also bear the above costs and expenses for COMPANY personnel who will train the Distributor's personnel.

6.3 The above technical assistance and materials shall be implemented in the English language.

『제6조 기술지원

6.1 COMPANY는 Distributor에게 유용하거나 필요하다고 판단할 경우, 제품정보 및 상세한 자료와 같은 필요한 기술지원을 제공해야 하며 계약제품의 판촉·광고에 적합한 광고자료 등을 공급해야 한다.

6.2 COMPANY는 신제품의 도입 또는 설치·유지 수준의 향상 등을 위해 필요한 경우 쌍방의 합의하에 적정수의 Distributor 소속의 기술 인력을 [ ] 에서 훈련한다. 이 경우 파견된 Distributor 소속의 기술 인력의 왕복항공비, 식대, 숙박비 기타 경비 및 COMPANY 소속 인원의 상기비용은 Distributor의 부담으로 한다.

6.3 위 기술지원과 자료는 영어로 수행된다.』

Article 7 Spare Parts

7.1 The Distributor shall keep a sufficient level of spare parts in order to provide efficient after-sales service. COMPANY shall also advise the Distributor of the required spare parts. Any stock will be discussed and mutually agreed upon before orders are placed.

7.2 COMPANY shall supply to the Distributor spare parts for the Contract Products as long as the Distributor continues to purchase the Contract Products pursuant to the terms and conditions of this Agreement and, in the absence of breach by the Distributor of this Agreement, for [ ] years after the last shipment of the Contract Products to the Distributor.

7.3 The price for the spare parts shall be agreed on by both parties. With the prior written consent of COMPANY, the Distributor may purchase standard spare parts from COMPANY's suppliers directly for [ ] years after the last shipment of Contract Products.

『제7조 부품

7.1 Distributor는 원활한 사후서비스(A/S)를 위해 충분한 부품재고를 유지해야 한다. COMPANY는 Distributor에게 필요부품의 내역을 알려주고 부품재고 수준은 발주 전에 사전 협의한다.

7.2 COMPANY는 Distributor가 본 계약조건에 따라 계약제품을 계속 구매하는 한, 제품부품을 Distributor에 공급해야 하며, Distributor가 본 계약을 위반하지 않는 한, 제품의 Distributor에게 계약제품의 최후 선적일로부터 [ ] 년 동안 공급한다.

7.3 부품가격은 당사자 사이에 합의한다. COMPANY로부터 사전 서면승인을 받은 경우에는, Distributor는 제품의 최종 선적일로부터 [ ] 년 동안 COMPANY의 공급처로부터 표준부품을 구매할 수 있다.』

Article 8 Inspection and Warranty

8.1 Promptly after the receipt of the Contract Products, the Distributor shall inspect or shall cause its qualified agent to inspect the Contract Products at the Distributor's cost, to insure that the quality standards have been met as agreed to in writing by the parties.

If, upon receipt of the Contract Products after proper and thorough inspection, any of the Contract Products is found not to be in compliance with the quality standards, COMPANY shall replace the Contract Product or the part of a Contract Products not meeting the quality standards, and shall indemnify the Distributor against any direct damage incurred actually by the Distributor.

8.2 COMPANY warrants that the Contract Products shall be free from defects in material and workmanship. This warranty does not extend to any of the said Contract Products which have been : (1) subjected to misuse, neglect, accident or abuse, (2) improperly repaired, or altered or modified in any way, and (3) used in violation of instructions furnished by COMPANY.

8.3 Claims by the Distributor in regard to any defect in the Contract Products shall be in writing and be dispatched by the Distributor with full particulars within [ ] days after the receipt of the Contract Products.

『제8조 검사 및 품질보증

8.1 Distributor는 계약제품을 수령한 후 즉시, 당사자가 서면으로 합의한 품질수준의 달성 여부를 확인하기 위해, 자신의 비용으로 계약제품을 검사하거나 자격이 있는 대리인이 검사하도록 시켜야 한다. 적절하고 철저한 검사결과 품질수준을 만족시키지 못한 계약제품이 발견되면, COMPANY는 불량 제품이나 불량 부품을 교체하고 Distributor가 실제 입은 직접 손해를 보상해야 한다.

8.2 COMPANY는 계약제품이 원료나 작업상 하자 없음을 보장한다. 이 보장은 아래 각 호의 경우 즉, 1) 오용, 취급부주의, 사고, 남용 2) 부적절한 수리 또는 여러 변경 3) 사용법에 위반된 사용 등의 경우에는 적용되지 않는다.

8.3 계약제품의 하자에 관한 Distributor의 클레임은 계약상품의 수령일 후로부터 [ ] 일 이내에 서면으로 상세한 내역을 적시하여 제기해야 한다.』

Article 9 Distributor's Responsibility

9.1 The Distributor agrees and undertakes to diligently and conscientiously use all reasonable efforts to promote and expand the sale of the products in the Territory, including but not limited to regularly and at its own expense distributing promotional literature, conducting multi media advertising and carrying out market surveys.

9.2 The Distributor shall maintain adequate stocks of the Contract Products throughout the Territory to meet its customer's demand in time. The Distributor shall maintain adequate stocks of replacement parts, facilities and qualified mechanics throughout the Territory and shall provide reasonable after-sales service to its customers.

9.3 The Distributor shall take all reasonable steps to ensure that the Products are properly transported, handled and stored so as to prevent any damage thereto.

9.4 The Distributor shall maintain adequate products liability and other appropriate insurance acceptable to the COMPANY, to protect itself and the COMPANY from claims which may arise as a result of damage to the Products while in the possession or control of the Distributor.
9.5 The Distributor shall arrange at its owe efforts toward obtaining the largest sales volume of the Contract Products in the Territory. If necessary, COMPANY supports cooperative advertising executed by COMPANY's Cooperative Advertising Agreement in a separate contract.
The form and nature of advertisement and sales promotion of the Contract Products shall be submitted to COMPANY for the prior approval before publication.
9.6 Whenever COMPANY shall indicate to the Distributor any complaint concerning the activities of the Distributor under this Agreement, the Distributor shall immediately make investigation and take proper action.

『제9조 Distributor의 책임

9.1 Distributor는 그 자신의 비용으로, 정기적으로 판촉물의 배포, 멀티미디어 광고, 시장조사를 수행하는 등 판매지역 내에서 제품의 판매를 촉진하고 확장하기 위해 모든 합리적인 노력을 성실하고 양심적으로 기울일 것을 약속한다.

9.2 Distributor는 수요자의 수요에 적시 부응하기 위해 판매지역에서 제품의 적정재고를 유지한다. Distributor는 적절한 대체 부품재고나 시설 및 인력을 유지하여 고객에게 합리적으로 A/S를 제공한다.

9.3 Distributor는 제품을 적절히 운송, 취급, 보관하여 제품에 피해가 발생하지 않도록 필요한 조치를 취한다.

9.4 Distributor는 제품에 대해 제조물 담보 및 COMPANY가 받아들일 수 있는 기타 적절한 보험을 확보하여 Distributor의 소유나 통제 동안에 야기될 수 있는 제품의 손해로부터 그 자신과 COMPANY를 보호해야 한다.

9.5 Distributor는 그 비용으로 계약제품의 광고 판촉을 하고 판매지역에서 계약제품의 최고판매를 달성하기 위해 최선을 다한다. 필요할 때 COMPANY는 별도 합의하는 협찬 광고계약에 따라 협찬 광고를 지원한다.

9.6 COMPANY가 본 계약 하의 Distributor의 활동에 이의를 제기할 경우, Distributor는 즉각 조사하여 적절한 조치를 취해야 한다.』

Article 10 Request of Information

The Distributor shall cooperate with COMPANY's request on the sales of the Contract Products, and the Distributor shall send to COMPANY:
10.1 a written quarterly report on its activities in the Territory, such reports to include sales by product including both the value and units, sales by State, recommended retail price lists, advertising and promotion plans for the future and a commentary on the marketing, sales and distribution performance and plans, matters affecting pricing policies and achievements and proposals in respect of major customers.
10.2 A written monthly report on the stocks of the Contract Products and parts thereof held by the Distributor.

『제10조 정보의 요청

Distributor는 COMPANY'의 계약제품의 판매 현황 요청에 대해 다음과 같이 협조한다.

10.1 판매지역에서의 서면으로 된 분기별 활동보고서. 동 보고서에는 제품의 판매가격 및 단가, 지역별 판매내역, 추천 소매가격표, 장래의 광고 및 판촉계획, 마케팅, 판매실적 분석, 가격정책에 관한 계획, 주요고객에 대한 성과 및 제안 등이 포함된다.

10.2 Distributor가 보유하고 있는 제품과 부품 재고에 대한 서면으로 된 월간 보고서.』

Article 11 Trademark

11.1 During the term of this Agreement, COMPANY hereby grants to the Distributor, a non-exclusive license to use the Trademark which is registered in the Territory by COMPANY ("Trademark") for the purpose of sales and promotion within the Territory. When the Distributor uses the Trademark, it shall indicate clearly that the Trademark is registered in the name of COMPANY.

11.2 When the Distributor intends to use the Trademark under paragraph 11.1, prior to use, the Distributor shall, inform COMPANY of the manner of such use and submit a sample of any materials including but not limited to, catalogues, leaflets, posters, newspapers, bearing the Trademark for prior inspection and approval by COMPANY.

『제11조 상표

11.1 계약기간 중에 COMPANY는 Distributor에게 COMPANY가 판매지역에 등록한 상표(이하 "상표")를 판매지역에서의 판촉을 위하여 사용할 비독점 권리를 부여한다. Distributor의 "상표" 사용시 상표가 COMPANY 명의로 등록되었음을 명시해야 한다.

11.2 Distributor가 전항에 따라 상표를 사용하고자 할 경우, COMPANY에게 사전에 그 사용 형태 및 카달로그, 전단, 포스터, 신문 등 상표가 포함된 자료의 샘플을 제공하여 승인을 받아야 한다.』

Article 12 Term

12.1 This Agreement shall become effective upon signing, and shall continue in full force and effect for a period of [ ] from the date in the preamble hereof, unless earlier terminated pursuant to Article 14.

12.2 This Agreement shall be automatically extended for a successive [ ] year period of time, unless three months prior to the expiration of the term or any extension thereof, a notice of intention to finally terminate is given in writing by one party to the other.

『제12조 계약기간

12.1 본 계약은 서명함으로써 발효하며, 제14조에 따라 조기에 해지되지 않는 한, 서문에 기재된 일자로부터 [ ] 의 기간 동안 유효하다.

12.2 본 계약은 계약기간 또는 연장 계약기간 종료 3개월 전에 계약종결 의사가 상대방에게 서면으로 통지되지 않으면 [ ] 동안 자동적으로 연장된다.』

Article 13 Termination

13. This Agreement may be terminated at the option of COMPANY, effective immediately upon giving a prior written notice of termination to the Distributor, in each of the following events;

(a) Should the Distributor become bankrupt or insolvent, or
(b) Should the Distributor attempt to assign this Agreement or any rights hereunder to a third party without COMPANY's prior written consent ; or
(c) If the Distributor ceases to function as a going concern or to conduct its operations in the normal course of business voluntarily or otherwise; or
(d) If the Distributor commits a breach of or fails to perform or observe any agreement or conditions herein contained and on the part of the Distributor to be performed or observed, and shall not have remedied such breach or failure to perform or observe within [ ] days of a notice requiring the remedy of such breach of failure to perform or observe; or

『제13조 계약해지

13. 다음 각 호의 사유가 발생한 경우, COMPANY는 Distributor에게 사전에 서면 통보를 함으로써 본 계약을 해지할 수 있다.

(a) Distributor에 파산, 지급불능이 되었을 때
(b) Distributor가 COMPANY의 사전 서면동의 없이 본 계약 또는 계약상의 권리를 제3자에게 양도하는 경우
(c) Distributor가 폐업하거나 정상 영업을 중단하는 경우
(d) Distributor가 자신이 이행할 계약조건을 위반하거나 불이행하고 동 위반 등의 치유 요청을 받은 날로부터 [ ] 일 이내에 위반이나 불이행을 치유하지 못하는 경우』

Article 14 Governing Law and Arbitration

14.1 This Agreement shall be interpreted and governed by the laws of [ ].

14.2 Any dispute arising out of or in connection with this contract shall be finally settled by arbitration in Seoul in accordance with the Arbitration Rules of the Korean Commercial Arbitration Board.

『제14조 준거법 및 중재

14.1 본 계약은 [ ] 법의 해석·적용을 받는다.

14.2 본 계약으로 부터 또는 본 계약과 관련하여 발생되는 모든 분쟁은 대한민국 서울에서 대한상사중재원의 중재규칙에 따라 중재로 해결한다.』

Article 15 Miscellaneous Provisions

15.1 This Agreement constitutes the entire understanding of COMPANY and the Distributor with respect to the subject matter hereof.

15.2 No amendment, modification or alteration of any terms of this Agreement shall be binding on either party unless the same shall be made in writing, dated subsequent to the date hereof and executed by or on behalf of the parties hereto.

15.3 No assignment of this Agreement shall be valid without the prior written consent of the other party hereto.

15.4 This Agreement may be executed in English and in other languages (including Korean). In the event of any difference or inconsistency among different versions of this Agreement, the English version shall prevail over in all respect.

『제15조 기타 규정

15.1 본 계약은 본 건 사안과 관련하여 COMPANY와 Distributor 간의 모든 합의를 포함한다.

15.2 본 계약조건의 변경, 변형 및 수정은 본 계약일 이후에 서면으로 작성되어야 하고, 계약 당사자가 거기에 서명하지 않는 한 구속력을 갖지 않는다.

15.3 본 계약의 양도는 타방 당사자의 사전 서면승인 없이는 효력이 발생하지 않는다.

15.4 이 계약은 영어와 기타의 다른 언어(한국어 포함)로 작성될 수 있다. 서로 다른 언어로 작성된 계약서 간에 차이 또는 불일치가 있는 경우, 영문 계약서가 모든 면에서 우선한다.』

IN WITNESS WHEREOF, the parties hereto have authorized this Agreement to be executed by their respective duly authorized officers.

	COMPANY	DISTRIBUTOR
By	[ ]	[ ]
Address	[ ]	[ ]
Title	[ ]	[ ]
Name	[ ]	[ ]

본 계약을 증명하기 위해 당사자들은 본 계약체결의 수권을 받은 임원이 서명한다.

	COMPANY	DISTRIBUTOR
대표자명	[ ]	[ ]
주　　소	[ ]	[ ]
직　　책	[ ]	[ ]
서　　명	[ ]	[ ]

❙ 서식 8-11 ❙ 위탁판매계약서

CONSIGNMENT CONTRACT

AGREEMENT made by and between ______,(Consignor) and ______,(Undersigned).

The terms of consignment are :

1. Undersigned acknowledges receipt of goods as described on annexed schedule. Said goods shall remain property of Consignor until sold.
2. The Undersigned at its own cost and expense agrees to keep and display the articles only in its place of business, and agrees, on demand made before any sale to return the same in good order and condition.
3. The Undersigned agrees to use its best efforts to sell the goods for the Consignor's account on cash terms, and at such prices as shall from time to time be designated by Consignor.
4. The Undersigned agrees, upon sale, to maintain proceeds due Consignor separate and apart from its own funds and deliver such proceeds, less commission, to Consignor together with an accounting within (   ) days of said sale.
5. The Undersigned agrees to accept as full payment a commission equal to   % of the gross sales price exclusive of any sales tax.
6. The Undersigned agrees to permit the Consignor to enter the premises at reasonable times to examine and inspect the articles.
7. The Undersigned agrees to issue such financing statements for public filing as may reasonably be required by Consignor.

Signed under seal this   day of.   , 20______.

____

제4절 독점판매계약서

1. 의의

독점판매계약(exclusive sales contract)은 계약을 체결한 후, 공급자는 수급자에게 독점적으로 특정물을 수량에 맞게 제공할 것을 약정하고 수급자는 그에 따른 대가를 지급할 것을 약정하는 것을 말한다. 이것을 독점공급계약이라고도 한다.

독점판매계약이 성립되면 공급자는 목적물을 독점으로 공급할 의무를 부담하고, 매수자는 대금지급의 의무를 부담하게 된다.

보통 판매계약서는 회사의 제조나 서비스, 판매활동 등에 필요한 자재나 원료, 상품 등을 공급하는 것을 약정하는 문서를 말한다. 따라서 독점판매계약서는 당사자 중 일방이 상대방에게 생산물이나 서비스를 독점으로 판매할 것을 조건으로 계약할 때 작성하는 문서를 말한다. 독점판매계약은 시장에서 상품의 경쟁상대가 없기 때문에 단일 판매자는 그 판매하는 시장가격에 절대적인 지배력을 행사하게 된다.

2. 구성과 주요 내용

독점판매계약서에는 공급 의뢰에서 입고와 검수를 거쳐 대금결제와 판매물품의 이상 발생에 대한 처리에 이르기까지 일련의 사항들이 조항별로 기재되어 있다.

일반적으로 독점판매계약서는 기본항목, 일반항목, 기타항목으로 구성되어 있다.

첫째, 기본항목에는 계약체결의 목적, 판매 계약기간, 대금지급방법, 계약보증금, 판매계약의 해지와 해제, 작성 연월일, 당사자의 기명날인 등이 기재된다.

둘째, 일반항목에는 품명, 수량, 인도 가격, 공급방법, 판매권 부여와 판매지역, 판매 부진시의 조치, 판매가격과 판매량, 결제조건, 정보제공과 기밀유지 등이 기재된다.

셋째, 기타항목에는 특약사항, 양도 금지, 기타 사항 등이 기재된다.

3. 작성원칙과 유의사항

1) 작성의 일반원칙

독점판매계약서를 작성할 때는 독점으로 공급할 목적물과 관련하여 그 대상을 특정하고, 계속적으로 독점 공급할 것인가, 일시적(일회적)으로 공급할 것인가의 공급 형태, 그리고 계약에 따른 권리와 의무 등의 제반 사항이 명료하게 기재해야 한다.

2) 계약서 작성의 유의사항

(1) 양도관계와 특허사항 기재

독점판매에 따른 권리와 의무에 관하여 당사자가 합의한 양도의 인정 유무와 인정범위를 명시해야 한다. 또한 독점 공급하는 물품이 특허품이거나 이에 준하는 물품의 경우, 특허권이나 저작권 관련 사항을 명시해야 하며, 비밀유지가 필요하면 당사자는 비밀유지에 필요한 사항을 설정하여 지킬 것을 특정해야 한다.

(2) 품질검사와 불량품 처리사항 기재

독점판매계약을 적절하게 이행하도록 공급받은 상품의 검사방법과 횟수, 불합격된 상품의 처리사항, 상표관리에 관한 사항 등을 기재해야 한다. 이러한 사항을 분명히 명시해야만 후일에 발생할 수 있는 분쟁을 예방할 수 있다.

(3) 공급과 대금결제 사항

계약서를 작성할 때에는 제품의 공급기일과 기간, 수량 등을 육하원칙에 따라 명확히 기재해야 한다. 또한 공급물품에 대한 대금의 지급을 즉시 지급할 것인지, 아니면 매월 정산하여 지급할 것인지, 그리고 어떠한 방식으로 결제할 것인지를 명확히 기재해야 한다.

(4) 계약해지와 손해배상 문제

계약이 존속되는 기간은 구체적인 일자를 특정하여 기재하고, 계약의 해지에 관한 사항은 해지의 사유를 분명하게 기재하되 해지에 따른 손해배상 청구권도 명확히 기재해야 한다.

(5) 기타 사항의 검토

기타 특약사항이 있으면 기재해야 한다. 그리고 계약서 작성일자, 당사자의 이름과 주소, 연락처 등 인적사항을 기재한 후 기명날인해야 한다.

4. 실제 사례

다음은 실무거래에서 많이 사용되고 있는 독점판매계약서 양식이다. 이것은 샘플이기 때문에 제품이나 여건에 따라서는 얼마든지 일부 조항들을 추가하거나 변경할 수 있다. 이 계약에 대한 경험이 부족하거나 특수한 형태의 계약인 경우는 전문가의 도움을 받아 계약서를 작성하거나 판독하는 것이 좋다.

❙ 서식 8-12 ❙ 독점판매계약서

Exclusive Sales Contract

An exclusive sales contract has been entered into September 1, 20___. between the International Seoul Trading Co., Ltd., Seoul, Korea (hereafter to be referred as Party A) and the GLOBAL ENTERPRISING CO., INC. New York, USA (hereafter to be referred as Party B), agreeing on the following terms and conditions.

1. Party A grants to Party B the right of sole distributorship for the sale of A's products in the territory of the United States.
2. Party B will work to the best of the ability in order to introduce and establish the largest possible sales in the territory and the sales target should be three million dollars or more a year.
3. Party A will quote to Party B the most reasonable prices at all times. All the prices Party A quotes to Party B shall be in US. dollars on the basis of CIF American ports.
4. Party A shall not offer A's products to the above mentioned territory either through their branch or organization, and likewise Party B shall not import the same article from Korean exporter of such item.
5. Draft(s) shall be drawn at sight for the full invoice amount under an irrevocable letter of credit which shall be established within 17 days after the conclusion of the contract.
   Business against D/A draft without L/C should be subject to Party A's previous consent in each case. In case of D/A deal, interest will be Party A's account and delay charge, if any, will be paid by Party B.
6. Party A shall effect insurance on all shipments on ICC(B) for 110% of the invoice amount. War risk or any other additional insurance, if required, shall be covered by Party A for the account of Party B. Insurance Policies shall be made out in US. currency, and claims if any payable in New York.
7. Except in cases where firm offers are accepted, no orders shall be binding until acceptance is cabled by Party A. All orders shall be confirmed in writing.
8. Party B's claims, if any, shall not be entertained before the relative payments are completely made or the export draft is duly honored, and shall be made within 15 days after arrival of the goods at destination.
   Certificates by recognized surveyors shall be sent by Fax without delay. All claims which can not be amicably settled between Party A and Party B shall be settled by arbitration in Seoul, in pursuance of the rules of The Korean Commercial Arbitration Board, whose award shall be final and binding upon Party A and Party B.
9. This contract shall be valid until the end of 2028 and can be renewed, on the basis if such intention is conveyed to the other party at least three months before the expiry of the contract.
10. This contract is made and typed in two copies, given to each party.

Party A	Party B
INTERNATIONAL SEOUL TRADING CO., LTD.	GLOBAL ENTERPRISING CO., INC.
E. J. Han	John. T. Bolen
E. J. Han	John T. Bolen
Vice, President	President

제5절 플랜트수출계약서

1. 의의와 방식

1) 의의

플랜트(plant) 수출계약은 제품을 생산하기 위한 기계, 장치, 공장 등 하드웨어와 그 설치에 필요한 소프트웨어가 결합된 종합수출이며 산업설비수출이라고도 한다.

2) 방식

플랜트수출계약에는 산업설비만의 수출 방식과 산업설비와 함께 기술용역과 시공을 포괄하는 수출 즉, 일괄수주계약(turn key계약)에 의한 수출 방식이 있다.

전자는 협의의 개념으로 광업·제조업·건설·전기·가스·방송·통신업 등을 영위하는데 필요한 생산설비나 대형 기계류 등을 수출하는 것이고, 후자는 광의의 개념으로 기계류 등 Hardware와 그 설치에 필요한 노하우, 건설시공 등 Software가 결합된 수출을 의미한다. 일반적으로 플랜트수출계약은 후자를 의미한다.

2. 특징

첫째, 플랜트수출은 수출규모가 거대하고 수출금액이 거액이다.

둘째, 플랜트수출은 보통 일괄수주계약에 의하기 때문에 계약체결에서 대금회수까지 장기간이 소요되며 이에 따라 대금회수의 위험이 크다.

셋째, 플랜트수출은 지식집약형의 수출이므로 고용유발 효과도 높고 수출에 따른 국가 간 마찰도 적어 선진 자본주의 국가들이 주로 수행하고 있는 수출방식이다.

3. 표준계약서

플랜트수출계약에서 계약 당사자의 권리와 의무는 입찰서류나 계약서 내의 일반조항과 특별조항에 규정되어 있다. 미국아키텍처협회 등 국제적인 단체 등이 작성한 표준계약서식을 기초로 당사자들이 적절하게 수정하여 사용하는 경우가 많다.

4. 실제 사례

다음 서식은 일반적인 거래에서 사용되고 있는 플랜트수출계약서이다. 제품이나 여건에 따라서는 얼마든지 일부 조항을 추가하거나 변경하여 사용할 수 있다.

❙ 서식 8-13 ❙ 플랜트수출계약서

PLANT SUPPLY AGREEMENT

This Supply Agreement (the "Agreement") is made and entered into this ______ day ________ of by and between _______, a corporation organized and existing under the laws of _______________ _________ having its registered office at _________ ("Purchaser") and _________, a corporation organized and existing under the laws of the Republic of Korea having its registered office at __________________ ("Supplier")

WITNESSETH :

WHEREAS, Supplier possesses technical information and manufacturing skills with respect to _________ ; and

WHEREAS, Purchaser desires to purchase from Supplier on a deferred payment basis and Supplier agrees to manufacture and supply on a deferred payment basis to Purchaser, a certain quantity of ______ as more specifically described herein (the "Commodities") upon the terms and conditions set forth below.

Now, THEREFORE, in consideration of the premises and mutual covenants hereinafter contained the parties hereby agree as follows :

ARTICLE 1. DEFINITIONS

In addition to the terms defined above, as used herein the following terms shall have the meanings set forth below :

"Bill of Lading" shall mean the Bill of Lading issued with respect to each shipment of the Commodities.

"Banking Day" shall mean a day on which banks are open for business in Seoul, London and New York.

"Certificate of Acceptance" shall have the meaning set forth in Article 6.02.

"Contract Price" shall mean the aggregate amount of the Instalments and the Principal Amount to be paid by Purchaser to Supplier hereunder, which such amount is____ _________ United States Dollars (US $__________).

"Default Rate" shall mean ______________ percent(_______ %) per annum.

"Dollars" and the sign "$" shall mean dollars in the lawful currency of the United States.

"Effective Date" shall have the meaning set forth in Article 16.

"Event of Default" shall have the meaning set forth in Article 9.01.

"Factory" shall have the meaning set forth in Article 2.02.

"First Instalment" shall mean the first payment to be made by Purchaser hereunder which such payment shall be in the amount of _______ Dollars (Us $ _______).

["Guarantor" shall mean a first class international bank satisfactory to Supplier.]

"Instalments Payable on or before the last Shipment" shall mean, collectively, the First Instalment, the Second Instalment and the Third Instalment [……].

"Interest Payment Date" shall mean the last day of each Interest Period.

"Interest Period" shall mean the period beginning on the last Shipment Date and having a duration of six (6) months and each period thereafter commencing on the last day of the then current Interest Period and having a duration of six(6) months.

"Interest Rate" shall mean _______ percent (_______ %) per annum.

"Last Shipment Date" shall mean the final Shipment Date set forth in Schedule III hereto.

["Letter of Guarantee" shall mean the irrevocable and unconditional guarantee to be issued by the Guarantor guaranteeing the payment of all sums due and payable under the Notes, substantially in the form of Exhibit satisfactory to Supplier and its counsel.]

"Notes" shall mean the promissory notes of Purchaser evidencing the Principal Amount which such note shall be substantially in the form of Exhibit A hereto and in any event in form and substance satisfactory to Supplier and its counsel.

"Payment Date" shall mean each of the ______ consecutive semi-annual dates occurring on ______ and _______ of each year, the first Payment Date being _____, 20 ___ and the last Payment Date being _____, 20 ______.

"Principal Amount" shall mean ______ Dollars (US $ _______) and in any event, the amount equal to _______ percent(_______ %) of the Contract Price.

"Second Instalment" shall mean the second payment to be made by Purchaser hereunder, which such payment shall be in the amount of _______ Dollars (US $ _______).

"Shipment Date" shall mean the date entered on the Bill of Lading with respect to each shipment of the Commodities.

ARTICLE 2. THE COMMODITIES

2.01 Description

The description, quantity and unit price of the Commodities to be supplied by Supplier to Purchaser hereunder shall be as set forth in Schedule I attached hereto. All prices stated herein are CIF __________ .

2.02 Specification

The Commodities shall be manufactured in accordance with the Specifications set forth in Schedule II hereto. Manufacture of the Commodities shall occur at ______ (the "Factory"), or such other place as Supplier shall notify Purchaser. Supplier may at its own risk subcontract any part of the work undertaken hereunder without prior consent of Purchaser.

2.03 Samples

Supplier shall within ______ (   ) days after the Effective Date in accordance with Purchaser's written instructions produce such samples of the Commodities as Purchaser may reasonably require. The unit prices to be paid by Purchaser for the samples shall be determined by mutual agreement of the parties prior to the manufacture thereof.

The samples may be altered, adapted or otherwise changed as Purchaser may reasonably demand to meet is requirements. Upon manufacture of the samples to the satisfaction of Purchaser, Purchaser shall notify Supplier in writing of its acceptance thereof, and thereafter full commercial production of the commodities shall begin.

ARTICLE 3. PAYMENT

3.01 Terms of Payment

The Contract Price shall be in an amount not exceeding _______ United States Dollars ($ _______) and shall be paid by Purchaser to Supplier in Dollars as follows :

(a) The Instalments Payable on or before the last Shipment.

The First Instalment of _______ U.S. Dollars (US $ _______) shall be paid within fifteen (15) days after the Effective Date. The Second Instalment of Dollars ($_______) shall be paid upon the ________(______ th) Shipment Date set forth in Schedule Ⅲ hereto or on ______ whichever comes earlier. The Third Instalment of Dollars ($ ______) shall be paid on the ______ (____ th) _____________ which- ever comes earlier. Purchaser shall remit the full amount of each of the Instalments in immediately available funds by telegraphic transfer to the account of the Export-Import Bank of Korea with Bankers Trust Company New York, U. S. A (Account Number 04-029-695) in favor of the Supplier.

(b) Principal Amount

The Principal Amount shall be paid in ______ (   ) equal (or as nearly equal as possible) semi-annual instalments one such instalment being payable on each Payment Date.

The last instalment shall in any event be in the amount necessary to pay in full the Principal Amount outstanding. The Principal Amount and interest thereon shall be evidenced by and paid in accordance with the Notes which shall be executed and delivered by Purchaser to Supplier pursuant to Section 4.01 hereof.

(c) Interest

Supplier agrees to pay interest on the Principal Amount outstanding from time to time on each Interest Payment Date for the Interest Period then ending at the Interest Rate. Interest shall accrue on the basis of the actual number of days elapsed and a year of 360 days. Interest shall accrue from and including the first day of an Interest Period to but not including the last day of such Interest Period.

3.02 Prepayment

Purchaser may, without premium or penalty and upon the giving of thirty (30) days prior written notice to Supplier, prepay, in whole or in part, the Principal Amount on any due date of a Note, provided that such prepayment is accompanied by payment of all interests and other amounts then due hereunder.

Partial prepayment shall be credited against payment instalments of the Principal Amount in inverse order of maturity.

ARTICLE 4. SECURITY

4.01 Notes

Purchaser shall, within three (3) Banking Days before the Last Shipment Date, duly execute and deliver to the Supplier ______ (______) Notes respectively numbered "1" to " ______ " inclusive, evidencing the Purchaser's obligation to pay to the Supplier the Principal Amount plus interest thereon.

4.02 Guarantee [Stand-by Letter of Credit]

Within three (3) Banking Days before the Last Shipment Date, Purchaser shall furnish Supplier with the Guarantee [Stand-by Letter of Credit] duly executed by the Guarantor [Stand-by L/C Bank].

ARTICLE 5. SHIPMENT

5.01 Shipment Schedule

Supplier shall cause shipment of the Commodities at any Korean port reasonably designated by Supplier not later than the end of each month commencing from ________ to ______ in accordance with Schedule Ⅲ attached hereto.

The Last Shipment Date shall be made not later than ____________________, excluding delays due to such causes as defined in Article 7 hereof.

5.02 Shipping Advice

Shipping advice shall be given by Supplier to Purchaser promptly after the on-board date of the Bill of Lading and shall contain such information as the contract number, loading port, brief description of the Commodities shipped, name of vessel, expected time of arrival, invoice amount of shipment, and the name of the claim setting agent (if necessary) in Korea.

5.03 Title and Risk of Loss

Title to and risk of loss of the Commodities shall pass to Purchaser when the Commodities have effectively passed the ship's rail at the port of shipment.

5.04 Packing and Marking

Commodities shall be packed in accordance with standard export packing methods and shall be marked in accordance with the reasonable instruction of Purchaser.

5.05 Insurance, Freight, Export License

Supplier shall be responsible for insuring against all risk in maritime transportation from the time the Commodities effectively pass the ship's rail at the port of shipment and shall pay freight for the maritime transportation of the Commodities.

Supplier at its own expense will obtain all necessary permits or licenses to export the Commodities prior to the relevant Shipment Date thereof.

ARTICLE 6. INSPECTION

6.01 Time and Place of Inspection

Prior to each Shipment Date, Purchaser or its agent or representative shall at its own expense inspect the Commodities at the Factory or such other place as may be notified by Supplier to Purchaser. Supplier shall provide Purchaser with all reasonable assistance in conducting the inspection. Supplier shall give Purchaser ______ days prior notice of the date on and the place at which the relevant Commodities will be ready for final inspection.

If Purchaser fails to conduct inspection at such place with in ______ days from the date stated in Supplier's notice, Supplier may conduct the Purchaser shall be obligated to accept such Commodities as are determined by Supplier to be in conformance with this Agreement.

6.02 Result of Inspection

Any Commodity or any accessory or part thereof failing to comply within _______ % of the Specification shall be deemed a defective Commodity and Supplier shall replace such Commodity, accessory or part with a conforming Commodity, accessory or part at its own expense.

For inspected Commodities deemed to be conforming with the Specifications, Purchaser shall issue to Supplier a written certificate substantially in the form of Schedule Ⅳ to that effect (the "Certificate of Acceptance"), and such issuance shall constitute Purchaser's final and binding acceptance of the Commodities so inspected.

ARTICLE 7. FORCE MAJEURE

7.01 Cause of Delay

If the performance of this Agreement by any party, or of any obligation under this Agreement, is prevented, restricted, or interfered with by reason of war, typhoon, revolution, civil commotion, acts of public enemies, blockade, embargo, strikes, lockouts, any law, order, proclamation, regulation, ordinance, demand or requirement having a legal effect of any government, or any other act whatsoever, whether similar or dissimilar to those referred to in this clause, which are beyond the reasonable control of the party affected or its sub-contractor, including weather, then the party so affected shall, upon giving prior written notice to the other party, be excused from such performance to the extent of such prevention, restriction or interference, provided that the party so affected shall use its best effort to avoid or remove such cause of nonperformance, and shall continue performance hereunder with the utmost dispatch whenever such causes are removed.

Upon such circumstances arising, the parties shall meet forthwith to discuss what (if any) modification maybe required to the terms of this Agreement, in order to arrive at an equitable solution.

7.02 Excessive Delay

If the total accumulated time of all delays with respect to each shipment on account of the causes specified in Section 6.01 of this Article aggregates or can reasonably be expected to aggregate one hundred and fifty (150) calendar days or more, then in such event either party may terminate this Agreement in accordance with the provisions of Article 9 hereof.

ARTICLE 8. WARRANTY

8.01 Warranty Terms

Subject to the limitations set forth below, Supplier warrants that the Commodities will be free from defects in material and workmanship and undertakes to repair or replace free of charge any defective parts, including repaired or replaced parts, in the Commodities provided, however, that the parties expressly acknowledge and agree that this warranty is limited to only such defects in the commodities which are (Ⅰ) due solely to defective material and/or poor workmanship on the part of supplier and/or its sub-contractors, (Ⅱ) discovered within twelve (12) months after the shipment date of the applicable commodity and (Ⅲ) for which notice thereof is duly given to supplier as provided in article 8.02 below.

8.02 Notice of Defects

Purchaser shall notify Supplier in writing, or by telex confirmed in writing, within thirty (30) days after discovery of any defects for which claim is made hereunder.

Purchaser's failure to give Supplier such notice within thirty (30) days after discovery of the defect shall constitute an absolute, irrevocable and unconditional waiver of any and all claims arising out of or in any way connected with such defect.

8.03 Remedy of Defects

Upon receipt of notice, Supplier shall promptly deliver the replacement part(s) free of charge CIF ______, or such other port as may be reasonably designated by Purchaser.

8.04 Disclaimer

Purchaser expressly acknowledges and agree that the warranty contained herein shall not extend to material which ages or deteriorates due to ordinary wear and tear, or to defects or conditions caused, in whole or in part, by deficiencies in supplies, service, or facilities furnished by purchaser. In addition, this warranty does not extend to commodities that have been subjected to misuse, neglect, improper maintenance, accident, or improper installation or storage by purchaser, its customers or personnel acting at purchaser's direction or behalf.

8.05 Purchaser's responsibility

Purchaser shall indemnify and hold Supplier harmless against any and all claims, proceedings, losses, liabilities, suits, judgments, costs ; expenses, penalties or fines for injury or damage to any property or person arising out of in any way connected with the Commodities.

For so long as this Agreement shall remain in force, Purchaser shall procure from a reputable insurance company a Comprehensive General Liability insurance policy (or its equivalent) in the minimum amount of US$, per occurrence, and shall at its own expense cause Supplier to be listed as a named insured in such policy.

8.06 Service Engineer

Upon Purchaser's request, Supplier shall dispatch a service engineer to a location reasonably designated by Purchaser to assist Purchaser in providing efficient service to its customers for the period of warranty hereunder.

Purchaser shall pay to Supplier all costs associated with such service engineer including but not limited to, salary, transportation, communications, and housing.

ARTICLE 9. DEFAULT

9.01 Event of Default

Each of the following events and occurrences shall constitute an event of default ("Event of Default") :

(a) Purchaser fails to pay on the due date any of the First Instalment, Second Instalment or Third Instalment.

(b) Purchaser rejects any shipment of the Commodities following the issuance of a Certificate of Acceptance with respect to such shipment.

(c) Purchaser fails to execute and deliver the Notes in accordance with Article 4.01 or the Guarantor [L/C Bank] fails to execute and deliver the Letter of Guarantee in accordance with Article 4.02.

(d) Purchaser fails to perform any of its obligations with respect to any of the security instruments provided by it under Article 4 hereof.

(e) Purchaser fails to pay on the relevant due date any payment of principal, interest, expenses or any other amount which it is obligated to pay under the terms of the Notes.

(f) Purchaser fails to perform or violates any provision of this Agreement or the Notes.

(g) Any governmental consent, filing, license or approval granted or required in connection with this Agreement or any Note expires or is terminated, revoked, withdrawn or modified in any way or any new law or decree is issued which in Supplier's opinion would prevent Purchaser from fulfilling its obligations hereunder or under any Note.

(h) The whole or a substantial part of the assets of Purchaser is confiscated or attached.

(i) Purchaser fails to pay when due any indebtedness or fails to observe or perform any term, covenant or agreement contained in any agreement by which it or its assets is bound evidencing or securing any indebtedness, and the effect of such failure is to accelerate, or to permit the acceleration of the maturity of such indebtedness.

(j) Any change occurs in the ownership or control of Purchaser of Guarantor [L/C Bank] which in the reasonable opinion of Supplier constitutes a material adverse change affecting the financial condition or operation of Purchaser of Guarantor [L/C Bank], respectively.

(k) Purchaser or Guarantor [L/C Bank] suspends or discontinues its business operations whether voluntarily or involuntarily, for a period of ten (10) or more days.

(l) Purchaser or the Guarantor [L/C Bank] becomes insolvent or unable to pay any money due under any agreement or document evidencing, securing, guaranteeing or otherwise relating to indebtedness is excess of $1,000,000 or its equivalent in any other currency when due or commits or permits any act of bankruptcy, which term shall include (i) the filing of a petition in any bankruptcy, reorganization, winding-up or liquidation proceeding or other proceeding analogous in purpose or effect, (ii) the failure by Purchaser or the Guarantor [L/C Bank] to have any such petition filed by another party discharged within thirty (30) days, (iii) the application for or consent to the appointment of a receiver or trustee for the bankruptcy, reorganization, winding-up or liquidation of Purchaser or the Guarantor [L/C Bank], (iv) the making by Purchaser or the Guarantor [L/C Bank] of an assignment for the benefit of its creditors, (v) the admission in writing by Purchaser or the Guarantor [L/C Bank] of its inability to pay its debts, (vi) the passing of resolution by, or the entry of any court order or judgment confirming the bankruptcy or insolvency of, Purchaser or the Guarantor [L/C Bank] or approving any reorganization, winding up or liquidation of Purchaser or the Guarantor [L/C Bank] or of a substantial portion of their respective properties or assets, or (vii) any creditor of the Guarantor [L/C Bank] exercises a contractual right to assume the financial management of the Guarantor [L/C Bank].

(m) The Guarantor [L/C Bank] attempts to repudiate, rescind limit or annul the Letter of Guarantee [Stand-by Letter of Credit] ; or any legislation or regulation is proposed, enacted ro promulgated the effect of which would be to repudiate, rescind limit or annul the Letter of Guarantee [Stand-by Letter of Credit] ; or the Guarantor [Stand-by L/C Bank] fails to comply with any legislation or regulations concerning its organization or authority or any change is made in such legislation or regulations which failure or change, in the reasonable opinion of supplier, has a material adverse effect on the ability of the Guarantor [Stand-by L/C Bank] to meet its obligations under the Letter of Guarantee [Stand-by L/C].

(n) It becomes unlawful for Purchaser to perform any obligation under this Agreement or the Notes, or for the Guarantor [Stand-by L/C Bank] to perform any obligation under the Letter of Guarantee [Stand-by L/C].

(o) Any competent governmental authority takes (i) any action to condemn, seize, requisition or otherwise appropriate any substantial portion of the properties or assets of Purchaser (either with or without payment of compensation), (ii) any action to dissolve, liquidate or terminate the existence of the Guarantor [Stand-by L/C Bank] or to divest the Guarantor [Stand-by L/C Bank] of any material portion of its properties or assets, or

(iii) any action relating to Purchaser or the Guarantor [Stand-by L/C Bank] which, in the opinion of Supplier, adversely affects Purchaser or the Guarantor's [Stand-by L/C Bank] ability to pay its indebtedness under this Agreement, the Notes or the Letter of Guarantee [Stand-by L/C].

(p) Any circumstances occur which in the opinion of Supplier give reasonable grounds for belief that Purchaser or the Guarantor [Stand-by L/C Bank] may not (or may not be able to) perform its obligations under this Agreement, the Notes or the Letter of Guarantee [Stand-by L/C].

(q) Supplier fails to manufacture the samples to the satisfaction of Purchaser in accordance with Article 2.03 hereof within _____ days after the Effective Date.

(r) Supplier fails to ship Commodities accepted by Purchaser within _____days after Purchaser's issuance of a Certificate of Acceptance therefore.

(s) Supplier breaches any of its obligations hereunder and such breach is not cured or steps satisfactory to Purchaser have not been taken to effect cure within thirty (30) days of Purchaser's written notice to Supplier.

9.02 Consequences of default

(a) Upon the occurrence of any of the Events of Default specified in Article 9.01 (a) or (b) successive Shipment Dates shall be postponed until such Event of Default is cured ; provided, however that if any such Event of Default continues for a period of fifteen (15) days, Supplier may, at its option, rescind this Agreement by giving Purchaser notice to such effect.

(b) Upon the occurrence of any of the Events of Default specified in Article 9.01 (c)-(p), and at the option of Supplier, the obligations of Supplier hereunder shall immediately cease ; Supplier may declare, by notice to Purchaser without presentment, demand, notice or protest, all of which are hereby expressly waived by Purchaser, the principal of any Instalment and the principal and accrued interest on the Principal Amount payable hereunder and all other amounts payable hereunder immediately due and payable together with Default Interest accrued on all such sums from the date of such declaration.

(c) Upon occurrence of any of the Events specified in Article 9.01 (q)-(s), Purchaser may terminate this Agreement ; provided, however, that all amounts then due and payable to Supplier hereunder shall have been paid in full. In the event of such termination, Supplier shall refund the Instalments paid by Purchaser hereunder.

(d) All expenses incurred by either party in enforcing its rights hereunder, including the fees and expenses of counsel, shall be paid by the other party.

ARTICLE 10. ARBITRATION

All disputes arising between the parties in connection with this Agreement which cannot be settled by mutual agreement shall be finally settled by arbitration in accordance with the Rules of Conciliation and Arbitration of the International Chamber of Commerce before a board of three arbitrators, consisting of one member to be appointed by each of Purchaser and Supplier, respectively, and on third member to be selected by the two members so appointed. In the event the said two arbitrators fail to agree upon a third arbitrator within fifteen (15) days from the date of their appointment, the third arbitrator shall then be appointed by the president of the International Chamber of Commerce.
The arbitration award may take the form of an order to pay a sum of money to perform or refrain from an act, or any combination thereof. The award rendered shall be final and conclusive.
No payment under this Agreement shall be delayed or withheld by purchaser on account of any dispute of whatever nature arising between the parties hereto.

ARTICLE 11. ASSIGNMENT

Neither of the parties hereto shall may assign this Agreement to a third party unless prior written consent of the other party has been obtained. In the event of any assignment by Purchaser, such assignment shall further be subject to the approval of Supplier's bank and/or the relevant Korean governmental authorities, and Purchaser shall at all times remain as the primary obligator for the due performance of all of its obligations under this Agreement.
This Agreement shall insure to the benefit of and shall be binding upon the lawful successors, transferees and assigns of either of the parties hereto. Notwithstanding the foregoing, Supplier is entitled to assign to any other party its is rights under the Notes and/or the Letter of Guarantee [the Stand-by Letter of Credit] without Purchaser's prior consent.

ARTICLE 12. TAXES

12.01 Taxes in Korea

Supplier shall pay all taxes and duties imposed in the Republic of Korea in connection with the execution, delivery or performance of this Agreement.

12.02 Taxes outside Korea

Purchaser shall pay all taxes and duties imposed outside the Republic of Korea in connection with the execution, delivery or performance of this Agreement except for taxes and duties imposed upon those items to be procured by Supplier for the manufacture of Commodities.

ARTICLE 13. PATENTS, TRADEMARKS, AND COPYRIGHTS

Nothing contained herein shall be construed as transferring any patent, trademark or copyright in the Commodities or any part thereof, all such rights being hereby expressly reserved to the true and lawful owners thereof.

ARTICLE 14. CONFIDENTIALITY

Supplier shall retain all rights with respect to the Specifications, plans, working drawings, technical descriptions, calculations, test results and other data, information and documents concerning the design and manufacture of the Commodities, and Purchaser hereby agree not to disclose the same or divulge any information contained therein to any third parties without the prior written consent of the Supplier except to key employees involved in the usual operation or maintenance of the Commodities.

ARTICLE 15. NOTICE

Any and all notices and communications in connection with this Agreement shall be written in the English language and (i) personally delivered, (ii) transmitted by registered airmail postage prepaid, or (iii) transmitted by tested telex to the parties at the following addresses :

To Purchaser :　　　　　　Fax :
To Supplier :　　　　　　Fax :

Any notice given by registered air mail shall be deemed to have been received ten (10) days from the date of mailing, any notice personally delivered shall be deemed to have been received upon delivery and any notice sent by telex shall be deemed to have been received when sent. Any party may change its address for the purposed hereof by written notice to the other party.

ARTICLE 16. EFFECTIVE DATE

This Agreement shall become effective from the date(the "Effective Date") on which all of the following conditions have been met :

(a) This Agreement has been duly executed and delivered by the parties hereto.
(b) Supplier has obtained the relevant export license with respect to the commodities from the government of the Republic of Korea.

ARTICLE 17. MISCELLANEOUS

17.01 Applicable Law

The parties hereto agree that the validity, formation and interpretation of this Agreement, the Notes, and the Letter of Guarantee [Stand-by L/C] shall be governed by the laws of the State of New York, United States of America.

17.02 Discrepancies

In the event that any provision contained in the Specifications is inconsistent with any provisions of this Agreement, then in each and every such event the applicable provisions of this Agreement shall prevail.

17.03 Entire Agreement

This Agreement contains the entire agreement and understanding between the parties hereto and supersedes all prior negotiations, representations, understanding and agreements on any subject matter of this Agreement.

17.04 Severability

If any provision of this Agreement or any document executed in connection herewith shall be invalid, illegal or unenforceable, the validity, legality and enforceability of the remaining provisions contained herein shall not in any way be affected or impaired.

17.05 Waiver of Sovereign Immunity

Purchaser represents and warrants that this Agreement is a commercial rather than public or governmental act and that Purchaser is not entitled to claim immunity from legal proceedings with respect to itself or any of its properties or assets on the grounds of sovereignty or otherwise under any law or in any jurisdiction where an action may be brought for the enforcement of any of the obligations arising under or relating to this Agreement or the Notes.

To the extent that Purchaser or any of its properties or assets has or hereafter may acquire any right to immunity from set-off, legal proceedings, attachment prior to judgment, other attachment or execution of judgment on the grounds of sovereignty or otherwise, Purchaser for itself and its properties and other assets hereby irrevocably waives such right to immunity in respect of its obligations arising under this agreement, the Notes and all documents executed in connection herewith.

17.06 Amendment

No provision of this Agreement may be amended, modified, waived or rescinded except by a written agreement executed by the parties hereto

17.07 Counterparts ; Controlling Language

This Agreement may be executed in any number of counterparts. Any single counterpart or a set of counterparts executed, in either case, by both parties hereto shall constitute a full and original agreement or all purposes. This Agreement, all notices delivered hereunder and all documents to be delivered in connection with this transaction shall be in the English language and in the event of any conflict between the English-language version and the non-English-language version of any such notice of document, the English-language version shall prevail.

17.08 Independent Contractors

It is expressly understood and agreed that the relationship between the parties created by this Agreements is that of independent contractors.

Nothing in this Agreement shall be construed to constitute either party as agent of the other for any purpose whatsoever, and neither party shall bind or attempt to bind the other party to any contract or the performance of any obligation, nor represent to third parties that it has any right to enter into any binding obligation on the other's behalf.

IN WITNESS WHEREOF, the parties hereto have caused this Agreement to be executed by their respective duly authorized signatories as of the day and year first written above.

PURCHASER : BY : ________ Name : Title :	SUPPLIER : BY : ________ Name : Title :

제6절 위·수탁가공무역계약서

1. 의의

가공무역(processing trade)은 물품을 가공할 목적으로 원자재를 외국으로부터 수입하거나 외국으로 수출하여 이를 가공한 후 가공된 물품을 수입하거나 다시 외국에 수출하는 거래를 말한다.

2. 위탁가공무역

위탁가공무역은 가공임을 지급할 조건으로 외국에서 가공(제조, 조립, 재생, 개조를 포함)할 원자재의 전부나 일부를 거래 상대방에게 수출하거나 외국에서 조달하여 이를 가공한 후 가공물품을 수입하거나 외국으로 인도하는 수출입을 말한다.

이 거래는 자국의 임금수준이 높아 자국 내에서 가공하는 것보다 가공임이 저렴한 국가에 가공을 위탁하는 것이 유리하거나 또는 자국의 기술수준이 낮아 기술이 발달된 국가에서 가공하고자 하는 경우에 이루어지는 거래이다.

3. 수탁가공무역

수탁가공무역은 가득액을 영수(領收)하기 위해 원자재의 전부나 일부를 거래상대방의 위탁에 의하여 수입하여 이를 가공한 후 위탁자나 그가 지정하는 자에게 가공물품을 수출하는 수출입을 말한다. 수탁가공무역은 그 가득액을 수취하는 방식 혹은 원자재를 조달하는 방식에 따라 유환수탁가공무역과 무환수탁가공무역이 있다.

유환수탁가공무역은 원자재의 수입대금과 가공제품의 수출대금이 각각 별도로 지급과 회수하는 방식이며 무환수탁가공무역은 그 차액(가득액)만 영수되는 방법이다.

일반적으로 수탁가공무역은 무환수탁가공무역을 의미한다. 이 방식은 외국업자가 우리나라의 숙련된 노동력 또는 고도의 기술을 활용하는 경우에 이용되고 본국의 모회사와 우리나라에 진출한 자회사 간의 거래에도 많이 이용되는 거래형태이다.

4. 위·수탁가공무역계약서

위·수탁가공무역계약서의 주요 내용은 원자재 대금의 결제(유상과 무상 여부), 원자재 수량과 관리, 제조공정 관리, 가공임 결정과 결제, 분쟁 발생 시 처리방법 등이다.

다음은 일반적인 거래에서 많이 사용되고 있는 위·수탁가공무역계약서 양식이다.

▎서식 8-14 ▎ 위탁가공무역계약서

CONSIGNMENT PROCESSING CONTRACT

This contract is made and enters into on . . 20 _____ by and between (hereinafter referred to as A) and _______ (hereinafter referred to as B).

Article 1 (Products and Processing Charge)

B processes and delivers the finished product to A on the basis of the following Consignment Processing(CMT-Cutting, Making, Trimming) Charge.

Items	Unit	Spec.	Quantity	Unit Charge	Total Amount

Article 2 (Raw Materials and Subsidiary Materials)

(1) A supplies B the following raw materials and subsidiary materials which are necessary for manufacturing the products under Article 1 at non commercial value.

Items	Unit	Spec.	Quantity	Unit Charge	Total Amount

(2) B shall use the above materials only to manufacture and process the products described at Article 1, and Shall not take out them outside factory without prior permission of A.

Article 3 (Management of Raw and Subsidiary Materials)

(1) B shall admit that the materials under the previous Article are the property of A and shall not hand them over others, shall not exchange them for others and shall maintain them as a bona-fide manager.

(2) B shall take an insurance to the insurance company named by A, at B's expenses, for the raw and subsidiary materials and products being preserved.

Article 4 (Processing)

(1) B shall make the products in accordance with the samples & the specifications presented by A and B shall obtain prior approval of A to any small changes.

(2) B shall not make any other sub-consignment processing contract with others without A's prior approval.

(3) A can give B technical instructions or working orders at any time, relating to processing, packing and transporting the products, and B shall follow them.

Article 5 (Shipment)

(1) B, manufacturing the products under Article 1, shall make custom clearance and ship them after designated inspection by A's order in accordance with the shipping schedule in Letter of Credit.

(2) A shall bear all costs and charges arising from warehouse to shipment.

Article 6 (Payment of Processing Charge)

A shall pay the processing charge without hesitation as B presents Bill of Lading and shipping documents required by Letter of Credit.

Article 7 (Claims)

On receiving disputes or complaint by buyer arising from B's export of the products, A shall notify it in writing to B and when such claims are to be certified as resulting from B/s fault, B shall take all liabilities. In this case, A shall make an effort to reduce the claims as much as possible in consultation withy B.

Article 8 (Arbitration)

All disputes, controversies, or differences which arise between the parties out of or in relation to or in connection with this contract or for the breach thereof, shall be finally settled by arbitration in Seoul, Korea in accordance with Commercial Arbitration Rules of the Korean Commercial Arbitration Board and under the Laws of Korea. The award rendered by arbitrator(s) shall be final and binding upon both parties concerned.

After both parties make and sign two copies of contract, A keeps original copy stamped on and B keeps she duplicate.

A	B
______________________	______________________

❙ 서식 8-15 ❙ 수탁가공무역계약서

BONDED PROCESSING TRADE CONTRACT

This contract is made and agreed on this ________th day of ______, 20 ____ by and between the following parties concerned :

ABC Company, Ltd.,(hereinafter referred to as ABC), a COMPANY,
having its office at ________
and

XYZ Corp.(hereinafter referred to as XYZ), a Corporation,
having its office at ________

Whereas ABC wants its materials to be processed into fabrics in the most cost-effective, reliable and high-quality way;

Whereas XYZ has its reputable fabric making facility in the bonded area as designated by the competent government authority;

Whereas processing the yarns of ABC into fabrics in XYZ's bonded manufacturing facility would greatly enhance the mutual benefit of the parties;

Now, therefore, in consideration of the mutual promises and covenants contained herein, ABC and XYZ agree as follows:

Article 1 ABC exports to XYZ Rayon Yarns as specified in the attached Annex1, and XYZ exports to ABC Rayon Fabrics after processing them in its bonded manufacturing facility as specified in the attached Annex 1.
All other materials or components for processing Rayon Fabrics than those supplied hereabove by ABC in this Article shall be procured and used by XYZ at XYZ's costs and expense.

Article 2 XYZ guarantees the quality of the Rayon Fabrics to be strictly equivalent to the samples already confirmed by ABC.

Article 3 Ownership of Rayon Yarns etc

(1) Raw materials and components supplied by ABC shall remain the property of XYZ. XYZ shall maintain them as a bona-fide holder, hold out to all others as ABC's property and may not sell, or otherwise dispose of them.
(2) XYZ shall take out an insurance with an insurance company acceptable to ABC, at its expenses, for the raw materials and components and the semi-processed or the finished Products.
(3) XYZ shall use the above materials and components for the manufacture and process of the Products described in Article 1, which XYZ shall keep in the factory and may not remove outside factory without the prior written consent of ABC.

Article 4 ABC establishes a letter of credit in the initial amount of US Dollar ten thousand (USD 10,000) for the Rayon Fabrics in favor of XYZ.

Article 5 Shipments are to be carried out partially as agreed upon by ABC and XYZ, and establishments of Credits after the first Credit are to be made partially as agreed upon in consideration of execution of the first Credit.

Article 6 The term of this Contract is one year, and further extension and/or renewal may be agreed after consultation by ABC and XYZ.

Article 7 In performance of this Contract, both ABC and XYZ are always to cooperate to their best sincerity and care.
If either party breaches any provision of this Contract the non-defaulting party is entitled to compensation for the loss or damage therefrom.

In WITNESS WHEREOF, the parties concerned have caused this Agreement to be executed by their duly authorized representative as of the date first above written :

For and on behalf of,	For and on behalf of,
ABC Company, Ltd.	XYZ Corp.
BY : ____________________	BY : ____________________
Typed Name :	Typed Name :
Title :	Title :

Annex 1. Rayon Yarns and Rayon Fabrics

제7절 국제기술이전계약서

1. 의의

국제기술이전계약(contract for the transfer of technology)은 어느 특정 기업체가 보유하고 있는 특허, 상표, 디자인, 노하우, 기술 등과 같은 지적재산을 외국의 다른 기업(licensee)에게 일정한 조건으로 활용할 수 있도록 허가해 주는 대신에, 일정한 대가(royalty, 로열티)를 지급하기로 계약을 체결하여 해외시장으로 진출하는 경영방식을 말한다. 국제기술이전계약의 대표적인 형태는 국제라이선싱계약이다.

2. 역할

국제기술이전계약에서 라이선서(licensor)는 지식재산권 등을 가지고 있는 자로 라이선스 공여자이며 라이선시(licensee)는 권리를 대여받는 자로 라이선스 도입자이다.

라이선서 입장에서는 기술이전이나 기술수출의 의미이지만, 라이선시 입장에서는 기술도입이나 기술수입의 의미가 된다. 라이선시는 라이선싱 계약을 통해 특정 제품을 생산, 사용, 양도, 판매, 전시를 할 수 있고 그 보상으로 로열티를 지급하게 된다.

3. 주요 내용

국제기술이전계약에서는 ① 이전대상 기술의 범위 ② 기술 제공 방식 ③ 보증의 정도 ④ 기술 제공 대가의 산정과 지급 방법(일시 기술료 지급 여부, 로열티 금액의 결정, 로열티 정산의 기간 단위 등) ⑤ 제품 판매의 시장 범위는 어디까지인지, 독점권을 부여할지, 위반 시 대응 조치 ⑥ 기술비밀에 대한 비밀유지 의무 및 위반 시 대응방법 ⑦ 기타 개량기술의 귀속, 실시료 정산 관련 실사 협조의무, 특허 실시권 등록 여부, 제3자의 침해에 대한 대응 등이 기재된다. 이 경우 기술제공자와 기술도입자 상호 간의 입장을 충분히 반영하여야 한다.

4. 실제 사례

다음은 실무거래에 널리 사용되고 있는 국제기술이전계약 서식이다. 이것은 샘플이기 때문에 제품이나 상황에 따라서는 당사자들이 얼마든지 조항들을 추가하거나 변경하여 사용할 수 있다.

▌서식 8-16▐ 국제기술이전계약서

TECHNICAL ASSISTANCE AGREEMENT

THIS AGREEMENT made and entered into on ____(일자) of ____(월) 202____ by and between (기술제공 회사명), a corporation organized and existing under the laws of (기술제공 국명), having its main office and place of business at ____________(주소) (hereinafter referred to as "Licensor") and (기술도입 회사명), a corporation organized and existing under the laws of the Republic of Korea, having its main office and place of business at ____________(주소), Republic of Korea(hereinafter referred to as "Licensee")

WITNESSETH :

WHEREAS, Licensor has long been engaged in the manufacture and sale of (제품명) products (hereinafter referred to as "the Licensed Products") ;

WHEREAS, Licensor has acquired and possesses valuable technical information on the design, manufacture, erection and use of Licensed Products ;

WHEREAS, Licensor has the right to grant a license to use Technical Information (or Industrial Property Rights) in connection with the Licensed Products ;

WHEREAS, Licensee desires to obtain, and Licensor is willing to grant the right and license to manufacture, use of Licensed Products ;

WHEREAS, Licensor has the right to grant a licensee to use Technical Information (or Industrial Property Rights) in connection with the Licensed Products ;

WHEREAS, Licensee desires to obtain, and Licensor is willing to grant the right and license to manufacture, use and sell the Licensed Products utilizing technical information furnished by Licensor.

NOW, THEREFORE, in consideration of premises and covenants hereinafter set forth, the parties hereto agree as follows.

Article 1. DEFINITIONS

As used in the Agreement, the following terms have the following meanings respectively ;

1. "Licensed Products" mean as mentioned below. As to details of the Products, the stipulation of Appendix hereto shall apply.
2. "Technical Information" means all the technical knowledge, know-how, standard calculations, data and information developed or otherwise generally used by Licensor pertaining to the manufacture, use and sale of the Licensed Products.
3. "Contract Territory" means the territory subject to the Government of the Republic of Korea.
4. "Industrial Property Right" means any or all rights under patents, utility models and application therefore presently owned or hereafter acquired by Licensor and/or which Licensor has or may have the right to control or grant license thereof during the term hereof and which are applicable to or may be used in manufacture of the Products. (공업소유권이 없는 경우 삭제)
5. "Licensed Trademarks" shall mean the trademarks which are specified in Appendix hereto.

Article 2. GRANT OF LICENSE

1. Licensor hereby grants to Licensee [an exclusive, a non-exclusive] right to manufacture, use and sell the Licensed Products using the Industrial Property Right and Technical Information furnished by Licensor in the Contract Territory.
2. Licensor hereby grants to Licensee [an exclusive, a non-exclusive] right to sell the Licensed Products to any country in the world [except [기술제공 국명] 또는 삭제].

Article 3. SALES INFORMATION

1. Upon written request of Licensee, Licensor shall furnish Licensee with necessary drawings, technical data and price information on a breakdown basis in order to enable Licensee to prepare quotations, in so far as such information is currently available from Licensor.
2. To assist Licensee in selling the Licensed Products, Licensor will furnish Licensee with one complete set of current materials generally used for sales promotion, such as brochures, catalogues and technical data available from Licensor, which cover the entire range of the Licensed Products.

Article 4. TECHNICAL ASSISTANCE AND SERVICES

1. Licensor shall supply Licensee with the following data in order that Licensee may manufacture to the best advantage the Licensed Products without delay.
   (a) Drawings for designing, manufacturing and assembling
   (b) Specifications, Materials list, General calculation sheet
   (c) Data for inspections and trial operations
   (d) Fabrication and assembly procedures
   (e) Operating and instruction manuals
   (f) Any other necessary technical data and know-how generally used by Licensor
   (불필요한 항목은 삭제 또는 대체)
2. Licensor shall, by request of Licensee, permit a reasonable number of technical personnel designated by Licensee to have opportunity to study the design and manufacture of the Licensed Products at Licensor's place of business. Licensee shall advise Licensor, in advance, of the purposes, number, names, qualifications and probable lengths of stay of Licensee's designated personnel desiring to visit Licensor.

   Licensor shall arrange to make available qualified personnel for consultation with, and training of such Licensee's personnel. Cost for round trips, meals, lodging, and other expenses of Licensee's personnel despatched for training shall be borne by Licensee.(기술훈련이 없는 경우 삭제)

   Upon written request of Licensee, Licensor shall send to Licensee, subject to availability of personnel and to mutual agreement, qualified engineers and/or technicians to render assistance and services to Licensee in connection with the manufacture, sale and operation of the Licensed Products for a reasonable period to be agreed upon by the parties hereto, provided, however, that Licensee agrees to bear the travelling expenses to and from (기술제공 국명) and living expenses in the Republic of Korea incurred by any such engineer and/or technicians. Licensor assures that such engineers and/or technicians are qualified with professional standards and reasonable skill, and will perform the assistance and services with care and diligence.

   (기술자 내한이 없는 경우 삭제)

   If at any time during the term of this Agreement one party hereto discovers or comes into the possession of any improvements of further inventions relating to the Licensed Products or in connection with the design, manufacture, use and sale of the same, that party shall furnish the other party with information on such improvements or further inventions without any delay and free of charge.

Article 5. PAYMENT

1. In consideration of the Technical Information and the Industrial Property Rights furnished by Licensor to Licensee hereunder, Licensee shall pay to Licensor the following royalties in the amount and in the manner specified below.
   (a) Initial Payment (선급금 없는 경우 삭제)
   Licensee shall pay Licensor the initial payment in US Dollars equivalent to(해당 금액). Payment of the Initial Payment shall be made by means of telegraphic transfer remittance within (　) days from the date of approval of this Agreement by the authorities concerned, the Government of the Republic of Korea.
   (b) Net selling price shall be the gross invoice price of the Licensed Products sold or otherwise disposed of by Licensee in normal, bona fide, commercial transaction without any deduction other than the following items of expense, if any, to the extent to which they are actually paid and included in the gross invoice price.
   1) Sales discount
   2) Sales return
   3) Indirect taxes on sales
   4) Insurance premiums in sales
   5) Packing expenses on sales
   6) Transport expenses on sales
   7) Sales commissions
   8) Advertisement fee
   9) Installation expenses at places where the Licensed Products are to be used
   10) CIF price, and import duties of the raw materials, intermediate goods, parts and other components purchased from Licensor
   (c) Royalty shall be computed for six month period terminating the last date of June and December of each year. Licensee shall make payment to Licensor within (　) days after receipt of relevant invoice from Licensor within (　) days after the last date of June and December of each year in the amount specified in Licensee's royalty statement mentioned in Article 8.
2. For the supervision and assistance by Licensor under paragraph 3 of Article 4, Licensee shall pay to Licensor service fees as the rates specified in Appendix (　) within (　) days after receipt of an invoice from Licensor. (기술자 내한이 없는 경우 삭제)

3. All payments due under this Article shall be made in(U.S currency 또는 기타 통화) strictly in accordance with this article, converted from Won at the official telegraphic transfer selling rate of exchange prevailing in Seoul, Korea, on the expiry date of the immediately preceding ( ) month period for the calculation of the royalties hereunder.
4. All payments made to Licensor hereunder shall be by means of official telegraphic transfer remittance, mail transfer remittance, banker's check or through non-resident foreign currency deposit account established at bank(s) in [기술제공 국명, 또는 기타 국명] in the name of Licensee and shall be remitted to the bank designated by Licensor.

Article 6. SUPPLY OF COMPONENTS, PARTS AND RAW MATERIALS (부품공급이 없는 경우 삭제)

Upon Licensee's written request, Licensor shall supply components, parts and raw materials to Licensee in due time and at reasonable and competitive prices.
Licensee shall open irrevocable letter of credit to buy components, parts and raw materials from Licensor.

Article 7. RECORDS, AUDITING AND REPORTS

1. Licensee shall send its statement of royalties due for the immediately preceding _____ month period together with full evidences which Licensor may require, to reach Licensor not later than ( ) days after the expiration of the immediately preceding ( ) month period.
2. At the time of remitting the royalties, Licensee shall submit to Licensor a written report stating the net selling price, overall order price with clients, the number and the type of the Licensed Products sold or used by Licensee under this Agreement during the ( ) month period ended on June 30th and December 31st each year.

Article 8. WARRANTY

1. During the terms of this Agreement, Licensor shall be responsible for damage resulting from defective Technical Information and parts furnished to Licensee by Licensor.
2. Licensor shall not be responsible for consequential damages from the faulty application of Technical Information by Licensor.

Article 9. DURATION AND TERMINATION

This Agreement shall be effective for an initial period of (   ) years from the effective date of this Agreement. After the end of this period, the Agreement shall expire without notice.
The parties may agree to extend the term of this Agreement, provided, however, that any extension shall be subject to the necessary approval by the Government of the Republic Korea.
If either party hereto continues in default of any obligation imposed on it herein for more than (   ) days after written notice has been dispatched by registered airmail by the other party requesting the party in default to remedy such default the other party may terminate this effect by registered airmail to the first party and this Agreement shall terminate on the date of dispatch of such notice.
In the event of bankruptcy, insolvency or assignment for the benefit of creditors of either party hereto, the other party may terminate this Agreement effective immediately by giving the first party written notice to the effect.

Article 10. USE OF TRADEMARK AND BRAND NAME

1. Licensor hereby grants to Licensee, upon the terms and conditions hereinafter specified, [an exclusive, a non-exclusive], non-assignable license to use the Licensed Trademarks during such time as this Agreement subsist in such manner as not to deceive the public, on and in connection with the Licensed Products.
   Licensor will not grant a Licensee to use the Licensed Trademarks in the Contract Territory to any other third party in Korea during the term of this Agreement.
2. Licensee shall be entitled to use Licensed Trademarks on Licensee's letter headings, invoices and all advertising and promotional material in such form and in such manner as the first consulting in writing with the Licensor.

Each Licensed Trademark shall be used only after it has been duly registered with the Patent Office, and after this Agreement has also been duly registered with the Patent Office.
This License to use the Licensed Trademark is provided on a royalty free basis. If this Agreement is terminated, Licensee shall immediately cease using the Licensed Trademark.

Article 11. PATENT INFRINGEMENT

Should any Licensed Product manufactured by Licensee strictly in accordance with the Technical Information supplied by Licensor under this Agreement partially or totally infringe of patent right belonging to the third party which shall make a claim against Licensee for alleged infringement of such patent right, Licensee shall immediately by telex, inform Licensor thereof and transfer the claim with all pertinent details to Licensor, who shall be responsible for handling of the claim and Licensee shall in no respect have any responsibility for the claim from such party.

Article 12. SECRECY

Licensee agrees that it shall not without prior written consent of Licensor sell, assign or divulge the Technical Information disclosed and furnished by Licensor hereunder in any manner to anyone except those of its employees and its subcontractors who will be using information in the manufacture and assembly of the Licensed Products.

Article 13. TAXATION

Customs duties, taxes and any similar charges which may be imposed by the Korean Government with respect to this Agreement shall be borne by Licensee.
All other customs duties, taxes and similar charges which may occur in (기술제공 국명) as a result of entering into this Agreement shall be paid by Licensor.

Article 14. ARBITRATION

Any dispute arising under or by virtue of this Agreement or any difference of opinion between the parties hereto concerning their rights and obligations under this Agreement, shall be finally resolved by arbitration.
Such arbitration proceedings shall take place in [Seoul, Geneva] in accordance with the applicable rules of arbitration of [the Korean Commercial Arbitration Board, the International Chamber of Commerce], but the proceedings should take place in English language.
The decision of the arbitration proceedings shall be final and binding upon both parties.

Article 15. EFFECTIVE DATE

It is clearly understood and agreed by both parties that this Agreement shall be deemed effective when all conditions imposed by the Korean Government and the Government of (기술제공 국가명) shall have been met to the satisfaction of Licensor and Licensee.
The date of the later of such government approval shall become the effective date of the Agreement. Licensee and Licensor shall notify in writing to the other party specifying the date of their respective Government's approval.

Article 16. APPLICABLE LAW

This Agreement shall be construed and interpreted in accordance with laws of the Republic of Korea.

Article 17. FORCE MAJEURE

Neither party shall be liable to the other party for nonperformance or delay in performance of and of its obligation under this Agreement due to causes reasonably beyond its control including fire, flood, strikes, labor troubles or other industrial disturbances, unavoidable accidents, governmental regulations, riots, and insurrections.
Upon the occurrence of such a force majeure condition the affected party shall immediately notify the other party with as much details as possible and shall promptly inform the other party of any further developments. Immediately after the cause is removed, the affected party shall perform such obligations with all due speed unless the Agreement is previously terminated in accordance with Article 9 hereof.

Article 18. NOTICES

All communication notices or the like between the parties shall be valid when made by telegraph or telex communication subsequently to be confirmed in writing and addressed to the following addresses.

To Licensee :

To Licensor :

Article 19. LANGUAGE

1. The language to be used in rendering the Technical Information disclosed and furnished in Licensee by Licensor under this Agreement shall be in English.

2. The language for correspondence between the parties and any documentation shall be in English.

Article 20. ENTIRETY

This instrument embodies the entire agreement and understanding between the parties hereto relative to the subject matter hereof and there are no understandings, agreement's conditions or representations, oral or written, expressed or implied, with reference to the subject matter hereof that are not merged herein or superseded hereby.

No modification hereof shall be of any force or effect unless reduced to writing and signed by the parties claimed to be bound thereby and no modification shall be effected by the acknowledgement or acceptance of any order containing different conditions.

IN WITNESS WHEREOF, the parties have caused this Agreement to be executed by their duly authorized representatives as of the date first above written.

For and on behalf of

By :
Typed name :
Position :

For and on behalf of

By :
Typed name :
Position :

제 2 부 기출문제

1. 'We offer you firm subject to our final confirmation'이란 offer에 대하여 "We accepted your offer"라고 회신할 때 계약이 성립되었습니까? 에 대해 설명하시오.
[관세사 1996년 【13회】 10점]

2. 무역계약에 있어서 청약(Offer)과 청약의 유인(Invitation of offer)에 대한 각각의 개념과 양자를 구분할 수 있는 기준을 설명하시오. [관세사 2011년 【28회】 10점]

3. 일반적인 계약의 법적 성질을 기준으로 일반적인 청약의 경우와 청약의 유인에 있는 경우에 있어서 무역계약의 성립을 예를 들어(영문 구문) 도출하고 비엔나협약, 한국법 및 미국법의 경우 승낙의 법적 유효성 문제(대화자 간, 격지자 간)를 각각 비교 설명하시오.
[관세사 2005년 【22회】 10점]

4. 승낙의 의의와 효력발생시기 및 승낙의 철회에 대하여 우리나라 민법, 영미법, 비엔나협약의 규정을 비교하여 설명하시오. [관세사 2001년 【18회】 10점]

5. 무역계약에서 청약의 효력이 소멸되는 사유 5가지를 쓰시오. [관세사 2020년 【37회】 10점]

6. 무역계약의 수량조건 중 과부족용인조항(M/L Clause)의 개념과 그에 대한 신용장통일규칙(UCP 600)상의 해석기준을 설명하시오. [관세사 2015년 【32회】 10점]

7. 비엔나협약상 승낙기간의 결정과 통신수단별 승낙기간의 기산일에 관하여 설명하시오.
[관세사 2021년 【38회】 10점]

8. 화환신용장통일규칙(UCP 600)상 제19조에서 제25조의 제목을 이용하여 운송서류의 명칭 7개를 쓰시오(10점). 제19조 운송서류의 수리요건 6개를 설명하시오(30점). 제20조 운송서류의 환적에 관한 규정을 설명하시오(10점). [관세사 2020년 【37회】 50점]

9. 선적의 정의와 선적시기의 결정방법을 설명하고, UCP 600 상에서 운송서류별 선적일자의 해석기준을 설명하시오. [관세사 2012년 【29회】 10점]

10. 국제상거래에서 Force majeure와 frustration의 근본적인 차이점을 설명하고, 계약상의 Force majeure clause에 포함되어야 할 내용에 대해 서술하시오.

[관세사 2000년 【17회】 10점]

11. 무역계약에 있어서 청약의 효력이 소멸되는 사유 5가지를 쓰시오.

[관세사 2020년 【37회】 10점]

12. Incoterms® 2000에서 C Terms와 D Terms의 본질적 차이를 선적지 계약과 도착지 계약 특성을 중심으로 논하시오. [관세사 2002년 【19회】 50점]

13. Incoterms® 2010의 개정 이유와 주요 특징을 설명하시오. [관세사 2011년 【28회】 50점]

14. Incoterms® 2010의 CIF규칙을 설명하고, 동 규칙으로 매매계약 체결 시 소유권이전과 관련된 문제점과 대응방안에 대하여 논하시오. [관세사 2013년 【30회】 50점]

15. Incoterms® 2010의 E, F, C, D Terms별로 통관의무 및 통관 관련 비용 부담의 당사자를 설명하시오. [관세사 2013년 【30회】 10점]

16. Incoterms® 2020 소개문에서 'Incotems 규칙이 하지 않는 역할(What the Incotems rules do not do)'에 대해 10개를 쓰시오. [관세사 2020년 【37회】 10점]

17. DDP조건을 약술하시오. [관세사 1997년 【14회】 10점]

18. Incoterms의 거래조건 중 목적항 본선상에서 인도가 이루어질 수 있는 거래조건의 위험과 비용의 분기점과 소유권 이전에 대하여 설명하시오. [관세사 2009년 【26회】 10점]

제 3 부

무역계약의 이행

제9장

매도인과 매수인의 계약이행 내용

제1절 무역계약 이행과 비엔나협약

1. 의의

무역계약이 성립되면 계약상의 의무로서 매도인은 계약물품을 제공해야 할 뿐 아니라 이에 따르는 소유권과 계약에서 정한 제반서류를 인도해야 하며, 매수인은 계약물품을 인수하고 이에 따른 대금을 지급해야 한다.

이때 무역계약의 이행은 계약에서 발생한 채무(obligations)의 내용과 상이함이 없이 정확하고 올바르게 이루어져야 한다. 왜냐하면 당사자가 계약조건과 상이한 이행을 하거나 태만히 하면 이것은 계약위반이 되며, 그 계약위반에 대해 상대방은 손해배상 청구권 등을 행사할 수 있기 때문이다.

2. 비엔나협약과 당사자의 의무

무역계약이 성립되면 당사자의 의무들이 결정된다. 비엔나협약 제30조 내지 제44조에는 매도인의 의무로서 물품인도와 통지의무, 물품의 소유권이전의무, 서류의 교부의무, 물품의 계약적합성 의무 등을 규정하고 있다.

또한 비엔나협약 제53조 내지 제60조에는 매수인의 의무로서 대금지급의무, 인도물품의 수령의무, 물품검사 및 부적합 통지의무 등을 규정하고 있다.

실제거래에서는 이것만이 당사자의 유일한 의무는 아니다. 왜냐하면 비엔나협약상의 규정은 당사자 의무에 관한 총설적 규정 내지 선언적 규정에 불과한 것이기 때문이다.

당사자의 의무를 결정하는 요소는 우선적으로는 당사자의 합의내용이지만 그것이 없으면 실무관행이나 관례가 적용된다. 실무적으로 당사자의 의무를 결정하는 데에는 인코텀즈(INCOTERMS)가 매우 큰 영향을 미치고 있다.

제2절 매도인의 계약이행 내용

비엔나협약과 인코텀즈 등에 규정된 매도인의 주요 의무로는 물품의 인도와 통지의무, 물품의 계약적합성 보장의무, 서류의 교부의무, 물품의 보관의무, 위험의 이전과 비용부담의무, 소유권의 이전의무, 운송과 보험계약 체결의무 등이 있다.

1. 물품의 인도와 통지

1) 물품인도의 의의

무역거래에서는 CIF계약이든 FOB계약이든을 막론하고 물품의 현실적 혹은 물리적 이전을 통해 인도의무가 완료된다. 따라서 무역계약에서 가장 중요한 매도인의 첫번째 의무는 계약의 목적에 부합하는 물품(goods)을 매수인에게 인도하는 것이다.

인코텀즈뿐 아니라 기타의 모든 매매관련법에도 매도인의 의무 제1항은 '매도인은 계약에 일치하는 물품을 인도해야 한다.'라고 규정하고 있다.

그런데 무역계약에서 물품의 인도는 국내거래와 달리, 매도인이 매수인에게 직접 인도하는 것이 아니라 매도인이나 매수인의 대리인 역할을 하는 운송인에게 인도한다.

그러한 의미에서 무역계약에서 매도인의 물품인도는 매수인이나 그의 대리인(주로 운송인)의 보관(custody)이나 통제(control)하에 이를 두는 것을 포괄하는 의미이다.

2) 물품인도의 효과

무역계약에서 매도인은 계약물품을 인도할 의무를 부담하며 매수인은 그 물품을 인수하고 대금을 지급(to accept and pay for the goods)할 의무를 부담한다.

계약물품의 인도(delivery)라는 개념은 매도인의 입장에서 본 개념이며, 매수인의 입장에서 보면 계약물품을 인수(taking)하는 것이 된다. 따라서 무역계약에서 계약물품의 인도와 인수는 하나의 법률행위의 양면을 나타낸 것이다.

매도인이 물품을 인도하였다는 것은 매도인 측면에서는 물품을 매수인이나 그의 대리인(운송인)의 관리나 보관 하에 둔 상태를 의미하며, 매수인 측면에서는 물품을 실질적으로 지배할 수 있는 상태에 둔 상태를 의미한다.

따라서 매도인이 계약물품의 전부나 일부를 인도하지 않거나(non-delivery) 인도를 지연하면 계약상의 인도의무를 불이행한 것으로 간주된다. 이 경우 매수인은 매도인에게 이행청구권이나 손해배상청구 등의 구제방법을 행사할 수 있다.

3) 물품인도의 형태

물품인도의 형태(method of delivery)는 물품을 어떠한 방식으로 인도하는지의 문제로, 계약이론에서는 이것을 다음과 같이 구분하고 있다.

(1) 현실적 인도와 추정적 인도

이국간의 물품매매에서 계약물품의 인도형태는 무역조건(trade terms)에 따라 결정되는 것이 원칙이다. 그러나 이론적으로 계약물품의 인도형태는 인도물품이 현물인가 아니면 상징인가에 따라 현실적 인도와 추정적 인도로 구분된다.

① 현실적 인도

현실적 인도(actual delivery)는 매도인이 매수인이나 그의 대리인(일반적으로는 운송인)에게 현실적으로 계약물품의 점유를 이전시켜서 계약을 이행하는 방식을 말한다. 이것을 현물 인도 또는 물리적 인도(physical delivery)라고도 부른다.

② 추정적 인도

추정적 인도(constructive delivery)는 매도인과 매수인 사이에 실제로 물품을 수도(受渡)하지 않고 인도가 이루어진 것으로 추정(해석)하여 계약을 이행하는 방식을 말한다. 이것을 서류인도 또는 해석적 인도라고도 부른다.

추정적 인도는 다시 양도승낙에 의한 인도와 상징적 인도로 구분된다. 양도승인에 의한 인도(delivery by attornment)에는 다시 다음과 같은 종류가 있다.

첫째는 점유개정(占有改定)이다. 이것은 매도인이 매수인에게 물품을 매매한 후에도 점유권의 양도인인 자신이 매수인의 대리인으로 계속 물품을 점유하는 형태이다.

둘째는 간이인도이다. 이것은 매매가 이루어지기 전에 물품은 이미 매수인이 점유상태에 있고, 매매 후에는 실제의 수도(受渡)는 행하지 않고 당사자의 의사표시만으로 인도가 이루어진 것으로 추정하는 형태이다.

셋째는 지시인도이다. 이것은 물품은 매도인의 수탁자인 제3자에 의해 점유되고 있고, 매매 후 매수인에게 물품을 양도하였다는 취지를 매도인이 제3자에게 통지하면, 제3자는 매수인의 권리를 승인하고 그 수탁자로서 계속 물품을 보유하는 형태이다.

한편, 상징적 인도(symbolic delivery)는 CIF계약과 같이, 물품은 수탁자(운송인)가 점유하고 있고 매도인은 그 물품을 상징하는 선하증권과 같은 권리증권을 매수인에게 인도함으로써 물품의 인도가 이루어진 것으로 추정하는 형태이다.

이 경우 선하증권 등 권리증권의 양도는 물품의 인도와 동일한 효력을 가진다.

한편, FOB계약은 원칙적으로는 거래관습상 현실적 인도의 성격을 가진다. 그러나 현재 매매계약에서는 당사자 사이의 합의에 따라 화환어음결제가 일반적으로 이루어지고 있기 때문에 FOB계약도 상징적 인도로 이루어지는 경우가 오히려 더 많다.

(2) 직접인도와 간접인도

직접인도(direct delivery)는 매도인이 계약물품을 매수인이나 그의 대리인에게 직접 인도하는 것을 말하며, 간접인도(indirect delivery)는 계약물품을 계약이나 상거래관습에 따라 제3자인 운송인에게 인도하는 것을 말한다.

간접인도의 경우 FOB계약과 CIF계약은 물품인도 방식에서 다음과 같은 법적 차이가 있다. 우선 FOB계약은 운송인이 매수인의 이행보조자(즉, 매수인 측의 운송인)로서 행동하기 때문에 매도인이 매수인이 지정한 운송인에게 인도하면 계약물품을 매수인에게 인도한 것으로 간주되는 현실적 인도이다.

그러나 CIF계약은 운송인이 매도인의 이행보조자(즉, 매도인 측의 운송인)로서 행동하기 때문에 운송인이 운송계약상 물품운송의 수탁자로서 화물을 수취한 것이 된다. 따라서 CIF계약은 FOB계약과 달리, 현실적 인도가 아닌 상징적 인도가 된다.

(3) 단순인도와 복합인도

단순인도(single delivery)는 매매계약상의 목적물만이 인도되는 것을 말하며 이는 국내의 일반적인 매매거래에 해당하는 방식이다.

복합인도(compound delivery)는 물품의 인도와 함께 부속서류(운송서류와 환어음 등)를 수반하여 인도하는 것을 말한다. 단순인도에 매도인의 운송서류 송부의무가 추가되면 복합인도 방식이 된다. 대부분의 무역거래는 복합인도의 형태로 인도가 이루어지는데 복합인도의 가장 전형적인 예는 CIF계약이다.

(4) 적출지인도와 양륙지인도

적출지인도(delivery at departure, shipment contract)는 당사자 간에 합의한 계약물품의 인도장소가 출하지(즉, 수출지나 출발지 및 선적지)인 경우를 말한다.

양륙지인도(delivery at destination, arrival contract)는 계약물품의 인도장소가 목적항이나 목적지가 되는 경우를 말한다. 즉, 물품의 멸실이나 손상에 대한 수출자의 책임이 수입국 내의 어느 지점이나 장소가 되는 경우이다.

인코텀즈에 규정되어 있는 적출지 인도조건에는 EXW, FCA, FAS, FOB, CFR, CIF, CPT, CIP규칙이 있고 양륙지 인도조건에는 DAP, DPU, DDP규칙이 있다.

4) 물품의 인도시기와 장소

(1) 비엔나협약상 물품의 인도시기

물품의 인도시기(time of delivery)가 중요한 이유는 매도인이 계약물품의 인도나 선적기일을 준수하지 않게 되면 이는 계약을 본질적으로 위반한 것이 되어 계약해제나 손해배상청구가 뒤따르기 때문이다. 물품의 인도시기는 정확하게 표시되어야 하는데 인도시기의 표시는 보통 다음의 세 가지 경우가 있다.

① 인도시기의 확정일자가 결정된 경우

이 경우에(예로 2025년 8월 15일이나 크리스마스 3주 전에) 매도인은 그 기간 내에 인도해야 한다. 비엔나협약 제33조도 인도일이 계약에 의해 지정되어 있거나 확정될 수 있는 경우에는 그날에 매도인은 물품을 인도하도록 하고 있다.

② 인도시기가 계약에 의해 지정되어 있거나 확정될 수 있는 경우

이 경우에(예로 2025년 8월 15일까지) 매도인은 그 기간 이내에서 인도시기를 선택할 수 있다. 그러나 매수인이 특정한 날을 선택해야 할 사정이 있는 경우에는 그렇지 않다. 예컨대, 매수인이 그 기간 내에 운송을 주선하기로 되어 있거나 매수인의 요청이 있으면 그때 인도하기로 한 경우가 여기에 해당한다. 그러나 이 기간 내에 매수인의 시기 선택이 없어서 기간이 경과하더라도 매도인은 스스로 인도할 필요가 없고 인도해도 안 된다. 이때에는 매수인이 계약위반을 한 것이 된다(제80조).

③ 위 이외의 경우의 인도시기

앞의 ①과 ② 어디에도 해당하지 않는 경우에는 매도인은 계약체결 후 합리적인 기간 내에 물품을 인도해야 한다. 여기에서 합리적인 기간은 각 사안마다 거래조건이나 여건을 감안하여 해석을 달리해야 할 사실의 문제이다.

| 표 9-1 | 비엔나협약상 매도인의 물품 인도시기

제33조	Article 33
매도인은 다음의 시기에 물품을 인도해야 한다. (a) 인도기일의 확정일자가 결정된 경우에는 그 기일 (b) 인도기간이 계약에 의하여 지정되어 있거나 확정될 수 있는 경우에는 그 기간 내의 어느 시기. 다만, 매수인이 기일을 선택해야 할 사정이 있는 경우에는 그러하지 아니하다. (c) 그 밖의 경우에는 계약체결 후 합리적인 기간 내	The seller must deliver the goods : (a) if a date is fixed by or determinable from the contract, on that date; (b) if a period of time is fixed by or determinable from the contract, at any time within that period unless circumstances indicate that the buyer is to choose a date; or (c) in any other case, within a reasonable time after the conclusion of the contract.

(2) 인코텀즈상 계약물품의 인도시기

인코텀즈는 각 조건마다 A2항에 인도의무의 완료시기를 상세히 규정하고 있다.

표 9-2 인코텀즈 2020상 매도인의 인도의무

무역조건	매도인의 의무(A)
EXW	매도인의 영업구내 또는 기타 인도장소에서 매수인의 임의처분 상태에 맡긴다.
FCA	매도인이 영업구내 또는 지정장소에서 매수인이 지정한 운송인 또는 기타의 당사자에게 인도한다(인도장소가 매도인의 구내인 경우 매수인의 집하차량에 적재해야 하고 그 밖의 장소인 경우 매도인의 운송수단에서 양하하지 않은 상태로 한다)
CPT	매도인이 합의된 장소에서 물품을 매도인이 지정한 운송인에게 인도한다.
CIP	매도인이 합의된 장소에서 물품을 매도인이 지정한 운송인에게 인도한다.
DAP	지정 목적지 내에 또는 어떤 지점이 합의된 경우에는 그 합의지점에서 도착된 운송수단에서 양하하지 않은 상태로 물품을 매수인의 임의처분 상태에 맡긴다.
DPU	지정 목적지에서 또는 지정목적지 내의 어떤 지점이 합의된 경우에는 그 지점에서 도착된 운송수단으로부터 양하가 완료된 상태로 매수인의 임의처분 상태로 놓인 때 인도한다.
DDP	지정 목적지에서 또는 지정목적지내의 어떤 지점이 합의된 경우에는 그 지점에서 도착된 운송수단에 실어둔 채 양하하지 않은 상태로 매수인의 임의처분 상태로 놓인 때 인도한다.
FAS	지정선적항에서 매수인이 지정한 본선의 선측에 인도하거나 그렇게 인도된 물품을 조달한다.
FOB	지정선적항에서 매수인이 지정한 본선상에 인도하거나 그렇게 인도된 물품을 조달한다.
CFR	본선상에 인도하거나 그렇게 인도된 물품을 조달한다.
CIF	본선상에 인도하거나 그렇게 인도된 물품을 조달한다.

(3) 비엔나협약상 계약물품의 인도장소

당사자들이 계약물품의 인도장소를 합의한 경우에는 그 합의내용에 따라야 한다.

그러나 인도장소를 별도로 합의하지 않은 경우에는 계약물품은 매도인의 소재지를 현재지로 보고 매도인의 영업소나 목적물의 소재지를 인도장소로 하여 그곳에서 계약물품의 인도와 인수가 이루어지는 것으로 간주한다.

그러나 실무에서 물품인도는 '본선적재'나 '발송', '운송인에게 인도', '매수인의 임의처분 상태에 두는 것' 등으로 나타나므로 이곳이 계약물품의 인도장소가 된다.

비엔나협약 제31조는 '다른 특정한 장소에서 인도할 의무'가 있는 경우에는 계약규정이 우선 적용되기 때문에 그 특정장소에서 물품을 인도하는 것이 원칙임을 천명하면서 만일 '매도인이 물품을 다른 특정한 장소에서 인도할 의무가 없는 경우' 매도인의 인도의무는 다음과 같이 구분하여 이루어져야 한다고 규정하고 있다.

첫째, 계약에서 운송을 포함하고 있는 경우(예를 들어 인코텀스상 FCA, CPT, CIP 규칙 등)에는 매도인은 최초운송인(first carrier, 제1운송인)에게 계약물품을 인도함으로써 물품의 인도의무를 다한 것이 된다. 최초운송인에게 물품을 현실적으로 인도한 장소가 계약물품의 인도장소가 되는 것이다.

둘째, 위의 첫째에 해당되지 않는 경우로서, 계약이 특정물에 관련되거나 특정한 재고품에서 인출되는 불특정물이나 제조 또는 생산되는 불특정물에 관련되어 있고, 당사자 쌍방이 계약체결 시에 그 물품이 특정한 장소에 있거나 그 장소에서 제조나 생산되는 것을 알고 있었던 경우는 그 장소에서 물품을 매수인의 처분 하에 두는 것이 매도인이 물품인도 의무를 다한 것이 된다. 이 경우 처분에 맡기는 곳이 인도장소가 된다.

여기에서 '매수인이 처분할 수 있는 상태에 둔다.'는 것은 매수인이 점유 취득이 가능한 상태에 두는 것을 의미하기 때문에 인도에 필요한 준비를 마친 후 매수인에게 통지하는 것 등을 통해 매수인이 처분하는 것을 가능하게 하는 것이면 족하다.

셋째, 위 두 가지 중 어느 것에도 해당하지 않는 기타의 모든 경우에는 계약체결 시에 매도인이 영업소를 가지고 있던 장소에서 물품을 매수인의 임의 처분 하에 두는 것이 매도인이 물품인도 의무를 다한 것이 된다. 이 경우 처분에 맡기는 곳이 인도장소가 된다.

그런데 위의 규정은 '매도인이 특별한 장소에서 인도할 의무가 없는 경우'를 전제로 하고 있는 것이기 때문에 실무상 그렇게 큰 의미가 없는 규정이다.

표 9-3 비엔나협약상 매도인의 물품인도 장소

제31조	Article 31
매도인이 물품을 다른 특정한 장소에서 인도할 의무가 없는 경우에, 매도인의 인도의무는 다음과 같다. (a) 매매계약에 물품의 운송이 포함된 경우에는, 매수인에게 전달하기 위하여 물품을 제1운송인에게 교부하는 것 (b) (a)호에 해당되지 아니하는 경우로서, 계약이 특정물에 관련되거나 또는 특정한 재고품에서 인출되는 불특정물이나 제조 또는 생산되는 불특정물에 관련되어 있고, 당사자 쌍방이 계약체결 시에 그 물품이 특정한 장소에 있거나 그 장소에서 제조 또는 생산되는 것을 알고 있었던 경우에는, 그 장소에서 물품을 매수인의 처분 하에 두는 것 (c) 그 밖의 경우에는, 계약체결 시에 매도인이 영업소를 가지고 있던 장소에서 물품을 매수인의 처분 하에 두는 것	If the seller is not bound to deliver the goods at any other particular place, his obligation to deliver consists: (a) if the contract of sale involves carriage of the goods--in handing the goods over to the first carrier for transmission to the buyer; (b) if, in cases not within the preceding subparagraph, the contract relates to specific goods, or unidentified goods to be drawn from a specific stock or to be manufactured or produced, and at the time of the conclusion of the contract the parties knew that the goods were at, or were to be manufactured or produced at, a particular place--in placing the goods at the buyer's disposal at that place; (c) in other cases--in placing the goods at the buyer's disposal at the place where the seller had his place of business at the time of the conclusion of the contract.

왜냐하면 일반적인 경우에는 계약 당사자가 합의한 INCOTERMS나 관행 및 관례에 따라 인도장소가 대부분 결정되기 때문이다. 실제적으로도 대부분의 매매계약은 인코텀즈를 적용하고 있다. 또한 인코텀즈는 비엔나협약보다 우선 적용되므로 이렇게 되면 본 협약 제31조가 적용되는 경우는 그리 많지 않게 된다.

(4) 인코텀즈상 계약물품의 인도장소

전술과 같이 무역거래에서 매매당사자들이 인도장소와 인도방법을 구체적으로 약정하는 경우는 거의 없다. 왜냐하면 이러한 문제는 무역조건에 따라 자동적으로 결정되기 때문이다. 즉, EXW는 매도인의 영업소 구내, FAS는 선측, FCA, CPT, CIP는 매도인의 영업소나 기타의 장소(예로 화물터미널 등), FOB, CFR, CIF는 본선상에서, DAP, DPU 및 DDP는 지정목적지나 합의된 지점에서 인도가 이행된다. 따라서 무역조건은 매매관습이면서 인도관습의 역할을 동시에 수행하고 있다.

5) 계약물품 인도에 부수하는 의무

비엔나협약 제32조는 매도인이 물품을 운송인에게 넘겨주는 경우에 발생하는 매도인의 추가적인 의무들을 규정하고 있다.

여기에서 규정하고 있는 추가적인 의무는 물품 특정 및 탁송통지의무(제1항), 운송계약의 체결의무(제2항), 보험정보의 제공의무(제3항) 등이다. 이들도 당연히 비엔나협약의 계약위반의 대상이 되기 때문에 이러한 의무들을 위반하는 경우에는 본 협약 제45조 이하의 권리구제수단이 행사될 수 있다.

그런데 이러한 추가적인 의무들은 인코텀즈에 상세하게 규정되어 있으며, 계약서에 인코텀즈가 적용된다는 것을 명시하고 있는 경우에는 INCOTERMS가 본 협약에 우선하여 적용된다. 그러므로 인코텀즈의 규정은 매우 중요한 것이다.

(1) 물품 특정 및 탁송통지의무

계약물품이 종류물인 경우에는 흔히 하인(荷印), 선적서류(선하증권), 또는 그 밖의 방법으로 계약의 목적물이 어떤 것인가가 특정되기 마련이다.

그러나 이러한 방법에 의해서도 물품이 아직 특정(identified)되어 있지 않다면 매도인은 매수인에게 보내는 탁송통지서에 해당 물품을 특정해야 한다. 왜냐하면 물품이 특정되지 않으면 매수인에게 위험이 이전되지 않기 때문이다. 만일 이를 이행하지 않으면 매도인은 매수인에게 계약위반에 따른 손해배상책임을 부담할 수도 있다.

위험의 이전은 본 협약 제67조 제2항과 제69조 제3항에 상세히 규정되어 있다.

(2) 운송계약의 체결의무

계약조건(특히 선적조건)에 따라서는 매도인이 운송계약을 체결해야 하는 경우도 있고 매수인이 운송계약을 체결해야 하는 경우도 있다.

매도인이 운송계약을 체결해야 하는 경우 매도인은 그 상황에서 적절한 운송수단으로, 그리고 그러한 운송에서의 통상적인 조건에 따라 운송계약을 체결해야 한다.

무역계약에서 운송계약을 어느 당사자가 체결해야 하는가는 매우 중요한 문제인데, 이것은 보통 매매계약을 체결할 때 당사자가 계약조건의 하나로 선택한 무역조건이 무엇인가에 따라 결정된다. 즉, 인코텀즈상 CFR, CIF, CPT, CIP 등 C계열에 속하는 무역조건의 경우 운송계약 체결의 당사자는 매도인이 된다.

(3) 보험정보의 제공의무

계약조건에 따라서는 매도인이 물품운송을 위하여 보험계약을 체결해야 할 의무가 있는 경우도 있고 매수인이 보험계약을 체결해야 하는 경우도 있다.

매도인에게 보험계약 체결의무가 없는 경우에는 매수인이 보험계약을 체결해야 하므로, 이때 매수인의 요청이 있다면 매도인은 매수인이 보험계약을 체결하는데 필요한 가능한 정보를 제공해야 한다.

무역계약에서 보험계약을 어느 당사자가 체결해야 하는가는 매우 중요한 문제인데, 이것은 당사자가 선택한 무역조건이 무엇인가에 따라 결정된다. 즉, C계열에 속하는 CIF계약과 CIP계약의 경우 보험계약 체결의 당사자는 매도인이 된다.

| 표 9-4 | 비엔나협약상 계약물품 인도에 부수하는 의무

제32조	Article 32
(1) 매도인이 계약 또는 이 협약에 따라 물품을 운송인에게 교부한 경우에, 물품이 하인(荷印), 선적서류 그 밖의 방법에 의하여 그 계약의 목적물로서 명확히 특정되어 있지 아니한 때에는, 매도인은 매수인에게 물품을 특정하는 탁송통지를 해야 한다. (2) 매도인이 물품의 운송을 주선해야 하는 경우에, 매도인은 상황에 맞는 적절한 운송수단 및 그 운송에서의 통상의 조건으로, 지정된 장소까지 운송하는 데 필요한 계약을 체결해야 한다. (3) 매도인이 물품의 운송에 관하여 부보(附保)할 의무가 없는 경우에도, 매도인은 매수인의 요구가 있으면 매수인이 부보하는데 필요한 모든 가능한 정보를 매수인에게 제공해야 한다.	(1) If the seller, in accordance with the contract or this Convention, hands the goods over to a carrier and if the goods are not clearly identified to the contract by markings on the goods, by shipping documents or otherwise, the seller must give the buyer notice of the consignment specifying the goods. (2) If the seller is bound to arrange for carriage of the goods, he must make such contracts as are necessary for carriage to the place fixed by means of transportation appropriate in the circumstances and according to the usual terms for such transportation. (3) If the seller is not bound to effect insurance in respect of the carriage of the goods, he must, at the buyer's request, provide him with all available information necessary to enable him to effect such insurance.

2. 물품의 계약적합성 보장

1) 계약적합성의 의의와 비엔나협약

매수인은 자신의 사용목적과 계약과 일치하는 하자 없는 물품을 수령하기를 원한다.

따라서 계약에 적합하지 않은 물품을 인도받게 되면 매수인은 수리나 교환 등을 요구하거나 이로 인해 입은 직·간접적인 손해의 배상을 요구할 수 있다. 또한 가격의 감액이나 계약을 해제하며 이미 지급한 경우에는 대금의 반환도 청구할 수 있다.

비엔나협약도 계약 및 그 물건의 사용목적에 합치하는 물품(conformity of goods, 물품의 계약적합성)의 인도를 매도인의 의무로 규정하고 있다. 즉, 비엔나협약 제35조 제1항은 '매도인은 계약에서 정한 수량, 품질, 종류에 적합하고, 계약에서 정한 방법으로 용기에 담겨지거나 포장된 물품을 인도해야 한다.'고 규정하고 있다.

표 9-5 비엔나협약상 매도인의 계약물품의 적합성 보장의무

제35조	Article 35
(1) 매도인은 계약에서 정한 수량, 품질 및 종류에 적합하고, 계약에서 정한 방법으로 용기에 담겨지거나 포장된 물품을 인도해야 한다. (3) 매수인이 계약체결 시에 물품의 부적합을 알았거나 또는 모를 수 없었던 경우에는, 매도인은 그 부적합에 대하여 제2항의 (a)호 내지 (d)호에 따른 책임을 지지 않는다.	(1) The seller must deliver goods which are of the quantity, quality and description required by the contract and which are contained or packaged in the manner required by the contract. (3) The seller is not liable under sub-paragraphs (a) to (d) of the preceding paragraph for any lack of conformity of the goods if at the time of the conclusion of the contract the buyer knew or could not have been unaware of such lack of conformity.

따라서 매도인이 이러한 상태에 어긋나는 물품(lack of conformity)을 인도하는 경우에는 계약위반이 된다. 다만, 비엔나협약 제35조 제3항은 매수인이 계약체결 시에 물품의 부적합을 알았거나 모를 수 없었던 경우에는, 매도인은 그 부적합에 대해 책임을 지지 않도록 하고 있다. 이것은 자의든 타의든 간에 어떤 식으로든 매수인이 계약체결 당시에 적합성이 충족되지 못할 것을 알고 있는 경우에는, 그런 사실을 알면서도 계약을 체결하고 물품을 인도받으려는 매수인에게 책임이 있다는 것이다.

2) 계약적합성의 구분

계약적합성(conformity to the contract)은 물품 적합성과 법률 적합성으로 구분되며 물품 적합성은 다시 품질, 수량, 포장에 관한 적합성으로 세분된다.

(1) 물품 적합성

매도인은 계약에서 요구하는 품질과 수량에 적합하고 또한 계약에서 요구하는 방법에 따라 용기에 함유되거나 포장된 물품을 인도할 의무를 부담한다.

① 품질 적합성

매매계약에서 발생하는 클레임의 대다수는 물품의 품질(quality)에 관한 것이기 때문에 매도인은 우선적으로 계약에서 요구되는 종류와 품질의 물품을 인도해야 한다.

비엔나협약 제35조 제2항에는 계약에 적합하지 않은 물품의 인도 유형에 대하여 '물품은 다음의 경우에 계약에 적합하지 않는 것으로 한다.'는 규정을 두고 있다.

따라서 매도인은 이 규정에 해당하지 않는 다음과 같은 물품을 인도해야 한다.

첫째, 매도인이 인도하는 물품은 종류나 명세, 규격 등에서 동일한 물품으로서 통상적으로(ordinary) 사용되는 목적에 적합해야 한다. 여기에서 '물품이 통상 사용되는 목적에 적합하다.'는 것은 그러한 종류의 물품을 사는 사람들이 일반적으로 그러한 물품이 가지고 있으리라고 기대되는 성질과 품질을 가지고 있어야 한다는 것을 의미한다.

둘째, 계약체결 시 사용목적이 특히 명시된 물품의 경우, 인도되는 물품은 통상 사용되는 목적에 적합해야 한다. 여기에서 통상의 사용목적에의 적합성의 판단은 매도인의 영업소 소재국 혹은 지역에 있어서 통상의 사용목적을 기준으로 하게 된다.

셋째, 매도인은 견본 또는 모형(sample or model)으로서 매수인에게 제시한 물품과 동일한 물품을 인도해야 한다. 따라서 견본이나 모형과 일치한 것이 아니라 유사한 것을 인도하면 그것은 계약위반이 된다.

② 수량 적합성

매도인은 계약에서 요구되는 종류의 물품을 계약에서 약정한 수량만큼 인도해야 한다. 따라서 매도인이 계약과 상이한 수량의 물품을 인도하면 물품의 적합성에 대한 계약위반이 된다. 수량은 무역계약의 기본이 되는 조건이므로 인도수량이 구체적으로 정해져 있지만 산화물은 어느 정도 오차의 허용 폭을 인정하고 있다.

③ 포장 적합성

계약물품에 대한 포장은 계약에 적합하게 이루어져야 한다. 즉 해당 종류의 물품이 통상의 방법으로, 또한 그러한 방법이 없는 경우에는 그 물품을 보존하거나 보존하는데 적합한 방법으로 용기에 넣거나 포장해야 한다. 매매계약에서는 'Standard Export Packing' 혹은 'Carton Box'와 같은 포장형태들을 지정하는 경우도 많다.

표 9-6 비엔나협약상 물품의 계약적합성

第35조 (2) 당사자가 달리 합의한 경우를 제외하고, 물품은 다음의 경우에 계약에 적합하지 아니한 것으로 한다. (a) 동종 물품의 통상 사용목적에 맞지 아니한 경우 (b) 계약체결 시 매도인에게 명시적 또는 묵시적으로 알려진 특별한 목적에 맞지 아니한 경우. 다만, 그 상황에서 매수인이 매도인의 기술과 판단을 신뢰하지 아니하였거나 또는 신뢰하는 것이 불합리하였다고 인정되는 경우에는 그러하지 아니하다. (c) 매도인이 견본 또는 모형으로 매수인에게 제시한 물품의 품질을 가지고 있지 아니한 경우 (d) 그러한 물품에 대하여 통상의 방법으로, 통상의 방법이 없는 경우에는 그 물품을 보존하고 보호하는 데 적절한 방법으로 용기에 담겨지거나 포장되어 있지 아니한 경우	Article 35 (2) Except where the parties have agreed otherwise, the goods do not conform with the contract unless they: (a) are fit for the purposes for which goods of the same description would ordinarily be used; (b) are fit for any particular purpose expressly or impliedly made known to the seller at the time of the conclusion of the contract, except where the circumstances show that the buyer did not rely, or that it was unreasonable for him to rely, on the seller's skill and judgement; (c) possess the qualities of goods which the seller has held out to the buyer as a sample or model; (d) are contained or packaged in the manner usual for such goods or, where there is no such manner, in a manner adequate to preserve and protect the goods.

(2) 법률 적합성

법률 적합성(legal appropriateness)은 매매계약 행위는 법률의 범위 내에서 이루어져야 하기 때문에 물품은 당연히 법률에 적합한 것이어야 한다는 것을 말한다.

매도인이 인도하는 물품은 자국이나 상대국의 강행법규에 위배되는 물품이 아니어야 한다. 왜냐하면 법률적합성에 위반하는 물품의 계약은 무효나 취소될 수 있기 때문이다.

3) 위험이전과 물품의 계약적합성 판단시기

물품의 계약부적합에 대해 매도인이 책임을 지기 위해서는 그 부적합이 어느 시점에 존재해야 하는지가 결정되어야 한다. 비엔나협약상 매도인은 위험이전 당시에 이미 존재하였던 물품의 계약 부적합에 대해서만 책임을 부담한다.

따라서 위험의 이전시점 이후에 발생한 물품의 부적합성은 책임을 지지 않게 된다.

그러나 예외적으로 위험이전 후에 발생한 물품의 계약 부적합이라 하더라도 매도인이 책임을 부담하는 경우를 비엔나협약은 다음과 같이 규정하고 있다(제36조).

첫째, 물품의 계약 부적합이 매도인의 계약위반에 기인하는 경우이다. 예로 매도인이 포장을 잘못함으로써 물품이 파손되거나 훼손되어 있는 경우 등이다.

둘째, 매도인이 물품에 대해 약속한 보증에 위반하여 물품의 계약 부적합이 발생한 경우이다. 예를 들어 품질의 보증기간을 12개월로 정한 경우 12개월 이내에 물품의 부적합 사유가 발생하면 매도인은 물품의 계약적합성 의무를 위반한 것이 된다.

Ⅰ표 9-7Ⅰ 비엔나협약상 위험이전과 물품의 계약적합성 판단시기

第36조	Article 36
(1) 매도인은 위험이 매수인에게 이전하는 때에 존재하는 물품의 부적합에 대하여 그 부적합이 위험이전 후에 판명된 경우라도 계약과 이 협약에 따라 책임을 진다. (2) 매도인은 제1항에서 정한 때보다 후에 발생한 부적합이라도 매도인의 계약의무위반에 기인하는 경우에는 그 부적합에 대하여 책임을 진다. 이 의무위반에는 물품이 일정기간 통상의 목적이나 특별한 목적에 맞는 상태를 유지한다는 보증 또는 특정한 품질이나 특성을 유지한다는 보증에 위반한 경우도 포함된다.	(1) The seller is liable in accordance with the contract and this Convention for any lack of conformity which exists at the time when the risk passes to the buyer, even though the lack of conformity becomes apparent only after that time. (2) The seller is also liable for any lack of conformity which occurs after the time indicated in the preceding paragraph and which is due to a breach of any of his obligations, including a breach of any guarantee that for a period of time the goods will remain fit for their ordinary purpose or for some particular purpose or will retain specified qualities or characteristics.

4) 이행기 도래 전에 인도한 물품의 계약부적합 치유

비엔나협약 제37조는 이행기가 도래하기 전에 물품을 미리 인도하였으나 그 인도가 불완전하게 이행된 경우, 매도인에게 이행기까지 부족한 수량의 보충 또는 부적합한 물품의 교환 등을 통해 그 불완전을 치유(즉, 보완)할 권리를 부여하고 있다.

물론, 매수인은 매도인이 이행기 이전에 인도하는 것을 거절할 수도 있기 때문에 이 규정은 매수인이 이를 수령한 경우를 전제로 하고 있다.

그러나 비엔나협약은 매수인에게 그 치유가 불합리한 불편이나 불합리한 비용을 초래하는 경우에는, 매도인은 치유권을 행사할 수 없고 매수인도 이것을 거절할 수 있도록 하고 있고, 매도인이 치유권을 행사하는 한 매수인은 제45조 이하의 권리구제수단을 주장할 수 없도록 하고 있다. 그런데 매수인은 치유가 완전하게 이루어졌다고 해도 잘못된 물품인도에 의해 발생한 손해배상을 매도인에게 청구할 수 있다.

이와 별도로 비엔나협약은 서류를 사전에 교부한 경우의 치유권은 제34조에, 그리고 이행기 이후의 물품에 대한 매도인의 치유권은 제48조에 각각 규정하고 있다.

Ⅰ표 9-8Ⅰ 비엔나협약상 인도한 물품의 계약부적합 치유

第37조	Article 37
매도인이 인도기일 전에 물품을 인도한 경우에는 매수인에게 불합리한 불편 또는 비용을 초래하지 아니하는 한, 매도인은 그 기일까지 누락분을 인도하거나 부족한 수량을 보충하거나 부적합한 물품에 갈음하여 물품을 인도하거나 또는 물품의 부적합을 치유할 수 있다. 다만, 매수인은 이 협약에서 정한 손해배상을 청구할 권리를 보유한다.	If the seller has delivered goods before the date for delivery, he may, up to that date, deliver any missing part or make up any deficiency in the quantity of the goods delivered, or deliver goods in replacement of any non-conforming goods delivered or remedy any lack of conformity in the goods delivered, provided that the exercise of this right does not cause the buyer unreasonable inconvenience or unreasonable expense. However, the buyer retains any right to claim damages as provided for in his Convention.

5) 권리적합성

(1) 제3자의 권리 가능성과 적합성의 요건

비엔나협약 제41조는 '매도인은 계약이나 그 물건의 사용목적에 합치하는 물품을 인도해야 할 뿐만 아니라 그 권리행사에 아무런 지장이 없는 물품(즉, 물품의 권리적합성)을 인도해야 한다.'고 규정하고 있다.

이것은 매도인은 계약적합성에 일치하는 물품의 인도는 물론이고 제3자의 권리(right)나 권리주장(claim)의 대상이 아닌 물품을 인도해야 한다는 것이다.

예를 들어 매도인은 제3자에게 소유권이 있는 물품이나 제3자의 권리 및 제3자가 가지는 공업소유권 또는 기타 지적소유권을 침해하는 물품을 인도해서는 안 된다.

이 규정은 매매의 목적이 된 물품과 관련된 소유권에 대한 분쟁으로부터 매수인을 원천적으로 보호하고자 하는 목적을 가지고 있다.

여기에서 '권리'는 정당한 권리를 의미하나, '권리주장'에는 정당한 권리가 없는 경우까지를 포함한다. 따라서 비엔나협약은 이 경우도 권리하자에 속하도록 하고 있다.

이때, 권리에는 소유권과 점유권 등의 물권뿐 아니라 임차권 등의 채권적 권리도 포함한다. 권리나 권리주장의 존재 시점은 원칙적으로 물품을 인도할 때이다.

(2) 제한과 법적 효과

비엔나협약은 매수인이 제3자의 권리나 권리주장의 대상이 된 물품을 수령하는데 동의한 경우에는 매도인에게 그에 대한 책임이 없도록 하고 있다(제41조). 이때 매수인의 동의는 묵시적으로도 가능하다.

여기에서 동의는 구속적인 의사표시이므로, 제35조 제3항과 달리 매수인이 권리하자를 알고 있었다는 사실만으로는 매도인이 책임을 면하지 못하게 된다.

권리에 하자가 있는 물품의 인도는 계약위반 행위에 해당하므로 이에 대해 매수인은 이에 대해 손해배상청구 등 협약 제45조 이하의 구제수단들을 행사할 수 있다.

| 표 9-9 | 비엔나협약상 매도인의 권리적합성 인도

제41조	Article 41
매수인이 제3자의 권리나 권리주장의 대상이 된 물품을 수령하는 데 동의한 경우를 제외하고, 매도인은 제3자의 권리나 권리주장의 대상이 아닌 물품을 인도해야 한다. 다만, 그러한 제3자의 권리나 권리주장이 공업소유권 그 밖의 지식재산권에 기초하는 경우에는 매도인의 의무는 제42조에 의하여 규율된다.	The seller must deliver goods which are free from any right or claim of a third party, unless the buyer agreed to take the goods subject to that right or claim. However, if such right or claim is based on industrial property or other intellectual property, the seller's obligation is governed by article 42.

(3) 권리적합성에 대한 매도인의 책임

① 매도인 책임의 요건

비엔나협약 제42조는 권리적합성의 하자 중에서 그 권리가 지식재산권일 경우의 특칙을 규정하고 있다. 본 조항의 핵심 내용은 일반적인 권리하자 책임(제41조)에 비해 매도인의 책임을 완화시켜 주고 있는 것이다.

여기에서 지식재산권(intellectual property right)은 특허권, 저작권, 실용신안권, 상표권, 의장권 등을 포함하며, 제41조와 마찬가지로 제3자의 정당한 지식재산권뿐 아니라 부당한 지식재산권의 주장도 매도인이 책임을 진다. 이러한 권리나 권리주장의 존재 시기는 인도시를 기준으로 한다.

비엔나협약상 제3자의 지식재산권 침해의 주장에 대해 매도인이 책임을 지기 위해서는 매매계약을 체결할 때 매도인이 그 지식재산권 침해의 가능성을 알았거나 모를 리 없었을 것을 요구된다. 또한 매도인은 일정 국가에서의 지식재산권 침해 가능성에 대해서만 책임을 진다. 여기에서 '모를 리 없었을 경우'란 중과실로 알지 못한 경우를 말하며 계약체결 시가 그 기준이 된다. 따라서 계약체결 후에 안 경우에는 책임이 없지만 그것을 계약체결 시에 알 수 있었을 때에는 중과실이 있었다고 간주된다.

② 매도인 책임의 배제

비엔나협약은 매수인이 계약체결 시 그 침해 가능성을 알았을 때 또는 매수인 측의 잘못(예로 매수인이 제공한 기술지시의 결과로 제3자의 권리나 권리주장이 발생한 경우)으로 그러한 침해가 발생한 때는 매도인의 책임이 배제되도록 규정하고 있다.

| 표 9-10 | 비엔나협약상 권리적합성에 대한 매도인의 책임

제42조	Article 42
(1) 매도인은, 계약체결 시에 자신이 알았거나 모를 리 없었던 공업소유권 그 밖의 지식재산권에 기초한 제3자의 권리나 권리주장의 대상이 아닌 물품을 인도해야 한다. 다만, 제3자의 권리나 권리주장이 다음 국가의 법에 의한 공업소유권 그 밖의 지식재산권에 기초한 경우에 한한다. (2) 제1항의 매도인의 의무는 다음의 경우에는 적용되지 않는다. (a) 매수인이 계약체결 시에 그 권리나 권리주장을 알았거나 모를 수 없었던 경우 (b) 그 권리나 권리주장이 매수인에 의하여 제공된 기술설계, 디자인, 방식 그 밖의 지정에 매도인이 따른 결과로 발생한 경우	(1) The seller must deliver goods which are free from any right or claim of a third party based on industrial property or other intellectual property, of which at the time of the conclusion of the contract the seller knew or could not have been unaware, provided that the right or claim is based on industrial property or other intellectual property: (2) The obligation of the seller under the preceding paragraph does not extend to cases where: (a) at the time of the conclusion of the contract the buyer knew or could not have been unaware of the right or claim; or (b) the right or claim results from the seller's compliance with technical drawings, designs, formulae or other such specifications furnished by the buyer.

3. 서류의 교부

비엔나협약상 매도인은 물품인도와 관련한 서류를 교부해야 하며(제30조) 서류의 교부는 계약에서 정한 시기, 장소, 방식에 따라 이루어져야 한다(제34조).

비엔나협약 제30조는 매도인의 서류교부(handing over of documents) 의무를 선언하고 있는 조항이며 제34조는 서류교부의 장소와 시기 등 제30조에 언급된 서류교부 의무를 보다 구체적으로 설명하고 있는 조항이다.

매도인이 교부해야 하는 서류의 종류나 요건, 시기, 장소, 방식 등은 계약에서 당사자들이 결정하는 것이 원칙이다. 그런데 실무거래에서는 당사자가 합의한 계약내용이나 INCOTERMS에 따라 이루어지는 것이 일반적이다.

매매계약에서 매도인이 계약의 이행을 위해 매수인에게 교부하는 서류의 종류는 매우 다양하다. 이들을 크게 구분하면 상업송장, 물품이 계약에 일치한다는 것을 입증하는 서류, 물품인도의 증거서류나 운송서류, 보험계약 체결의 증거서류, 물품의 수출입 및 제3국 통과운송에 필요한 서류 등으로 나눌 수 있다. 이 서류들은 당사자의 합의에 따라 전자통신방식으로 대체하여 제공할 수 있다.

| 표 9-11 | 비엔나협약상 매도인의 의무

제30조 매도인은 계약과 이 협약에 따라 물품을 인도하고, 관련 서류를 교부하며 물품의 소유권을 이전해야 한다.	Article 30 The seller must deliver the goods, hand over any documents relating to them and transfer the property in the goods, as required by the contract and this Convention.

1) 제공해야 할 서류의 종류와 내용

(1) 상업송장

인코텀즈에 규정되어 있는 모든 무역조건상의 매도인 의무 제1항(A1)은 매도인으로 하여금 상업송장(commercial invoice)을 매수인에게 교부하도록 규정하고 있다.

상업송장은 매도인 입장에서는 물품의 명세서인 동시에 대금의 청구서가 되는 반면, 매수인 입장에서는 대금의 청구서이며 과세가격의 증빙서류가 된다. 상업송장의 기능 중 가장 중요한 것은 품명, 수량, 단가 및 금액 등 물품의 명세서라는 점이다.

신용장통일규칙(UCP)에 의하면 상업송장은 신용장에 별도의 규정이 없는 한, 수익자가 신용장 발행의뢰인 앞으로 작성해야 하며 상업송장상의 물품에 관한 명세는 신용장의 명세와 일치해야 한다.

(2) 계약물품임을 입증하는 서류

매도인은 물품이 계약에 일치한다는 것을 입증하는 서류를 매수인에게 교부해야 한다. 이 서류에는 포장명세서, 품질증명서, 분석증명서, 검사증명서 등이 있다.

이들은 운송서류의 일부분을 구성하여 운송서류와 함께 매수인에게 교부된다.

(3) 물품인도의 증빙서류나 운송서류

첫째, 인코텀즈상 EXW계약 등 E계열의 조건에서 매도인은 자신의 영업소 구내에서 물품을 매수인의 임의처분 상태에 두면 자신의 물품인도 의무를 이행하는 것이 되기 때문에 물품인도의 증빙서류를 제공할 의무는 없다.

둘째, FCA계약이나 FOB계약 등 F계열에서 매도인은 원칙적으로 운송계약을 체결할 의무가 없기 때문에 운송인에게 물품을 인도하였다는 것을 입증하는 통상적인 운송서류를 매수인에게 교부하면 된다.

셋째, 매도인이 반드시 운송인과 운송계약을 체결해야 하는 CIF계약이나 CIP계약 등 C계열에서 매도인은 운송인에게 물품을 인도하였다는 것과 운송인과 운송계약을 체결하였다는 것을 나타내는 통상적인 운송서류를 매수인에게 교부해야 한다.

여기에서 '통상적인 운송서류'는 원본 선하증권, 유통불능 해상화물운송장, 항공화물운송장(AWB), 철도화물운송장, 도로화물운송장, 복합운송서류 등을 말한다.

넷째, DDP계약 등 D계열에서 매도인은 수입국 도착지의 지정된 장소에서 물품을 매수인의 임의처분 상태에 두어야 하기 때문에, 원칙적으로 매도인은 매수인이 물품의 인도를 수령할 수 있는 서류를 정비하여 매수인에게 교부해야 한다.

(4) 보험계약 체결의 증빙서류

CIF계약과 CIP계약에서 매도인은 운송 중의 화물에 대한 위험을 담보받기 위해 보험계약을 체결하는 의무를 부담한다. 따라서 매도인은 이러한 물품의 위험을 담보하는 보험계약 체결의 증빙서류를 교부해야 한다. FCA계약이나 FOB계약에서 매도인은 매수인에 대하여 부보의무는 없으나 매수인이 부보하는데 필요한 정보를 제공해야 한다.

(5) 수출, 수입 및 제3국 통과운송에 필요한 서류

매도인은 예를 들어 원산지증명서 등과 같이 물품의 수출, 수입, 제3국 통과운송에 필요한 서류가 원산국이나 수출국에서 발행되는 경우, 매수인의 요청이 있으면 이들 서류를 취득하여 교부할 의무가 있다.

2) 서류의 교부시기

매매계약에서 서류의 교부시기를 규정한 경우 매도인은 그 시기 이내에 서류를 제공해야 한다. 그러나 명시적 규정이 없는 경우, 매도인은 물품을 인도한 후 가능한 한 빨리 서류를 제공하기 위해 합리적인 조치를 취해야 한다.

한편, 대금결제가 신용장 방식으로 이루어지는 경우 매도인은 이 기일까지 서류를 정비하여 은행에 제공해야 한다. 왜냐하면 신용장에는 서류가 제시되어야 할 최종일과 제시되어야 할 서류의 종류 등이 명시되어 있기 때문이다.

3) 제시기일 전 부적합 서류의 치유와 구제

(1) 부적합 서류의 치유

비엔나협약 제34조는 매도인이 서류를 미리 교부했으나 서류에 부적합(any lack of conformity in the documents)이 있는 경우에는 서류를 교부해야 할 시점까지 매도인이 그 부적합을 치유할 수 있도록 규정하고 있다. 이 경우 매수인에게 불합리한 불편이나 불합리한 비용을 초래하게 해서는 안 된다는 것을 조건으로 하고 있다.

여기에서 서류의 부적합이란 잘못된 서류, 미비한 서류, 숫자가 부족한 서류 등 서류가 계약에 어긋난 모든 경우를 말한다. '교부해야 할 시기 이후에 발생하는 서류의 부적합'에 대한 치유 문제는 본 협약 제48조가 적용된다.

(2) 부적합 서류의 치유와 손해배상청구권

매도인이 서류교부의무를 위반한 경우, 매수인은 협약 제45조 이하의 모든 권리구제수단을 행사할 수 있다. 또한 비록 서류의 부적합을 교부해야 할 시기까지 치유하였다고 하더라도 매수인은 그로부터 발생된 손해배상을 매도인에게 청구할 수 있다.

| 표 9-12 | 비엔나협약상 매도인의 서류교부의무

제34조	Article 34
매도인이 물품에 관한 서류를 교부해야 하는 경우에, 매도인은 계약에서 정한 시기, 장소 및 방식에 따라 이를 교부해야 한다. 매도인이 교부해야 할 시기 전에 서류를 교부한 경우에는, 매도인은 매수인에게 불합리한 불편 또는 비용을 초래하지 아니하는 한, 계약에서 정한 시기까지 서류상의 부적합을 치유할 수 있다. 다만, 매수인은 이 협약에서 정한 손해배상을 청구할 권리를 보유한다.	If the seller is bound to hand over documents relating to the goods, he must hand them over at the time and place and in the form required by the contract. If the seller has handed over documents before that time, he may, up to that time, cure any lack of conformity in the documents, if the exercise of this right does not cause the buyer unreasonable inconvenience or unreasonable expense. However, the buyer retains any right to claim damages as provided for in this Convention.

4. 물품의 보관

1) 필요성과 의의

(1) 물품보관의 필요성

비엔나협약에서 물품보관(preservation, custody)에 관한 규정을 둔 이유는 분쟁이 발생한 경우 물품 소유권의 소재나 위험의 이전 여부 등이 불분명함으로 인하여 물품의 관리가 소홀해져 물품이 멸실되거나 손상되는 것을 방지하려는 것이다.

이러한 목적을 달성하기 위해서는 어느 당사자가 계약을 위반했는지 상관없이, 물품을 관리하기에 가장 좋은 지위에 있는 당사자가 물품을 관리할 책임을 부담하도록 하는 것이 가장 합리적일 것이다. 비엔나협약 제85조는 매도인의 물품보관 의무, 제86조는 이에 대응하여 매수인의 물품보관 의무를 대칭적으로 규정하고 있다. 제85조와 제86조는 요건은 서로 다르지만 기본 취지는 모두 동일하다.

(2) 물품보관의 의의

비엔나협약 제85조는 매도인에게 물품을 보관할 의무를 부여하고 있다. 본 조항뿐만 아니라 제86조에서 규정하고 있는 매수인의 물품보관 의무의 기본원칙은 물품의 소유권이나 위험이 누구에게 있든 상관없이 물품이 사실상 자기의 책임영역에 존재하는 경우에는 그가 물품을 보관해야 한다는 것이다.

물품의 보관의무는 신의성실의 원칙(principle of good faith)에서 나온 것이며, 매도인과 매수인의 의무에 공통되는 의무로 손실경감 의무(제77조)와 더불어, 각 당사자는 손해를 경감시킬 의무가 있다는 원칙을 표현하고 있는 것이다.

이 규정은 매수인이 매도인의 영업소 구내에서 인도를 수령해야 하는데 계약서에 명시된 인도 기일에 이를 수령하지 않은 경우에 특히 유용한 규정이다.

2) 내용과 요건

(1) 물품보관의 내용

매도인은 물품을 보관하기 위하여 그 상황에서 합리적인 조치를 취해야 한다. 여기에서 '합리적인 조치'는 상황에 따라 물품을 창고에 보관하거나 비바람을 막아주는 것, 보험에 들어두거나 경비를 세우는 것 등이 될 수 있다.

그런데 여러 조치의 가능성이 있는 경우, 그 선택권은 전적으로 매도인에게 있기 때문에 매도인은 그중에서 가장 적절한 조치를 취하면 된다.

(2) 물품보관의 요건

매도인에게 보관의무가 부과되기 위해서는 매수인 측의 요건과 매도인 측의 요건이 충족되어야 한다. 우선, 매수인 측의 요건은 매수인이 물품인도의 수령을 지체하거나 대금지급과 물품인도가 동시에 이행되어야 함에도 불구하고 매수인이 대금지급을 하지 않는 경우이어야 한다. 한편, 매도인 측의 요건은 매도인이 물품을 점유하고 있거나 기타의 방법으로 그 처분을 지배할 수 있어야 한다(제85조).

3) 효과와 비용상환 및 유치권

(1) 물품보관의 효과

매도인의 물품보관 의무는 계약상의 의무이므로 이를 위반하면 매도인은 손해를 배상해야 한다(제45조). 그러나 보관의무를 위반하였더라도 매도인은 매수인의 수령의무의 위반이나 대금지급의무의 위반에 따른 구제수단은 별도로 행사할 수 있다.

(2) 비용상환과 유치권

물품을 보존함으로써 초래된 비용은 궁극적으로 계약을 위반한 당사자가 부담해야 한다. 따라서 물품보관 의무를 이행하는데 소요되는 매도인의 보관비용은 당연히 매수인이 부담해야 한다. 그러나 그 비용은 보통 매도인이 먼저 지급하기 때문에 그 보관비용을 상환받을 때까지 매도인은 그 물품을 유치(보유)할 수 있다(제85조 2문).

즉, 매도인이 물품을 보존하기 위해 비용을 초래하였고 그 비용이 합리적인 범위 내인 경우, 매도인은 매수인이 그 합리적인 비용을 상환할 때까지 물품을 유치할 권리가 있다(제85조 2문). 그러나 비용 상환이 불합리하게 지체된다면 매도인은 물품을 매각하고 매각대금에서 비용을 공제할 수도 있다(제88조 제1항과 제3항).

표 9-13 비엔나협약상 매도인의 물품보관 의무

제85조	Article 85
매수인이 물품 인도의 수령을 지체하거나 또는 대금지급과 물품 인도가 동시에 이루어져야 함에도 매수인이 대금을 지급하지 아니한 경우로서, 매도인이 물품을 점유하거나 그 밖의 방법으로 그 처분을 지배할 수 있는 경우에는, 매도인은 물품을 보관하기 위하여 그 상황에서 합리적인 조치를 취해야 한다. 매도인은 매수인으로부터 합리적인 비용을 상환 받을 때까지 그 물품을 보유할 수 있다.	If the buyer is in delay in taking delivery of the goods or, where payment of the price and delivery of the goods are to be made concurrently, if he fails to pay the price, and the seller is either in possession of the goods or otherwise able to control their disposition, the seller must take such steps as are reasonable in the circumstances to preserve them. He is entitled to retain them until he has been reimbursed his reasonable expenses by the buyer.

4) 제3자 창고에 물품보관

(1) 의의

비엔나협약 제87조는 제85조(매도인의 물품보관 의무)와 제86조(매수인의 물품보관 의무)상의 보관의무자에게 상대방의 비용으로 물품을 제3자에게 임치(즉, 보관)하게 할 수 있음을 명시적으로 규정하고 있다.

거래 당사자는 언제나 물품을 보관할 수 있는 입장에 있는 것은 아니기 때문에 매도인과 매수인의 물품보관 의무는 불합리한 부담이 될 수도 있다. 이러한 점에서 보관의무를 부담하는 당사자로 하여금 물품을 제3자의 창고에 보관할 수 있도록 규정함으로써 불합리한 부담의 가능성을 제거하였다.

(2) 요건과 효과

물품의 보관의무자는 상대방의 비용으로 물품을 제3자의 창고에 보관할 수 있다. 그러나 그 비용이 불합리하지 않아야 한다. 그러므로 만일 비용이 불합리하게 과다하게 지불되었다면 합리적인 비용만 청구가 가능하다.

표 9-14 비엔나협약상 매도인의 창고에의 물품보관

제87조	Article 87
물품을 보관하기 위한 조치를 취해야 하는 당사자는 그 비용이 불합리하지 아니하는 한, 상대방의 비용으로 물품을 제3자의 창고에 보관할 수 있다.	A party who is bound to take steps to preserve the goods may deposit them in a warehouse of a third person at the expense of the other party provided that the expense incurred is not unreasonable.

5) 물품의 매각

(1) 매각의 필요성

매매계약의 대상이 부패성 물품인 경우는 단순히 창고에 물품을 보관하는 것만으로는 물품보존을 위한 충분한 조치라고 할 수 없다. 또한 장기간 물품을 보관해야 하는 경우로서 창고료가 물품가액의 상당한 부분에 이르는 경우에는 물품보관 의무를 부담하는 당사자로서는 후에 보관비용의 환수에 어려움을 겪을 수도 있다.

나아가 물품을 점유하고 있는 당사자가 별도의 지급을 해야 하거나 물품운송과 보관비용을 부담해야 하는 경우, 그로 하여금 물품을 보관하는 대신 그 물품을 처분할 수 있도록 허용하는 것이 오히려 물품보관 의무의 본래의 취지에 부합할 수도 있다.

이러한 이유로 비엔나협약 제88조는 물품의 매각(selling)을 규정하고 있다.

(2) 매각의 권한이 있는 경우

비엔나협약상 제85조 또는 제86조에 따라 물품을 보관해야 하는 당사자는 상대방이 물품을 점유(물품 수령)하거나 반환(물품 회수)받거나 또는 대금이나 보관비용을 지급하는데 불합리하게 지체하는 경우에는 적절한 방법으로 물품을 매각할 수 있다.

매각을 위해서는 매각하기 전에 상대방에게 매각하겠다는 합리적 통지를 해야 하며, 매각은 적절한 방법으로 이루어져야 하지만 방법에는 제한이 없다.

그러나 불합리한 지체가 없거나 또는 합리적인 통지를 하지 않고 매각한 경우에는 매각한 자가 물품의 매각으로 인해 발생한 손해를 책임져야 한다.

(3) 매각의 의무가 있는 경우

물품이 급속히 부패하거나 그를 보관하는 데 불합리한 비용이 많이 드는 경우, 보관의무자는 물품을 매각하기 위해 합리적인 조치를 취해야 한다. 그런데 물품가격의 급락한 하락은 여기에 해당하지 않으므로 매각의무가 발생하지 않는다.

매각의무가 있는 경우에는 가능한 범위에서 상대방에게 매각의사를 통지하면 된다. 그런데 상황이 급하여 통지를 해도 소용이 없는 경우에는 통지하지 않아도 된다.

(4) 매각대금의 처리

물품을 매각한 당사자는 그 매각 대금으로부터 물품보관 및 매각에 초래된 합리적 비용을 우선적으로 공제할 수 있다. 이때 잔액이 있으면 상대방에게 반환해야 한다.

▌표 9-15▐ 비엔나협약상 물품의 매각처분

第88조	Article 88
(1) 제85조 또는 제86조에 따라 물품을 보관해야 하는 당사자는 상대방이 물품을 점유하거나 반환받거나 또는 대금이나 보관비용을 지급하는 데 불합리하게 지체하는 경우에는, 상대방에게 매각의사를 합리적으로 통지하는 한, 적절한 방법으로 물품을 매각할 수 있다. (2) 물품이 급속히 훼손되기 쉽거나 그 보관에 불합리한 경비를 요하는 경우에는, 제85조 또는 제86조에 따라 물품을 보관해야 하는 당사자는 물품을 매각하기 위하여 합리적인 조치를 취해야 한다. 이 경우에 가능한 한도에서 상대방에게 매각의사가 통지되어야 한다. (3) 물품을 매각한 당사자는 매각대금에서 물품을 보관하고 매각하는 데 소요된 합리적인 비용과 동일한 금액을 보유할 권리가 있다. 그 차액은 상대방에게 반환되어야 한다.	(1) A party who is bound to preserve the goods in accordance with article 85 or 86 may sell them by any appropriate means if there has been an unreasonable delay by the other party in taking possession of the goods or in taking them back or in paying the price or the cost of preservation, provided that reasonable notice of the intention to sell has been given to the other party. (2) If the goods are subject to rapid deterioration or their preservation would involve unreasonable expense, a party who is bound to preserve the goods in accordance with article 85 or 86 must take reasonable measures to sell them. To the extent possible he must give notice to the other party of his intention to sell. (3) A party selling the goods has the right to retain out of the proceeds of sale an amount equal to the reasonable expenses of preserving the goods and of selling them. He must account to the other party for the balance.

5. 위험의 이전과 비용부담

1) 위험의 이전

(1) 중요성

무역거래에서 매매목적물은 계약이행 과정에서 항상 위험스런 상태에 노출되어 있다. 따라서 계약 당사자는 이러한 위험 발생의 가능성 속에서 거래에 임하게 된다.

위험을 매매당사자 중에서 누가 부담하느냐는 경제적인 손실과도 직접 연결되는 문제이기 때문에 위험부담에 관한 합리적 기준의 설정은 위험이전(transfer of risk) 문제를 해결하는데 매우 중요한 것이 된다.

또한 위험이전의 시점은 매도인의 하자담보책임에 관한 중요한 기준이 된다. 즉, 위험이 이전되기 전부터 내포하였던 하자는 매도인이 담보책임을 부담해야 한다.

그러나 반대로 위험이 이전된 후에 발생한 하자는 그 손해가 매도인의 행위나 무행위에 기인한 것이 아닌 한, 매도인은 이에 아무런 책임을 부담하지 않게 된다.

위험의 이전은 위험부담자가 변하는 것을 의미하며, 매매계약에서 매도인이 부담하고 있던 위험을 거래과정의 어느 시점에서 매수인으로 바뀌는 것을 의미한다.

(2) 위험이전의 원칙

위험이전의 가장 중요한 문제는 위험은 어느 때에 매도인으로부터 매수인에게 이전되는가 하는 것이다. 영미법과 비엔나협약은 소유자가 위험을 부담한다는 소유자 원칙 또는 소유자 주의를 적용하고 있다. 이 원칙은 물품의 위험은 소유자가 부담한다는 기본원칙에서 유래된 것이다.

소유자 원칙은 소유권의 소재와 위험의 소재가 일치한 상태에서는 소유권을 가진 자가 위험을 부담하므로 소유권이 이전되면 위험도 그에 따라 이전된다는 이론이다.

그러나 현대의 무역거래는 물품의 원격지로의 운송위험이나 화환어음결제에 따르는 환위험 등 많은 위험이 따르게 된다. 따라서 소유권의 이전과 위험의 이전을 분리시켜 소유권이 이전하지 않아도 위험이 이전될 수 있음을 인정하고 있다. 이러한 현상은 전통적으로 유지해 왔던 소유자 원칙에 많은 변화가 발생한 것을 의미한다.

(3) 위험이전에 관한 규정

현재 각국의 법제와 학설 및 판례, 그리고 국제무역법규는 위험의 이전시기를 서로 상이하게 규정하고 있다.

① SGA

영국의 물품매매법(SGA) 제20조는 위험이전에 대한 대원칙으로 '위험은 소유권과 함께 이전한다.'라고 규정하여 위험을 소유권에 수반하는 것으로 추정하고 있다.

이 입장에 의하면 설령 그 물품이 인도가 되지 않았다고 하더라도 일단 그 물품의 소유권이 이전이 되면 그 소유권을 가진 사람이 해당 물품의 위험을 부담하게 된다.

② 비엔나협약

비엔나협약은 소유권의 이전 문제는 규율하지 않는다고 제4조에 규정하고 있지만 위험의 이전 문제는 다양한 계약이행 형태에 따라 제66조에서 제70조까지 상세하게 규정하고 있다. 이것은 '비엔나협약과 위험부담의 원칙'에서 상세히 설명한다.

③ 인코텀즈

인코텀즈는 소유권의 이전에 관한 규정은 없으나, 매도인과 매수인의 의무에 대한 각 규정 중에서 위험의 이전에 관한 조항(A3 및 B3)을 두고 있다.

즉, 인코텀즈에서는 거래대상인 물품이 멸실이나 손상되었을 때에 그 위험 즉, 멸실이나 손상으로 인한 손해가 당사자 가운데 누가 부담하는가를 매도인의 의무 제3항(A3) 및 매수인의 의무 제3항(B3)에서 각각의 조건별로 규정하고 있다.

따라서 인코텀즈상의 모든 무역조건에서는 물품을 매도인의 의무에 따라 매도인이 인도의무를 이행하고 물품이 매수인에게 이전될 때 물품의 멸실이나 손상의 위험이 매수인에게 이전된다는 동일한 원칙을 규정하고 있다.

즉, 인코텀즈에서는 각 무역조건마다 위험부담의 분기점에서 매수인이나 운송인에게 물품을 인도하는 때에 매수인에게 위험이 이전하는 것으로 규정하고 있다.

구체적으로 선적지 매매조건인 FOB계약과 CIF계약의 경우, 위험이점에 대하여 매도인은 물품이 지정된 선적항에서 매수인이 지정한 본선에 인도한 때까지 물품의 멸실이나 손상에 대한 모든 위험을 부담해야 한다.

또한 복합운송에 사용되는 FCA계약, CPT계약, CIP계약에서는 최초의 운송인에게 인도될 때에 위험은 매도인으로부터 매수인에게 이전되고, 현장인도조건인 EXW계약이나 도착지 인도조건의 경우는 매도인으로부터 실제로 물품이 인도되어 전유가 이전될 때 매도인으로부터 매수인에게 위험이 이전된다.

비엔나협약은 극히 일반적인 위험이전의 원칙만을 규정하고 있는데 반해, 인코텀즈는 개별 거래조건 마다 구체적인 위험부담의 분기점을 규정하고 있다. 그러므로 양자는 위험의 이전에 관하여 상호 보완적인 규정을 두고 있는 것이다.

| 표 9-16 | 인코텀즈 2020상 위험의 이전

무역조건	위험이전 시기
EXW	지정 인도장소에서 매수인의 임의처분 상태에 맡겨진 때
FCA	매수인이 지정한 운송인 또는 기타의 당사자에게 인도된 때
CPT	운송인에게 인도된 때
CIP	운송인에게 인도된 때
DAP	지정 목적지의 합의된 지점에서 도착된 운송수단에서 양하하지 않은 상태로 매수인의 임의처분 상태에 맡겨진 때
DPU	지정 목적지에서 또는 지정목적지 내의 어떤 지점이 합의된 경우에는 그 지점에서 도착된 운송수단으로 부터 양하가 완료된 상태로 매수인의 임의처분 상태로 놓인 때
DDP	지정 목지지의 합의된 지점에서 도착된 운송수단에서 양하하지 않은 상태로 매수인의 임의처분 상태에 맡겨진 때
FAS	지정선적항에서 매수인이 지정한 본선의 선측에 인도하거나 그렇게 인도된 물품을 조달한 때
FOB	지정선적항에서 매수인이 지정한 본선상에 인도하거나 그렇게 인도된 물품을 조달한 때
CFR	본선상에 인도하거나 그렇게 인도된 물품을 조달한 때
CIF	본선상에 인도하거나 그렇게 인도된 물품을 조달한 때

④ 민법

우리나라 민법은 위험부담에 관하여 제537조와 제538조의 두 개 조문만을 평면적으로 규정하고 있다. 예로 민법 제537조는 '쌍무계약의 당사자 일방의 채무가 당사자 쌍방의 책임 없는 사유로 이행할 수 없게 된 때에는 채무자는 상대방의 이행을 청구하지 못한다.'고 규정하고 있다. 우리나라 민법은 위험의 분배보다도 더욱 중요한 위험의 이전문제에 관하여는 아무런 규정도 두고 있지 않다.

(4) FOB계약과 CIF계약에서 위험이전

① FOB계약에서 위험이전

FOB계약에서 위험은 선적 전에는 이전되지 않는다. 즉, 선적될 때까지의 위험은 매도인에게 있으나 본선에 적재 시에 위험은 매수인에게 이전된다.

② CIF계약에서 위험이전

CIF계약에서 물품에 대한 멸실이나 손상의 위험은 통상 선적 시에 매도인으로부터 매수인에게 이전한다. 그러므로 물품의 위험이 매수인에게 이전되지 아니한 상태에서 발생한 손실이나 비용은 매도인이 부담하며, 위험이 이전된 이후에 발생하는 멸실이나 손상에 대한 책임은 매수인이 부담한다.

2) 비엔나협약과 위험부담의 원칙

(1) 비엔나협약상 위험부담

비엔나협약은 제66조 내지 제70조에 위험부담에 관한 규정을 두고 있다. 그런데 비엔나협약 자체가 임의규범이기 때문에, 이 협약의 위험부담에 관한 규정은 당사자 합의에 따라 얼마든지 수정이나 변경될 수 있다(제6조).

또한 당사자가 인코텀즈상의 FOB, CIF 등과 같이 국제적으로 널리 알려져 있고 통상적으로 준수되고 있는 무역조건을 명시적으로 합의한 경우에는, 이들 거래조건상의 위험이전에 관한 규정이 우선 적용되기 때문에, 비엔나협약상의 위험이전을 규정한 제67조 내지 제70조의 규정들이 실무거래에 적용되는 경우는 거의 없다.

한편, 비엔나협약은 위험이전을 소유권이전과 분리시키고 있다. 이는 '매도인이 물품의 처분을 지배하는 서류를 보유할 권한이 있다는 사실은 위험의 이전에 영향을 미치지 않는다.'(제67조 제1항)는 규정과 '매매된 물품의 소유권에 관하여 계약이 미치는 효력'에 대해 이 협약을 적용되지 않는다.'(제4조)는 규정을 통해서도 알 수 있다.

| 표 9-17 | 비엔나협약상 위험이전

제67조 (1) (중략) 매도인이 물품의 처분을 지배하는 서류를 보유할 권한이 있다는 사실은 위험의 이전에 영향을 미치지 않는다.	Article 67 (1) (omit) The fact that the seller is authorized to retain documents controlling the disposition of the goods does not affect the passage of the risk.
제4조 이 협약은 매매계약의 성립 및 그 계약으로부터 발생하는 매도인과 매수인의 권리의무만을 규율한다. 이 협약에 별도의 명시규정이 있는 경우를 제외하고, 이 협약은 특히 다음과 관련이 없다. (a) 계약이나 그 조항 또는 관행의 유효성 (b) 매매된 물품의 소유권에 관하여 계약이 미치는 효력	Article 4 This Convention governs only the formation of the contract of sale and the rights and obligations of the seller and the buyer arising from such a contract. In particular, except as otherwise expressly provided in this Convention, it is not concerned with: (a) the validity of the contract or of any of its rovisions or of any usage ; (b) the effect which the contract may have on the property in the goods sold.

반면에, 비엔나협약은 물품을 점유하고 있는 자가 위험을 부담한다는 원칙을 취하고 있다. 그 이유는 위험과 물품에 대한 지배의 분리는 분쟁을 초래하기 쉬울 뿐 아니라 물품을 점유하고 있는 자가 물품의 멸실이나 손상을 가장 잘 예방할 수 있는 위치에 있고 이 자가 물품을 보험에 부보하는 것이 상례이기 때문이다. 즉, 비엔나협약은 물품의 소유권이 누구에게 있든 불문하고 위험을 보다 잘 처리할 수 있는 당사자에게 위험을 부담시키고 있다.

결국, 비엔나협약은 위험부담의 문제를 소유권과 분리시키는 대신 물품을 점유하고 있는 자에게 이를 부담시키는 원칙을 택하고 있다. 또한 비엔나협약은 운송 상황을 유형화하여 다음과 같이 각 유형별로 위험이 이전하는 시기를 규정하고 있다.

(2) 비엔나협약상 각 유형별 위험이전 시기

① 대가위험의 이전

비엔나협약에서 위험의 이전은 대가위험의 이전이다. 즉, 위험이 매수인에게 이전된 후에 손상 등이 발생하였다면 매수인은 물품을 보유하지 못하더라도 대금을 지급해야 한다. 따라서 위험이 이전됨으로써 대가위험은 매수인에게 이전한다.

그러나 매수인에게 위험이 이전된 후에 물품이 멸실이나 손상되더라도 그 멸실 또는 손상이 매도인의 작위(즉, 행동) 또는 부작위(즉, 무행위)에 기인하는 경우에는 매수인은 대금지급 의무에서 벗어난다.

표 9-18 비엔나협약상 위험이전의 효과(대가위험의 이전)

제66조	Article 66
위험이 매수인에게 이전된 후에 물품이 멸실 또는 손상되더라도 매수인은 대금지급의무를 면하지 못한다. 다만, 그 멸실 또는 손상이 매도인의 작위 또는 부작위로 인한 경우에는 그러하지 아니하다.	Loss of or damage to the goods after the risk has passed to the buyer does not discharge him from his obligation to pay the price, unless the loss or damage is due to an act or omission of the seller.

② 운송조건부 매매의 위험이전

첫째, 비엔나협약상 매매계약에 물품의 운송이 매도인의 의무로 포함되어 있고 매도인이 특정한 장소에서 물품을 운송인에게 인도할 의무가 없는 경우, 위험은 물품을 매수인에게 송부하기 위하여 최초 운송인에게 교부한 때에 매수인에게 이전한다(제67조).

여기에서 '운송인'은 물품의 운송을 실행할 것을 약정하는 독립적인 운송업자를 말한다. 따라서 매도인의 보조자나 운송을 주선할 뿐 실제 실행하지 않는 단순한 국제물류 주선업자(forwarder)에게 물품을 인도한 것으로는 위험이 이전하지 않는다.

둘째, '매도인이 특정한 장소에서 물품을 운송인에게 교부할 의무가 있는 경우' 위험은 그 장소에서 물품을 운송인에게 인도한 때에 매수인에게 이전된다(제67조).

예로 매도인 국가의 항구에서 물품을 교부하기로 합의하였다면 매도인의 주소지에서 최초운송인에 의해 항구까지 운송되는 경우에도 그 최초운송인이 아니라 항구에 있는 두 번째 운송인에게 물품이 교부되는 때 비로소 위험이 매수인에게 이전한다.

여기에서 주의할 점은 특정한 장소에서 물품을 교부하기로 합의한 것은 운송인에게 교부하기로 한 경우로 한정된다는 것이다. 만일 특정한 장소에서 매수인에게 교부하기로 합의했다면 이 규정이 아니라 본 협약 제69조가 적용된다.

한편, 매도인이 물품의 처분을 지배하는 선하증권(B/L)과 같은 서류를 가지고 있다는 사실은 그 위험의 이전에 영향을 미치지 않는다(제67조 제1조 3문).

이는 위험의 이전이 소유권의 이전과 무관하다는 것을 나타낸다. 왜냐하면 국제물품매매계약에서는 매도인이 물품을 운송인에게 교부한 후에도 여전히 그 물품에 대한 처분권이나 처분권을 부여하는 운송서류를 가지고 있는 것이 보통이기 때문이다.

| 표 9-19 | 비엔나협약상 운송조건부 매매의 위험이전

제67조	Article 67
(1) 매매계약에 물품의 운송이 포함되어 있고, 매도인이 특정한 장소에서 이를 교부할 의무가 없는 경우에 위험은 매매계약에 따라 매수인에게 전달하기 위하여 물품이 제1운송인에게 교부된 때에 매수인에게 이전한다. 매도인이 특정한 장소에서 물품을 운송인에게 교부해야 하는 경우에는, 위험은 그 장소에서 물품이 운송인에게 교부될 때까지 매수인에게 이전하지 않는다. 매도인이 물품의 처분을 지배하는 서류를 보유할 권한이 있다는 사실은 위험의 이전에 영향을 미치지 않는다.	(1) If the contract of sale involves carriage of the goods and the seller is not 0bound to hand them over at a particular place, the risk passes to the buyer when the goods are handed over to the first carrier for transmission to the buyer in accordance with the contract of sale. If the seller is bound to hand the goods over to a carrier at a particular place, the risk does not pass to the buyer until the goods are handed over to the carrier at that place. The fact that the seller is authorized to retain documents controlling the disposition of the goods does not affect the passage of the risk.

③ 운송 중에 있는 물품의 위험이전

첫째, 비엔나협약상 운송 중에 있는 물품을 매매하는 경우에, 위험의 이전은 원칙적으로 계약을 체결할 때에 이루어진다(제68조 1문). 즉, 운송 중에 매각된 물품에 대한 위험은 원칙적으로 선적 시가 아닌 계약체결 시에 매수인에게 이전한다.

둘째, 그러나 특정한 사정이 있는 경우에, 위험의 이전은 운송계약을 나타내는 서류를 발행하는 운송인에게 물품이 인도된 때에 이루어진다(제68조 2문). 여기에서 '특별한 사정이 있는 경우'는 매도인이 해상보험에 가입하여 매수인에게 이를 양도함으로써 매수인이 계약체결 이전에도 보험상의 보호를 받을 수 있었던 경우가 해당한다. 물품을 운송인에게 인도함으로써 위험이 이전하도록 한 것은 매수인에게 소급하여 위험을 부담시키고 보험금의 지급청구권을 위임하는 결과가 된다.

여기에서 운송계약을 나타내는 서류는 물품의 처분권한을 가진 서류뿐만 아니라 운송계약이 체결되었음을 증명하는 서류이면 모두 가능하다.

셋째, 매수인의 계약체결 시 위험부담의 원칙은 매도인이 선의인 경우에만 적용된다. 따라서 계약을 체결할 때에 매도인이 물품이 멸실 또는 손상이 되었음을 알았거나 알 수 있었는데 이를 매수인에게 알리지 않은 경우에는 그 멸실이나 손상의 위험을 매도인이 부담해야 한다(제68조 3문). 그러나 계약체결 후 발생한 손해 또는 계약체결 시에 이미 발생하였더라도 이를 알지 못하였거나 알 수도 없었던 손해에 대한 위험은 매도인이 부담하지 않는다.

| 표 9-20 | 비엔나협약상 운송 중에 있는 물품의 위험이전

제68조	Article 68
운송 중에 매도된 물품에 관한 위험은 계약체결 시에 매수인에게 이전한다. 다만, 특별한 사정이 있는 경우에는, 위험은 운송계약을 표창하는 서류를 발행한 운송인에게 물품이 교부된 때부터 매수인이 부담한다. 그럼에도 불구하고, 매도인이 매매계약의 체결 시에 물품이 멸실 또는 훼손된 것을 알았거나 알았어야 했고, 매수인에게 이를 밝히지 아니한 경우에는, 그 멸실 또는 훼손은 매도인의 위험으로 한다.	The risk in respect of goods sold in transit passes to the buyer from the time of the conclusion of the contract. However, if the circumstances so indicate, the risk is assumed by the buyer from the time the goods were handed over to the carrier who issued the documents embodying the contract of carriage. Nevertheless, if at the time of the conclusion of the contract of sale the seller knew or ought to have known that the goods had been lost or damaged and did not disclose this to the buyer, the loss or damage is at the risk of the seller.

④ 매도인의 영업소에서 인도시 위험이전

비엔나협약상 EXW조건과 같이 매도인의 영업소에서 인도가 이루어지는 현실인도의 경우, 위험의 이전은 매수인이 물품을 수령한 때에 위험이 매수인에게 이전한다.

이것은 매도인이 물품을 지배하고 있는 한, 단순히 매수인의 임의처분 하에 맡기는 것만으로는 위험이 이전하지 않는다는 것을 의미한다.

그러나 매수인이 자신의 임의처분 상태에 맡겨진 물품의 수령을 지체하는 경우에는, 위험의 이전은 매수인이 물품의 수령을 지체함으로써 계약을 위반하는 때가 된다.

여기에서 매수인의 수령은 이행으로서 수령하는 것을 의미하기 때문에 매수인이 수령의무를 위반한 때가 위험의 이전시점이 되는 것이다.

| 표 9-21 | 비엔나협약상 매도인의 영업소에게 인도시 위험이전

제69조	Article 69
(1) 제67조와 제68조가 적용되지 아니하는 경우에, 위험은 매수인이 물품을 수령한 때, 매수인이 적시에 이를 수령하지 아니한 경우에는 물품이 매수인의 처분상태에 놓여지고 매수인이 이를 수령하지 아니하여 계약을 위반하는 때에 매수인에게 이전한다.	(1) In cases not within articles 67 and 68, the risk passes to the buyer when he takes over the goods or, if he does not do so in due time, from the time when the goods are placed at his disposal and he commits a breach of contract by failing to take delivery.

⑤ 매도인의 영업소 외 장소에서 인도시 위험이전

비엔나협약상 매도인의 영업소 이외의 장소에서 매수인이 물품을 수령하는 경우에는 첫째, 인도의 이행기가 도래하고 둘째, 물품이 그 약속된 장소에서 매수인의 임의처분 하에 맡겨졌으며 셋째, 그러한 사실을 매수인이 알고 있는 경우에, 위험이 매수인에게 이전한다. 즉, 매도인의 영업소 이외의 장소에서의 매매는 매수인의 임의처분 상태에 맡긴다는 매도인의 일방적인 행위에 의해 위험이 이전하게 된다.

⑥ 물품의 특정과 위험이전의 관계

비엔나협약 제69조 제3항은 '특정되지 아니한 물품에 대한 계약인 경우, 물품은 계약의 목적물로서 명확히 특정되기까지는 매수인의 임의처분 상태에 맡겨지지 아니한 것으로 본다.'는 규정을 두고 있다. 따라서 비엔나협약상 불특정물을 대상으로 한 매매의 경우에는 물품이 특정될 때까지 위험은 이전되지 않는다.

표 9-22 비엔나협약상 기타 인도매매의 위험이전

제69조	Article 69
(2) 매수인이 매도인의 영업소 이외의 장소에서 물품을 수령해야 하는 경우에는, 위험은 인도기일이 도래하고 물품이 그 장소에서 매수인의 처분 하에 놓여진 것을 매수인이 안 때에 이전한다. (3) 불특정물에 관한 계약의 경우에, 물품은 계약상 명확히 특정될 때까지 매수인의 처분 하에 놓여지지 아니한 것으로 본다.	(2) However, if the buyer is bound to take over the goods at a place other than a place of business of the seller, the risk passes when delivery is due and the buyer is aware of the fact that the goods are placed at his disposal at that place. (3) If the contract relates to goods not then identified, the goods are considered not to be placed at the disposal of the buyer until they are clearly identified to the contract.

3) 비용의 부담

별도의 약정이 없는 한, 계약 물품을 인도할 수 있는 상태에 두는데 필요한 비용과 이에 부수하여 발생하는 여러 비용들은 당연히 매도인이 부담한다. 왜냐하면 그 비용들은 매도인이 물품 인도의 의무를 이행하는데 필요한 일부를 구성하기 때문이다.

따라서 만일 매도인이 이러한 비용을 지급하지 않을 때에는 물품 인도의 준비와 의사가 있었다고 주장할 수 없으며, 매수인은 물품을 수령할 의무가 없게 된다.

'물품이 인도 가능한 상태에 있다.'는 것은 이때까지의 모든 비용을 매도인이 부담하였다는 의미이며, 이 경우 매수인은 인수하기 위한 모든 조치를 다해야 한다. 이때 매수인이 물품을 인수하지 못하여 발생한 모든 비용은 매수인에게 귀속된다.

일반적으로 별도의 합의가 없는 한, 계약 물품이 인도 가능한 상태로 있을 때에 소유권도 이전되므로 비용과 위험은 동시에 이전되는 경우가 많다.

6. 소유권의 이전

물품매매의 궁극적인 목적은 매도인이 대금이라는 금전상의 대가를 취득하는 대신 매수인에게 그 물품의 소유권(property rights)을 이전하는 데 있다.

따라서 물품의 소유권을 매수인에게 이전해야 할 의무와 물품을 인도해야 할 의무는 매도인의 가장 기본적인 의무이다. 비엔나협약 제30조에도 '매도인은 계약과 이 협약에 따라 물품을 인도하고 물품의 소유권을 이전해야 한다.'고 규정함으로써 소유권 이전의 의무를 매도인의 가장 기본적인 의무로 규정하고 있다.

▌표 9-23▐ 비엔나협약상 소유권의 이전의무

제30조 매도인은 계약과 이 협약에 따라 물품을 인도하고, 관련 서류를 교부하며 물품의 소유권을 이전해야 한다.	Article 30 The seller must deliver the goods, hand over any documents relating to them and transfer the property in the goods, as required by the contract and this Convention.

그런데 소유권 이전 문제는 각국의 법체계가 너무 상이하여 소유권의 구성과 그 이전 방법 등을 통일적으로 규정하는 것이 매우 어렵다. 예를 들어 인코텀즈는 소유권의 이전 규정이 전혀 없고 CIF계약에 관한 Warsaw-Oxford Rule은 해상선하증권 등 제반 서류를 매수인에게 인도할 때 소유권이 이전되도록 하고 있으며, 실무거래에서는 보통 선하증권의 발행방식과 적법한 배서나 교부에 의해 결정되도록 하고 있다.

따라서 소유권의 이전은 법정지의 준거법에 따르도록 하는 것이 원칙이다. 비엔나협약 제30조에도 '계약과 이 협약이 정하는 바에 따라 매도인이 물품의 소유권을 이전해야 한다.'는 총설적인 규정만을 두고 있을 뿐 구체적인 소유권 이전 의무에 대하여는 아무런 규정을 두고 있지 않다.

게다가 본 협약 제4조는 '매매된 물품의 소유권에 관하여 계약이 미치는 효력'에 대하여는 이 협약을 적용하지 아니한다고 규정함으로써 소유권 이전의 문제는 비엔나협약의 규율대상이 아님을 분명히 천명하고 있다.

결국, 매도인은 해당 계약의 준거법이 요구하는 방법과 내용에 따라 현실적 인도나 서류에 의한 상징적 인도로써 매수인에게 물품의 소유권을 이전해야 한다.

대부분 국가의 법률 규정도 물품의 현실적 인도나 물품을 상징하는 서류의 인도에 의하여 물품의 소유권이 이전되도록 하고 있으므로, 실무거래에서 소유권의 이전의무는 물품인도 의무나 서류인도 의무의 이행과 함께 진행되는 경우가 많다.

제3절 매수인의 계약이행 내용

비엔나협약과 인코텀즈 등에 규정된 매수인의 주요 의무로는 인도물품의 수령의무, 대금지급의무, 물품의 검사와 부적합 통지의무, 물품의 보관의무, 운송과 보험계약 체결의무, 위험과 비용부담의무 등이 있다. 비엔나협약상 매수인의 가장 기본적인 의무는 대금지급의무와 인도물품 수령의무이다(제53조). 인도물품 수령의무는 당사자 간의 협조관계를 대칭적으로 강조하기 위해 규정한 것으로 우리나라 민법에는 규정이 없다.

1. 인도물품의 수령

1) 인도물품의 수령의무

매수인의 인도물품 수령의무는 대금지급 의무와 함께 매수인의 가장 기본적인 의무이다. 비엔나협약 제53조에도 매도인이 약정된 물품을 인도하면, '매수인은 계약과 이 협약에 따라, 물품의 대금을 지급하고 물품을 수령해야 한다.'라고 규정하고 있고 제60조는 제53조에 언급된 매수인의 수령의무를 보다 구체적으로 규정하고 있다.

| 표 9-24 | 비엔나협약상 매수인의 가장 기본적인 의무

제53조	Article 53
매수인은 계약과 이 협약에 따라, 물품의 대금을 지급하고 물품을 수령해야 한다.	The buyer must pay the price for the goods and take delivery of them as required by the contract and this Convention.

그런데, 비엔나협약 제60조는 매수인의 인도수령(taking delivery)의 시기나 장소에 대한 내용들을 규정하지 않고 있다. 대신 제31조와 제33조에 매도인의 물품인도 장소와 매도인의 인도시기를 상세하게 규정하고 있다. 보통은 인도의 장소(제31조)와 시기(제33조)에 따라 수령의 장소와 시기도 함께 정해진다.

| 표 9-25 | 비엔나협약상 매수인의 인도물품의 수령의무

제60조	Article 60
매수인의 인도물품의 수령의무는 다음과 같다. (a) 매도인의 인도를 가능하게 하기 위하여 매수인에게 합리적으로 기대될 수 있는 모든 행위를 하는 것 (b) 물품을 수령하는 것	The buyer's obligation to take delivery consists : (a) in doing all the acts which could reasonably be expected of him in order to enable the seller to make delivery; and (b) in taking over the goods.

비엔나협약 제60조에 규정된 인도물품 수령의무는 다음의 의미가 포함하고 있다.

첫째, 매수인은 물품을 실제로 수령해야 한다. 즉, 매도인이 물품을 자신의 영업소나 최초운송인 또는 기타의 장소에서 매수인의 임의처분 상태에 놓아두면 매수인은 이러한 물품을 수령할 의무가 있다. 이것은 매수인은 계약과 본 협약이 정하는 바의 합리적인 장소나 시기에 인도된 물품을 수령함으로써 매도인의 계속적인 이행의 제공으로 인한 비용 지출을 방지해야 할 의무가 있기 때문이다.

둘째, 매수인은 물품의 인도수령에 앞서, 매도인의 물품인도가 가능하도록 자신에게 합리적으로 기대될 수 있는 모든 행위를 해야 한다. 여기에 적합한 예는 수입허가를 얻거나 FOB계약에서 매수인이 적합한 선박을 제공하는 일 등이다. 수령을 위한 이러한 사전 준비 행위는 일종의 매수인의 협력행위이다. 물품의 인도에 대한 상세한 내용들은 인코텀즈에 규정되어 있다.

2) 인도물품의 수령거절권

매수인은 일정한 경우에 인도물품의 수령을 거절할 권리도 가지고 있다. 예를 들어 매도인이 이행기 이전에 물품을 인도한 경우(제52조 제1항)와 매도인이 물품을 초과하여 인도한 경우(제52조 제2항)에는 매수인은 그 물품의 수령을 거절할 수 있다.

이들의 공통점은 매도인의 계약위반이라는 점과 매수인이 이를 거절할 수도 있고 수령할 수도 있다는 점이다. 그 이유는 아래의 두 경우 모두 상황에 따라서는 매수인에게 오히려 더 유리할 수도 있기 때문이다.

(1) 조기인도

'매도인이 이행기 이전에 물품을 인도'한 경우 이는 원칙적으로 계약위반에 해당한다. 따라서 매수인은 부적합 통지를 하고 이의 수령을 거절할 수 있다.

본 협약에는 거절 시기에 대한 언급이 없지만 제46조 제2항과 제3항을 유추 적용하면 부적합 통지와 함께 또는 그 후 합리적인 기간 내에 거절이 이루어지면 된다.

거절하는 경우 매수인은 제86조에 정한 보관의무를 진다. 또한 매수인은 이를 수령해도 무방하지만, 이러한 수령은 원칙적으로 인도시기의 변경에 대한 동의로 해석되어서는 안 된다. 또한 사전인도를 수령하였다고 그에 대응하는 매수인의 대금결제 의무도 앞 당겨지는 것은 아니다. 사전인도의 수령으로 매수인이 더 불리해져도 안 되며 매도인도 더 유리해져도 안 되기 때문이다. 그러나 매수인이 사전인도를 거절하든 수령하든 이로 인해 발생된 손해는 매도인에게 배상을 청구할 수 있다.

(2) 초과인도

매도인이 물품을 초과하여 인도한 경우 그 거절은 초과분에 한정된다. 그러나 매수인은 초과인도의 일부 또는 전부를 수령할 수도 있다. 다만, 이때에는 수령한 초과분의 대금을 지급해야 하며 그 기준가격은 시장가격이 아니라 계약가격이 된다.

초과인도 역시 계약위반이므로 이를 거절하려면 매수인은 매도인에게 부적합 통지를 해야 한다. 거절 시기에 대한 규정은 없으나 제46조와 같이 부적합 통지와 함께 또는 그 후 합리적인 기간 내에 이루어지면 된다. 그리고 초과인도를 매수인이 수령하든 거절하든 이로 인해 발생된 손해는 매도인에게 배상을 청구할 수 있다.

표 9-26 비엔나협약상 매수인의 인도물품 수령거절권

제52조	Article 52
(1) 매도인이 이행기 전에 물품을 인도한 경우에 매수인은 이를 수령하거나 거절할 수 있다. (2) 매도인이 계약에서 정한 것보다 다량의 물품을 인도한 경우에, 매수인은 초과분을 수령하거나 이를 거절할 수 있다. 매수인이 초과분의 전부 또는 일부를 수령한 경우에는 계약대금의 비율에 따라 그 대금을 지급해야 한다.	(1) If the seller delivers the goods before the date fixed, the buyer may take delivery or refuse to take delivery. (2) If the seller delivers a quantity of goods greater than that provided for in the contract, the buyer may take delivery or refuse to take delivery of the excess quantity. If the buyer takes delivery of all or part of the excess quantity, he must pay for it at the contract rate.

그 외 매도인의 본질적 계약위반으로 매수인이 계약을 해제하는 경우에도 매수인은 인도물품의 수령을 거절할 수 있다. 그런데 비본질적인 위반의 경우에는 매수인은 물품을 수령하고 부적합 보완이나 대금감액이라는 구제수단을 행사해야 한다.

매수인이 물품의 수령을 거절하는 경우에는 매수인은 제86조에 정한 물품의 보관의무를 부담한다. 매수인에게 보관의무가 발생하기 위해서는 첫째, 매수인이 물품을 수령했어야 하며 둘째, 매수인이 정당하게 물품거절권을 행사해야 한다.

표 9-27 비엔나협약상 매수인의 물품보관의무

제86조	Article 86
(1) 매수인이 물품을 수령한 후 그 물품을 거절하기 위하여 계약 또는 이 협약에 따른 권리를 행사하려고 하는 경우에는, 매수인은 물품을 보관하기 위하여 그 상황에서 합리적인 조치를 취해야 한다. 매수인은 매도인으로부터 합리적인 비용을 상환받을 때까지 그 물품을 보유할 수 있다.	(1) If the buyer has received the goods and intends to exercise any right under the contract or this Convention to reject them, he must take such steps to preserve them as are reasonable in the circumstances. He is entitled to retain them until he has been reimbursed his reasonable expenses by the seller.

2. 대금의 지급

1) 대금지급의 원칙과 비엔나협약

(1) 대금지급의 원칙

매수인의 대금지급 의무는 매수인의 가장 기본적인 의무이다. 대금의 지급과 물품의 인도는 동시이행조건(concurrent conditions)을 원칙으로 하기 때문에 매수인은 매도인이 물품을 인도할 때까지 대금의 지급을 거절할 수 있다.

이에 반해 매도인은 매수인이 대금을 제공할 때까지 물품의 인도를 거절할 수 있다. 이것을 우리나라 민법은 동시이행의 항변권이라 부르고 있다.

그런데 이 원리를 격지자 간의 무역거래에 그대로 적용하는 것은 곤란한 경우가 많다. 따라서 대금의 지급방식, 지급장소 및 지급시기 등은 계약을 체결할 때 당사자의 합의로 결제조건(terms of payment)으로 약정하는 것이 일반적이다.

(2) 대금지급 의무와 비엔나협약

비엔나협약은 매수인의 대금지급에 관한 6개의 조문을 두고 있다. 즉, 매수인이 지급해야 하는 계약금액은 당사자가 합의한 계약에서 정해지지만, 비엔나협약은 특별한 경우에 계약금액을 정하는 2개 조항(제55조와 제56조)을 두고 있다.

기타 4개의 조항은 대금지급을 위한 준비조치(제54조), 대금지급 장소(제57조), 대금지급 시기(제58조), 매도인의 공식 지급청구의 불필요(제59조)와 관련된 조항이다.

① 대금지급의 준비의무

비엔나협약상 매수인의 대금지급 의무에는 그 지급을 위하여 계약이나 법령이 정하는 조치를 취하고 또 절차를 준수할 의무가 포함되어 있다(제54조).

이것은 대금지급 이전에 지급을 위해 필요한 조치와 절차를 따르는 것도 대금지급 의무에 포함되며, 이것을 이행해야 할 당사자는 매수인이라는 것을 명확히 한 것이다.

| 표 9-28 | 비엔나협약상 매수인의 대금지급 준비의무

第54조	Article 54
매수인의 대금지급의무에는 그 지급을 위하여 계약 또는 법령에서 정한 조치를 취하고 절차를 따르는 것이 포함된다.	The buyer's obligation to pay the price includes taking such steps and complying with such formalities as may be required under the contract or any laws and regulations to enable payment to be made.

계약이 요구하는 조치와 방식은 예컨대 신용장의 개설 등이 될 수 있으며, 법령이 요구하는 조치와 방식은 예컨대 외국환거래법상의 송금 규정 등이 될 수 있다.

매수인이 이러한 규정에 위반하는 경우 이것 역시 계약위반이 된다.

② 대금 미확정계약

비엔나협약 제55조는 계약이 유효하게 성립되었으나 계약에서 계약물품의 가격(대금)이 정해져 있지 않은(대금 미확정계약, open-price contract) 경우에 그 가격을 결정하는 방법을 규정하고 있다. 이러한 경우에는, 계약체결 시를 기준으로 유사한 거래에서 매도되는 물품에 대하여 일반적으로 청구되는 대금을 기준으로 한다.

유의해야 할 것은 '대금 미확정인 계약'과 '대금에 대한 합의가 없는 계약'은 명백히 구별되어야 한다는 점이다. 계약이 성립되었음에도 불구하고 가격이 결정되지 않은 대금 미확정인 계약은 본 협약 제55조에 따라 대금을 결정할 수 있지만, 대금에 대한 합의가 없는 계약은 계약 자체가 성립되지 못하여 효력이 없게 된다.

표 9-29 비엔나협약상 대금 미확정계약과 대금결정

제55조	Article 55
계약이 유효하게 성립되었으나 그 대금을 명시적 또는 묵시적으로 정하고 있지 아니하거나 이를 정하기 위한 조항을 두지 아니한 경우에는, 당사자는 반대의 표시가 없는 한, 계약체결 시에 해당 거래와 유사한 상황에서 매도되는 그러한 종류의 물품에 대하여 일반적으로 청구되는 대금을 묵시적으로 정한 것으로 본다.	Where a contract has been validly concluded but does not expressly or implicitly fix or make provision for determining the price, the parties are considered, in the absence of any indication to the contrary, to have impliedly made reference to the price generally charged at the time of the conclusion of the contract for such goods sold under comparable circumstances in the trade concerned.

③ 순중량에 의한 대금의 결정

비엔나협약 제56조는 '중량'이 총중량과 순중량 중 어느 것을 의미하는지 명확하지 않은 경우에는 순중량을 기준으로 한다고 규정하고 있다. 이 규정은 대금이 물품의 중량으로 정해지는 경우와 당사자 의사나 관례가 없는 경우에만 적용된다.

표 9-30 비엔나협약상 순중량에 의한 대금의 결정

제56조	Article 56
대금이 물품의 중량에 따라 정하여지는 경우에 의심이 있는 때에는 순중량에 의하여 대금을 결정하는 것으로 한다.	If the price is fixed according to the weight of the goods, in case of doubt it is to be determined by the net weight.

2) 대금지급의 방식과 장소

(1) 대금지급의 방식

매수인은 다양한 방식과 수단으로 대금을 지급할 수 있다. 대금은 지급수단을 기준으로 구분하면 현금, 물품, 전신환, 환어음결제가 있고, 지급방식을 기준으로 구분하면 송금결제, 추심결제 및 신용장결제 등이 있으며, 지급시기를 기준으로 구분하면 선지급, 후지급, 동시지급, 혼합지급결제가 있다.

매매계약에서 사용되는 지급방식은 전신환 등 환이 결제되는 송금결제방식이나 환어음이 결제되는 추심 및 신용장방식이 현재 주종을 이루고 있다. 매매당사자가 어떠한 방식으로 대금을 지급할 것인가는 대부분 사전에 합의된다.

(2) 대금지급의 장소

① 일반원칙

무역계약상 대금지급의 장소가 약정되어 있는 경우에는 그곳이 대금지급의 장소가 된다. 그러나 별도의 합의가 없는 경우에는 매수인이 대금지급을 이행하는 장소는 매도인의 영업장소(the seller's place of business)가 된다. 이러한 원칙이 국제표준계약관행(international standard contract practice)으로 되어 있다. 왜냐하면 물품을 인도하는 원칙적인 장소는 매도인의 영업소가 되므로, 동시이행의 이론에 따라 그곳의 인도에 대해 그곳에서 지급이 이루어져야 하기 때문이다.

그러나 지급이 계약물품의 인도와 상환으로 또는 서류의 교부에 의해 이루어질 경우에는 그 인도나 교부가 이루어지는 장소(보통은 수출국 은행)가 지급장소가 된다.

② 비엔나협약상의 원칙

비엔나협약 제57조는 대금지급의 장소에 관하여 다음과 같은 곳이 순차적으로 대금지급의 장소가 되도록 규정하고 있다.

첫째, 당사자들이 대금지급이 이루어지도록 약정한 장소가 있으면 당사자가 합의한 그곳이 지급 장소가 된다. 둘째, 물품의 인도나 서류의 교부와 상환으로 대금을 지급해야 할 경우에는, 그 인도와 교부가 이루어진 곳이 대금지급의 장소가 된다.

셋째, 매수인이 기타 어느 특정 장소에서 대금을 지급할 의무가 없는 경우에는, 매수인은 원칙적으로 매도인의 영업소에서 이를 지급해야 한다. 따라서 이 경우는 매도인의 영업소가 지급 장소가 된다.

한편, 계약체결 후에 매도인이 자신의 영업소를 변경함으로써 발생한 증가 비용은 매도인이 부담한다. 또한 계약체결 후에 매도인의 영업소가 바뀐 경우에 그 사실을 매수인이 알고 있는 한 바뀐 영업소에서 대금을 지급해야 한다.

❙표 9-31❙ 비엔나협약상 대금의 지급장소

제57조	Article 57
(1) 매수인이 다른 특정한 장소에서 대금을 결제할 의무가 없는 경우에는 다음의 장소에서 매도인에게 이를 결제해야 한다. (a) 매도인의 영업소, 또는 (b) 대금이 물품 또는 서류의 교부와 상환하여 결제되어야 하는 경우에는 그 교부가 이루어지는 장소 (2) 매도인은 계약체결 후에 자신의 영업소를 변경함으로써 발생하는 대금결제에 대한 부수비용의 증가액을 부담해야 한다.	(1) If the buyer is not bound to pay the price at any other particular place, he must pay it to the seller: (a) at the seller's place of business; or (b) if the payment is to be made against the handing over of the goods or of documents, at the place where the handing over takes place. (2) The seller must bear any increase in the expenses incidental to payment which is caused by a change in his place of business subsequent to the conclusion of the contract.

3) 대금지급의 시기

(1) 일반원칙

매매계약을 체결할 때 매수인의 대금지급 시기(time of payment)를 계약서에 명시할 것인가의 여부는 원칙적으로 당사자의 자유이다. 매수인의 대금지급 시기는 계약을 체결할 때 ××월 ××일로 확정되어 있는 것이 일반적이다.

계약에 시기가 지정되면 매수인은 지정된 날짜에 지급해야 한다. 그러나 그러한 약정이 없으면 물품이 인도되었거나 서류가 교부된 시기가 대금의 지급시기가 된다.

(2) 비엔나협약상의 원칙

① 대금지급의 시기를 약정한 경우

비엔나협약상 당사자 사이에 대금지급의 시기가 약정되어 있으면, 물품의 대금은 그 지정된 시기에 지급되어야 한다는 것을 원칙으로 하고 있다.

② 대금지급의 시기를 약정하지 않은 경우

대금지급 시기가 정해지지 않은 경우, 매수인은 매도인이 물품이나 그 처분을 지배하는 서류(선하증권 등)를 매수인의 처분 하에 두는 때에 지급해야 한다(제58조).

매수인의 대금지급의무는 매도인이 물품을 인도한 때에 발생하는 것이 아니라, 물품이나 서류를 매수인의 처분 가능한 상태에 둔 때에 발생한다는 것이다.

이에 따라 매수인은 물품이나 그 처분을 지배하는 서류가 매수인의 처분 하에 놓일 때까지 대금의 지급을 거절할 수 있다. 그런데 운송조건부 매매는 매도인이 최초운송인에게 물품을 교부함으로써 인도한 것으로 간주되고 있다(제31조 a호).

그것은 물품이 아직 매수인의 처분에 맡겨진 것이 아니므로 목적지에 도착하여 매수인의 처분에 맡겨지는 때에 비로소 매수인의 대금지급 시기가 도래하기 때문이다.

따라서 이러한 경우에는 인도시기와 대금지급의 시기가 일치하지 않게 된다.

한편, 계약에 물품의 운송이 포함된 경우에는, 매도인은 대금의 지급과 상환으로만 물품이나 그 처분을 지배하는 서류를 매수인에게 교부한다는 조건으로 물품을 발송할 수 있다. 원칙적으로 계약물품의 인도와 대금지급 사이에는 동시이행이 요구되기 때문에 대금이 지급될 때까지 매도인은 물품을 보유할 수 있다.

③ 매수인의 물품검사와 대금지급 시기

원칙적으로 매수인이 물품을 검사할 기회를 가지기 전에는 대금지급의 시기가 도래하지 않는다. 여기서 매수인의 검사권은 본 협약 제38조 제3항과 달리 그리 엄격할 것을 요구하지 않는다. 간단하고 피상적인 검사로서도 충분하다.

그러나 당사자 간에 합의한 내용이 매수인의 검사와 양립하지 않는 경우에는 검사 없이 대금지급의 시기가 도래한다. 예컨대 신용장에 의한 지급이 이에 속한다. 그러나 대금지급을 조건으로 하는 물품교부의 경우는 매수인의 검사가 요구될 수 있다.

표 9-32 비엔나협약상 대금의 결제시기

제58조	Article 58
(1) 매수인이 다른 특정한 시기에 대금을 지급할 의무가 없는 경우에는, 매수인은 매도인이 계약과 이 협약에 따라 물품 또는 그 처분을 지배하는 서류를 매수인의 처분하에 두는 때에 대금을 지급해야 한다. 매도인은 그 지급을 물품 또는 서류의 교부를 위한 조건으로 할 수 있다. (2) 계약에 물품의 운송이 포함되는 경우에는, 매도인은 대금의 지급과 상환하여서만 물품 또는 그 처분을 지배하는 서류를 매수인에게 교부한다는 조건으로 물품을 발송할 수 있다. (3) 매수인은 물품을 검사할 기회를 가질 때까지는 대금을 지급할 의무가 없다. 다만, 당사자간에 합의된 인도 또는 지급절차가 매수인이 검사 기회를 가지는 것과 양립하지 아니하는 경우에는 그러하지 아니하다.	(1) If the buyer is not bound to pay the price at any other specific time, he must pay it when the seller places either the goods or documents controlling their disposition at the buyer's disposal in accordance with the contract and this Convention. The seller may make such payment a condition for handing over the goods or documents. (2) If the contract involves carriage of the goods, the seller may dispatch the goods on terms whereby the goods, or documents controlling their disposition, will not be handed over to the buyer except against payment of the price. (3) The buyer is not bound to pay the price until he has had an opportunity to examine the goods, unless the procedures for delivery or payment agreed upon by the parties are inconsistent with his having such an opportunity.

3. 물품의 검사와 부적합 통지

1) 물품의 검사

물품을 수령한 매수인은 물품의 상태를 검사(examination)해야 한다. 매수인의 물품검사 의무는 상법 제69조를 비롯하여 각국의 법이 공통으로 인정하고 있다.

비엔나협약 제38조에도 다음과 같이 물품에 대한 매수인의 검사의무를 규정하고 있는데 이 의무는 매수인이 자신의 권리를 유지하기 위하여 부담하는 의무이다.

(1) 실행 가능한 단기간 내 검사

비엔나협약상 매수인은 그 사정에 따라 실행 가능한 단기간 내에 물품을 검사하거나 검사하게 해야 한다. 여기에서 '사정에 따라 실행 가능한 단기간 내에'는 물품의 성질, 거래의 관행, 검사의 장소·시설·능력, 검사기간 등을 고려하여 결정되어야 하지만, 보통은 짧은 기간을 요구하므로 '지체 없이'라는 의미로 통용되고 있다.

(2) 운송포함계약에서 물품의 검사기간 연장

계약에 물품운송이 포함된 경우, 매수인은 물품이 도착한 후에도 합리적인 검사기회를 가질 수 있기 때문에 물품이 목적지에 도착한 이후까지 검사를 연기할 수 있다.

(3) 전매물품의 검사기간 연장

매수인이 검사할 기회를 갖지 못한 채, 물품의 운송 중에 목적지를 변경하거나 다른 곳으로 재송부(redispatch)하는 경우(즉, 물품이 전매되는 경우), 검사는 새로운 목적지에 도착한 후까지 연기될 수 있다. 다만, 이러한 연기는 그러한 변경이나 재송부의 사실을 계약체결 시에 매도인이 알았거나 알 수 있었을 경우에만 가능하다.

▎표 9-33▎ 비엔나협약상 매수인의 물품 검사의무

제38조	Article 38
(1) 매수인은 그 상황에서 실행 가능한 단기간 내에 물품을 검사하거나 검사하게 해야 한다. (2) 계약에 물품의 운송이 포함되는 경우 검사는 물품이 목적지에 도착한 후까지 연기될 수 있다. (3) 매수인이 검사할 합리적인 기회를 가지지 못한 채 운송 중에 물품의 목적지를 변경하거나 물품을 전송(轉送)하고 매도인이 계약체결 시에 그 변경 또는 전송의 가능성을 알았거나 알 수 있었던 경우에는, 검사는 물품이 새로운 목적지에 도착한 후까지 연기될 수 있다.	(1) The buyer must examine the goods, or cause them to be examined, within as short a period as is practicable in the circumstances. (2) If the contract involves carriage of the goods, examination may be deferred until after the goods have arrived at their destination. (3) If the goods are redirected in transit or redispatched by the buyer without a reasonable opportunity for examination by him and at the time of the conclusion of the contract the seller knew or ought to have known of the possibility of such redirection or redispatch, examination may be deferred until after the goods have arrived at the new destination.

2) 부적합 통지

(1) 의의와 취지

매수인이 물품을 인수하고 이의 없이 이를 보관, 사용 또는 재판매한 뒤 물품에 불합치가 있음을 이유로 대금의 지급을 거절하거나 손해배상을 청구하면, 매도인으로서는 그러한 불합치가 위험이 매수인에게 이전하기 이전에 발생하였는지 아니면 그 후에 발생하였는지 정확히 확정하는 것이 매우 어렵기 때문에 매수인의 주장이 정당한지 여부를 판단하는데 어려움을 겪게 된다.

그래서 비엔나협약은 계약 불합치가 발생한 경우에, 매수인으로 하여금 이러한 사실을 매도인에게 통지하도록 함으로써 매도인이 적기에 불합치 및 그 발생시기를 확정하기 위한 조치를 취할 수 있도록 배려하고 있다.

즉, 비엔나협약은 매수인으로 하여금 물품이 계약내용에 합치하지 않음을 이유로 매도인에게 책임을 묻기 위해서는 물품의 불합치를 발견하였거나 발견했어야 하는 때로부터 합리적 기간 내에 물품의 불합치의 내용을 특정하여 이를 통지할 것을 요구하고 있으며, 이러한 의무를 해태한 때에는 물품의 계약 불합치에 따른 구제수단을 행사할 수 있는 권리를 상실하도록 규정하고 있다(제39조 제1항).

비엔나협약에서 매수인에게 부적합 통지의무를 규정하고 있는 취지는 매도인을 보호하는데 목적을 두고 있다. 왜냐하면 매수인이 물품을 수취하여 사용하다가 뒤늦게 물품의 부적합을 사유로 계약해제, 대금 감액, 대금지급 거절 및 손해배상 청구를 주장하면 매수인 행위의 정당성을 확인하기 매우 곤란하기 때문이다.

그런데 이 규정은 매수인이 일정기간 내에 부적합 통지를 하지 않으면 권리를 잃는다는 내용이기 때문에 매수인 권리의 소멸시효와는 아무런 관계가 없다. 비엔나협약은 권리의 소멸시효의 문제를 다루지 않기 때문에 이것은 국내법에 따르게 된다.

(2) 규정 내용

① 통지의 내용과 대상

비엔나협약 제39조는 물품의 불합치를 통지의 내용으로 한다고 규정하고 있다. 따라서 매수인이 통지해야 하는 부적합 통지의 대상은 물품의 계약 부적합 즉, 물품의 품질, 수량, 포장 등이 계약내용에 합치하지 않는다는 것이다. 그런데 CIF계약과 같이 매도인이 서류의 인도로써 그 의무를 이행해야 하는 경우에는, 정확한 서류를 인도하는 것도 매도인의 물품인도 의무의 일부를 구성하는 것으로 보아야 한다.

즉, 비엔나협약에는 서류의 부적합에 대하여는 명문의 규정을 두고 있지 않지만 협약상 정확한 서류도 인도할 것을 요구하고 있는 것으로 보아야 한다(제34조).

따라서 매수인의 부적합 통지대상에는 물품의 수량, 품질, 사양 및 포장 등에 있어서 불합치하는 내용뿐 아니라 서류상의 불합치도 포함하는 것으로 판단해야 한다.

통지에서 계약불합치를 특정해야 하는 정도는 물품의 성질이나 매도인과 매수인의 거래 상황 등을 고려하여 결정되어야 한다. 불합치를 통지할 때 불합치의 내용을 특정하도록 한 것은 매도인으로 하여금 불합치의 내용을 이해하고, 그에 기초해서 불합치의 내용을 검사하기 위해 자기 직원을 보낸다거나 분쟁을 위한 증거를 확보하거나 대체물 인도 또는 수리를 위한 준비를 하거나 자기의 공급자에게 구상을 요구하는 등 적절한 조치를 취하도록 한 것이다.

② 부적합 통지의 시기

부적합 통지의 시기는 '매수인이 물품의 부적합을 발견하였거나 발견할 수 있었던 때로부터 합리적인 기간 내'이다. 따라서 매수인은 물품의 부적합을 발견하였거나 발견할 수 있었던 경우에는 그로부터 합리적인 기간 내에 매도인에게 그 부적합을 특정하여 통지하지 않으면 부적합을 주장할 수 있는 권리를 상실하게 된다.

여기에서 '합리적인 기간(reasonable time)'이란 거래의 내용과 물품의 성질, 거래의 관행, 검사의 장소·시설·능력, 검사의 기간, 광범위한 견본조사 및 실험 등을 고려하여 개별적·구체적으로 결정해야 할 문제이다.

그러나 어떠한 경우에도 부적합의 통지기간은 매수인이 물품을 실제로 인도받은 날로부터 2년을 초과하지 못한다(동조 2항). 여기에서 2년의 기간은 이 협약이 정한 제척기간이지만, 그 기산점은 물품이 매수인에게 현실로 교부된 날이 된다. 다만, 계약상의 보증기간이 2년을 넘는 경우에는 그 보증기간에 의한다(제40조).

이것은 강행규정이 아니므로 당사자 간의 합의에 의해 그 기간을 단축하거나 연장할 수 있다. 우리나라 상법은 즉시 발견할 수 있는 하자는 매수인이 물품을 수령한 즉시, 즉시 발견할 수 없는 하자는 수령 후 6월 이내에 통지하도록 하고 있다(제69조).

③ 부적합 통지의 상대방

매수인이 수령한 물품이 계약과 불합치하다는 것을 통지해야 하는 상대방은 원칙적으로는 매도인이다. 그런데 매도인의 정당한 대리인에 대한 부적합 통지도 유효한 통지로 간주된다. 그러나 통지수령의 권한을 갖지 못하는 매도인의 사용인에 대한 부적합 통지는 유효한 통지가 되지 못한다.

④ 부적합 통지의 방식

비엔나협약은 매수인이 불합치에 대한 통지를 함에 있어 특별한 형식을 취할 것을 요구하지 않고 있다. 따라서 당사자의 권리·의무의 이행과 관련한 통지의 일반 원칙이 그대로 적용된다. 다만, 그 통지에는 부적합의 성질을 명확하고 충분하게 기재되어 있어야 한다(제39조 제1항).

매수인이 적합한 방법으로 통지를 한 이상, 그 의사의 전달과정에 지연 또는 오류가 있거나 통지가 매도인에게 도달하지 않더라도 매수인은 이를 이유로 불합치에 대해 매도인에게 책임을 물을 수 있는 권리를 박탈당하지 않는다(제27조).

⑤ 부적합 통지의무의 불이행 효과

비엔나협약은 통지 불이행의 효과에 대해 매수인이 상당한 기간 내에 부적합의 통지를 하지 않으면 물품의 부적합에 관련한 모든 권리를 상실한다는 규정하고 있다.

따라서 매수인이 부적합 통지를 하지 않았거나 또는 늦게 하였거나 비정상적으로 한 경우에는 제45조 이하의 권리(손해배상청구 등)를 상실하게 된다. 그러므로 이때에는 물품에 하자가 있거나 수량이 부족하더라도 대금을 모두 지급해야 한다.

이상의 내용을 정리하면 부적합 통지의무는 다음 요건들을 모두 충족해야 한다.

첫째, 물품의 부적합을 발견하였거나 발견할 수 있었던 때로부터 합리적인 기간 내에 통지가 이루어져야 한다. 둘째, 매수인이 물품의 부적합을 발견하였거나 발견할 수 있어야 한다. 셋째, 그 부적합한 성질을 특정하여 통지해야 한다.

넷째, 물품이 매수인에게 현실로 교부된 날로부터 2년 이내에 통지되어야 한다. 다만, 계약상의 보증기간이 2년을 초과하는 경우에는 그 기간 내에 통지되어야 한다.

| 표 9-34 | 비엔나협약상 매수인의 물품 검사통지 의무

제39조	Article 39
(1) 매수인이 물품의 부적합을 발견하였거나 발견할 수 있었던 때로부터 합리적인 기간 내에 매도인에게 그 부적합한 성질을 특정하여 통지하지 아니한 경우에는 매수인은 물품의 부적합을 주장할 권리를 상실한다. (2) 매수인은 물품이 매수인에게 현실로 교부된 날부터 늦어도 2년 내에 매도인에게 제1항의 통지를 하지 아니한 경우에는, 물품의 부적합을 주장할 권리를 상실한다. 다만, 이 기간제한이 계약상의 보증기간과 양립하지 아니하는 경우에는 그러하지 아니하다.	(1) The buyer loses the right to rely on a lack of conformity of the goods if he does not give notice to the seller specifying the nature of the lack of conformity within a reasonable time after he has discovered it or ought to have discovered it. (2) In any event, the buyer loses the right to rely on a lack of conformity of the goods if he does not give the seller notice thereof at the latest within a period of two years from the date on which the goods were actually handed over to the buyer, unless this time-limit is inconsistent with a contractual period of guarantee.

4. 물품의 보관

1) 의의와 내용

(1) 물품보관의 의의

비엔나협약 제86조는 매도인의 물품보관 의무를 규정한 제85조와 대응하여 매수인의 물품보관 의무를 대칭적으로 규정하고 있다. 제85조와 제86조는 요건은 다르지만 기본취지는 서로 동일하다.

(2) 물품보관의 내용

매수인이 물품을 수령한 후 그 물품을 거절하기 위한 권리를 행사하고자 하는 경우에는 매수인은 물품을 보관하기 위하여 그 상황에서 합리적인 조치를 취해야 한다.

이때 매도인이 합리적인 비용을 상환할 때까지 매수인이 물품을 보유할 권리를 가지고 있는 것은 매도인의 물품 보존의무의 경우와 동일하다(제86조 제1항 2문).

2) 요건과 비용 상환 및 유치권

(1) 물품보관의 요건

비엔나협약 제86조에 근거하여 매수인에게 보관의무가 발생하기 위해서는 다음의 두 가지 요건이 충족되어야 한다.

첫째, 매수인이 물품을 수령했어야 한다. 즉, 사실상 점유하고 있어야 한다.

둘째, 매수인이 정당한 물품거절권을 가지고 있으며 이 권리를 행사하고자 해야 한다. 물품거절권은 계약해제(제49조)나 대체품 인도청구(제46조 제2항)뿐만 아니라 일부인도(제51조)나 사전인도 및 초과인도(제52조)의 경우에도 발생할 수 있다.

이러한 요건이 충족되면 매수인은 물품보관을 위해 그 상황에서 합리적인 조치를 취해야 한다. 보관의무를 위반한 매수인은 계약해제권이나 대체물 청구권을 잃게 된다.

(2) 비용 상환과 유치권

물품을 보존함으로써 초래된 비용은 궁극적으로 위반 당사자가 부담해야 할 손해이다. 따라서 물품보관 의무를 이행하는데 소요되는 매수인의 보관비용은 매도인이 부담해야 한다. 그러나 그 비용은 보통 매수인이 먼저 지급하기 때문에 보관비용을 매도인으로부터 상환받을 때까지 매수인은 그 물품을 유치(보유)할 수 있다.

| 표 9-35 | 비엔나협약상 매수인의 물품보관 의무

제86条	Article 86
(1) 매수인이 물품을 수령한 후 그 물품을 거절하기 위하여 계약 또는 이 협약에 따른 권리를 행사하려고 하는 경우에는, 매수인은 물품을 보관하기 위하여 그 상황에서 합리적인 조치를 취해야 한다. 매수인은 매도인으로부터 합리적인 비용을 상환받을 때까지 그 물품을 보유할 수 있다. (2) 매수인에게 발송된 물품이 목적지에서 매수인의 처분 하에 놓여지고, 매수인이 그 물품을 거절하는 권리를 행사하는 경우에, 매수인은 매도인을 위하여 그 물품을 점유해야 한다. 다만, 대금지급 및 불합리한 불편이나 경비 소요 없이 점유할 수 있는 경우에 한한다. 이 항은 매도인이나 그를 위하여 물품을 관리하는 자가 목적지에 있는 경우에는 적용되지 않는다. 매수인이 이 항에 따라 물품을 점유하는 경우에는, 매수인의 권리와 의무에 대하여는 제1항이 적용된다.	(1) If the buyer has received the goods and intends to exercise any right under the contract or this Convention to reject them, he must take such steps to preserve them as are reasonable in the circumstances. He is entitled to retain them until he has been reimbursed his reasonable expenses by the seller. (2) If goods dispatched to the buyer have been placed at his disposal at their destination and he exercises the right to reject them, he must take possession of them on behalf of the seller, provided that this can be done without payment of the price and without unreasonable inconvenience or unreasonable expense. This provision does not apply if the seller or a person authorized to take charge of the goods on his behalf is present at the destination. If the buyer takes possession of the goods under this paragraph, his rights and obligations are governed by the preceding paragraph.

3) 잠정적 점유이전

(1) 의의

비엔나협약에서는 매수인이 아직 물품을 점유하고 있지 않은 경우에는 일정한 요건 하에서 매수인에게 먼저 점유의무를 부과하고, 매수인이 점유한 이후에는 제86조 제1항에 의한 보관의무를 부담시키고 있다.

(2) 발생요건

점유의무가 발생하기 위해서는 다음 요건이 모두 충족되어야 한다(제86조 제2항).

첫째, 물품이 도착지에서 매수인의 처분에 맡겨져야 한다.

둘째, 매수인이 물품을 거절하는 권리를 행사해야 한다. 따라서 물품이 도착하기 전에 미리 거절권을 행사하였다면 매수인에게 물품의 점유의무는 생기지 않는다.

셋째, 대금지급 없이 매수인이 물품을 점유할 수 있어야 한다. 따라서 서류교부시 대금을 지급하였거나 대금지급과 물품인도가 동시이행이면 점유의무는 인정되지 않는다.

넷째, 매수인이 점유로 인해 불합리한 불편이나 경비가 생기지 않아야 한다. 예로 물품의 하자로 매수인 측에 확대된 손해가 발생할 가능성이 있어서는 안 된다.

다섯째, 도착지에 매도인이나 매도인을 위한 물품의 관리인이 없어야 한다. 예컨대, 매도인의 대리인이나 중개상은 물품의 관리인이 될 수 있다.

이상의 요건에 따라 매수인이 물품을 점유하게 되면 매수인은 협약 제86조에 따라 보관의무를 부담하게 된다.

4) 제3자 창고에의 물품보관

(1) 의의

비엔나협약 제87조는 제85조(매도인의 물품보관 의무)와 제86조(매수인의 물품보관 의무)상의 보관의무자(즉, 매도인이나 매수인)에게 물품을 제3자에게 임치(즉, 보관)할 수 있음을 명시적으로 인정하고 있다. 비엔나협약 제85조와 제86조의 물품보관 의무는 이를 부담하는 자에게 불합리한 부담이 될 수 있다. 왜냐하면 거래당사자는 언제나 물품을 스스로 보관할 수 있는 것이 아니기 때문이다.

이러한 점을 고려하여 비엔나협약은 보관의무를 부담하는 당사자가 물품을 제3자의 창고에 보관할 수 있도록 함으로써 제85조와 제86조상의 물품보존 의무가 당사자에게 불합리한 부담이 되는 가능성을 없애고자 하였다.

(2) 요건과 효과

물품의 보관의무자는 상대방의 비용으로 물품을 제3자의 창고에 보관할 수 있지만 그 비용은 불합리하지 않아야 한다.

즉, 상대방의 비용으로 보관의무를 부담하지만 그 보관 등에 소요되는 비용은 불합리하지 않은 범위 내에서 이루어져야 한다는 것이다. 그러한 의미에서 비용이 불합리하게 높았다면 합리적인 비용만 청구가 가능하다.

그런데 보관비용이 너무 과도하게 많이 발생한다면 제3자의 창고에 보관하지 않고 매각(disposal, sale, selling)하는 것이 더 바람직할 수도 있다(제88조 제2항).

표 9-36 비엔나협약상 매도인의 창고에의 물품보관

제87조	Article 87
물품을 보관하기 위한 조치를 취해야 하는 당사자는 그 비용이 불합리하지 아니하는 한, 상대방의 비용으로 물품을 제3자의 창고에 보관할 수 있다.	A party who is bound to take steps to preserve the goods may deposit them in a warehouse of a third person at the expense of the other party provided that the expense incurred is not unreasonable.

5) 물품의 매각

(1) 매각의 필요성

물품을 보관하는 대신 그 물품을 처분하는 것이 물품보관 의무의 본래의 취지에 부합할 수도 있다. 이러한 이유로 비엔나협약 제88조는 물품의 매각을 규정하고 있다.

(2) 매각의 권한이 있는 경우

물품을 보관해야 하는 당사자는 상대방이 물품을 점유(물품 수령)하거나 대금이나 보관비용을 지급하는데 불합리하게 지체하는 경우는 적절한 방법으로 물품을 매각할 수 있다. 매각을 위해서는 매각 전에 매각의사를 상대방에게 통지해야 한다.

(3) 매각의 의무가 있는 경우

물품이 급속히 부패하거나 그를 보관하는 데 불합리한 비용이 드는 경우, 보관의무자는 물품을 매각하기 위해 합리적인 조치를 취해야 한다. 매각의무가 있는 경우에는 가능한 범위 내에서 상대방에게 그 매각의사를 통지하면 된다.

(4) 매각대금의 처리

물품을 매각한 당사자는 그 매각 대금으로부터 물품 보존 및 매각에 초래된 합리적 비용을 우선적으로 공제할 수 있고 잔액이 있으면 상대방에게 반환해야 한다.

▎표 9-37▎ 비엔나협약상 물품의 매각처분

제88조	Article 88
(1) 제85조 또는 제86조에 따라 물품을 보관해야 하는 당사자는 상대방이 물품을 점유하거나 반환받거나 또는 대금이나 보관비용을 지급하는 데 불합리하게 지체하는 경우에는, 상대방에게 매각의사를 합리적으로 통지하는 한, 적절한 방법으로 물품을 매각할 수 있다. (2) 물품이 급속히 훼손되기 쉽거나 그 보관에 불합리한 경비를 요하는 경우에는, 제85조 또는 제86조에 따라 물품을 보관해야 하는 당사자는 물품을 매각하기 위하여 합리적인 조치를 취해야 한다. 이 경우에 가능한 한도에서 상대방에게 매각의사가 통지되어야 한다. (3) 물품을 매각한 당사자는 매각대금에서 물품을 보관하고 매각하는 데 소요된 합리적인 비용과 동일한 금액을 보유할 권리가 있다. 그 차액은 상대방에게 반환되어야 한다.	(1) A party who is bound to preserve the goods in accordance with article 85 or 86 may sell them by any appropriate means if there has been an unreasonable delay by the other party in taking possession of the goods or in taking them back or in paying the price or the cost of preservation, provided that reasonable notice of the intention to sell has been given to the other party. (2) If the goods are subject to rapid deterioration or their preservation would involve unreasonable expense, a party who is bound to preserve the goods in accordance with article 85 or 86 must take reasonable measures to sell them. To the extent possible he must give notice to the other party of his intention to sell. (3) A party selling the goods has the right to retain out of the proceeds of sale an amount equal to the reasonable expenses of preserving the goods and of selling them. He must account to the other party for the balance.

5. 운송과 보험계약의 체결

약정물품은 계약에서 정한 출발 장소에서 최종 목적지점이나 장소까지 운송되어야 한다. 또한 그러한 운송과정에는 해상고유의 위험이나 전쟁 등의 위험을 만날 가능성이 있으므로 이러한 위험을 담보받기 위해 해상적하보험에 부보해야 한다.

첫째, 약정물품의 운송을 위해 계약조건(특히 선적조건)에 따라서는 매도인이 운송계약을 체결해야 하는 경우도 있고 매수인이 체결해야 하는 경우도 있다.

만일 매수인이 체결해야 하는 경우, 매수인은 그 상황에서 적절한 운송수단으로 그리고 그러한 운송에서의 통상적인 조건에 따라 운송계약을 체결해야 한다.

무역계약에서 운송계약을 어느 당사자가 체결해야 하는가는 매우 중요한 문제인데, 이것은 보통 계약을 체결할 때 당사자가 계약조건의 하나로 선택한 무역조건이 무엇인가에 따라 결정된다. 즉, FAS, FCA, FOB 등의 F계열에 속하는 무역조건의 경우, 운송계약의 체결의무를 부담하는 당사자는 매수인이 된다. 왜냐하면 F그룹에 속하는 이러한 거래조건에서 운송계약을 체결하고 운임을 제공해야 하는 의무를 부담하는 당사자는 매수인이 되기 때문이다.

둘째, 운송 중의 위험을 커버하기 위해 보험계약을 어느 당사자가 체결해야 하는가는 매우 중요한 문제가 되는데, 보험계약의 체결 당사자는 당사자들이 매매계약을 체결할 때 계약조건의 하나로서 선택하는 무역조건에 따라 결정된다. 즉, FAS, FCA, FOB 등 F그룹에 속하는 모든 조건들의 경우, 매도인에게는 운송계약과 보험계약을 체결할 의무가 없기 때문에 매수인이 자기 자신을 위해 보험계약을 체결해야 한다.

6. 위험과 비용의 부담

비엔나협약은 제66조 내지 제70조에 위험부담에 관한 규정을 두고 있다. 그런데 비엔나협약 자체가 임의규범이기 때문에, 이 협약의 위험부담에 관한 규정도 당사자의 합의에 따라 얼마든지 수정이나 변경될 수 있다(제6조).

또한 당사자가 인코텀즈상의 FOB, CIF 등과 같이 국제적으로 널리 알려져 있고 통상적으로 준수되고 있는 무역조건을 명시적으로 합의한 경우에는, 무역조건상의 위험이전에 관한 규정이 우선적으로 적용된다.

인코텀즈에 규정된 각 무역조건에서 매도인은 자신의 위험과 비용부담의 분기점까지는 자신이 부담하고, 그 이후에 발생하는 모든 멸실과 손상 등에 대한 위험과 비용은 매수인이 부담하는 것을 원칙이다.

제10장

무역대금의 결제

제1절 신용장과 무역대금결제

1. 신용장의 유용성과 당사자

1) 신용장의 개념과 유용성

신용장(Letter of Credit, L/C)은 수입자의 요청과 지시에 따라 수출자가 신용장에 명기된 조건에 일치한 서류를 제시하면 발행은행이 이와 상환으로 수출자 등에게 대금 지급을 약속하고 있는 발행은행의 조건부 지급확약서를 말한다.

여기에서 '조건부 지급확약(conditional undertaking)'은 신용장이 요구하는 조건과 일치하는 서류를 제시해야만 발행은행이 지급을 이행하겠다는 것을 의미한다.

신용장은 신용도가 높은 수입국 은행(발행은행)이 수입자를 대신하여 수출자에게 대금지급을 약속하는 것이기 때문에 수출입자 모두에게 유용한 대금결제방식이다.

2) 신용장의 당사자

(1) 기본 당사자

기본 당사자는 발행의뢰인, 발행은행, 수익자, 확인은행(있는 경우)을 말한다.

첫째, 신용장 발행의뢰인(applicant)은 수입국에 있는 자기의 거래은행에 신용장을 발행해 주도록 요청과 지시를 하는 수입자를 말한다.

둘째, 발행은행(issuing bank)은 발행의뢰인의 요청과 지시에 따라 수익자 앞으로 신용장을 발행하는 수입국에 있는 수입자의 거래은행을 말한다.

셋째, 수익자(beneficiary)는 신용장에 의거하여 대금을 지급받는 수출자를 말한다.

넷째, 확인은행(confirming bank)은 발행은행의 요청에 따라 발행은행이 발행한 신용장에 추가로 수익자에게 지급, 인수, 매입을 확약하고 있는 은행을 말한다.

(2) 기타 당사자

기타 당사자는 원활한 신용장거래를 위해 간접적으로 참여하거나 협조하는 자이다.

① 통지은행

통지은행(advising bank)은 수익자에게 신용장이 발행된 사실과 그 신용장의 내용을 통지할 때 전달역할을 담당하는 수출국에 있는 은행을 말한다.

Notifying Bank 혹은 Transmitting Bank 등으로도 불린다. 통지은행은 자기가 통지하는 신용장의 외면상의 진정성을 확인하기 위해 상당한 주의를 기울여야 한다.

② 매입은행

매입은행(negotiating bank)은 매입신용장이 발행된 경우 수출자가 제시한 환어음을 매입하는 은행을 말한다. 이를 네고은행(nego bank)이라고 부르기도 한다.

매입은행은 발행은행 앞으로 발행된 환어음이 신용장에 명시된 서류와 함께 제시되면 일정한 기간의 이자를 받고 그 환어음을 매입하고 어음가액을 지급한다.

③ 지급은행

지급은행(paying bank)은 발행은행과 예치환계약을 체결하여 자행에 발행은행 명의의 예금계정을 설치하여 두고 신용장의 조건과 일치되는 서류가 제시될 때 또는 그러한 서류가 첨부된 환어음(sight bill, 일람출급)이 자행을 지급인으로 하여 제시될 때 발행은행의 예금계정에서 지급을 이행하는 은행을 말한다. 지정은행은 서류와 상환으로 전액을 지급하거나 자신 앞으로 발행된 환어음을 할인함이 없이 전부 지급한다.

④ 인수은행

기한부 신용장(usance credit)은 신용장에 의해 발행되는 환어음이 기한부 환어음(usance bill)일 것을 조건으로 하는 신용장인데, 인수은행(accepting bank)은 기한부 신용장에 의거하여 발행된 기한부 환어음을 인수하는 은행을 말한다.

⑤ 상환은행

상환은행(reimbursing bank)은 매입은행 등에 대한 상환을 발행은행의 본지점이나 제3의 은행으로 청구할 때 발행은행을 대신하여 상환업무를 수행하는 은행을 말한다.

상환은행은 발행은행의 해외 지점이나 예치환거래은행이 되며 결제은행(settling bank) 또는 어음지급은행(drawee bank)이라고도 부른다.

2. 신용장의 구분과 종류

1) 상업신용장과 클린신용장

상업신용장(commercial credit)은 수출입거래에서 대금결제용으로 이용되는 신용장을 말하며 무역신용장(trade credit)이라고도 부른다.

클린신용장(clean credit)은 무담보신용장이라고도 부르며 수출입거래의 대금결제에 사용되지 않고 상품 이외 거래를 수행하는 데 사용되는 신용장으로 여행자신용장과 보증신용장이 있다. 여행자신용장(traveller's credit)은 여행자의 현금휴대 위험을 없애고 편의를 위하여 여행자인 수익자가 발행한 어음을 매입하도록 발행은행이 자행의 본지점이나 환거래은행에 위임하고 이의 상환을 약속한 신용장이다.

보증신용장(stand-by credit)은 금융이나 채무보증 등을 목적으로 발행되는 특수한 무화환신용장(clean L/C, non-documentary credit)을 말한다.

2) 화환신용장과 무화환신용장

화환신용장(documentary credit)은 매입 시 신용장 조건에 따라 수출자가 발행하는 환어음에 상업송장, 선하증권 및 보험증권 등의 서류를 첨부할 것을 요구하는 신용장을 말한다. 현재 사용되는 대부분의 상업신용장은 화환신용장이다.

무화환신용장(non-documentary credit)은 매입시 신용장에 의해 발행되는 환어음에 담보물로서 운송서류가 첨부되어 있지 않은 신용장을 말한다. 이것을 클린신용장 또는 무담보신용장(clean credit)이라고도 한다.

3) 취소가능신용장과 취소불능신용장 및 조건부 취소불능신용장

취소가능신용장(revocable credit)은 수익자에게 사전에 통지하지 않고도 언제라도 발행된 신용장의 조건을 임의대로 변경하거나 취소할 수 있는 신용장을 말한다.

취소불능신용장(irrevocable credit)은 신용장이 발행된 이후에 발행은행, 확인은행(만일 있는 경우) 및 수익자의 합의가 없이는 그 조건을 변경하거나 취소할 수 없는 신용장을 말한다. 대부분의 상업신용장은 취소불능신용장이다.

조건부 취소불능신용장(conditional irrevocable credit)은 형태는 취소불능신용장이나, 조건 중에 매입을 보류하는 등 실질적으로는 취소불능이 아닌 신용장을 말한다.

즉, 신용장의 특별지시 란에 그 신용장의 이행이 발행은행이나 발행의뢰인 일방 당사자의 행위에 따라 좌우될 수 있는 내용을 포함한 악의적인 신용장이다.

4) 확인신용장과 무확인신용장

확인신용장(confirmed credit)은 수익자가 발행한 환어음에 대해 발행은행 이외의 제3은행이 별도로 추가적 확약을 하고 있는 신용장을 말한다. 확인은행의 이러한 확약은 발행은행의 그것을 보증하는 것이 아니라 별개의 독립된 약속이 된다.

무확인신용장(unconfirmed credit)은 신용장 발행은행 이외의 제3은행의 확약이 없이 오로지 발행은행의 지급확약으로만 구성된 신용장을 말한다. 무역거래에 사용되는 대부분의 상업신용장은 무확인신용장이다.

5) 상환청구가능신용장과 상환청구불능신용장

상환청구가능신용장(with recourse credit)은 환어음을 매입한 매입은행이나 이를 소지하고 있는 선의의 소지인 또는 배서인이 환어음의 지급인(발행은행)에 의하여 어떠한 이유로든 지급이나 인수가 거절될 때는 그 환어음의 발행인(수익자)에게 상환을 청구할 수 있도록 되어 있는 신용장을 말한다. 신용장에 상환청구에 관한 별도표시가 없거나 'with recourse'라는 용어가 있으면 모두 상환청구가능신용장이다.

상환청구불능신용장(without recourse credit)은 신용장에 'without recourse'라는 문구가 표시된 신용장을 말한다. 우리나라 어음법 제9조에서는 상환청구불능신용장을 인정하지 않고 있다.

6) 자유매입신용장과 매입제한신용장

자유매입신용장(freely negotiable L/C)은 매입은행에 아무런 제한이나 지정이 없는 신용장을 말한다. 이것을 매입은행개방신용장(circular negotiation form), 개방신용장(open credit), 보통신용장(general credit)이라고도 부른다.

매입제한신용장(restricted credit, negotiation restricted credit)은 수출자가 발행하는 환어음의 매입 등을 어느 특정은행으로 한정하고 있는 신용장으로 특수신용장(special credit), 지정신용장(straight L/C, nominated L/C)이라고도 한다.

이 신용장을 표시하는 문언은 'This credit is available through xxx Bank only' 또는 'Negotiation under this credit is restricted to xxx Bank' 등으로 되어 있다.

7) 우편신용장과 전신신용장

우편신용장(mail credit)은 신용장을 발행할 때 발행은행이 자기 은행의 양식을 사용하여 서신 형식으로 신용장을 작성하여 우편으로 발송하는 신용장을 말한다.

전신신용장(cable credit)은 전신을 이용하여 발행하는 신용장을 말한다. 전신신용장은 우편신용장보다 수출자가 신속히 신용장통지를 받을 수 있는 장점이 있는데 비해, 전신료가 비싸다는 단점이 있다.

전신신용장에는 Short Cable(약식전보), Full Cable(정식전보), Cypher(전신약어), 스위프트(SWIFT) 신용장 등이 있다. 요즘 대부분의 신용장은 SWIFT 형식으로 발행되고 있다. 약식전보의 경우에는 이후에 정식의 우편확인서(mail confirmation)가 송부되어야 하며 그것이 신용장 원본으로 간주된다.

8) 양도가능신용장과 양도불능신용장

양도가능신용장(transferable credit)은 신용장에 'Transferable'이라는 명시적인 문언으로 두어 원수익자(original beneficiary)가 신용장의 전부나 일부를 제2수익자에게 양도할 수 있도록 되어 있는 신용장을 말한다.

신용장에 별도의 명시가 없는 한, 신용장의 양도는 동일 국내나 타국으로도 양도할 수 있고 1회에 한하며 분할선적이 허용되는 경우에만 분할양도가 가능하다.

양도불능신용장(non-transferable credit)은 신용장상에 'Transferable'이라는 명시적인 문언이 없어 다른 당사자에게 양도할 수 없는 신용장을 말한다. 따라서 이 신용장은 오직 신용장에 지정된 원수익자만이 신용장을 사용할 수 있다.

9) 일람출급신용장과 기한부신용장

일람출급신용장(sight L/C)은 신용장에 의해 발행된 환어음 기간이 일람출급인 신용장을 말한다. 환어음이 지급인에게 제시되면 즉시 지급이 이루어진다. 실무에서는 이를 일람불신용장이라고도 한다.

기한부신용장(usance L/C)은 발행된 환어음의 기간이 기한부인 신용장을 말한다. 환어음이 지급인에게 제시되면 인수가 이루어지고 만기일에 지급이 이루어진다.

10) 송금상환신용장과 상환신용장

송금상환신용장(remittance reimbursement credit)은 발행은행이 매입은행 등에게 직접 결제대금을 송금하여 상환하기로 되어 있는 신용장을 말한다.

상환신용장(reimbursement credit)은 발행은행이 아닌 타 은행(즉, 상환은행)을 지정하여 두고 매입은행 등이 그 상환은행에게 상환요청을 하면 상환은행이 발행은행의 계정을 차기(debit)하여 상환하기로 되어 있는 신용장을 말한다.

11) 특수신용장

(1) 회전신용장

회전신용장(revolving credit)은 일정기간 동안 다시 사용할 수 있도록 신용장 금액이 자동적으로 갱신되는 신용장을 말한다.

(2) 선대신용장

선대신용장(packing credit)은 수출자가 상품을 선적하기도 전에 미리 대금을 선지급 받을 수 있도록 권한을 부여하고 있는 신용장을 말한다.

(3) 연계무역신용장

연계무역은 물물교환, 구상무역, 대응구매, 제품환매 등의 형태로 거래당사국 간 수출입의 균형을 유지하거나 통상협력의 수단으로 이용되는 수출입형태이다.

연계무역에 사용되는 특수신용장으로는 ㉠ 동시개설신용장(back to back credit) ㉡ 기탁신용장(escrow credit) ㉢ 토마스신용장(tomas credit) 등이 있다.

(4) 내국신용장

내국신용장(local L/C)은 국내 수출자가 수출용 원자재나 완제품을 국내에서 조달할 때 외국환은행이 물품대금 지급을 보장하는 지급보증서로, 물품공급자를 수익자로 하고 물품을 공급받는 자를 발행의뢰인으로 하여 발행되는 신용장을 말한다.

(5) Baby L/C

Baby L/C는 외국에서 원자재를 수입하여 제조한 후 수출하고자 할 때 원래 받은 신용장(master L/C)에 대해 원·부자재 수입용으로 새로 발행되는 신용장을 말한다.

(6) 보증신용장

보증신용장(stand-by credit)은 국내기업의 해외지사 운영자금이나 입찰보증 등에 필요한 자금 등을 현지은행에서 공급받는 경우, 그 채무를 보증할 목적으로 국내 외국환은행이 해외은행 앞으로 발행하는 신용장을 말한다.

(7) 연장신용장

연장신용장(extended credit)은 선적 전에 대금을 선지급 받는 Packing Credit와 매입금액이 갱신되는 Revolving Credit의 성질을 결합한 신용장을 말한다.

3. 신용장의 구성과 기재내용

일반적으로 신용장은 다음 사항들로 구성되어 있다. 그러나 경우에 따라서는 그 순서를 달리 하거나 일부 항목을 추가 및 생략한 신용장도 있다.

1) 신용장 자체에 관한 사항

(1) 발행은행과 발행일자, 신용장의 종류(type of credit)
(2) 신용장의 번호, 발행일자, 신용장의 유효기간 및 유효장소
(3) 발행의뢰인(applicant), 수익자(beneficiary), 통지은행, 통지번호
(4) 통화코드(currency code), 신용장금액, 신용장금액의 과부족 허용비율
(5) 신용장의 사용가능 은행, 신용장의 사용방법(method of availability)

2) 환어음에 관한 사항

환어음의 발행인(drawer), 지급인(drawee), 환어음의 금액, 환어음의 지급일

3) 선적에 관한 사항

선적항, 양륙항, 분할선적(partial shipment), 환적, 최종 선적날짜

4) 상품에 관한 사항

상품명세, 수량, 단가, 가격조건 등

5) 서류에 관한 사항

요구하는 서류의 종류, 통수, 충족 및 구비요건

6) 추가조건에 관한 사항

특정 선박지정, 신용장양도의 허용, 신용장번호 기재지시, 전신환상환 금지 등

7) 기타 사항

(1) 서류제시기한
(2) 은행수수료의 부담자, 확약지시문언 및 상환방법
(3) 통지방법 지시 및 지급/인수/매입은행에 대한 지시
(4) 신용장통일규칙 준거문언 등

▍서식 10-1▍ 신용장 사례

MT 700 ISSUE OF A DOCUMENTARY CREDIT (메시지 형식 700 화환신용장의 발행)
Advice Number, Date : A0604-206-00123, 29 JULY, 2025 (통지번호 및 통지일자)
From : NEW YORK COMMERCIAL BANK, NY. ① (발신자 즉, 발행은행)
To : SHINHAN BANK SEOUL, KOREA ⑧ (수신자 즉, 통지은행)
:27 sequence of total : 1/1 (총 메시지 중 본 메시지 수)
:40A form of documentary credit : IRREVOCABLE ② (신용장의 종류)
:20 documentary credit number : P-466878 ③ (신용장의 번호)
:31C date of issue : 28 JULY, 2025 ④ (신용장 발행일자)
:31D date and place of expiry : 10 NOVEMBER 2025 KOREA ⑤ (신용장의 유효기간 및 유효장소)
:50 applicant : GLOBAL ENTERPRISING CO., Inc. 25 W 31s St, NY 20001, USA ⑥ (발행의뢰인)
:59 beneficiary : INTERNATIONAL SEOUL TRADING CO., LTD. ⑦ (수익자)
NUMBER 15 DONGBANG BLDG
310 TEHERAN-RO, KANGNAM-KU, SEOUL KOREA, 06211
:32B currency code/ amount : USD 60,000 ⑨ (통화코드 및 신용장의 금액)
:39A pct credit amount tolerance : 0/0 ⑩ (신용장금액의 과부족 허용비율)
:41D available with by name, address : ANY BANK ⑪ (신용장의 가용가능 은행)
BY NEGOTIATION ⑫ (신용장의 사용방법)
:42C drafts at : SIGHT ⑬ (환어음의 지급일)
:42A drawee : NEW YORK COMMERCIAL BANK, NY. U.S.A ⑭ (환어음이 지급인)
:43P partial shipment : ALLOWED ⑮ (분할선적)
:43T transshipment : NOT ALLOWED ⑯ (환적)
:44A loading on board/dispatch/taking in charge : BUSAN, KOREA ⑰ (본선적재/발송/수탁)
:44B for transportation to : NEW YORK, U.S.A ⑱ (목적지)
44C latest date of shipment : 28 OCTOBER, 2025 ⑲ (최종 선적날짜)
:45A description of goods and/or services or performance ⑳ (물품 및/또는 서비스 또는 이행의 명세)
500 DOZ OF 100% COTTON SHIRTS FOR MEN, OTHER DETAILS AS PER PURCHASE
NOTE NO.123 DATED JUNE 30, 2025 @US$120.00 PER DOZEN CIF NEW YORK INCOTERMS 2020
:46A documents required (요구서류)
+SIGNED ORIGINAL COMMERCIAL INVOICE IN TRIPLICATE ㉑ (상업송장)
+FULL SET OF CLEAN ON BOARD OCEAN BILL OF LANDING MADE OUT
TO THE ORDER OF THE NEW YORK COMMERCIAL BANK MARKED FREIGHT
PREPAID AND NOTIFY ACCOUNTEE ㉒ (운송서류)
+MARINE INSURANCE POLICIES OR CERTIFICATES IN DUPLICATE ENDORSED IN BLANK FOR 110PCT
OF INVOICE VALUE. INSURANCE POLICES OR CERTIFICATES MUST EXPRESSLY STIPULATE THAT CLAIMS
ARE PAYABLE IN THE CURRENCY OF THE DRAFTS AND MUST ALSO INDICATE A CLAIM SETTLING AGENT
IN NEW YORK. INSURANCE MUST INCLUDE ICC(B) ㉓ (보험서류)
+PACKING LIST IN TRIPLICATE ㉔ (포장명세서)
+CERTIFICATE OF ORIGIN IN DUPLICATE ㉕ (원산지증명서)
+INSPECTION CERTIFICATE IN DUPLICATE ㉖ (검사증명서)
+CERTIFICATE OF WEIGHT AND MEASUREMENT IN DUPLICATE ㉗ (용적 및 중량증명서)
:47A additional conditions (추가조건)
SHIPMENT MUST BE EFFECTED BY HYUNDAI SHIPPING CO., ONLY ㉘ (특정선박편의 지정)
THIS CREDIT IS TRANSFERABLE ㉙ (신용장 양도의 허용)
ALL DOCUMENTS MUST BEAR OUR CREDIT NUMBER ㉚ (신용장번호 기재지시)
T/T REIMBURSEMENT NOT ALLOWED ㉛ (전신환상환 금지)
:48 period for presentation : DOCUMENTS MUST BE PRESENTED WITHIN 14 DAYS
AFTER THE DATE OF BILL OF LADING BUT WITHIN THE CREDIT VALIDITY ㉜ (서류제시기한)
:71B charges : ALL BANKING COMMISSIONS AND CHARGES INCLUDING
REIMBURSEMENT CHARGES OUTSIDE U.S.A ARE FOR ACCOUNT
OF BENEFICIARY ㉝ (은행수수료의 부담자)
:49 confirmation instructions : WITHOUT ㉞ (확인지시 문언 여부)
:53A reimbursement bank : THE BANK OF AMERICA, SEOUL, KOREA ㉟ (상환은행)
:78 instructions to the paying/accepting/negotiating bank ㊱ (지급 /인수/매입은행에 대한 지시)
DRAFTS MUST BE SENT TO DRAWEE BANK FOR YOUR REIMBURSEMENT
AND ALL DOCUMENTS TO US BY COURIER SERVICE IN ONE LOT
:72 sender to receiver information : THIS CREDIT IS SUBJECT TO UCP 600
(2007 REVISED) ㊲ (신용장통일규칙 준거문언)

4. 신용장통일규칙(UCP)

1) 신용장통일규칙의 의의와 제정 목적

신용장통일규칙(Uniform Customs and Practice for Documentary Credits, UCP)은 신용장거래를 할 때 지켜야 할 제반 준수사항과 해석기준을 규정하고 있는 국제통일규칙이다. 1920년에 설립된 국제상업회의소(ICC)가 제정하였다.

정식 명칭은 '화환신용장에 관한 통일관습 및 관례'이지만 실무에서는 간단히 신용장통일규칙 또는 UCP라고 부르고 있다. 신용장통일규칙을 제정한 목적은 신용장거래에 참여하는 당사자들의 권리와 의무 및 신용장과 관련된 용어나 조건들의 해석을 명확히 함으로써 신용장거래가 원활히 이루어지도록 하는데 있다.

2) 신용장통일규칙의 제정과 개정

20세기에 들어 무역거래가 활발해지면서 신용장의 사용이 급증하였다. 그러나 각국의 법률이나 관습이 서로 다르고 은행마다 사용하는 양식이나 내용도 통일성이 결여되어 분쟁이 지속적으로 발생하였다. 이에 ICC는 1926년부터 논의한 초안의 반복 수정을 거쳐 1933년에 신용장통일규칙을 최초로 제정하였다.

이후 무역관습의 변화에 부응하기 위해 1951년, 1962년, 1974년, 1983년, 1993년, 2006년에 각각 개정되었다. 현행 UCP 600은 2007년 7월부터 사용되고 있다.

3) 신용장통일규칙의 적용과 우선순위

신용장통일규칙은 신용장에 대한 국제적인 통일규칙이지만 ICC는 민간단체이므로 조약이나 법률과 달리 강제성이 없다. 따라서 당사자가 이 규칙을 신용장의 해석기준으로 삼겠다는 합의를 한 경우에만 UCP가 해석기준으로 효력을 발휘하게 된다.

신용장해석의 우선순위는 계약자유의 원칙을 존중한다는 의미에서 첫째, 매매당사국의 국내 강행법규(어음법 등) 둘째, 당사자 간의 특약 셋째, 신용장통일규칙이다.

4) 현행 신용장통일규칙(UCP 600)의 의의와 구성

UCP 600은 UCP의 제6차 개정을 의미하는 것으로 UCP가 1933년에 제정된 이래 6번 째의 개정이 이루어졌다는 것을 뜻한다. 정식 명칭은 '화환신용장에 관한 통일규칙 및 관례, 2007년 개정, 국제상업회의소 출판물 번호 제600번'이다. UCP 600은 총 39개 조항으로 구성되어 있다.

제2절 무신용장과 무역대금결제

무역계약에서는 매도인이 물품인도 의무를 부담하고 매수인이 대금지급 의무를 부담하는 쌍무적 채무부담을 원칙으로 하고 있다. 그 중 대금지급은 매도인의 물품인도에 대한 매수인의 가장 중요한 의무로서의 지위를 가지고 있기 때문에 그 의무의 이행은 당초 매매계약에서 합의된 결제수단과 방식대로 이루어져야 한다.

무역계약에서 이용되는 대금결제의 수단은 물품결제, 현금결제, 환결제 및 환어음결제가 있으며, 결제방식으로는 송금, 추심, 신용장 및 기타 결제방식이 있다.

1. 송금결제방식

1) 의의

송금결제방식(remittance basis)은 수입자가 상품의 인도 전·인도 후 또는 인도와 동시에 수출자에게 물품대금의 전액을 외화로 송금하여 지불함으로써 결제를 완료하는 방식이다. 이 결제방식은 대금과 환의 이동 방향이 모두 수입자로부터 수출자에게 같이 향한다고 하여 일명 순환방식(順換方式)이라고도 부르고 있다.

이 결제방식에서는 대금은 은행을 통해 송금되지만 선적서류는 은행을 경유하지 않고 수입자에게 바로 전달되는 것이 보통이다.

2) 종류

(1) 사전송금방식

사전송금방식은 수입자가 대금의 전액을 물품 선적 전에 외화나 은행수표 등으로 수출자에게 미리 송금하여 지불하고, 수출자는 일정기간 이내에 이에 상응하는 상품을 선적하는 방식이다. 이 방식을 단순송금방식 또는 사전지급방식이라고도 하며 T/T in Advanced 등으로도 불린다.

① 특징

사전송금방식은 수출자로서는 물품대금을 상품인도 전에 미리 받기 때문에 가장 좋은 결제방식이다. 그러나 수입자 입장에서는 물품을 인도받기 전에 대금을 송금하기 때문에 계약상품을 수출자가 선적하지 않거나 계약과 다른 물품을 선적할 때 발생되는 상업위험을 배제할 수 없는 매우 불리한 결제방식이다.

② 종류

사전송금방식은 계약을 체결할 때 송금방법을 우편으로 할 것인가 아니면 전신으로 할 것인가에 따라 우편환 송금방식과 전신환 송금방식으로 구분된다.

우편으로 송금할 경우는 수입자가 직접 송금수표를 우송하는 방식과 은행을 통해 우편환 및 전신환으로 송금하는 방식이 있다.

(가) 수표송금방식

수표송금방식(Demand Draft, D/D)은 수입자가 미리 물품대금에 상당한 현금을 은행에 불입하고 은행이 송금수표를 발행해 주면, 이를 수입자가 수출자 앞으로 직접 우송하여 결제하는 방식이다. 이 방식에서 송금수표의 우송 중 분실이나 도난의 위험은 수입자가 부담해야 하므로 소액을 송금하는 경우에 주로 이용된다.

(나) 우편환 송금방식

우편환 송금방식은 수입자의 요청에 따라 송금은행이 송금수표를 발행하는 대신 지급은행에 대해 일정한 금액을 지급하여 줄 것을 위탁하는 지급지시서(payment order)에 해당하는 우편환(Mail Transfer, M/T)을 발행하여 이를 송금은행이 직접 지급은행 앞으로 우송하는 방식이다. 우편환 송금방식은 대금의 지급지시를 우편으로 지급인에게 통지하는 것 이외에는 전신환 송금방식과 동일하다.

이 방식에서는 송금과정에서 발생하는 분실이나 도난의 위험은 모두 은행이 부담하기 때문에, 수입상으로서는 수표송금방식보다 안전한 결제방식이다.

그러나 지급지시서의 송부기간이 전신환 송금보다는 길기 때문에 긴급을 요하지 않는 송금이나 소액송금에 주로 이용된다.

(다) 전신환 송금방식

전신환 송금방식은 우편환 송금방식과 동일하다. 다만, 지급지시서를 우편환으로 발행하는 대신에 전신환(Telegraphic Transfer, T/T)의 형식으로 발행하여 이를 송금은행이 직접 지급은행 앞으로 송신하는 방식이다.

이때 송금과정에서의 모든 위험은 당연히 은행이 부담한다. 이 결제방식은 송금방식 중에서 가장 안전한 결제방식이다. 왜냐하면 우편환 송금방식보다 송금과정이 신속하고 편리할 뿐 아니라 송금환의 분실이나 도난의 위험이 거의 없기 때문이다.

따라서 긴급을 요하는 대금의 송금이나 거액을 송금방식으로 안전하게 결제하고자 할 때 주로 이용된다. 그러나 이 결제방식의 단점은 우편이 아닌 전신으로 이루어지기 때문에 전신료의 부담이 크다는 점이다.

(2) 동시결제방식

동시결제방식(concurrent payment)은 수입자가 물품이나 서류가 인도될 당시에 대금을 외화로 지급하는 것을 조건부로 수출입하는 방식을 말한다.

동시결제방식에는 상품인도결제방식(COD)과 서류상환결제방식(CAD)이 있다.

① 상품인도결제방식

상품인도결제방식(Cash On Delivery, COD)은 수출자가 상품을 선적한 후 선적서류를 자신의 대리인(주로 수입국에 소재) 또는 지사에게 송부하여 상품이 목적지에 도착하면 수입자가 품질이나 수량을 직접 검사 후에 상품을 인도 받으면서 대금을 현금으로 결제하는 방식이다. 이 결제방식은 주로 상품가격이 고가이며 동일 상품일지라도 상품의 색상, 가공방법, 순도 등에 따라 가격 차이가 발생하는 보석류나 귀금속 상품, 그리고 육감에 의한 상품의 검사를 필요로 하는 경우의 소액거래에 이용된다.

② 서류인도결제방식

서류인도결제방식(Cash Against Documents, CAD)은 수출자가 상품을 선적 후 이를 증명하는 선적서류를 수입자의 대리인(주로 수출국에 소재) 또는 거래은행에 제시하여 선적서류와 상환으로 대금을 결제하는 방식이다.

이 방식에서 수출자는 상품을 선적하자마자 운송서류를 국내에 소재하고 있는 수입상의 대리인에게 인도하면서 대금을 받게 되므로 대금회수가 비교적 신속하다.

그리고 대금을 인도받으며 서류를 인도하기 때문에 대금이 안전하게 회수되는 시점까지 물품의 소유권을 보유하게 된다.

문제는 수입자나 그 대리인이 여러 이유로 들어 대금지급을 지연하거나 거절한다면 이미 선적되어 목적지로 가고 있는 화물을 다시 회수해야 하는 불편이 있다.

수입자는 수출자가 제시하는 서류를 받고 대금을 지급하므로 선적의 확신은 가질 수 있다. 그러나 계약물품이 목적지에 도착한다는 보장이 없고 수출국에 있는 대리인이 자신의 업무를 불성실하게 수행하거나 수출자와 공모하여 선적도 하지 않는 상태에서 대금을 지급하는 경우에는 더 큰 문제가 발생될 수 있다.

(3) 사후송금방식

사후송금방식(later remittance after shipment)은 수출자가 수출대금을 받기 전에 수입자에게 상품이나 선적서류를 발송하고, 수입자는 상품을 수령한 후에 물품대금을 수출자에게 송금하여 결제하는 방식이다. 수입자에게 매우 유리한 결제방식이다.

2. 추심결제방식

1) 의의

추심(collection)결제방식은 신용장이 없이 단순히 매매당사자 간의 계약에 의거하여 수출자가 상품을 선적한 후 관련 서류를 첨부한 화환어음을 수입자에게 제시하면 수입자가 그 어음에 대한 지급 또는 인수를 하여 결제하는 방법이다.

추심결제방식에는 지급인도조건(D/P)과 인수인도조건(D/A)이 있으며 이를 역환방식(逆換方式)이라고도 부른다. 왜냐하면 추심결제에서 대금결제는 수입자로부터 수출자에게 이루어지지만 환의 이동방향은 그 반대 방향으로 움직이기 때문이다.

추심결제방식은 송금결제방식에서 문제가 되었던 수입자의 상업위험을 커버할 수 있는 보다 발전된 방식이다. 그러나 이 방식은 신용장방식과 같이 은행이 수출자에게 대금지급을 보장하는 것이 아니라 매매당사자 간의 계약에 의하여 대금결제가 이루어지는 순수 외상거래방식이기 때문에 매수인의 신용을 절대적인 조건으로 한다.

그러므로 신용이 두터운 본사와 해외의 자회사 간 거래에 주로 이용되지만 최근에는 일반적인 무역거래에서도 그 비중이 점차 높아지고 있다.

2) 종류

무역거래는 거래방법에 따라 신용장에 의한 거래방식과 신용장이 수반되지 않는 무신용장방식으로 크게 구분할 수 있다. 이 무신용장방식 중의 하나가 추심결제방식이며 여기에는 지급인도조건과 인수인도조건이 있다.

(1) 지급인도조건

지급인도조건(Documents against Payment, D/P)은 수출자가 수입자와의 매매계약에 따라 물품을 자신의 책임 하에 선적을 한 후, 관련 서류가 첨부된 일람불환어음(documentary sight bill)을 수입자를 지급인으로 발행하여 자신의 거래은행(추심의뢰은행)에 추심을 의뢰하면, 수출자의 거래은행은 그러한 서류가 첨부된 환어음을 수입자의 거래은행(추심은행)으로 보내어 추심을 의뢰한다. 그러면 수입자의 거래은행은 그 환어음의 지급인인 수입상으로부터 대금을 지급받으며, 서류를 인도하고, 지급받은 대금은 추심을 의뢰하여 온 은행으로 송금하여 결제하는 방법이다.

유의할 점은 추심거래에 참여하는 모든 은행들은 수출자의 단순한 추심대리인으로서 대금의 추심이나 추심의뢰의 업무만을 수행한다는 것이다. 따라서 추심의뢰은행이나 추심은행은 환어음과 선적서류를 심사해야 할 의무가 없다.

(2) 인수인도조건

인수인도조건(Documents against Acceptance, D/A)은 수출자가 물품을 선적한 후, 관련 서류가 첨부된 기한부환어음(documentary usance bill)을 수입자를 지급인으로 발행하여 자신의 거래은행에 추심을 의뢰하면, 수출자의 거래은행은 그러한 서류가 첨부된 환어음을 수입자의 거래은행(추심은행)으로 보내어 추심을 의뢰한다.

그러면 수입자의 거래은행은 그 환어음의 지급인인 수입자로부터 환어음의 인수를 받으며 서류를 인도하고, 환어음의 만기일에 대금을 지급받아 추심을 의뢰하여 온 은행으로 송금하여 결제하는 방법이다.

(3) D/P와 D/A의 차이

D/P와 D/A의 가장 큰 차이는 D/P에서는 수출자가 일람출급 환어음을 발행하는데 비하여, D/A에서는 수출자가 기한부 환어음을 발행함으로써 수입자에게 환어음의 지급만기일 만큼 D/P보다 더 오랜 시간 동안 신용을 공여한다는 점이다.

3) 추심결제의 당사자

매매계약에 의해 환어음과 선적서류를 추심하는 과정에는 네 당사자 즉 추심의뢰인, 추심의뢰은행, 추심은행 및 제시은행이 필요하다.

추심결제의 당사자는 아니지만 지급인(drawee)도 있는데 이는 제시은행으로부터 지급 또는 인수 후 만기일에 대금을 지급하는 자 즉, 수입자를 의미한다. 그러나 신용장 거래에서 환어음의 지급인은 발행은행이 된다는 점에 유의해야 한다.

(1) 추심의뢰인

추심의뢰인(principal)은 계약물품을 선적하고 자신의 거래은행에 추심을 지시하는 자로 매도인인 수출자를 말한다. 추심의뢰인은 추심에 따른 은행수수료와 모든 비용을 부담해야 하며, 추심의뢰서에 그 비용을 지급인으로부터 추심하도록 명시하였더라도 그 지급인이 이를 거절한 때에는 의뢰인인 수출자가 최종적으로 부담해야 한다.

(2) 추심의뢰은행

추심의뢰은행(remitting bank)은 추심의뢰인으로부터 추심을 의뢰받은 수출국의 은행을 말한다. 추심의뢰은행은 추심의뢰인의 대리인의 성격을 가지고 있다.

따라서 추심의뢰은행은 추심의뢰인의 지시를 엄격히 따라야 하며 추심의뢰인의 동의가 없이는 그 지시를 변경할 수 없다.

(3) 추심은행

추심은행(collecting bank)은 추심의뢰은행 이외에 추심과정에 참여하는 은행을 말하는데, 추심의뢰은행이 요청한 추심의뢰서에 따라 지급인에게 추심하여 대금을 송부하는 은행이다. 이 은행은 추심의뢰은행의 대리인이므로 추심의뢰은행의 지시를 엄격히 따라야 한다.

(4) 제시은행

제시은행(presenting bank)은 수입자인 지급인에게 환어음을 제시하는 수입국의 추심은행을 말하는데, 넓은 의미에서 추심은행에 포함된다. 제시은행은 추심은행이 수입자의 거래은행이 아닌 경우에만 존재한다.

4) 추심결제의 거래절차

(1) D/P방식의 거래절차

① 수출자와 수입자는 D/P방식의 결제조건으로 매매계약을 체결한다.

② 수출자는 매매계약에 일치한 물품을 통관하여 계약에서 합의된 기한 내에 계약상품의 선적을 완료한다.

③ 수출자는 관련 서류들이 첨부된 일람불 환어음(documentary sight bill)을 수입자를 지급인으로 발행하여 자신의 거래은행에 제시하면서 수입자의 거래은행에 환어음대금을 추심 의뢰하여 줄 것을 요청한다.

④ 수출자로부터 추심 요청을 받은 거래은행(추심의뢰은행)은 추심에 필요한 모든 지시사항을 기재한 추심의뢰서를 작성하여 수출자의 환어음과 선적서류를 첨부한 후 추심은행에 송부하고 수입자 앞으로 추심해 줄 것을 의뢰한다.

⑤ 서류를 접수한 수입자의 거래은행(추심은행)은 추심환어음과 선적서류를 접수하는 즉시 수입자에게 서류가 도착하였다는 통지서를 발송하고 환어음 대금을 지급할 것을 요청한다.

⑥ 은행으로부터 추심을 받은 수입자는 환어음의 지급을 한다. 그러면 수입자로부터 환어음의 지급을 받은 추심은행은 선적서류를 인도해 준다. 그 후 수입자는 선적서류를 가지고 통관절차를 거쳐 운송업자로부터 물품을 수령한다.

⑦ 수입자의 거래은행(추심은행)은 수입자로부터 지급 받은 추심대금을 추심의뢰서에 명기된 대로 추심의뢰은행에게 송금한다.

⑧ 수출자의 거래은행은 수출자에게 대금을 지급한다.

(2) D/A방식의 거래절차

① 수출자와 수입자는 D/A방식의 결제조건으로 매매계약을 체결한다.
② 수출자는 계약물품을 계약기간 내에 수출통관 및 선적을 완료한다.
③ 수출자는 D/A계약서에서 요구하고 있는 상업송장, 선하증권, 보험서류 등 약정한 서류와 수입자 앞으로 기한부 환어음(documentary usance bill)을 수입자를 지급인으로 발행하여 거래외국환은행(추심의뢰은행)에 추심을 의뢰한다.
④ 추심의뢰를 받은 수출자의 거래은행은 추심의뢰서를 작성하여 그 환어음과 관련 서류들을 수입자의 거래은행으로 추심을 위해 송부하여 인수를 요청한다.
⑤ 서류를 접수한 수입자의 거래은행인 추심은행은 수입자에게 운송서류가 도착하였다는 내용의 서류도착을 통지하며 수입자에게 제시한다.
⑥ 서류도착 통지를 받은 수입자는 운송서류에 하자가 없는 경우에 제시된 기한부어음에 'Accepted by ~'라고 배서하는 인수(Acceptance)의 서명표시를 하고 선적서류를 인도받는다.
⑦ 수입자의 거래은행은 수출자의 거래은행에 어음인수 통지서를 송부한다.
⑧ 수입자는 환어음의 만기일이 되면 거래은행에 지급한다.
⑨ 수입지의 거래은행은 수출자의 거래은행으로 대금을 송금한다.
⑩ 수출자의 거래은행은 송금받은 대금을 수출자에게 지급한다.

5) 추심결제의 증가 이유

추심결제방식은 수출대금 결제를 전적으로 수입자의 신용에 의존하기 때문에 수출자 입장에서는 대금회수가 어렵게 될 수도 있다. 그럼에도 불구하고 이 결제방식은 다음과 같은 이유들 때문에 최근 이용이 증가하고 있다.

첫째, 신용장거래는 신용장 발행수수료 등 수수료와 비용이 많이 소요되는데 반해 추심결제는 이러한 비용부담이 없다. 수입자로서는 이러한 각종 수수료의 절감 외에도 발행은행의 채권보전 조치에 따른 담보제공 부담에서도 벗어날 수 있다.

둘째, 세계무역시장은 경쟁이 격화됨에 따라 판매자 시장(seller's market)에서 구매자 시장(buyer's market)으로 전환되고 있다. 즉, 수출상품이 Buyer's Market인 경우 수출자는 수입자에게 유리하도록 외상조건인 추심결제조건을 제시함으로써 거래처를 계속 확보하는 등 수출경쟁 전략으로 추심결제방식을 이용하고 있다.

셋째, 오늘날에는 기업의 국제화로 많은 기업들이 세계 각지에 지사나 현지 법인을 설치하고 있어 신용을 바탕으로 한 본·지사 간의 무역거래가 증가되고 있다.

제 11 장

물품의 확보와 수출입통관

제1절 수출물품의 확보

수출물품의 확보는 무역계약의 차질 없는 이행을 위해 반드시 이루어져야 하는 필수 과정이다. 각 기업들 마다 수출물품을 확보하는 방법이 다양하고 이에 대한 지원책들도 국가마다 상이한 상태이다. 여기에서는 국내법 규정을 중심으로 살펴본다.

1. 확보 방법과 혜택

수출물품을 확보하는 방법에는 자가 생산설비나 공장의 유무에 따라 수출물품을 수출자의 자가 공장에서 직접 제조나 생산하는 방법과 수출물품 자체를 국내에서 구매하는 방법 및 외국에서 수입하는 방법이 있다. 또한 수출물품을 제조나 생산하기 위해서는 그 물품의 생산에 소요되는 원료를 확보해야 하는데, 그 원료를 확보하는 방법도 국내에서 구매하는 방법과 외국에서 수입하는 방법이 있다.

한편, 우리나라는 수출을 진흥하기 위해 수출물품을 제조하거나 가공하는데 소요되는 원료의 조달은 내수용에 비해 금융과 세제상 다양한 혜택을 부여하고 있다.

| 그림 11-1 | 수출물품의 확보 방법

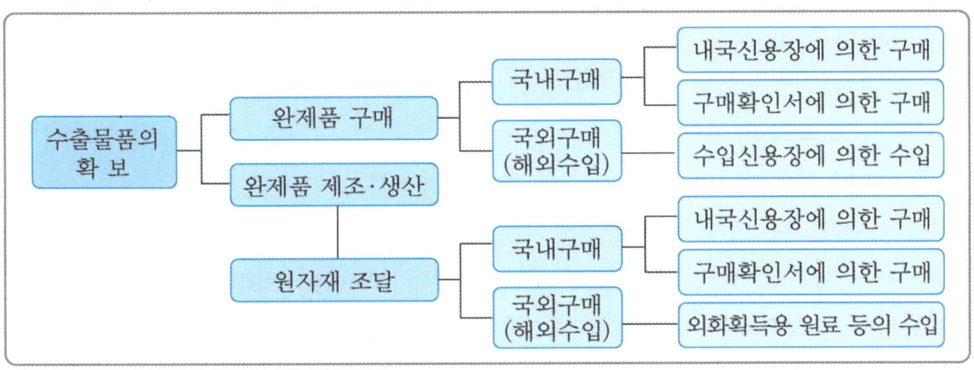

2. 외화획득용 완제품과 원재료의 구매

1) 의의

수출용 완제품이나 소요되는 원재료를 국내에서 구매하는 방법에는 내국신용장에 의한 구매방법과 구매확인서에 의한 구매방법이 있다. 따라서 국내에서 외화획득용 완제품이나 원료를 구매하고자 하는 자는 외국환은행의 장 등에게 내국신용장의 발행을 의뢰하거나 구매확인서의 발급을 신청할 수 있다.

2) 방법

(1) 내국신용장에 의한 구매

① 내국신용장의 정의

내국신용장(Local L/C)은 원신용장(Master L/C)의 수익자가 국내의 상품공급자나 제조업자로부터 물품을 구입하여 수출을 이행하고자 할 때, 자신에게 내도된 원수출신용장을 담보로 이들을 수익자로 하여 다시 발행하는 제2의 신용장을 말한다.

내국신용장으로 물품을 공급하는 공급업자나 제조업자는 내국신용장 발행은행의 지급확약을 보장받기 때문에 안심하고 공급할 수 있고 공급분에 대해 법인세와 물품세의 감면이나 면제, 무역금융 혜택, 수출실적 인정 등의 혜택을 누릴 수 있다.

② 내국신용장의 이점

㉠ 발행의뢰인(수출자)

내국신용장은 은행이 공급대금의 지급을 보증하는 것이기 때문에 수출자는 내국신용장을 통해 수출용 원자재나 수출용 완제품을 간편하고 원활하게 조달할 수 있다.

㉡ 수혜자(공급자)

내국신용장은 수출자(발행의뢰인)의 거래은행이 그 공급대금의 지급을 보증한 것이므로 물품이나 원자재를 공급하는 업자로서는 대금회수의 확실성이 보장된다.

또한 법에서는 내국신용장에 의해 물품을 인수하고 물품수령 증명서를 정당한 사유없이 10일을 초과하여 지연 발급하는 경우에는 일정한 제재를 가하고 있기 때문에 중소 공급업자는 물품대금의 적기 회수를 보장받게 된다.

그리고 수취한 내국신용장을 근거로 공급물품을 제조·가공하는데 필요한 자금을 지원받을 수도 있고 관세환급도 받을 수 있다. 게다가 내국신용장에 의한 공급실적은 대외무역법상 수출실적으로 인정되고 부가가치세 영세율의 적용대상이 된다.

(2) 구매확인서에 의한 구매

① 구매확인서의 의의

구매확인서는 물품구매자가 국내에서 구매하는 원자재(또는 완제품)가 수출물품을 생산하는데 사용되는 수출용 원자재(또는 완제품)라는 사실을 외국환은행 또는 전자무역기반 사업자가 증명하는 서류를 말한다. 이것은 내국신용장 발행이 어려운 상황에 수출용 원자재나 완제품의 구매를 원활히 하기 위해 발행한다.

② 내국신용장과 구매확인서의 비교

내국신용장은 은행이 대금지급을 보장하는데 반해, 구매확인서는 대금지급의 문제는 거래당사자 사이의 계약에 의한 것으로 은행이 대금지급을 보장하지 않는다.

또한 내국신용장은 무역금융의 융자대상이 되는데 반해, 구매확인서는 무역금융의 융자대상이 되지 않는다.

그러나 두 제도의 공통점은 수출용 원자재나 완제품의 국내구매에 사용되고, 공급자의 수출실적으로 인정되며 부가가치세 영세율의 적용대상이 된다는 점이다.

표 11-1 내국신용장과 구매확인서의 비교

구 분	내국신용장	구매확인서
관련 법규	무역금융 관련 규정(한국은행 총액한도 대출 관련 무역금융취급세칙 및 절차)	대외무역법
발행(발급) 기 관	외국환은행	외국환은행 또는 전자무역기반 사업자
수출실적	공급업체의 수출실적 인정	좌 동
부 가 세	영세율 적용	좌 동
지급 확약	발행은행이 지급확약	발급은행의 지급확약 없음
발행(발급) 조 건	원자재금융 한도 내에서 발행 (무역금융 수혜대상)	제한 없이 발급(발급근거 확인) (무역금융 수혜대상 아님)
발행(발급) 근 거	1. 수출신용장 2. 수출계약서(D/P, D/A등) 3. 외화표시 물품공급계약서 4. 외화표시건설, 용역공급계약서 5. 내국신용장 6. 해당 업체의 과거 수출실적	1. 수출신용장 2. 수출계약서(D/P, D/A 등) 3. 외화매입(예치)증명서 4. 내국신용장 5. 구매확인서 6. 수출신고필증 7. 외화획득에 제공되는 물품 등을 생산하기 위한 것임을 입증할 수 있는 서류
발행제한	차수 제한 없이 순차적으로 발급 가능	좌 동

3. 외화획득용 원료와 기재의 수입

1) 개요

외화획득용 원료와 기재(이하 원료 등)란 외화획득용 원료와 시설기재, 외화획득용 제품, 외화획득용 용역 및 외화획득용 전자적 형태의 무체물을 말한다.

외화획득용 원료는 외화획득에 제공되는 물품과 용역, 전자적 형태의 무체물을 생산(제조, 가공, 수리, 재생, 개조를 포함한다)하는 데 필요한 원자재, 부자재, 부품 및 구성품을 말한다. 외화를 벌어들이기 위한 물품을 생산하는 데 필요한 원자재, 부자재, 부품 따위를 지칭하는 것이다.

외화획득용 시설기재는 외화획득에 제공되는 물품 등을 생산하는 데에 사용되는 시설, 기계, 장치, 부품 및 구성품(물품 등의 하자를 보수하거나 물품 등을 유지하고 보수하는데 필요한 부품 및 구성품을 포함한다)을 말한다.

외화획득용 제품은 수입한 후 생산과정을 거치지 아니한 상태로 외화획득에 제공되는 물품 등을 말한다. ㈜한국관광용품센터가 수입하는 식자재와 부대용품, 항만운송사업법에 따라 수입물품 공급업의 등록을 하고 세관장에 등록한 자(수입물품 공급업자)가 수입하는 선용품 및 군납업자가 수입하는 군납용 물품이 여기에 해당한다.

2) 지원정책

우리나라는 수출상품의 국제경쟁력을 제고시키기 위한 정책수단으로, 수출물품 생산에 제공되는 외화획득용 원료 등의 조달에 대하여는 최대한 부담을 줄여주는 한편, 내수용과 비교하여 상역, 금융, 세제상으로 지원하는 정책을 유지해 오고 있다.

지원제도는 대응수출 등 외화획득 행위를 전제로 부여하기 때문에 대응수출 등 외화획득 행위가 이루어졌는지 여부에 대한 사후관리가 이루어지고 있다.

(1) 수출입공고 등 적용배제

물품의 수출입은 수출입공고 등에 따라 수출입이 제한된다. 그러나 외화획득용 원료 등은 그 원료를 사용하여 제조·가공되는 물품이 수출된다는 점에서 수출입공고 등의 수입 금지나 제한규정에도 불구하고 수입이 가능하도록 하고 있다.

(2) 무역금융지원

수출물품의 제조나 가공에 소요되는 자금 부담을 완화하기 위해 수출용 원자재의 수입이나 국내구매에 필요한 자금은 무역금융의 수혜를 받을 수 있도록 하고 있다.

4. 무역금융제도

1) 무역금융의 의의와 특징

(1) 의의

넓은 의미에서 무역금융은 무역거래와 관련하여 필요한 자금을 융통하거나 금융기관이 이를 지급하는 행위까지를 포함한다.

그러나 좁은 의미에서 무역금융은 무역업체가 이용할 수 있는 일반수출입금융 즉, 물품의 수출을 촉진하기 위해 직수출자 및 수출용 완제품과 수출용 원자재 생산자를 지원대상으로 하여 수출상품의 제조나 가공 등에 필요한 자금을 낮은 금리로 지원하는 정책금융을 말한다. 즉, 외국환은행이 수출물품의 생산, 원자재 및 완제품 구매에 필요한 자금을 낮은 금리로 원화로 대출하는 정책금융을 말한다.

(2) 특징

첫째, 무역금융은 수출을 지원하기 위한 금융이다. 무역금융은 수출물품의 선적 전에 필요한 자금을 지원하는 무역 관련 원화 자금대출 제도이며 수출업체가 외국에서 일정규모의 주문을 받아오면 이를 근거로 상품생산에 필요한 원자재나 완제품 구입자금 등을 거래은행이 낮은 이자로 빌려주는 제도이기 때문에 수출물품의 생산 등에 필요한 수출업체 등의 소요자금을 적기에 지원해 준다.

둘째, 무역금융은 총액 대출방식에 의해 지원되며, 한국은행의 자금지원을 금융통화운영위원회가 정한 총액 범위 내에서 금융기관별로 사전에 포괄적으로 배정하여 지원한다. 또한 무역금융은 일반 대출자금과 비교하여 금리에서 우대하고 있다.

셋째, 무역금융은 생산자금, 원자재 금융 등으로 구분하여 각 자금의 소요시기에 맞추어 지원을 함으로써 불필요한 금융지원과 중복금융을 방지하고 있다.

넷째, 내국신용장제도를 운용한다. 무역금융은 내국신용장이라는 독특한 제도를 이용하여 직수출자뿐만 아니라 국내의 수출용 원자재 공급자도 무역금융을 수혜할 수 있도록 하고 있다.

2) 무역금융의 범위와 구분

(1) 범위

금융기관의 신용정보 교환 및 관리규약에 따라 적색 거래처로 분류된 기업체의 대출은 무역금융에 포함되지 않는다.

(2) 구분

무역금융은 자금용도에 따라 구분(용도별 금융)하거나 자금용도의 구분 없이 일괄하여 지원(포괄금융)할 수 있다. 용도별 금융은 다음과 같이 구분된다.

첫째, 생산자금이다. 이것은 국내에서 수출용 원자재나 완제품을 제조·가공하거나 개발하는데 소요되는 자금을 말한다.

둘째, 원자재 자금이다. 이것은 수출용 원자재를 해외로부터 수입하거나 내국신용장에 의하여 구매하는 데 소요되는 자금을 말한다.

셋째, 완제품 구매자금이다. 이것은 국내에서 생산된 수출용 완제품을 내국신용장에 의하여 구매하는데 소요되는 자금을 말한다.

한편, 포괄금융은 상대적으로 규모가 작은 기업에게는 자금용도를 구분하지 않고 수출신용장 금액의 일정 비율 또는 과거 수출실적의 일정 비율 상당액에 대해 일괄적으로 현금으로 융자하는 방식의 금융을 말한다.

즉, 복잡한 무역금융제도의 활용을 위한 전문 인력이 없는 중소업체를 위하여 자금용도의 구분 없이 수출신용장 등의 금액 또는 과거 수출실적에 소정 융자단가를 곱한 금액을 일괄적으로 현금 융자함으로써 중소업체를 지원하고자 하는 제도이다.

대상 업체는 융자한도의 결정 등 무역금융의 종합관리를 담당할 주거래은행을 선정하고 주거래 외국환은행은 대상 업체를 선정하여 매년 자격 여부를 재심사한다.

3) 무역금융의 융자대상과 방법

(1) 융자대상

무역금융은 직수출자(㉠ 수출신용장, D/P 또는 D/A, 그밖에 수출 관련 계약서에 따라 물품 및 용역을 수출하고자 하는 기업 ㉡ 내국신용장 또는 구매확인서에 의해 수출용 원자재 또는 완제품을 제조, 가공하여 공급하고자 하는 기업 ㉢ 신용장이나 내국신용장에 의한 수출실적을 보유하고 있는 기업으로 과거 수출실적을 기준으로 융자를 받고자 하는 기업)뿐만 아니라 수출용 원자재나 완제품을 국내에서 공급하거나 제조하는 업체들도 융자를 받을 수 있다.

(2) 방법

무역금융은 신용장기준 금융과 실적기준 금융이 있다. 전자는 해당 업체가 보유한 수출신용장, 수출계약서 및 내국신용장 등을 기준으로 하여 지원하는 방법이며 후자는 그 업체의 과거 수출실적을 기준으로 하여 지원하는 방법이다.

제2절 수출입통관

1. 수출통관제도

1) 수출통관의 의의

물품을 수출하고자 하는 자는 그 물품을 적재하기 전까지 그 물품의 소재지 관할세관장에게 수출신고를 하고 신고수리를 받아야 한다.

수출신고는 EDI나 인터넷을 통한 신고방식으로 신속하게 진행할 수 있다. 수출물품의 검사는 원칙적으로 생략하고 있으나, 우범기준에 따른 전산 선별 발췌검사 등 필요한 경우에는 예외적으로 실시하고 있다. 수출신고가 수리된 물품은 수출신고 수리일로부터 30일 이내에 우리나라와 외국을 왕래하는 운송수단에 적재해야 한다.

2) 수출통관 절차

(1) 의의

수출통관 절차는 수출하고자 하는 물품을 세관에 수출신고를 한 후 신고수리를 받아 우리나라와 외국 간을 왕래하는 운송수단에 물품을 적재하는 절차를 말한다.

(2) 수출신고

수출신고는 내국 물품을 적법한 절차에 따라 외국으로 반출하기 위하여 행하는 행정절차를 말하며 이 절차는 수출물품의 화주나 수출입통관을 전문으로 하는 국가공인자격인(관세사, 관세법인 및 통관취급법인)이 수출통관 EDI 시스템을 사용하거나 전자문서로 수출신고서를 작성하여 관세청 통관시스템에 전송하면 된다.

(3) 신고인과 수출심사

① 신고인

수출신고는 통관업무에 대해 전문지식을 가지고 있는 관세사, 관세법인, 통관취급법인 또는 하주의 명의로 해야 한다.

② 수출심사

수출하고자 하는 물품의 신고서류에 대해 심사담당 세관공무원은 종이서류 제출대상은 신고서류와 신고화면을 검토하여 대외무역 법령 및 기타 법령에 의한 조건의 구비여부와 수출물품 통관을 위한 필요한 사항 등을 심사한다.

전자서류에 의한 수출신고를 접수·처리하는 세관공무원은 매 30분 간격으로 단말기를 조회하여 전송된 신고화면을 검토한 후 수출물품에 대한 품목분류의 정확성 등을 심사한다. 만일 종이서류에 의한 심사 또는 물품검사가 필요하다고 판단되는 경우에는 종이서류의 제출을 요구할 수 있다.

(4) 수출신고서의 작성 및 수리

수출신고된 물품에 대한 신고서의 처리방법은 다음의 세 가지가 있으며 세관장은 수출신고를 수리한 때 수출신고필증을 교부해야 한다.

① 자동수리

자동수리는 검사대상이나 서류제출대상이 아닌 물품으로써 별도의 물품검사나 심사절차 없이 수출통관 시스템에 의하여 자동으로 수리되는 것을 말한다.

검사대상이나 서류제출대상이 아닌 물품은 수출통관 시스템에서 자동 수리된다.

② 심사 후 수리

심사 후 수리는 자동수리대상이 아닌 물품 중 검사가 생략되는 물품에 대해 세관원이 컴퓨터 화면을 통하여 ㉮ 신고내용은 수출신고서 작성요령에 따라 정확하게 작성하였는가? ㉯ 서류제출 대상물품은 아닌가? ㉰ 수출 신고한 물품의 세번(HS)은 정확한가? ㉱ 기타 필요한 사항 등의 형식적인 요건을 심사한 후 즉시 수리하는 것을 말한다. 현재 수행되고 있는 대부분의 수출신고가 이 방법에 의해 처리되고 있다.

③ 검사 후 수리

검사 후 수리는 수출물품은 검사를 생략하는 것이 원칙이지만, 수출시 현품의 확인이 필요한 경우와 우범물품으로 선별된 물품 중에서 세관장이 검사가 필요하다고 판단한 물품은 실제로 세관원이 검사한 이후 수출신고를 수리하는 것을 말한다.

(5) 수출물품의 검사

수출물품에 대한 검사는 수출을 하기 위해 이루어지는 현물의 확인 절차로서 현재 관세법령에서는 ① 서류제출 대상물품인 경우 ② 위조 상품의 수출 등 지식재산권 침해 우려가 있는 경우 ③ 관세 환급과 관련하여 위장수출의 우려가 있는 경우 ④ 분석을 요하는 물품의 경우를 제외하고, 원칙적으로 검사를 생략하고 있다.

검사는 해당 물품이 장치되어 있는 장소에서 이행하되, 부정수출이나 부정환급 등 우범성이 있는 경우에는 물품을 보세구역에 반입하여 검사할 수 있도록 하고 있다.

(6) 수출신고서의 수리

수출신고를 수리하면 세관장은 수출신고인에게 수출신고필증을 교부한다. 즉, 세관장은 수출 신고한 물품이 종이서류 제출대상으로서 검사생략인 경우에는 신고사항 및 관계신고서류에 이상이 없으면 심사 후 즉시 수리하고, 검사대상인 경우에는 물품검사 결과 신고사항과 현물이 일치하는 등 이상이 없는 때에 수리한다.

전자서류에 의한 수출신고 물품은 전산화면을 심사하여 신고사항에 이상이 없는 경우 즉시 수리한다.

(7) 수출신고필증의 교부

세관장은 신고서류가 제출된 경우 신고를 수리하는 경우에는 수출신고 수리인과 신고서 처리 담당자의 인장을 날인한 수출신고필증을 신고인에게 교부해야 한다. 수출신고필증은 수출신고가 완료된 이후에 세관에서 발급하는 증명서로 수출면장이라고도 부른다.

만일 신고인이나 수출화주에게 교부된 수출신고필증이 통관시스템에 보관된 전자문서의 내용과 상이하면 통관시스템에 보관된 전자문서의 내용을 원본으로 한다.

(8) 수출신고의 정정 및 취소

수출신고번호가 부여된 후 신고내용을 정정하고자 할 때에는 수출신고 정정승인 신청서를 세관장에게 제출하여 승인을 받아야 한다.

3) 수출신고물품의 적재

(1) 의의

수출신고가 수리된 물품은 수출신고 수리일로부터 30일 이내에 우리나라와 외국 사이를 왕래하는 운송수단에 적재해야 한다. 그러므로 수출신고가 수리되었더라도 적재되지 않는 물품은 수출로 인정받을 수 없다.

관세청은 수출신고가 수리된 물품의 적재관리를 위하여 수출화물 EDI시스템과 수출통관시스템을 연계하여 활용하고 있으며, 수출물품에 대한 관세환급도 수출물품의 적재사실이 확인되어야 가능하도록 하고 있다.

(2) 적재기간의 연장 등

수출신고가 수리된 물품의 적재가 불가피하게 연장되어야 할 사유가 발생한 경우, 수출자는 적재기간 내에 세관장에게 적재기간 연장승인 신청서를 제출하여 승인을 받고 적재기간을 연장할 수 있다.

2. 수입통관제도

1) 수입통관의 의의

수입통관은 수입하고자 하는 자가 세관장에게 수입신고를 하면, 세관장은 수입신고가 법령에 따라 적법하게 이루어진 경우에 이를 신고수리하고 신고인에게 수입신고필증을 교부하여 수입물품이 반출될 수 있도록 하는 일련의 과정을 말한다.

즉, 수입통관은 수입신고수리를 의미하는 것으로 수입신고를 받은 세관장이 신고사항을 확인하여 일정한 요건을 갖추었을 때 신고인에게 수입을 허용하는 것이다.

2) 수입통관절차

(1) 수신고의 시기와 신고인

① 수입신고의 의의

수입신고는 외국으로부터 물품을 수입하겠다는 최초의 의사를 세관장에게 표하는 것을 말한다. 수입신고를 하면 적용법령, 과세물건, 납세의무자가 확정된다.

② 수입신고의 시기

수입신고는 우리나라에 수입물품이 도착되기 전, 물품이 적재된 선박(항공기)이 도착된 이후, 보세구역 도착 전, 보세구역 도착 후 등 수입자(하주)가 수입물품의 신속통관과 물류비용 등을 고려하여 어떠한 시점에서도 가능하다.

따라서 수입신고는 수입신고 시 물품을 어디에 두고 신고하느냐에 따라 출항 전 신고, 입항 전 신고, 보세구역 도착 전 신고, 보세구역 장치 후 신고로 구분된다.

③ 전자서류에 의한 신고

관세청은 수입통관절차의 간소화와 수입물품에 대한 물류흐름을 빠르게 하여 업체의 물류비용을 절감하기 위해 수입물품에 대해 서류제출이 필요 없는 P/L(Paperless) 신고제도를 시행하고 있다.

④ 수입신고인

수입신고는 통관업무에 대해 전문지식을 가지고 있는 관세사, 관세법인, 통관취급법인 또는 수입 화주가 직접 자기명의로 할 수 있다. 관세사는 관세사법에 따라 타인으로부터 통관의 위임을 받아 수입신고를 할 수 있도록 자격을 부여받은 전문가로, 영업 형태에 따라 개인관세사, 합동관세사, 관세법인, 통관취급법인으로 구분된다.

(2) 수입신고서의 기재와 제출서류

수입신고 시에는 ① 품명, 수량, 가격 ② 포장 개수 ③ 선적지와 목적지 ④ 원산지 표시 ⑤ 상표명 ⑥ 통관 고유번호 등이 기재된 수입신고서를 세관장에게 제출해야 한다.

(3) 수입물품의 검사

수입물품의 검사는 수입 신고된 물품이 수입신고사항과 일치하는지와 관련 법규에서 정한 규정을 위반하는지 여부 등을 현품검사를 통해 확인하는 것을 말한다.

세관에 수입물품에 대한 신고를 하면 세관은 신고서의 형식적 요건과 법률적 수입요건, 신고 시 제출서류 여부만 확인하고 신고를 수리하는 것이 원칙이다.

(4) 수입신고수리

① 수입신고수리의 의의

수입신고수리는 수입자가 신고한 내역에 대해 세관에서 이를 적법하고 정당하게 이루어졌다고 인정하여 통관을 허용하는 행위이다.

신고인이 신고필증을 교부받는 것으로 신고수리가 이루어진 것으로 간주하며, 수입신고수리가 된 물품은 내국물품이 되어 보세구역(창고)에서 반출할 수 있다.

② 수입신고필증의 교부

세관장은 수입신고를 수리한 때에는 수입신고서에 '수입신고 수리인'과 신고서 처리담당자의 인장을 날인한 후 이를 교부한다. 이때 교부한 신고필증과 통관시스템에 보관된 신고 자료가 상이한 경우에는 통관시스템에 보관된 전자문서의 내용을 원본으로 하고 있다. 수입신고필증은 신고 후 5년간 보관해야 한다.

(5) 관세 및 제세납부

① 관세 등 징수결정 및 세액산출

관세액을 결정하는 방식에는 납세의무자가 스스로 관세액을 결정하여 이를 세관장에게 신고하고 그 세액을 납부하는 신고납부 방식과 세관장이 납부세액을 결정하여 고지(告知)하면 납세의무자가 고지된 금액을 납부하는 부과고지 방식이 있다.

② 관세 등 납부

관세 등 납부는 관세사 사무실에서 납부서를 출력하여 수입자(납세의무자)가 편리한 국고수납 대리점인 금융기관에 납부하면 된다.

제12장

국제운송과 해상보험

제1절 국제운송

1. 국제운송의 형태

1) 해상운송

해상운송은 선박으로 바다를 통하여 화물을 국제적으로 운송하는 방식이다. 해상운송은 운송 공간인 '바다', 운송수단인 '선박', 그리고 운송 대상인 '화물'이 핵심을 이룬다. 해상운송은 대량화물이나 운송이 급박하지 않은 화물의 경우에 주로 이용된다.

해상에서 운항하는 선박은 운송경로와 운임이 미리 정해져 있는 정기선(liner)과 운송 수요에 따라 운행되는 부정기선(tramper)이 있다.

2) 항공운송

항공운송은 항공기로 공로를 통하여 화물을 국제적으로 운송하는 방식이다. 항공운송은 긴급 및 소량화물, 고부가가치의 전자제품, 활어 등을 주로 운송한다.

3) 육상운송

육상운송은 철도나 자동차를 통하여 육로로 화물을 운송하는 방식이다. 철도운송은 안전하고 운임이 저렴하나 고정비가 많이 소요된다. 자동차 운송은 운송의 시작과 도착을 마감하는 운송수단으로 주로 이용된다.

4) 복합운송

복합운송은 단일 운송계약하에서 복합운송인이 복합운송증권을 발행하여 전 운송과정에 대해 하주에게 단일책임을 지는 동시에, 각 운송구간에 대해 하청운송인에 각각의 운송수단에 의한 운송을 위탁하여 이루어지는 국제간의 운송방식이다.

2. 해상운송의 형태와 운송계약

1) 정기선의 의의와 특징

정기선(liner)이란 사전에 정해진 일정한 항로와 일정 및 운임률표(freight tariff)에 따라 정기적으로 반복 운항하는 선박을 말한다.

정기선은 화물의 다소에 관계없이 사전에 정해진 특정한 항로만을 정기적으로 왕복하여 운항하며 불특정 다수 하주의 소량화물을 주로 운송한다.

장거리 수송에 적합하며 해운동맹(shipping conference)이 맺어진 구간의 경우는 선사마다 운임에 있어 평등한 서비스를 하주들에게 제공하고 있다.

2) 정기선과 개품운송계약

정기선은 개개의 화물을 운송하는 계약하에 여러 하주들로부터 화물을 모아 혼합 적재하여 운송하는 방식을 취한다. 이것을 개품운송계약이라고 한다.

개품운송계약은 선사(carrier)와 화물의 운송을 의뢰하는 송하인(consignor) 사이에 맺어지는 계약을 말하며 이것은 일정한 형식을 필요로 하지 않는 불요식계약이다.

개품운송계약은 송하인이 선사 등이 발행한 배선표를 검토하여 적당한 선박을 선정한 다음, 선사에 선복을 신청(shipping request)하고 선사가 이를 승낙함으로써 성립된다. 그 운송계약의 증거로서 선복예약서(booking note)가 교부된다.

정기선로에 취항하는 정기선 운송의 대부분은 개품운송계약의 형태를 취하고 있으며 선박은 정기선이나 컨테이너선이 이용되고 있다.

정기선에서 운임은 기본운임과 화물의 형상과 항만사정, 화물의 특수성, 항해 여건 등에 따라 부과되는 할증료(surcharge) 및 추가 비용으로 구성된다.

3) 부정기선과 용선운송계약

(1) 부정기선의 의의와 특징

부정기선(tramper)이란 운송서비스가 불규칙적이고 운항 기일이나 항로가 일정하지 않으며, 대량 하주 측의 요구에 따라 그 화물과 항로에 가장 적합한 적출항에 배선되어 대량의 화물(bulk cargo)을 운송하는 선박의 형태를 말한다.

정기선이 주로 제품이나 잡화 등의 수출입에 이용되는데 비해, 부정기선은 광석, 석탄, 곡류, 목재 등 1회의 화물이 대량인 화물을 운송하는데 주로 이용된다.

부정기선은 고정된 운항일정과 항로가 없기 때문에 항로의 자유선택이 가능하며, 그 당시의 수요와 공급에 의한 경쟁으로 운임이 결정되므로 운임이 탄력적이다.

(2) 부정기선과 용선운송계약

부정기선에서는 하주가 선사와 직접 또는 용선중개인(chartering broker)을 통해 선사의 선복의 일부나 전부를 용선하는 용선운송계약(Charter Party, C/P)을 체결하고 용선계약서를 교부 받는다.

용선운송계약은 선주(용선주)가 제공한 선박의 전부나 일부의 선복에 의해 화물을 운송할 것을 약정하고 그 보수로 용선료를 지급할 것을 약속하는 계약이다.

용선운송계약은 일부용선계약과 전부용선계약으로 구별된다. 전부용선계약은 다시 항해용선계약, 기간용선계약 및 나용선 계약으로 구분된다.

① 일부용선계약

일부용선계약(partial charter)이란 용선운송계약을 체결할 때 선복의 전부를 빌리는 것이 아니라 일부만 차용하는 경우에 체결되는 계약이다.

② 전부용선계약

전부용선계약(whole charter)이란 선복의 전부를 빌리는 경우에 체결되는 용선운송계약이다. 전부용선계약에는 다음과 같은 종류들이 있다.

㉠ 항해용선계약

항해 혹은 항로용선계약(voyage or trip charter)은 일정 항구에서 일정 항구까지 화물의 운송을 의뢰하는 하주(용선자)와 선사 간에 체결되는 용선계약이다.

이 계약에서 적재수량에 따라 운임을 계산하는 방식을 운임용선계약이라고 하며, 적량과는 관계없이 항해에 대한 운임을 포괄적으로 약정하는 선복운임에 의한 방식을 선복 또는 총괄용선계약(lump-sum charter)이라고 한다.

㉡ 기간용선계약

기간 혹은 정기용선계약(time charter)은 용선자가 선주로부터 일정기간 동안 용선하는 계약이다.

㉢ 나용선 계약

나용선 계약(bareboat charter)은 선주(임대인)가 선박만을 일정기간 용선자에게 대여하고 임차인인 용선자가 선장과 선원의 임명, 지휘, 감독을 담당함으로써 선박을 점유하는 계약이다. 이를 선박의 임대차 계약(demise charter)이라고도 한다.

이 계약은 주로 당사자 사이에 특별한 관계가 존재하거나 선주가 용선자의 운항능력, 관리능력 및 경험 등에 대하여 믿을 수 있는 경우에 체결된다.

❙표 12-1❙ 정기선과 부정기선의 비교

구　　분	정기선 운송	부정기선 운송
화물유형	이종화물 완제품과 반제품이 주요 대상화물 고가의 화물이 주종	동종화물 대량의 벌크화물이 주요 대상화물 저가의 화물이 주종
이용하주	불특정 다수	특정 소수(대기업 및 종합상사)
운송계약	개품운송계약 체결 선하증권(B/L) 발행	용선운송계약 체결 용선계약서(C/P) 발행
선박	선박구조가 복잡	선박구조가 단순
조직	대형조직	소형조직
운항항로	정해진 항로를 규칙적으로 기항	항로를 자유롭게 선택
운송인	대형조직 일반운송인(common carrier)	소형조직 일반운송인(common carrier) 혹은 개인운송인
해상운임	운임률표(tariff) 보유 부정기선에 비해 높은 운임 안정적 운임	별도 운임률표 없음 수요와 공급에 의해 탄력적 결정 비교적 운임 저렴
해운동맹 가입여구	해운동맹 주도 자율적 경쟁제한	비해운동맹(non-conference) 완전경쟁에 접근

❙표 12-2❙ 개품운송계약과 용선운송계약의 비교

구　　분	개품운송계약	용선운송계약
운송형태	불특정 다수의 하주로부터 개별적으로 운송요청을 받은 개개화물을 운송하는 형태	특정의 단일 하주의 특정화물을 선적하기 위해 선박의 선복을 빌려주는 운송의 형태
선박	정기선(liner)	부정기선(tramper)
화물	주로 컨테이너 화물 및 기타 단위화(unit)된 화물	원유, 철광석, 석탄, 곡물 등 대량 산화물(bulk cargo)
계약서	선하증권(B/L)이 발급됨으로써 최종적으로 확실한 계약서 역할	하주가 직접 여러 조건을 운송인과 협의하여 용선계약서(C/P)를 교환
운임	Tariff Rate (공표된 운임)	Open Rate (수요와 공급에 따라 변동)
운임조건 (선내하역비)	Berth Terms(Liner Terms)	FIO, FI, FO 협의

3. 컨테이너운송

1) 컨테이너운송의 의의

컨테이너(container)는 반복적으로 사용이 가능하도록 규격화된 수송 도구이며 화물의 단위 운송을 실현시켜 주는 혁신적인 수송용구이다.

컨테이너는 직육면체의 거대한 박스이지만 현재 세계 수출입 물동량의 90% 이상을 이들이 담당하고 있다. 비록 짧은 역사를 지니고 있음에도 컨테이너가 없는 무역은 이제 상상할 수 없을 정도로 그 중요성이 커지고 있다.

2) 컨테이너운송의 중요성

컨테이너운송은 컨테이너를 이용하여 화물을 운송하는 것이다. 컨테이너운송은 재래식에 비해 다음과 같은 의미와 중요성을 가진다.

첫째, 국제운송의 컨테이너화는 다양한 화물을 컨테이너라는 국제적으로 규격화된 용기를 통하여 육해공 일관수송을 가능하게 하였다는데 큰 의의가 있다. 또한 컨테이너를 이용한 화물수송은 그 시스템의 합리성과 경제성 때문에 짧은 시일에 국제운송에 혁명적 변혁을 가져왔다. 따라서 현재 국제간의 화물운송에서는 컨테이너를 빼놓고 생각할 수 없는 중요한 존재가 되었다.

둘째, 컨테이너운송은 물류의 모든 과정에서 육해공을 결합함으로써 경제성, 수익성, 안전성을 최대한으로 충족시킬 수 있다.

셋째, 컨테이너운송은 컨테이너라는 단위체를 매개로 각기 다른 운송수단의 호환성을 이용하여 일관운송이 가능하도록 함으로써 문전에서 문전까지의 운송서비스 실현이 가능하며 운송 도중에 화물의 별도 이적이 없이도 일관하여 운송할 수 있다.

넷째, 컨테이너운송은 하주의 공장에서 제품을 적입하여 봉인한 컨테이너를 운송 도중에 적입된 화물을 꺼내 보거나 환적하지 않고 처음에 적입된 상태 그대로 하주가 원하는 장소까지 안전하고 빠르게 도착시킬 수 있다. 컨테이너의 이러한 특성 때문에 오늘날 컨테이너를 모체로 한 국제복합운송은 그 시스템의 합리성과 경제성으로 짧은 시일에 국제운송에 혁명적 변혁을 가져왔다.

다섯째, 컨테이너운송은 운송의 신속성, 안정성, 경제성과 같은 장점을 가지고 있기 때문에 물류부문의 포장, 수송, 하역 및 보관 등 전 운송과정에서 혁신적인 수송 도구로 각광을 받게 되었고 지금은 국제 간 화물수송의 주종을 담당하고 있다.

우리나라도 1970년대에 접어들면서부터 문전에서 문전까지의 서비스를 목표로 하는 컨테이너 화물운송을 많이 이용하고 있다.

4. 선하증권(B/L)

1) 선하증권의 의의

선하증권(Bill of Lading, B/L)은 운송인이 그 증권에 기재된 화물을 수취하였음을 확인하고 그 화물을 지정 목적항까지 운송하여 그곳에서 본 증권의 정당한 소지인에게 이 서류와 상환으로 화물을 인도할 것을 약정하고 있는 유가증권이다.

B/L은 B/L상에 기재된 화물의 권리를 상징하는 서류이기 때문에 선하증권의 이전은 바로 화물의 권리이전을 의미한다. 오늘날 무역결제수단으로 널리 사용되는 것이 화환어음(documentary bill)이기 때문에 동 환어음을 취결 하는데 B/L은 상업송장 및 해상보험증권과 함께 가장 기본이 되는 서류이다.

2) 선하증권의 기능과 역할

(1) 선하증권의 기능

첫째, 선하증권은 선장이나 선주의 대리인이 서명하여 발행하는 화물 수취증이다.

둘째, 선하증권은 송하인과 운송인 사이에 체결된 운송계약의 증거서류이다.

셋째, 선하증권은 선하증권에 기재된 화물을 체화(體化)한 권리증권이다. 선하증권의 정당한 소지인은 증권에 기재된 화물을 처분할 수 있는 권한이 있다.

(2) 선하증권의 역할

① 선사

선사(운송인)에게 선하증권은 인수화물의 수량이나 외관 상태를 명시하고 있는 화물의 수취증 외에 운송조건이나 운송약관 등을 명시한 서류가 된다.

② 수출자

수출자에게 선하증권은 화환어음을 매입할 때 선적사실을 증명하는 선적서류가 된다. 또한 선하증권은 매수인에게 선적사실을 통지할 때에도 이용되고 운송계약에 따라 발생한 보상금을 청구할 때에도 사용된다.

③ 수입자와 은행 및 보험회사

수입자에게 선하증권은 화물인도를 청구할 때 사용되는 서류이며 운송계약에 따라 발생한 보상금이나 손해배상 등의 청구에도 사용된다. 은행에게는 대금회수를 위한 담보서류로 사용되며, 보험회사에게 선하증권은 대위구상권의 증거서류가 된다.

제2절 해상보험

1. 해상보험계약과 보험조건

1) 해상보험계약의 의의와 당사자

(1) 해상보험계약의 의의

해상보험계약에서 보험자는 담보위험으로 인하여 물품의 운송 중에 손해가 발생한 경우 피보험자에게 그 손해액을 보상할 것을 약속하고 피보험자는 그 대가로 보험료를 지불할 것을 약속하게 된다.

(2) 해상보험계약의 당사자

① 보험자

보험자(insurer, assurer, underwriter)란 보험사고가 발생한 경우에 보험금을 지급해야 할 의무를 부담하는 자 및 보험계약을 인수하는 주체를 말한다. 보통 보험회사가 되며 이들은 보험대리점 등의 조직을 운영하고 있다.

② 보험계약자

보험계약자(insurance policy holder)란 보험자와 보험계약을 체결하고 그 대가로 보험료(premium)를 납부하는 자를 말한다. 보험계약자는 보험자에 대해 고지의무, 위험의 변경과 증가의 통지의무 등을 부담한다. 영국 해상보험법(MIA)은 타인을 위한 보험계약을 인정하지 않기 때문에 보험계약자라는 개념은 존재하지 않는다.

③ 피보험자

피보험자(insured, assured)란 보험사고가 발생한 경우 손해를 보상받을 권리가 있는 자를 말한다. 해상보험에서 보험계약자와 피보험자는 항상 일치하는 것은 아니다. 즉, FOB계약이나 CFR계약은 수입자가 보험계약자이면서 자신을 피보험자로 보험계약을 체결하기 때문에 보험계약자와 피보험자가 수입자 자신으로 동일하다.

그러나 CIF계약이나 CIP계약은 보험계약자와 피보험자는 동일인이 아니기 때문에 타인을 위한 보험계약이 된다.

CIF계약이나 CIP계약에서는 이론적으로 수출자가 보험계약자가 되고 수입자가 피보험자가 되지만, 실제로는 수출자가 자신을 피보험자로 하여 보험계약을 체결하고 이후 입수한 보험증권에 배서하여 수입자에게 이를 양도하게 된다.

2) 해상보험계약에서 보험조건

해상보험계약에서 보험조건은 보험자의 보상범위를 말하는데 여기에는 기본조건과 추가위험 담보조건 등이 있다.

(1) 기본조건

① 구협회적하약관상의 기본조건

구협회적하약관상의 기본조건은 전위험담보조건(A/R), 분손담보조건(WA) 및 분손부담보조건(FPA)이 있다. 전위험담보조건(All Risks, A/R)은 법률이나 약관에 의해 면책되는 것을 제외한 모든 멸실이나 손상을 보상해 주는 조건이다.

분손담보조건(With Average, WA)은 전손과 공동해손은 물론 단독해손인 분손도 보험증권에 열거된 손해들은 보상하는 조건으로 '단독해손 담보조건'이라고도 한다.

분손부담보조건(Free from Particular Average, FPA)은 담보되는 위험에 의해 발생한 전손과 공동해손은 보상되지만, 단독해손인 분손은 원칙적으로 보상되지 않는 조건으로 '단독해손 부담보조건'이라고도 한다.

② 신협회적하약관상의 기본조건

신협회적하약관은 구협회적하약관의 A/R, WA, FPA 조건에 각각 대응되는 조건으로 ICC(A), ICC(B), ICC(C) 조건이 있다.

이중에서 보험자가 보상하는 담보범위는 A/R 조건 또는 ICC(A) 조건이 가장 넓으며 FPA 조건 또는 ICC(C) 조건이 가장 좁다. 반면 A/R 조건 또는 ICC(A) 조건은 보험료가 가장 비싸며 FPA 조건 또는 ICC(C) 조건은 보험료가 가장 저렴하다.

(2) 추가위험 담보조건

ICC(A) 조건은 포괄책임주의를 채택하고 있기 때문에 면책위험이 아닌 한 각종 추가위험을 포괄적으로 보상받을 수 있다.

이에 비해 ICC(B) 조건이나 ICC(C) 조건은 열거책임주의를 채택하고 있기 때문에 기본 조건에 열거된 담보위험으로 발생한 손해만을 보상받을 수 있다.

그러므로 열거위험 이외의 위험을 추가적으로 보상받으려면 별도의 특약이 필요하다. 특약에 의해 추가 보험료를 납부하고 보상받는 위험을 추가위험이라고 한다.

이때 보상의 대상이 되는 하나하나 위험들을 추가조건 또는 추가약관이라고 부르고 여기에는 도난·발화·불착(TPND), 투하 및 갑판 유실(JWOB) 등이 있다.

2. 담보위험과 면책위험

1) 담보위험과 면책위험의 의의

(1) 담보위험의 의의

담보위험(covered risk)이란 보험자가 그 위험에 의하여 발생한 손해를 보상할 것을 약속한 위험을 말한다. 그 위험으로 인해 생긴 손해를 보험자가 보상한다는 의미에서 이를 피보험위험 또는 보험사고라고도 부른다. 보험자는 피보험위험만을 보상하기 때문에 피보험위험이 아닌 위험은 보상을 받을 수 없게 된다.

(2) 면책위험의 의의와 사유

면책위험(excluded risk)이란 보험자가 보상할 손해가 발생하였음에도 일정한 사유에 의해 보험자의 책임이 면하게 되는 위험이나 사유를 말한다.

면책위험은 절대적 면책위험과 상대적 면책위험으로 구분된다. 절대적 면책위험은 어떠한 경우에도 보험자가 면책되는 위험을 말한다. 공서양속에 반하는 위험들이 여기에 해당한다. 상대적 면책위험은 성격으로는 면책위험이지만 전쟁, 동맹파업, 폭동 및 시민의 소요 위험 등을 특약하면 보험자가 손해보상의 책임을 지는 위험을 말한다.

위험이 발생하였음에도 불구하고 보험자를 면책시키는 사유는 다음과 같다.

첫째, 전쟁이나 파업, 지진과 같은 거대위험을 일반 보험료로 부담하기에는 위험의 규모가 지나치게 큰 손해인 경우이다. 이러한 위험들은 보험자가 보험사업을 합리적으로 경영하는데 도움을 주기 위해 면책으로 인정한 것이다.

둘째, 차량의 녹이나 부식, 농산물의 부패와 같은 피보험목적물의 성질이나 하자, 자연소모 등 피보험목적물의 성질상 발생하게 되는 손해인 경우이다.

셋째, 우연성이 결여되어 있는 손해인 경우이다. 보험자는 우연한 보험사고에 대해 보험금을 지급하게 되기 때문에 우연성의 결여는 보험사고의 발생 전제가 되는 위험의 조건이 상실된 것이다. 그러므로 이것은 보험사고가 될 수 없다.

보험자는 우연한 보험사고에 대해 보험금을 지급하기 때문에 불가피하거나 필연적인 위험은 보험자가 보상하는 해상위험의 요건이 되지 않는다.

넷째, 위험을 부담하는 것이 공공질서에 위배되는 손해인 경우이다. 공서양속에 반하는 것은 반사회적인 것이므로 특약으로도 담보할 수 없는 면책사유가 된다.

다섯째, 보험계약자나 피보험자의 고의나 중대한 과실이 있는 손해인 경우이다. 이 취지는 보험계약자 등의 도덕적 위험을 강하게 견제하고자 한 것이다.

2) 협회적하약관상의 담보위험

(1) 구협회적하약관상의 담보위험

구협회적하약관은 1963년부터 신협회적하약관이 제정되어 사용된 1982년까지 사용되었던 약관으로 ICC(A/R), ICC(WA), ICC(FPA) 조건이 있다.

ICC(A/R)은 전위험담보조건, ICC(WA)조건은 분손담보조건 그리고 ICC(FPA)는 분손부담보조건이라고 부르고 있다. A/R조건은 포괄책임주의의 위험부담방식을 채택하고 있기 때문에 면책위험을 제외하고는 보험자가 모든 손해를 보상하게 된다.

이에 반해 ICC(FPA) 조건과 ICC(WA) 조건은 열거책임주의를 채택하고 있기 때문에 특약에 의하지 않거나 열거위험에 포함되지 않은 손해는 보상하지 않게 된다. 이 조건에서 보상받기 위해서는 면책위험에 해당되어서도 안 되고 담보위험으로 열거되거나 특약되어야만 한다.

(2) 신협회적하약관상의 담보위험

1982년의 신협회적하약관에서 보험자의 보상범위는 구협회적하약관과 거의 비슷하다. 협회적하약관 ICC(A), ICC(B)와 ICC(C)는 구약관의 전위험담보조건(A/R), 분손담보조건(WA)와 분손부담보조건(FPA)에 각각 대응한 것이다.

ICC(A)는 보험자의 보상범위가 가장 큰 조건이며 가장 작은 조건은 ICC(C)이다. ICC(A)는 동 약관에 규정된 면책위험이 아닌 한 보험자가 모든 위험을 담보하는 조건이기 때문에 보상범위가 가장 넓은 조건이다.

즉, 포괄책임주의 방식을 채택하고 있는 ICC(A)상 담보위험은 제4조(일반면책약관), 제5조(선박 등의 불내항 및 부적합면책약관), 제6조(전쟁면책약관), 제7조(동맹파업면책약관)를 제외한, 모든 일체의 위험이 된다.

위험의 부담방식으로 열거책임주의 방식을 채택하고 있는 ICC(B)에서는 제4조(일반면책약관), 제5조(불내항 및 부적합면책약관), 제6조(전쟁면책약관), 제7조(동맹파업면책약관)는 당연히 제외되고, 제1조에서 보험자가 부담하도록 구체적으로 열거되어 있는 위험이 담보위험이 된다.

열거책임주의를 채택하고 있는 ICC(C)에서도 제4조(일반면책약관), 제5조(불내항 및 부적합면책약관), 제6조(전쟁면책약관), 제7조(동맹파업면책약관)는 제외되고 제1조에서 보험자가 부담하도록 열거된 위험이 담보위험이 된다. 그런데 ICC(C)는 ICC(B)보다 보상범위가 적기 때문에 제1조에 열거된 담보위험의 수가 ICC(B)보다 적다.

(3) 개정 협회적하약관상의 담보위험

1982년 협회적하약관의 도입은 구 Lloyd's S.G. Policy로부터 탈피한 해상보험증권의 큰 첫걸음이었다. 그러나 시간이 흐르면 변화가 발생하기 마련이므로 개정작업의 필요성이 제기되었고, 특히 테러행위의 만연 등 최근 국제환경의 변화는 신약관을 개정하게 된 배경이 되었다.

이에 개정작업이 2006년 2월부터 개시되었고, ICC(A), ICC (B) 및 ICC(C) 약관과 이와 관련되는 전쟁 및 동맹파업약관의 개정 초안이 2008년 5월 전 세계 적하보험시장에 배부되었다. 그리고 2008년 10월 최종 초안이 배포되었고, 이어 2008년 11월에 협회적하약관 및 관련 약관들이 공표되면서 2009년 1월부터 개정약관이 시행되었다.

① ICC(A) 약관상의 담보위험

ICC(A) 조건은 보험자가 부담하는 위험의 내용면에서는 구약관인 A/R(전위험담보조건)상의 담보위험과 비슷하다. 포괄책임주의 방식을 채택하고 있는 ICC(A) 조건에서 담보위험은 제4조(일반면책약관), 제5조(불내항 및 부적합면책약관), 제6조(전쟁면책약관), 제7조(동맹파업면책약관)를 제외한, 모든 위험이 담보위험이 된다.

ICC(A) 조건은 보험자가 법률이나 약관에 의해 면책되는 위험 이외의 일체의 위험을 담보하는 조건이지만, 말 그대로 모든 손해를 보상하는 것은 아니다.

왜냐하면 선박 등의 불내항 및 부적합에 기인하는 손해, 통상의 누손, 중량 또는 용적의 통상적인 감소 또는 자연소모, 항해의 지연손해, 피보험자의 고의적인 불법행위, 피보험목적물의 고유의 하자나 성질에 기인하는 손해, 선박소유자 등의 도산이나 금전상의 채무불이행, 원자핵분열 등은 보험자가 그 책임을 부담하지 않기 때문이다.

제6조에 규정된 전쟁위험이나 제7조에 규정된 동맹파업위험도 원칙적으로는 보험자가 그 책임을 부담하지 않지만, 특약을 통해서는 보상받을 수 있다.

② ICC(B) 약관상의 담보위험

열거책임주의를 채택하고 있는 ICC(B) 조건은 제4조(일반면책약관), 제5조(불내항 및 부적합면책약관), 제6조(전쟁면책약관), 제7조(동맹파업면책약관)는 당연히 제외되고, 제1조에서 보험자가 보상하도록 열거되어 있는 위험이 담보위험이 된다.

ICC(B) 조건은 제1조에서 첫째, 보험자가 부담하는 위험을 위험과 손해 사이에 상당한 인과관계가 요구되는 위험, 둘째, 단순한 인과관계만을 요구하는 위험, 셋째, 인과관계가 필요 없는 본선 또는 부선에 선적 또는 양하 작업 중 바다 또는 갑판에 추락한 포장단위당 전손 등 세 가지 항목으로 열거하고 있다.

첫째, 위험과 손해 사이에 상당한 인과관계가 요구되는 위험으로는 ① 화재 또는 폭발 ② 본선 또는 부선의 좌초, 교사, 침몰 또는 전복 ③ 육상 운송용구의 전복 또는 탈선 ④ 본선, 부선 또는 운송용구와 물 이외의 다른 물체와의 충돌 또는 접촉 ⑤ 피난항에서의 화물의 양하 ⑥ 지진, 화산의 분화 또는 낙뢰 등 여섯 가지의 세목을 구체적으로 열거하고 있다. 여기에서 본선, 부선 또는 운송용구와 물 이외의 다른 물체와의 충돌 또는 접촉은 본선이나 부선, 운송용구가 타 물체와 충돌하거나 접촉함으로 발생하는 손해를 의미한다.

피난항에서 화물의 양하는 운송 도중 일정한 사유로 일시 피난항에 정박하여 화물을 일단 양하 하였다가 재선적 후에 다시 최종 목적항으로 운송하는 경우, 피난항에서 화물을 양하할 때에 발생하는 손해를 의미한다. 지진, 화산의 분화 또는 낙뢰는 해상운송에 부수하여 육상에서 발생하는 지진이나 화산위험도 보상한다는 의미이다.

둘째, 단순한 인과관계만을 요구하는 위험으로는 ① 공동해손 희생손해 ② 투하 또는 갑판유실 ③ 본선, 부선, 선창, 운송용구, 컨테이너, 지게차 또는 보관장소에 해수, 호수, 하천수의 유입 등 세 가지의 세목으로 열거하고 있다.

셋째, 인과관계가 필요 없는 위험으로는 본선이나 부선으로의 선적 또는 양하작업 중 바다나 갑판에 추락한 포장단위당 전손 한 가지를 열거하고 있다.

③ ICC(C) 약관상의 담보위험

열거책임주의를 채택하고 있는 ICC(C) 조건에서는 제4조, 제5조, 제6조, 제7조에 규정된 위험들은 당연히 제외되고 제1조에서 보험자가 부담하도록 열거되어 있는 위험이 담보위험이 된다. 그런데 ICC(C) 조건은 ICC(B) 조건보다 보상범위가 좁기 때문에 제1조에 열거된 담보위험의 수가 ICC(B) 조건보다 적다.

구체적으로 ICC(C) 조건은 제1조에서 보험자가 부담하는 위험을 다음과 같이 두 가지 항목으로 열거하고 있다. 첫째, 위험과 손해 사이에 상당한 인과관계가 요구되는 위험으로 ① 화재 또는 폭발 ② 본선 또는 부선의 좌초, 교사, 침몰 또는 전복 ③ 육상 운송용구의 전복 또는 탈선 ④ 본선, 부선 또는 운송용구와 물 이외의 다른 물체와의 충돌 또는 접촉 ⑤ 피난항에서의 화물의 양하 등 다섯 가지의 세목으로 열거하고 있다. 둘째, 단순한 인과관계만을 요구하는 위험으로 공동해손 희생손해와 투하 등 두 가지의 세목으로 열거하고 있다.

따라서 ICC(B) 조건에 열거된 위험 중에서 ① 지진, 화산의 분화 또는 낙뢰 ② 갑판유실 ③ 본선 또는 부선 등에 해수, 호수 또는 하천수의 유입 ④ 본선이나 부선에 선적·양하 작업 중 바다나 갑판에 추락한 포장단위당 전손이 ICC(C) 조건에서는 제외되었다.

┃표 12-3┃ 개정 협회적하약관상의 담보위험

조항	담 보 위 험	(A)	(B)	(C)
제1조	1. 화재・폭발	○	○	○
	2. 본선 또는 부선의 좌초, 교사, 침몰 또는 전복	○	○	○
	3. 육상운송용구의 전복 또는 탈선	○	○	○
	4. 선박, 부선, 운송용구의 물이외의 타물과의 충돌・접촉	○	○	○
	5. 피난항에서의 화물의 양화	○	○	○
	6. 지진, 화산의 분화 또는 낙뢰	○	○	×
	7. 공동해손 희생손해	○	○	○
	8. 투하	○	○	○
	9. 갑판유실	○	○	×
	10. 본선, 부선, 선창, 운송용구, 컨테이너, 지게차, 보관장소에 해수나 호수 및 하천수의 유입	○	○	×
	11. 본선 또는 부선에 선적・양화작업 중 바다나 갑판에 추락한 포장단위당 전손	○	○	×
	12. 기타 일체의 위험	○	×	×

3) 협회적하약관상의 면책위험

(1) 신협회적하약관상의 면책위험

신협회적하약관에서는 구협회적하약관의 전위험담보조건(A/R)이 신협회적하약관(A)로, 구협회적하약관의 분손담보조건(WA)이 신협회적하약관(B)로, 구협회적하약관의 분손부담보조건(FPA)이 신협회적하약관(C)로 명칭이 각각 변경되었다.

이들 약관들의 내용은 거의 동일하지만 일부 차이점을 설명하면 다음과 같다.

우선 FPA와 ICC(C) 조건의 차이는 선적, 환적 또는 양하작업 중 추락으로 인하여 발생한 포장단위당 손해는 FPA조건에서는 담보되지만, ICC(C) 조건에서는 담보되지 않는다. 또한 WA와 ICC(B) 조건의 차이는 악천후라는 용어는 삭제되고 갑판유실 및 해수, 호수, 강물의 유입이라는 구체적인 위험을 규정하고 있으며 지진, 분화, 낙뢰를 담보위험으로 규정하고 있다. 또한 ICC(A) 조건은 A/R 조건보다 면책위험을 보다 구체적으로 명시하고 있다.

신협회적하약관상의 면책위험은 제4조(일반면책약관), 제5조(불내항 및 부적합면책약관), 제6조(전쟁면책약관) 및 제7조(동맹파업면책약관)에 규정되어 있다.

이 네 가지의 면책위험들은 ICC(A), ICC(B), ICC(C) 모두에 적용되지만, 제4조와 제5조의 면책위험은 특약의 대상 자체도 되지 못하는데 반해, 제6조와 제7조의 위험은 면책위험이지만 특약을 하면 보상받을 수 있는 위험이다.

(2) 개정 협회적하약관상의 일반면책위험

① 피보험자의 고의나 불법행위

피보험자의 고의적인 불법행위는 피보험자가 고의로 화물을 해하는 행위이다. 피보험자가 피보험목적물을 고의로 파괴했을 경우나 위법행위에 의한 손해는 보상되지 않게 된다. 이 경우 보험금을 지급받게 되는 것은 오히려 위법행위가 된다.

② 피보험목적물의 고유의 하자나 성질

피보험목적물인 화물의 고유의 하자나 성질에 의한 손해는 증발, 변질, 금속의 자연 녹, 농산물의 성숙부패 등 그 화물의 고유의 성질에 의해서 생긴 손해를 말한다.

③ 포장이나 준비의 불충분 또는 부적절

화물의 포장이나 준비가 불충분 또는 부적절하여 발생하는 손해는 그 화물 및 피보험항해에 어울리는 포장이 이루어지지 않아서 발생하는 파손 등을 말한다.

이 위험이 면책되려면 피보험자나 그 사용인에 의해 포장이나 준비가 이루어져야 하며, 그 포장이나 준비도 위험의 개시 이전에 이루어져야 한다.

④ 통상의 누손, 중량이나 용적의 통상적인 감소 또는 자연소모나 마모

통상의 누손 등은 보통의 운송과정에서 불가피적으로 발생하는 용기의 접목부분에서 새거나 용기에 흡수되는 손해 등을 말하며 액체나 기체화물에 주로 발생한다.

⑤ 지연

지연에 의한 손해는 적재선이 목적항에 도착이 늦어짐에 의해 발생하는 손해를 말한다. 운항업무가 안정되어 있는 선사를 선정해야 지연손해를 예방할 수 있다.

⑥ 선사 등의 도산

선박의 소유자, 관리자 또는 운항자 등의 도산이나 금전상의 채무불이행에 의해서 생기는 멸실, 손상 또는 비용은 보상되지 않는다. 이 면책위험은 1919년과 1963년 약관에서는 규정되어 있지 않았으나 1982년 약관에서 처음 면책으로 인정되었다.

⑦ 방사능오염, 화학무기, 생화학무기 등

핵연료, 핵폐기물, 원자력설비, 핵무기, 방사능 물질에 해당하는 유해 물질, 화학무기무기, 생화학 및 전자무기 등에 기인되는 손해는 보상하지 않는다.

| 표 12-4 | 영국 해상보험법(MIA)와 협회적하약관(ICC)의 일반면책위험 비교

면책위험	MIA 법정 면책	ICC 일반 면책
1. 피보험자의 고의적인 불법행위	○	○
2. 지연	○	○
3. 자연소모	○	○
4. 통상의 누손	○	○
5. 통상의 파손	○	×
6. 중량 및 용적의 통상의 멸실(부족분)	×	○
7. 피보험목적물의 고유의 하자나 성질	○	○
8. 쥐 또는 벌레	○	×
9. 기계장치의 손해	○	×
10. 포장의 불완전 및 부적합	×	○
11. 선주 등의 도산	×	○
12. 원자핵분열 등	×	○

| 표 12-5 | 개정 협회적하약관상의 면책위험

약관 조항	면 책 위 험	(A)	(B)	(C)
제4조	1. 피보험자의 고의적인 불법행위	×	×	×
	2. 통상의 누손, 중량 또는 용적의 통상적인 감소 또는 자연 소모나 마모	×	×	×
	3. 포장이나 준비의 불충분 또는 부적합	×	×	×
	4. 피보험목적물의 고유의 하자나 성질	×	×	×
	5. 지연	×	×	×
	6. 선박소유자·관리자·용선자 또는 운항자의 도산이나 금전상의 채무불이행	×	×	×
	7. 어떤 자나 어떤 자들의 불법행위에 의한 의도적인 손상이나 파괴	○	×	×
	8. 원자핵무기 등에 의한 손해	×	×	×
제5조	9. 불내항 및 부적합	×	×	×
제6조	10. 전쟁	×	×	×
제7조	11. 동맹파업	×	×	×

제13장

무역서류의 정비와 환어음 결제

제1절 무역서류의 정비

1. 무역서류의 구분

1) 기본서류와 기타서류의 구분

무역거래에서 서류는 기본서류와 기타서류로 구분된다. 3대 기본서류는 운송서류, 보험서류, 그리고 상업송장이다. 그런데 결제할 때 환어음에 어떤 기본서류를 첨부해야 하는지는 무역조건이 무엇인가에 따라 달라진다. CIF계약에서 기본서류는 운송서류와 보험서류, 상업송장이 된다. FOB계약은 매수인이 보험계약을 체결하므로 선하증권을 포함한 운송서류와 상업송장이 수출자가 구비해야 하는 기본 서류가 된다.

기타서류는 포장명세서, 영사송장, 세관송장, 검사증명서, 중량증명서, 품질증명서 등이 있다. 기타서류는 모든 거래에 반드시 필요한 서류는 아니기 때문에 계약서나 신용장에서 요구하고 있는 경우에만 제공하면 된다.

2) 서류의 작성자에 따른 구분

무역서류는 서류의 작성자를 기준으로 수출자 자신이 직접 작성해야 하는 서류와 관련 기관(선사, 보험회사, 기타 기관 등)이 작성 및 발행하는 서류가 있다.

전자에 해당되는 것은 상업송장, 환어음, 포장명세서 등이다. 후자에 해당되는 것은 운송서류, 보험서류, 원산지증명서, 세관송장, 영사송장, 검사증명서 등이다.

3) 원본과 사본의 구분

원본서류는 서류 자체에 원본, 즉 'Original'이라는 표시와 함께 발행자의 서명이 있어야 하며, 서명은 육필, 천공, 스탬프, 기계 및 전자방식 중 어느 것으로 가능하다.

2. 운송서류

1) 운송서류의 의의와 중요성

(1) 운송서류의 의의

운송서류(transport documents)란 운송인이 하주와 운송계약을 체결하고 화물을 본선에 적재·발송·수탁하였음을 증명하기 위해 발행하는 서류를 말한다.

실무에서는 이것을 '선적서류(shipping documents)'라 부르는 경우도 많다.

그러나 신용장통일규칙(UCP)은 공식적으로 '운송서류'라는 용어를 사용하고 있다. 가장 대표적인 운송서류는 선하증권(B/L)이다.

(2) 운송서류의 중요성

추심결제나 신용장결제의 경우에는 매도인이 계약화물을 선적한 후 수입자나 신용장 발행은행 앞으로 환어음을 발행하고, 여기에 환어음의 담보가 되는 운송서류를 첨부하여 외국환은행을 통해 대금을 추심이나 매입하게 된다. 이 경우 수출자는 계약상의 당연한 의무로서 계약물품의 인도를 입증하는 서류들을 준비하여 제시해야 한다.

특히, 신용장결제는 독립추상성에 바탕을 둔 서류거래이기 때문에 여기에 관련되는 은행들은 오로지 수출자가 구비하여 제시하는 제반서류만을 심사함으로써 대금의 지급 여부를 결정하게 된다. 따라서 대금결제와 관련된 가장 중요한 사항 중의 하나가 바로 적격한 요건을 갖춘 운송서류 및 제반서류의 구비와 제시이다.

2) 운송서류의 구성과 종류

운송서류는 보통 복수의 통수(通數)로 구성된다. 대개의 경우 계약서나 신용장에 필요한 서류의 명칭이나 통수가 명시되어 있다. 그런데 만일 특별한 명시가 없을 때에는 보통 3통(full set)이 1조가 된다.

운송서류는 운송인이 하주와 운송계약을 체결하고 화물을 본선에 적재(loading on board), 발송(dispatch), 수탁(taking in charge)하였음을 증명하는 서류이므로 운송서류는 운송방식만큼이나 다양하다.

대표적인 것으로는 해상 혹은 해양선하증권, 비유통성 해상화물운송장, 항공운송서류, 도로·철도·내수로 운송서류, 특사배달, 우편수취증, 복합운송서류 등이 있다.

현재 가장 많이 이용되고 있는 방식은 선박을 이용한 해상화물운송이기 때문에 운송서류도 해상선하증권을 비롯하여 해운운송 관련 서류들이 많이 이용되고 있다.

3) 운송서류의 정규성

수출자가 계약서나 신용장 조건에 따라 구비하거나 제시해야 하는 운송서류는 다음의 정규성(regularity)을 갖추어야 한다.

첫째, 운송서류는 유효성(validity)과 적법성(regality)을 갖춘 서류이어야 한다.

둘째, 운송서류는 현재 무역거래에서 통용되는 양식의 운송서류이어야 한다.

셋째, 운송서류는 제시기한이 경과되지 않은 서류이어야 한다.

4) 신용장에서 요구하는 선하증권의 요건

신용장거래에서 화환어음을 매입할 때 제시되어야 되는 가장 중요한 운송서류는 선하증권이다. 따라서 어느 신용장이든 다음과 같은 선하증권의 요건이 명문으로 기재되어 있다.

> 예문 FULL SET OF CLEAN ON BOARD OCEAN BILL(S) OF LADING MADE OUT TO ORDER OF THE SHIPPER, BLANK ENDORSED, MARKED FREIGHT PREPAID NOTIFY ACCOUNTEE.

(1) Full Set B/L(전통제시 선하증권)

Full Set B/L은 선사가 발행하는 원본(original) 선하증권 모두가 제시되어야 한다는 것을 의미한다. 특별히 언급이 없는 한, 원본 선하증권은 3통이 발급되며 원본에는 모두 선박회사의 서명과 함께 First Original, Second Original, Third Original이라는 'Original' 표시가 되어 있다.

원본 3통의 선하증권이 발행되는 이유는 유가증권인 선하증권이 발급된 이후에 분실되면 재발행 등의 복잡한 법리적 문제가 발생하기 때문이다.

목적항에서 화물을 찾을 때에는 이중 하나의 원본서류만 선사에 제시하면 화물을 인도받을 수 있기 때문에 이후에 제시되는 선하증권은 자동적으로 무효가 된다.

그러나 운송방법이 항공운송인 경우에는 비록 신용장에서 Full Set 운송서류를 요구한다 하더라도 1통의 항공화물운송장(AWB)만 제시해도 상관없다.

왜냐하면 항공화물운송장(AWB)은 Original 1(carrier용), Original 2(consignee용), Original 3(shipper용)으로 용도가 각각 지정되어 있어 수출자가 이 서류를 부당하게 사용할 여지가 없기 때문이다.

(2) Clean B/L(무고장 선하증권)

Clean B/L은 무고장 선하증권이 제시되어야 한다는 것을 의미이다. 이것은 화물이 양호한 상태로 선적 또는 수취하였다는 것을 증명하는 선하증권이다. 따라서 하자상태를 표시한 Foul B/L은 당연히 수리가 불가능하다.

그런데 실무에서는 비교적 경미한 고장문언이 비고란에 기재된 Foul B/L이 발행되는 경우도 있다. 이 경우에 수출자는 선박회사에 파손(혹은 손상) 화물보상장(letter of indemnity, L/I)을 제출해야 한다. 파손화물보상장은 Foul B/L을 무고장 선하증권(Clean B/L)으로 변경하기 위해 수출자가 선사에 제출하는 일종의 각서를 말한다.

한편, FCL Cargo의 경우에는 선사가 화물의 적재상태를 알 수 없기 때문에 선사는 선하증권의 비고란에 'Shipper's Load and Count'라는 부지약관(unknown clause)을 표시하는데 이러한 B/L도 은행은 Clean B/L로 수리한다.

(3) On Board B/L(본선적재 선하증권)

On Board B/L은 화물이 실제로 특정 선박에 적재되었다는 취지가 기재된 선하증권이 제시되어야 한다는 것을 의미한다.

그런데 운송방법이 컨테이너에 의한 복합운송이나 항공운송은 물리적으로 본선적재 이후에 운송서류가 발급되는 것이 불가능하다. 따라서 이러한 운송형태는 본선적재(on board) 조건을 완화하여 Received 운송서류도 수리할 수 있도록 하고 있다.

(4) Ocean B/L(해양선하증권)

Ocean B/L은 해양항로를 운항하는 선박에 화물이 적재된 것을 나타내는 선하증권이 제시되어야 한다는 것을 의미한다.

무역거래에 사용되는 선하증권은 모두가 해양 또는 해상선하증권이다. 이와 반대되는 선하증권으로는 선적항과 양륙항이 모두 동일 국내가 되는 Local B/L이 있다.

(5) Order B/L(지시식 선하증권)

Order B/L은 지시식 선하증권이 제시되어야 한다는 것을 의미한다. 지시식 선하증권이란 유통을 목적으로 B/L의 수하인 란에 특정의 수하인명을 기재하지 않고 단순히 'to order', 'to order of shipper', 'to order of … bank'와 같이 지시인(order)만 기재하여 발행하는 선하증권을 말한다. Order B/L에서는 B/L의 정당한 소지인이 곧 하주가 된다. Order B/L이어야만 선하증권을 양도할 수 있기 때문에 대부분의 무역거래에서는 지시식 선하증권을 요구하고 있다.

(6) Blank Endorsed B/L(백지배서 선하증권)

Blank Endorsed B/L은 백지배서한 선하증권이 제시되어야 한다는 것을 의미하며 'Endorsed in Blank B/L'이라고도 부른다.

화물의 수취인은 하주의 지시인이어야 하지만, 하주는 특정인을 수취인으로 지시하지 않고 백지배서하여 은행에 B/L을 매입(negotiation) 또는 추심(collection)을 위해 제시하게 된다. 백지배서를 요구하는 목적은 다른 배서에 비해 은행이 자유롭게 화물을 지배할 수 있도록 한 것이다.

(7) Freight Prepaid or Collect B/L(운임선지급 또는 후지급 선하증권)

선불운임(Freight Prepaid)은 송하인이 선적지에서 선적이 이루어지기 이전까지 지불해야 하는 운임을 말하며, 후불운임(Freight to Collect)은 수하인이나 그 대리인이 화물의 양륙항이나 목적지에서 지불해야 하는 운임을 말한다.

Freight Prepaid or Collect B/L은 운임선지급 또는 운임후지급 선하증권이 제시되어야 한다는 것을 의미한다. 운임의 지급시기는 무역조건에 따라 결정된다.

가격조건이 CFR, CIF, CPT, CIP계약의 경우는 수출자가 선적지에서 운임을 지급하기 때문에 선하증권에 'Freight Prepaid(운임선지급, 운임지급필, 선불, Paid)'라고 표시되어 있어야 한다.

선불운임의 경우 운임산출의 기초가 되는 용적이나 중량은 선적지에서 측정된 적량이 된다. 그 용적이나 중량은 선하증권(B/L)에 기재되고 그것이 운임을 산출하는 기초가 된다. 그러나 FCA, FOB계약의 경우는 선박이 양륙항에 도착한 후 화물을 찾을 때 운임을 지급하게 되므로 선하증권에 운임도착지급의 의미로 'Freight Collect(운임후불, 운임미지급, 후불)'라고 표시되어 있어야 한다.

(8) Notify Accountee(착하통지처 결제인)

'Notify Accountee'는 'Notify Party : Accountee'의 의미이다. 이것은 착하통지처가 결제인으로 적혀있는 선하증권이 제시되어야 한다는 것을 의미한다.

즉, 본선이 양륙항에 도착하면 선사는 화물을 인도해 갈 사람에게 화물의 도착 사실을 통지하게 되는데 그 통지처를 Accountee(결제인)로 작성하라는 의미이다.

일반적으로 선하증권의 'Consignee'란은 지시식으로 기재되기 때문에 착하통지처는 수입자이나 수입자가 지정한 통관업자가 기재된다.

만일 착하통지처를 발행은행으로 지정하게 되면 선하증권의 'Consignee'란에는 반드시 'to the order of issuing bank'라고 기재되어야 한다.

5) 선하증권 이외의 운송서류

운송서류의 종류는 운송방식만큼이나 다양하다. 가장 일반적인 운송서류인 해상 혹은 해양선하증권 외에도 다음과 같은 운송서류들이 있다.

(1) Sea Waybill

Sea Waybill(해상화물운송장, SWB)은 운송계약의 증거와 화물수취의 증거로 선사가 발행하는 서류이지만 선하증권과 달리 유가증권은 아니다.

선하증권과 해상화물운송장은 양자택일이기 때문에 동일 건에서 선하증권(B/L)이 발행되면 해상화물운송장(SWB)은 발행되지 않는다.

이 서류는 인접 국가 간의 무역에 있어 운송화물의 수송시간 단축의 이점을 살리기 위해 기명식의 비유통성으로 발행하여 화물 도착 즉시 신속하게 화물을 수취인에게 인도할 수 있도록 한 것이다. 이러한 장점 때문에 유럽지역 등에서는 최근 선하증권을 대신하여 이 서류가 많이 사용되고 있다.

이 서류는 운송계약의 존재를 입증하는 것일 뿐 원래부터 'Non-negotiable'로 발행되기 때문에 유통성이 없고 양도가 불가능하다.

(2) Air Waybill

Air Waybill(항공화물운송장, AWB)은 항공운송의 가장 기본적인 서류로 항공여객운송에서 항공권, 해상화물운송에서 선하증권(B/L)과 같은 성격을 가지고 있다.

항공화물운송장은 송하인과 항공사(운송인) 사이에 운송계약이 체결되었다는 증거서류인 동시에, 하주로부터 화물을 수령하였다는 수령증, 운임과 제요금의 명세서 겸 청구서의 기능을 가지고 있다. 항공화물운송장에는 송하인과 수하인의 성명, 주소, 출발지 공항과 운임지불방식 등이 기재되어 있다.

항공화물운송장은 해상운송의 선하증권에 해당하는 것이지만, 원칙적으로 기명식으로 발행되기 때문에 선하증권과는 달리 유통성이 없는 것이 특징이다.

즉, 해상선하증권이 유가증권인데 반하여 항공화물운송장은 수취증서에 불과하기 때문에 이 운송장을 소지하였어도 화물의 인도를 청구할 수 없다.

(3) Multimodal Transport Documents

Multimodal Transport Documents(복합운송증권, MTD)는 컨테이너 운송수단의 발달로 송하인의 문전에서 수하인의 문전까지 적어도 두 가지 이상의 다른 운송방법에 의해 운송되는 복합운송이 이루어지는 경우에 발급되는 운송서류이다.

▌서식 13-1▐ 선하증권(Bill of Lading)

① Shipper/Exporter INTERNATIONAL SEOUL TRADING CO., LTD. NUMBER 15 DONGBANG BLDG 310 TEHERAN-RO KANGNAM-KU, SEOUL, KOREA 06211			⑫ B/L No. WPGE - 0128
② Consignee TO ORDER			LOIDY'S CONTAINER SERVICE **HYUNDAI SHIPPING CO., LTD.** Received by the Carrier from the Shipper in apparent good order and condition unless otherwise indicated herein the Goods, or the container(s) or package(s) said to contain the cargo herein mentioned, to be carried subject to all terms and conditions provided for on the face and back of this Bill of Lading by the vessel named herein or any substitute at the Carrier's option and/or other means of transport. from the place of receipt or the port of loading to the port of discharge or the place of delivery shown herein and there to be delivered unto order of assigns. If required by the Carrier, this Bill of Lading duly endorsed must be surrendered in exchange for the Goods or delivery order. In accepting this bill of Lading, the Merchant (as defined by Article 1 on the back hereof) agrees to be bound by all the stipulations, exceptions, terms and conditions on the face and back hereof, whether written, typed, stamped or printed, as fully as if signed by the Merchant, any local custom or privilege to the contrary notwithstanding, and agrees that all agreements or freight engagements for and in connection with the carriage of the Goods are superseded by this Bill of Lading.
③ Notify Party GLOBAL ENTERPRISING CO., INC. 25 W 31s St, New YORK, NY 10001, USA			
④ Pre-carriage by		⑤ Place of Receipt BUSAN CY	
⑥ Ocean Vessel 'EVER GREEN'	⑦ Voy. No. V-47	⑧ Port of Loading BUSAN, KOREA	
⑨ Port of Discharge NEW YORK, USA		⑩ Place of Delivery NEW YORK, CY	⑪ Final destination (for the merchant's reference only)

⑬ Container No.	⑭ Seal No. ⑮ Marks & Nos	⑯ No. of Containers or Pkgs	⑰ Description of Goods	⑱ Gross Weight	⑲ Measurement
FSCU3227240 / 20'	314165	5 CARTONS		7,325.00 KGS	8,180 CBM
	〈ISTC〉 NEW YORK C/T NO : 1-5 USE NO HOOKS MAKE IN KOREA		COTTON SHIRTS FOR MEN STYLE NO. 10 TOTAL 20 FT × 1 CONTAINER LCL/LCL "FREIGHT PREPAID"		

⑳ Total Number of Containers or Packages(in words) SAY : FIVE (5) CARTONS ONLY.

㉑ Freight & Charge	㉒ Revenue Tons	㉓ Rate	㉔ Per	㉕ Prepaid	㉖ Collect
FREIGHT PREPAID C.F.S. CHARGE + THC WHARFAGE DOC's FEE				₩ 42,176. ₩ 3,044. ₩ 15,000.	

㉗ Freight Prepaid At SEOUL, KOREA	㉘ Freight Payable At	㉙ Place of Issue BUSAN, KOREA
㉚ Total Prepaid In	㉛ No. of Original B/L THREE(3)	㉜ Date of Issue OCTOBER 25, 2025

Laden on Board the Vessel ㉝ Date : OCTOBER 25, 2025	㉞ AS A CARRIER HYUNDAI SHIPPING CO., LTD. SEOUL, KOREA ㉟ BY *CHANG-GEUN YOO*

3. 보험서류

1) 보험서류의 의의와 종류

(1) 보험서류의 의의

보험서류(insurance documents)란 보험자와 피보험자가 합의한 보험계약 내용과 담보범위 등을 명시하고 있는 서류를 말한다.

보험서류는 운송서류(선하증권)와 상업송장과 함께 3대 무역서류이지만, 수출자에게 보험가입의 의무가 있는 무역조건(CIF조건이나 CIP조건)인 경우에만 매입을 위해 제시되어야 하는 필수서류가 된다.

신용장거래에서 일반적으로 요구하는 보험서류 관련 문언은 다음과 같다.

> 예문 1) INSURANCE POLICY OR CERTIFICATE IN DUPLICATE, ENDORSED IN BLANK FOR 110% OF THE INVOICE VALUE COVERING INSTITUTE CARGO CLAUSES(A/R), WAR CLAUSES, SRCC(STRIKE, RIOT, CIVIL COMMOTION).
>
> 예문 2) INSURANCE POLICY OR CERTIFICATES MUST EXPRESSLY STIPULATE THAT CLAIMS ARE PAYABLE IN THE CURRENCY OF DRAFT AND MUST ALSO INDICATE A CLAIM SETTLING AGENT IN KOREA.

(2) 보험서류의 종류

① 보험증권

보험증권(insurance policy)은 피보험자가 매번 건별로 보험회사(보험자)와 보험계약을 체결할 경우에 보험회사가 발급하는 보험계약의 증명서류이다.

보험증권은 유가증권은 아니지만 배서나 인도를 통해 타인에게 양도될 수 있다.

② 보험증명서

보험증명서(insurance certificate)는 보험에 가입한 사실을 증명하여 보험자가 발행하는 서류로, 6개월이나 1년 등 일정기간 동안 포괄예정보험으로 계약한 상태에서 해당 물동량에 대해 발행하는 보험서류이다.

포괄예정보험계약의 경우 처음에는 보험증권이 발행되나 이후부터 보험에 가입할 상황이 발생할 때마다 발급되는 것이 보험증명서이다. 보험증권에 비해 매번 보험계약을 체결해야 하는 번거로움을 없애고 관련 비용도 절감할 수 있는 장점이 있다.

③ 부보각서

부보각서(cover note, 보험승낙서, 보험승인서)는 피보험자 또는 보험계약자가 직접 보험자를 상대하지 않고 보험중개인(insurance broker)을 통해 보험에 가입할 경우에 보험중개인이 발급해 주는 보험 관련 서류이다.

이 서류는 보험중개인이 피보험자의 요청에 따라 보험자에게 이 조건대로 보험계약을 체결하겠다는 의미에서 발행하는 서류이기 때문에 이 서류만으로는 보험계약이 확실히 체결되었는지의 여부는 확인할 수 없다.

또한 이 서류는 발급되었으나 보험중개인이 아직 보험계약을 체결하지 못하여 보험자로부터 정식의 보험증권을 발급받지 못한 사이에 사고가 발생하게 되면 보상을 받지 못하는 문제가 발생할 수 있다.

따라서 신용장통일규칙(UCP)에서는 은행은 이러한 보험서류는 정상적인 보험서류로 인정될 수 없기 때문에 수리하지 않도록 규정하고 있다.

2) 신용장에서 요구하는 보험서류의 요건

(1) 유효한 보험서류의 종류와 발행자

신용장에서 요구하는 유효한 보험서류에는 보험증권과 보험증명서뿐 아니라 일정조건하에서 발행되는 보험확정 통지서가 있다.

이들 서류에는 문면상 보험회사, 보험자 또는 그 대리인(agent)이나 이들 대리업자(proxies)가 발행하고 서명한 것이 나타나 있어야 한다. 대리업자는 UCP 600에서 새롭게 보험서류의 발행 및 서명자로 추가되었다.

(2) 보험서류의 발행 통수

보험서류는 보통 2통이 원본으로 발행된다. 만일 2통 이상의 원본이 발행되었음을 표시하고 있는 보험서류는 그 발행된 원본 전통이 제시되어야 한다.

이중 원본 1통으로 보험계약상의 채무(보험금의 청구)가 이행되면 나머지 원본서류는 자동적으로 무효가 된다.

(3) 보험서류의 발급일자

보험서류의 발급일자는 선적날짜보다 늦어서는 안 된다. 이것은 물품의 선적날짜와 보험가입일 사이의 위험부담 공백을 없애기 위한 것이다.

그러나 소급보험(retroactive insurance)의 명시적인 문언이 있는 경우에는 이들 선적날짜보다 늦은 날짜에 발급된 보험서류도 수리될 수 있다.

(4) 보험금액

보험금액은 보험자가 보상해 주는 최고한도액으로 '부보금액'이라고도 한다. 신용장 거래에서 보험금액은 물품의 CIF가격이나 CIP가격의 110%이어야 한다.

그러나 서류로부터 CIF가격이나 CIP가격을 결정할 수 없는 경우에는, 보험금액 산정의 기초가 되는 금액은 지급이나 매입이 요청되는 금액 또는 송장에 표시된 물품 총가액 중에서 보다 큰 금액이 된다.

부보금액을 물품가액의 100%로 하지 않고 10%를 가산하여 110%로 한 것은 보험사고가 발생하지 않아 정상적인 매매가 이루어졌다면 수입자는 최소한 10%의 이익을 보았을 것으로 추정하여 이 희망이익금까지 보상해 준다는 의미이다.

희망이익이란 화물이 목적지에 도착하면 기대할 수 있는 이익을 말한다.

(5) 부보통화

보험서류의 부보통화는 신용장에 표시된 통화와 동일해야 한다. 통화가 서로 다르면 CIF가격의 110%를 보상받더라도 환율변동에 따라 신용장 금액과 차이가 있을 수 있고 통화가치의 변화에 따른 불편함이 있기 때문이다.

(6) 보험에 의해 보상되는 범위

보험사고 발생시 보험에 의해 보상되는 범위는 확실하고 명백한 보험 전문용어로 신용장에 표기되어야 한다. 따라서 신용장에서 보험서류의 담보위험을 약정할 때 '통상의 위험(usual risk)', '관례적 위험(customary risks)' 등과 같이 부정확하고 불명확한 용어를 사용해서는 안 된다.

(7) 보험기간

보험기간이란 보험자의 책임이 개시한 때부터 종료할 때까지의 기간을 말한다.

해상보험에서 보험기간은 운송의 개시를 위해 창고나 보관장소에서 피보험목적물이 최초로 이동한 때부터(시기), 보험증권에 기재된 목적지에서 운송차량이나 그 운송용구로부터 양하가 완료된 때까지(종기)로 하는 것을 원칙으로 하고 있다.

(8) 보험자의 면책비율부적용

보험서류에는 소손해면책율(Franchise)이 표시될 수 있다. 그러나 신용장이 소손해를 보상받을 수 있는 면책비율부적용(irrespective of percentage, IOP)을 요구하는 경우는 이러한 면책비율 조항을 포함하고 있는 보험서류는 수리되지 않는다.

4. 상업송장과 기타 서류

1) 상업송장의 의의와 용도

(1) 상업송장의 의의

상업송장(commercial invoice)은 수출자가 직접 작성하는 서류이다. 상업송장은 선하증권이나 보험증권과 같이 구체적인 권리를 나타내는 서류는 아니지만, 선적상품의 대금청구서이기 때문에 모든 무역거래에서 필수적으로 요구하는 기본서류이다.

무역서류들 중 상품의 명칭과 규격, 단가, 금액이 모두 표기된 서류는 이것 밖에 없다.

(2) 상업송장의 용도

첫째, 상업송장은 계약상품의 정확한 규격, 개수, 수량, 가격, 포장상태, 하인 등이 기재되어 있으므로 상품의 설명서와 구매서의 역할과 함께 계약상품의 순단가, 결제방식 등을 명기하고 있는 매매계산서와 대금청구서 역할을 한다.

둘째, 상업송장은 모든 무역거래의 필수 구비서류이다. 특히 수출지 은행에서 환어음을 매입할 때 화환어음의 담보물권이 되는 서류에는 이들 담보물의 명세서나 계산서의 역할을 하는 상업송장이 반드시 포함되어 있다.

셋째, 상업송장은 계약의 존재와 이행사실을 입증하는 증거서류가 되며, 수입지에서 수입물품의 진실성과 과세표준액을 산정할 때 가장 중요한 근거서류가 된다.

2) 상업송장의 종류

상업송장은 작성시기와 용도에 따라 선적송장과 견적송장으로 구별된다. 또한 상업송장은 그 용도에 따라 상거래용으로 작성되는 상업송장과 세관이나 주재국 영사관에서 작성되는 공용송장으로 구분되며 공용송장은 다시 세관송장과 영사송장으로 구별된다. 일반적으로 말하는 송장은 상업송장을 의미한다.

(1) 상업송장

① 선적송장

선적송장(shipping invoice)은 실제로 선적된 화물의 내용과 가격을 구체적으로 명시하고 있는 송장이다. 보통 상업송장이라고 하면 이 송장을 의미한다.

수출자가 자기의 위험과 비용으로 해외의 수입자에게 상품을 판매하는 경우에 사용되는 송장이라는 의미에서 수출송장이라고도 부른다.

② 견적송장

견적송장(pro-forma invoice)은 수출자가 거래를 유발하기 위한 수단으로 작성하거나 수입허가나 외환배정을 받기 위한 수입자의 요청에 따라 장차 그가 매입할 상품의 내용을 개괄적으로 작성하여 발송하는 송장이다. 이를 '가송장'이라고도 부른다.

이 송장은 외환사정이 좋지 않은 국가에서 수입자가 이 서류를 근거로 정부에서 외환배정을 받아 그 범위 내에서 수입하고자 할 때 주로 사용된다.

견적송장은 Free Offer의 일종으로 간주되기 때문에 견적송장에 표시된 상품의 가격은 법적 구속력이 없다. 견적송장은 주로 사전 정보제공이나 선적물품에 대한 자료가 되는 견적서 역할을 한다.

(2) 공용송장

공용송장(official invoice)은 상업송장의 진실성을 증명할 수 있도록 그 내용에 대해 관계관청의 증명을 받게 한 송장이다. 공용송장에는 세관송장과 영사송장이 있다.

① 세관송장

세관송장(customs invoice)은 수출자가 수입국 세관에 송장내용의 진실성을 선언하고 있는 송장이다. 수입화물의 과세를 결정하거나 덤핑을 방지하기 위해 주로 사용되며, 쿼터품목의 기준량을 계산하거나 수입통계를 작성하기 위해서도 사용된다.

송장에 영사의 확인을 받을 필요는 없으나 뒷면에 있는 원산지란에는 수출국의 국명이 기재되어야 한다. 이 송장은 국가별로 요구하는 양식이 다르기 때문에 지정된 양식을 사용해야 하며 호주나 기타 아프리카 국가들이 요구하고 있다.

② 영사송장

영사송장(consular invoice)은 수입국이 수입세의 탈세방지, 수출국의 덤핑 방지, 수입과세가격의 산정, 수입상의 외화도피 등의 목적으로 송장 기재사항의 정확성에 대해서 수출국에 주재하고 있는 수입국 영사의 확인을 받은 송장이다.

실제거래에서 매매가격보다 높게 송장에 기재하여 차액을 외국에 남겨놓음으로써 외화를 도피하는 경우를 'Over-Invoicing'이라고 하고, 계약금액보다 낮게 금액을 기재하여 수입자가 관세를 포탈하는 경우를 'Under-Invoicing'이라고 한다.

영사송장의 서식은 대부분 해당 국가에서 지정한 양식을 사용하며 기재 내용은 상업송장과 비슷하다. 국가에 따라서는 특정 서식을 사용하지 않고 상업송장에 영사가 사증(visa)한 것을 사용하는 경우도 있다.

3) 기타 서류

(1) 개요

무역거래에서는 기본서류 외에도 기타서류를 요구하는 경우가 많다.

기타서류의 제출을 요구하는 이유는 첫째, 수입국의 외환 및 관세 등 무역 관련 법규에서 그러한 서류의 구비를 요구하고 있기 때문이며 둘째, 서류를 통해 자신의 요구조건이나 이익을 보다 확실히 보장받기 위해서이다.

기타서류에는 원산지증명서, 포장명세서, 수익자증명서, 검사증명서 등이 있다.

(2) 원산지증명서

원산지증명서(certificate of origin, C/O)는 해당 물품이 그 국가에서 생산되거나 제조되었다는 것을 증명하는 공문서이다. 이 서류는 원산지나 생산지를 판별하고자 하는 목적과 외환관리나 덤핑방지 등 수입정책상의 목적으로 주로 이용된다.

원산지증명서는 보통 수출국에 주재하는 수입국 영사가 발급하는데, 우리나라의 경우는 대한상공회의소와 세관에서 발급하고 있다.

(3) 포장명세서

포장명세서(packing list)는 포장된 상품의 목록을 상세히 기재하고 있는 서류이다. 포장명세서에는 선적화물의 포장 및 포장 단위별 명세, 단위별 순중량, 총중량, 포장의 일련번호 등이 기재되어 있다. 이 서류는 포장과 운송, 통관상의 편의를 위하여 수출자(매도인)가 수입자(매수인) 앞으로 작성하며, 상업송장을 보충하기 위한 서류이기 때문에 대부분의 기재내용이 상업송장과 거의 일치한다.

(4) 수익자증명서

수익자증명서(beneficiary certificate)는 수출자가 자기 화물이 계약서나 신용장에 명기된 사항과 동일하게 선적되었음을 스스로 선언하여 수입자 앞으로 발행하는 서류이다. 이 서류의 기재내용은 다양하며 특별히 정해진 양식도 없다.

(5) 검사증명서

검사증명서(inspection certificate)는 계획한 대로 검사가 진행되었음을 증명하기 위해 발행되는 서류이다. 물품이 일정 요건에 충족되어야 하는 경우에 요구되며 온전한 이 서류의 발행은 곧 수출상품의 품질조건에 하자가 없음을 증명받는 것이 된다.

제2절 환어음 결제

1. 환어음

1) 환어음의 의의와 성질

(1) 환어음의 의의

환어음(Bill of Exchange, B/E)이란 환어음의 발행인이 제3자, 즉 지급인에게 기재된 일정한 날짜에 증권상에 기재된 금액을 증권상의 채권자(수령인 또는 그의 지시인)에게 지급할 것을 요구하는 무조건의 지급위탁서를 말한다.

(2) 환어음의 성질

첫째, 환어음의 발행인(서명자)은 채권자인 수출자이다.

둘째, 채무자(신용장거래의 경우는 발행은행)가 실제로 지급을 이행할 환어음의 상대방은 환어음의 배서에 의해 지정된 자나 환어음의 정당한 소지인이다.

셋째, 환어음은 요식증권이므로 다른 유가증권에 비해 엄격한 형식이 요구된다. 따라서 환어음의 효력이 발생하려면 필수기재 사항들이 반드시 기재되어야 한다.

2) 환어음의 당사자

(1) 발행인

환어음의 발행인(drawer)은 환어음을 발행하고 서명하는 자 즉, 채권자인 수출자가 된다. 발행인은 환어음의 우측 하단에 서명하여 이를 발행한다.

(2) 지급인

환어음의 지급인(drawee)은 환어음을 지급하는 자 즉, 신용장 발행은행이나 상환은행(reimbursing bank) 및 수입자(추심결제의 경우)가 된다.

(3) 수취인

환어음의 수취인(payee)은 환어음의 지급을 받는 자로 환어음의 발행인이 될 수도 있고 발행인이 지정하는 제3자도 될 수 있다. 신용장에 근거를 두고 발행하여 외국환은행에 매입을 의뢰하는 경우의 수취인은 동 서류를 매입한 외국환은행이 된다. 환어음을 정당히 소지하고 있는 자를 '선의의 소지인(bona fide holder)'이라고 한다.

3) 환어음의 준거법과 발행통수

(1) 환어음의 준거법

어음행위는 원칙적으로 행위지 어음법이 적용된다. 따라서 우리나라 수출자가 국내에서 발행하여 국내 은행에 매입하는 환어음은 우리나라 어음법이 적용된다.

(2) 환어음의 발행 통수

국내거래의 대금결제용으로 사용되고 있는 약속어음(promissory note)은 보통 1통이 발행되는 단독어음(sola or sole bill)이다. 그러나 무역거래에서 결제용으로 사용되는 환어음은 같은 내용의 것을 제1권(first bill of exchange)과 제2권(second bill of exchange)으로 2통을 작성하여 발행하는 조어음(set bill)이다. 그 이유는 환어음의 우송 중 분실이나 연착으로 인한 어음 유통상의 장해를 방지하는데 있다.

매입이 이루어지면 보통 제1권에는 운송서류 원본(original)이 첨부되고 제2권에는 운송서류 부본(duplicate)이 첨부되어 각각 다른 항공편을 통해 수출지 은행에서 수입지 은행으로 우송된다.

4) 환어음의 종류

(1) 일람출급어음과 기한부어음

일람출급어음(sight bill, demand bill)은 수취인(어음소지인)이 환어음의 지급인에게 환어음을 제시하면 지급인이 일람하는 즉시 지급하는 환어음이다.

기한부어음(usance bill, term bill, time bill)은 환어음의 발행이나 제시가 이루어진 후에 일정시간이 경과되어야 지급되는 환어음이다.

(2) 화환어음과 무화환어음

화환어음(documentary bill)은 환어음에 운송서류가 첨부되는 것이다. 무화환어음(clean bill)은 환어음에 운송서류가 첨부되지 않은 것으로 무담보어음이라고도 한다.

(3) 지급인도어음과 인수인도어음

지급인도어음(D/P Bill)은 수하인이 환어음 대금을 결제하지 않으면 운송서류를 거래은행으로부터 수령할 수 없도록 되어 있는 환어음이다.

인수인도어음(D/A Bill)은 수입지 은행이 어음이 제시했을 때 수하인이 환어음 대금을 지급하지 않고 이를 인수함으로써 운송서류를 수령할 수 있는 환어음이다.

5) 환어음의 기재사항과 해석

(1) 필수 기재사항

필수 기재사항은 환어음에 반드시 기재되어야 하는 사항으로, 만일 어느 하나라도 누락되면 환어음으로서의 법적 효력이나 구속력을 갖지 못하게 된다.

① 환어음의 표시문구 : 환어음임을 표시하는 문구로 환어음 상단 중앙에 'BILL OF EXCHANGE'라고 인쇄되어 있다. 이를 '환어음의 표제'라고도 부른다.

② 일정금액의 무조건 지급위탁문언 : 일정금액을 지급한다는 뜻의 'PAY TO ~ THE SUM OF ~'가 이 문언이다. 무조건의 위탁은 지급에 조건이 없다는 것으로 'PAY TO~ OR ORDER'가 이것이다.
'PAY TO ~'는 '~에게 지급하시오.'를 의미하고 TO ~ 다음에는 수취인(통상은 환어음 매입은행)을, 'THE SUM OF ~' 다음에는 지급통화와 금액을 문자로 기재한다. 'OR ORDER (or their Order)'는 '또는 ~은행의 지시인'을 말한다. 이 금액을 지급함에 있어 조건을 붙이면 이것은 무조건의 지급지시가 아니다.

③ 지급인(drawee) : 환어음 제일 하단 좌측에 'TO ~' 다음에 기재되는 자이다. 지급인은 발행은행이나 발행의뢰인, 또는 제3의 은행이 된다.
신용장이 'drawn on issuing bank'으로 되어 있는 경우에는 발행은행이 지급인이 되며, 'drawn on ~' 이하가 발행은행이 아닌 다른 은행이 기재되는 경우는 Reimbursing Bank가 지급인이 된다.

④ 지급지(place of payment) : 어음금액이 지급될 일정한 지역을 말하며, 신용장에 별도 명시가 없는 한, 도시명만 표시된다. 지급지는 실제로 존재하는 지역이어야 하므로 현재 존재하지 않는 지역을 표시하면 무효가 된다.

⑤ 지급 만기일 : 지급 만기일은 어음금액이 실제로 지급되는 날짜이다. 환어음의 문언 중 'at ~ sight'의 at ~ 다음에 기재되는 것이 만기일의 표시이다.
신용장의 경우 지급만기일의 표시는 크게 일람출급과 기한부 2가지가 있다. 일람출급일 경우 'at xxx sight of'로 표시되며, 기한부일 경우 'at xxx days after sight' 또는 'at xxx days after B/L date'의 형식으로 기재된다.
만일 지급일이 'at 30 days after date'인 경우 환어음의 발행일이 4월 10일이면 만기일은 4월 11일~30일까지 20일간 그리고 5월 1일~10일까지 10일간 총 30일간이 되어 5월 10일이 된다.

⑥ 수취인(payee) : 환어음의 금액을 지급받는 자이다. 이는 환어음의 발행인이 될 수도 있고 발행인이 지정하는 제3자가 될 수도 있다.

어음상의 문언 중 'PAY TO ~' 다음에 기재되는 자가 수취인인데, 신용장거래의 경우는 보통 매입은행이 기재된다. 우리나라 어음법은 기명식(예로 Pay to SHINHAN Bank)과 지시식(예로 Pay to SHINHAN Bank or Order)에 의한 발행만을 인정하고 있다.

⑦ 발행일 : 환어음이 발행된 날짜이며 신용장 유효기일 이내이어야 한다.

⑧ 발행지 : 환어음이 발행된 장소를 말하는데 보통 'Seoul Korea'와 같이 도시명만 표시해도 된다. 발행지의 표시는 어음법 적용의 근거가 된다.

⑨ 발행인의 기명날인 : 발행인은 신용장의 수익자나 양도받은 경우에는 양수인이 된다. 발행인은 환어음의 우측 하단에 서명과 기명날인을 해야 한다.

(2) 임의 기재사항

임의 기재사항은 기재되지 않아도 그 효력에 영향을 미치지 않는 사항들이다.

⑩ 환어음 번호 : 특별한 의미는 없고 참조의 편리성을 위해 기재한다.

⑪ 복본번호에 관한 문언 : 환어음은 2통을 한 조로 하여 발행되기 때문에 환어음에 'THIS FIRST BILL OF EXCHANGE(SECOND OF THE SAME TENOR AND DATE BEING UNPAID)'로 기재된다. 그 이유는 이러한 번호가 없으면 복본으로 발행되어 2통이 각각 독립적으로 유통될 수 있기 때문이다.
복본 환어음 중 어느 1통에 의해 지급이 완료되면 나머지는 효력을 상실한다. 'SECOND OF THE SAME TENOR AND DATE'는 동일 내용과 동일 일자의 제2통, 'BEING UNPAID'는 지급이 되지 않았다면(If it is unpaid)의 의미이다.

⑫ 복기금액 : 'THE SUM OF ~' 이하에 문자로 금액을 복기한다. 표제(숫자)금액과 복기(문자)금액이 불일치할 경우에는 문자금액을 우선한다.

⑬ 대가수취 문언 : 'VALUE RECEIVED'이다. 동 문언은 발행인이 환어음의 대가를 영수하였다는 의미로 '대가 수령함'으로 번역된다. 수출자가 환어음과 상환으로 신한은행으로부터 수출대금을 수령하였다는 의미이다.

⑭ AND CHARGE THE SAME TO ACCOUNT OF ~ : 발행인이 지급인에게 지시하는 내용으로, 본 환어음이 지급인에 의해 결제되면 그 자금은 'ACCOUNT OF ~' 이하에 기재된 ACCOUNTEE로부터 대금을 수령하라는 의미이다.

⑮ 신용장에 관한 문언 : 이 문언은 'DRAWN UNDER ~ L/C NO ~ DATED ~'에 기재된다. 'DRAWN UNDER ~' 이하에는 신용장 발행은행이 기재되며 'L/C NO' 뒤에는 신용장번호가 기재되나 D/P · D/A인 경우에는 계약서 번호가 기재된다.
'DATED ~' 이하는 신용장의 발행일자가 기재된다.

▌서식 13-2▐ 환어음(Bill of Exchange)

① BILL OF EXCHANGE

⑩ No. 2345 ⑦ Date Nov. 3. 2025 ⑧ Seoul. Korea.
For U.S 60,000

⑤ AT * * * SIGHT OF ⑪ THIS FIRST BILL OF EXCHANGE (SECOND OF THE SAME TENOR AND DATE BEING UNPAID) ② PAY TO ⑥ THE SHINHAN BANK, LTD OR ORDER THE SUM OF ⑫ SAY US DOLLARS SIXTY THOUSAND ONLY

⑬ VALUE RECEIVED AND ⑭ CHARGE THE SAME TO ACCOUNT OF GLOBAL ENTERPRISING CO., INC. N.Y U.S.A

⑮ DRAWN UNDER NEW YORK COMMERCIAL BANK, NEW YORK, U.S.A
L/C NO. P-466878 DATED JULY. 28. 2025.

TO ③ NEW YORK COMMERCIAL BANK ⑨ INTERNATIONAL SEOUL TRADING CO., LTD.

NEW YORK E. J. Han

④ U.S.A E. J. Han
Vice President

환 어 음

번호 : 2345 발행일자와 발행지 : 2025. 11. 3. 서울, 한국
금액 : 미화 6만 달러

이 제1환어음을 일람 후에 (만일 동일 지급기간 및 일자의 제2환어음이 지급되지 않았다면) 아래 금액을 신한은행 또는 그의 지시인에게 지급하여 지급하십시오.

미화 6만 달러 정

대가를 수령하였으며 동일 어음금액을 미국 뉴욕소재 ㈜글로벌엔터프라이징에게 청구하십시오. 이 환어음은 2025년 7월 28일자에 미국 뉴욕의 뉴욕상업은행이 발행한 신용장 번호 P-466878호에 의거하여 발행된 것임.

지급인 및 지급지 발행인의 기명날인

E. J. Han

뉴욕상업은행, 뉴욕 ㈜국제서울무역
미국 부사장

2. 수출대금의 회수

오늘날 무역결제는 환어음을 결제수단으로 하고 신용장을 결제방식으로 하며 환어음의 담보로서 운송서류를 첨부하는 방식으로 대부분 이루어지고 있다.

이 방식은 비교적 공식력이 있는 수입국의 은행이 개입하여 수출자에게는 수출대금의 회수를 보장하고 수입자에게는 물품입수를 보장해 줌으로써 수출자와 수입자의 이해관계를 잘 조화롭게 하고 있는 가장 발전된 형태의 결제제도로 평가되고 있다.

화환어음 결제방식에서 수출대금을 회수하는 방법에는 크게 신용장이 있는 화환어음에 의한 결제방식과 신용장이 없는 화환어음에 의한 결제방식이 있다.

이때 신용장방식에 의한 거래에서 사용되는 환어음은 일람지급어음(sight bill)과 기한부어음(usance bill)이며, 무신용장거래인 추심결제방법에 의한 수출입에서 발행되는 환어음은 D/P어음과 D/A어음이다.

1) 신용장이 있는 화환어음에 의한 결제방식

신용장이 있는 화환어음에 의한 결제방식은 수출자가 약정물품을 선적한 다음, 발행은행을 지급인으로 환어음을 발행하고 거기에 운송서류를 첨부하여 수출지의 거래은행이나 그 신용장에 지정된 은행에 매입을 의뢰하면 매입은행이 그것과 상환으로 수출환어음 금액을 지급함으로써 수출자가 선적상품의 대금을 회수하는 방법이다.

2) 신용장이 없는 화환어음에 의한 결제방식

본지사 간의 거래와 신용을 바탕으로 한 거래가 증가하면서 최근에는 신용장이 없는 화환어음방식(D/P나 D/A)을 이용하여 대금을 회수하는 방법도 널리 사용되고 있다.

D/P나 D/A 등 추심결제방식에서 수출지은행은 수출자로부터 추심을 의뢰받은 환어음과 운송서류를 수입지에 있는 지점이나 거래은행 앞으로 발송하게 된다.

운송서류를 접수한 지점이나 거래은행은 그 서류를 수입자에게 전달하게 된다. 이때 수출자가 발행한 수출환어음에 지급인도라고 명시된 지급인도어음(D/P Bill)일 경우에는 수입자가 그 어음금액을 지급하지 않으면 매입은행의 지점이나 거래은행은 운송서류를 수입자에게 넘겨주지는 않는다.

또한 수출환어음에 인수인도어음(D/A Bill)일 경우에는 수입자가 어음금액을 언제까지 지급하겠다고 하는 책임을 인수하면 매입은행의 지점이나 거래은행은 운송서류를 수입자에게 인도하게 된다. 운송서류를 인수한 수입자는 수입지의 선사에 그것을 제시하고 약정물품을 수령하게 된다.

제 3 부 기출문제

1. 2005년 3월 1일부터 국제물품매매계약에 관한 유엔협약(약칭 CISG)이 적용되고 있다. CISG의 적용범위를 설명하고, 국내법(민법 및 상법)과의 차이점에 대하여 논하시오.
[관세사 2005년 【22회】 50점]

2. 비엔나협약과 Incoterms® 2000 상에서 규정한 국제물품매매상의 위험이전의 원칙을 비교 설명하시오. [관세사 2000년 【17회】 10점]

3. 국제물품매매계약에 관한 UN협약(CISG)상 계약에 적합한 물품을 인도해야 하는 매도인의 물품적합의무(의의, 내용, 기준시기, 위반효과 등)에 대해 설명하시오.
[관세사 2007년 【24회】 10점]

4. 국제물품매매계약에 관한 UN협약(UN Convention on Contracts for the International Sale of Goods : CISG) 제35조의 물품의 계약적합성에 대하여 설명하시오.
[관세사 2019년 【36회】 10점]

5. 국제물품매매계약에서 비엔나협약(CISG)과 Incoterms® 2010의 위험의 이전에 관한 규정을 각각 설명하고, 양 규정의 유사점과 차이점을 논하시오. [관세사 2015년 【32회】 50점]

6. CISG상 운송 중 전매물품의 위험의 이전에 대해 설명하시오. [관세사 2010년 【27회】 10점]

7. CISG상 매수인의 대금지급 관련 대금지급시기, 장소에 대해 설명하시오.
[관세사 2008년 【25회】 10점]

8. 국제물품매매계약에서 정지조건과 해제조건을 비교·설명하시오. [관세사 2018년 【35회】 10점]

9. 사전송금결제방식에 대하여 설명하시오. [관세사 2013년 【30회】 10점]

10. 무역결제방식 중 송금결제방식의 특징과 실무상 유의점을 설명하고, 사전송금방식 및 사후송금방식 각각의 개념과 위험관리방안에 대하여 설명하시오.

[관세사 2016년 【33회】 10점]

11. 수출자와 수입자는 그간 무역거래를 수행해 오면서 해당 대금을 T/T에 의한 송금방식 으로 결제(지급)해 왔으나, 이번에 대금지급(결제) 수단을 D/P방식으로 변경하기로 합의하였다. 이렇게 대금 결제(지급)수단이 변경될 경우 수출자가 수출대금을 회수하고 수입자가 물품을 인도받을 때 수반되는 위험부담이 각각에 어떻게 달라지는지 비교 설명하시오.

[관세사 2003년 【20회】 10점]

12. D/A contract and D/P contract에 대해 설명하시오. [관세사 1997년 【14회】 10점]

13. 화환추심결제에서 D/P at sight, D/P usance, D/A 조건을 비교 설명하고, 매도인과 매수인 입장에서 이들 3가지 조건에 대한 한계성을 제시한 후, 매도인의 신용위험(credit risks)을 줄일 수 있는 방안을 논하시오. [관세사 2014년 【31회】 50점]

14. 추심결제방식의 유리한 점을 수출입업자의 입장에서 약술하고 한계성을 설명하시오.

[관세사 2005년 【22회】 10점]

15. 신용장 양도의 이유를 4가지만 쓰시오. [관세사 2022년 【39회】 8점]

16. 신용장 양도의 정의와 양도요건에 관하여 설명하시오. [관세사 2017년 【34회】 10점]

17. UCP와 eUCP의 관계를 설명하시오. [관세사 2002년 【19회】 50점]

18. 신용장통일규칙(UCP 600) 제28조의 보험서류의 수리요건에 대하여 설명하시오.

[관세사 2019년 【36회】 15점]

19. 전자무역업무에서 내국신용장 업무와 구매승인서 업무 중 제조(공급)업자가 물품을 공급한 후 대금지급을 받을 때까지의 업무절차를 설명하고, 내국신용장 업무와 구매승인서 업무의 차이점과 유사점을 비교 설명하시오. [관세사 2005년【22회】 10점]

20. 내국신용장과 구매확인서의 차이를 수출물품 조달자와 공급자의 입장에서 설명하시오. [관세사 2004년【21회】 10점]

21. 용선운송계약의 의의와 종류에 대해 설명하시오. [관세사 1996년【13회】 10점]

22. 부정기선의 용선계약 시, 이용하는 하역비부담조건들에 대하여 설명하시오. [관세사 2014년【31회】 10점]

23. Bill of Lading의 기능에 대해 설명하시오. [관세사 1997년【14회】 10점]

24. 정기운송에서 선사들이 대외적으로 화주들을 구속(유인)하기 위한 각종 계약제도 중 계약운임제와 삼중운임제에 대해 설명하시오. [관세사 2020년【37회】 10점]

25. 무역거래에서 사용되는 선하증권의 기능을 설명하고, 최근 근거리 무역(예 : 한국과 중국 간의 무역거래)에서 제기되고 있는 문제점 및 이에 대한 대안으로 사용되고 있는 방법들을 논하시오. [관세사 2003년【20회】 50점]

26. 선하증권의 위기(B/L CRISIS)의 발생원인과 그 해결을 위한 방법으로 L/G인도의 편법적 사용과 해상화물 운송장의 활용방안을 설명하시오. [관세사 2004년【21회】 10점]

27. 중계무역에 사용되는 제3자선화증권과 스위치선화증권에 대하여 각각 설명하시오. [관세사 2019년【36회】 10점]

28. 해상화물의 선적절차 중 컨테이너 화물의 선적절차를 운송계약의 체결과 선적으로 구분하여 설명하시오. [관세사 2005년【22회】 10점]

29. 항공화물운송장(AWB) 원본의 용도별 기능, 선하증권(B/L)과의 차이점을 설명하시오. [관세사 2016년 【33회】 10점]

30. 항공화물운송장(AWB)의 개념과 기능에 대하여 설명하시오. [관세사 2018년 【35회】 10점]

31. 바르샤바 협약상 항공운송인의 책임원칙, 책임한도, 손해배상 및 제소기간 등을 헤이그-비스비 규칙에서의 해상운송인의 그것과 비교 설명하시오. [관세사 2008년 【25회】 10점]

32. 몬트리올 협약상 항공운송인의 책임원칙 3가지와 면책사유 4가지를 쓰고 청구기한 및 제소기한을 구체적으로 설명하시오. [관세사 2021년 【38회】 20점]

33. 피보험이익의 의의와 요건에 대하여 각각 설명하시오. [관세사 2019년 【36회】 10점]

34. ICC(B) 제8조(운송약관)에 규정된 보험의 시기와 계속, 보험의 종기를 쓰시오. [관세사 2022년 【39회】 10점]

35. 영국해상보험법(MIA)상 보험자 면책위험에 대하여 설명하시오. [관세사 2018년 【35회】 10점]

36. 해상보험에서 적용되는 위부와 대위의 개념과 차이점을 설명하시오. [관세사 2015년 【32회】 50점]

37. 신협회적화약관(Institute Cargo Clauses, 2009 revision)상 보험자의 책임이 개시되는 보험의 시기와 보험자의 책임의 계속, 보험자의 책임이 종료되는 종기에 관하여 설명하시오. [관세사 2017년 【34회】 10점]

38. 2009년 개정 신협회적화약관(Institute Cargo Clauses, 2009 revision)의 (B)약관에서 보험자의 면책위험을 일반면책, 선박의 불내항(Unseaworthiness) 및 부적합면책, 전쟁위험면책, 동맹파업위험면책으로 분류하여 설명하시오. (25점) [관세사 2019년 【36회】 25점]

제 4 부

무역계약의 종료

제14장

무역계약 종료의 효과와 사유

제1절 무역계약 종료의 의미와 효과

1. 무역계약 종료의 의의

계약의 종료(termination or discharge of contract)란 당사자 사이에 성립된 계약의 효력이 일정한 사유로 소멸되어 계약관계가 없었던 상태로 되돌아가는 것을 말한다.

대부분의 무역거래는 계약내용들이 정상적으로 이행됨으로써 종료된다. 그러나 경우에 따라서는 당사자 사이의 합의나 계약위반 등의 이유로도 무역계약은 종료된다.

2. 무역계약 종료의 효과

무역계약이 성립되면 매도인에게는 계약물품의 인도의무가 발생하고 매수인에게는 대금의 지급의무가 발생하며 그 외에 계약에 따른 부수적인 의무들도 발생한다.

무역계약은 그 계약이 종료될 때까지 모든 계약관계가 유효하게 존속되지만, 계약이 해제되면 계약이 종료되어 매매당사자의 계약상의 의무는 소멸되게 된다.

그런데 무역계약이 종료되더라도 당사자들의 채권과 채무관계들을 모두 소멸되는 것은 아니다. 왜냐하면 계약이 종료되더라도 책임이 있는 사유로 상대방에게 손해를 입힌 당사자는 그 상대방에 대해 손해배상 등의 책임을 부담해야 하기 때문이다.

계약위반으로 인해 손해를 입은 당사자는 상대방으로부터 손해배상을 청구할 권리가 있기 때문에 이러한 사유로 인한 무역계약의 종료는 대부분 손해배상청구나 계약해제 등의 권리구제가 수반되게 된다.

결국, 계약의 종료는 당사자의 여러 의무를 소멸시키지만, 그렇다고 소송이나 중재와 같은 분쟁해결수단에 관한 합의내용이나 계약해제에 의한 당사자의 권리와 의무에 관한 계약 내용까지도 소멸하는 것은 아니다.

제2절 무역계약의 종료 사유

무역계약의 종료 사유에는 계약이행에 의한 종료, 이행불능에 의한 종료, 당사자의 합의에 의한 종료, 계약위반에 의한 종료, 기간의 만료에 의한 종료가 있다.

1. 계약이행에 의한 종료

무역계약에서 매도인은 계약에 일치하는 물품을 인도할 기본적인 의무를 부담하며, 매수인은 이를 인수하고 약정대금을 지급할 기본적인 의무를 부담한다.

무역계약의 종료 원인으로 가장 바람직한 것은 매도인과 매수인이 본래 약정한 바에 따라 자신의 의무를 제대로 이행(exact performance)함으로써 종료되는 것이다.

계약이행에 의한 종료(discharge by performance)는 당사자가 계약상의 의무를 완전하게 이행함으로써 계약이 종료되는 것을 말한다.

그러므로 매도인은 약정된 시기와 장소에서 약정물품을 인도하며, 매수인은 이를 인수하고 약정대금을 지급하면 무역계약은 정상적으로 종료(discharge)된다.

여기에서 '이행'은 계약에 의해 발생한 모든 채무가 이행되는 것을 말하기 때문에, 당사자 일방의 채무만이 이행되고 다른 당사자의 채무가 이행되지 않으면 계약은 종료되지 않는다. 이것은 무역계약이 쌍무계약이라는 성질에 기인한 것이다.

따라서 무역계약은 채무내용과 정확하게 일치되도록 이행되어야만 원만히 종료되며 그렇지 못한 사유로 종료되면 계약위반의 문제가 발생하게 된다.

2. 이행불능에 의한 종료

이행불능(frustration)은 당사자가 무역계약에서 발생한 채무를 이행할 수 없는 경우를 말한다. 이를 계약목적의 달성불능이라고도 부른다.

계약이 유효하게 체결된 후 계약이행이 완료되기 전에 매매 당사자의 귀책사유 없이 목적물에 대한 물리적 파괴나 불가항력의 발생으로 계약목적 달성이 불가능하게 되면 계약은 자동적으로 종료되고 당사자는 의무이행으로부터 면책된다.

이행불능이 성립하는 경우로는 ① 계약물품의 멸실이나 파괴 ② 후발적 위법(전쟁, 수출입의 금지, 수출입승인 및 사정의 근본적 변화 등)을 들 수 있다.

이행불능이 발생하면 계약은 그 시점으로부터 장래에 대하여 자동적으로 소멸된다. 다만 소급효과가 없기 때문에 이미 이행된 부분은 법적으로 유효하다.

3. 당사자의 합의에 의한 종료

무역계약은 당사자 자치의 원칙에 따라 ① 당사자들의 합의에 의해 성립되고 ② 그 합의에 의해 당사자들을 구속하지만 ③ 당사자들의 합의에 의해 종료되기도 한다.

합의에 의한 종료(discharge by agreement)는 당사자가 상호 합의함에 따라 계약관계를 종료시키는 것을 말한다. 여기에는 다음과 같은 두 가지 형태가 있다.

첫째, 합의해제에 의한 종료이다. 계약의 해제는 유효한 계약의 효력을 당사자 일방의 의사표시에 의해 그 계약의 효력을 소급적으로 상실시키는 법률행위를 말한다.

계약에 통한 권리와 이익은 당사자들의 합의에 의해 포기될 수 있으므로 계약의 해제는 당사자 간의 해제합의(해제계약)를 통해 계약을 종료시킬 수 있다.

둘째, 계약상의 종료규정에 의한 종료이다. 무역계약 자체에 계약종료에 대한 규정을 두고 있는 경우 그러한 규정이 적용되는 상황이 발생하면 계약은 종료된다.

이러한 경우는 매매계약상에 설정된 당사자의 약정에 의하여 발생하는 약정 해제권에 관한 것이다. 이것은 법률 규정에 의해 당연히 해제할 수 있는 권리를 발생시키는 법정(法定) 해제권과 대립하는 개념이다. 예로 매매계약에서 L/C를 기간 내에 개설되지 않으면 매도인은 계약을 해제할 권리를 보유한다고 약정한 경우, 그 기한 내에 L/C가 개설되지 않았다면 매도인은 이를 이유로 계약을 해제하는 것이 여기에 해당한다.

4. 계약위반에 의한 종료

계약위반(breach of contract)은 매매계약에서 매도인과 매수인 중 어느 일방이 계약내용의 명시적 혹은 묵시적 합의사항, 계약의 취지, 각종 조약이나 강행법규, 국제상거래관습에 적합한 급부나 이행을 하지 않은 것을 말한다.

무역계약에서 어느 당사자가 책임져야 하는 사유로 인하여 본질적인 계약위반을 하게 되면 상대방은 계약을 위반한 당사자에게 계약해제의 의사표시를 함으로써 계약을 종료시킬 수 있다. 여기에서 본질적 혹은 중대한 계약위반(fundamental breach of contract)은 그 계약위반으로 인하여 상대방이 계약을 통하여 얻을 수 있다고 기대되는 권리가 실질적으로 박탈할 정도로 손해를 끼치는 경우를 말한다.

5. 기간의 만료에 의한 종료

무역계약에서 계약이 유효하게 존속하는 기간(예를 들어 상법상 5년 등)을 정하고 있는 경우에는, 그 기간이 만료되면 계약관계는 그 시점에서 종료된다.

제15장

무역계약 위반과 당사자의 구제

제1절 무역계약 위반의 의의와 형태

1. 무역계약 위반의 의의

1) 계약위반과 계약종료

계약위반(breach of contract)은 매매계약상의 채무자가 계약대로 자신의 의무를 이행하지 않는 것을 말한다. 계약위반은 영미법의 개념이며 우리나라 민법은 이를 채무불이행으로 부르고 있다.

매매계약에서 가장 흔히 발생하는 매도인의 계약위반은 계약에서 정한 약정물품을 인도하지 않는 것이고, 매수인의 계약위반은 계약대로 대금을 지급하지 않는 것이다.

계약에서 약정한 이행기일이 왔음에도 약정물품을 인도하지 않거나 불량이나 저급의 물품을 인도하는 행위, 혹은 대금의 지급을 고의로 지연시키는 경우나 대금을 결제하지 않는 등의 경우가 대표적인 계약위반에 해당한다.

계약은 당사자가 체결한 대로 이행됨으로써 종료되는 것이 가장 바람직하다. 그러나 매도인 또는 매수인의 귀책사유에 의한 계약위반이 있는 경우에는 계약위반의 문제를 해결해야만 비로소 그 계약관계가 종료하게 된다.

2) 무역계약 위반의 의의

무역계약의 위반은 무역계약상 일정한 의무를 부담하는 자가 자기에게 귀속되는 사유나 정당한 이유 없이 채무(매매계약)의 내용에 적합하게 그 의무를 이행하지 않는 것을 말한다. 즉, 계약이 성립된 이후 일방 당사자가 계약내용의 일부나 전부를 정당한 사유 없이 이행하지 않거나, 혹은 이행을 거절하거나 불완전하게 이행한 행위를 무역계반의 위반이라 말하며, 채무불이행 혹은 계약의 불이행이라고도 부른다.

2. 무역계약 위반의 형태

대륙법은 무역계약의 위반형태로 이행지체, 불완전이행, 이행불능을 들고 있다.

이에 비해, 영미법은 불완전이행을 이행지체의 한 형태로 보아 계약위반의 유형으로 간주하지 않는 대신에, 이행거절을 계약위반의 형태로 간주하고 있으며 나머지에 대해서는 대륙법계와 같은 입장을 취하고 있다.

그런데 비엔나협약은 계약위반의 형태를 별도로 구분하지 않고 매매당사자의 계약위반에 대한 구제방법에 대해서만 상세한 규정을 두고 있다.

1) 이행지체

(1) 의미

이행지체(delay in performance)는 채무자가 채무를 이행해야 할 시기에 있고 그 채무의 이행이 가능함에도 불구하고 자신의 귀책사유로 그 채무를 이행하지 않는 것을 말한다. 이것을 이행해태(懈怠) 또는 이행태만이라고도 한다.

매도인의 경우 선적기일까지 물품을 선적하지 않거나 인도기일까지 물품을 인도하지 않으면 이행지체가 되며, 매수인의 경우 대금지급 기일까지 대금을 지급하지 않으면 이행지체가 된다. 이행지체는 가장 대표적인 계약위반의 형태이다.

이와 관련하여 비엔나협약에서는 '매도인은 인도기간이 계약에 의해 지정되어 있거나 확정될 수 있는 경우에는 그 기간 내에, 그렇지 않은 경우에는 계약체결 후 합리적인 기간 내에 물품을 인도해야 한다.'고 규정하고 있다(제33조).

그리고 '매수인은 계약과 비엔나협약에 따라 물품의 대금을 지급하고 물품의 인도를 수령해야 한다.'고 규정하고 있다(제53조).

(2) 성립요건

이행지체가 성립되기 위해서는 채무의 이행시기가 도래해야 하고 그 이행이 가능해야 하며 고의나 과실 등 채무자의 귀책사유에 의해 채무가 이행되지 않아야 한다.

(3) 효과

이행지체의 경우 타방 당사자(채권자)는 의무이행을 청구할 수 있고 상대방이 이에 응하지 않을 때는 손해배상도 청구할 수 있다. 또한 채권자가 상당한 기간을 정하여 그 이행을 최고(催告)했음에도 그 기간 내에 이행하지 않으면 계약을 해제할 수 있다. 그런데 채무자가 사전에 이행하지 않을 것을 표시한 때는 최고 없이 해제할 수 있다.

2) 이행거절

(1) 의의

이행거절(rejection of performance)은 채무자가 약정된 자신의 채무를 이행기가 도래하기 전에 이행할 의사가 없음을 의사표시나 행위로 표명하는 것, 또는 채무의 이행이 가능함에도 채권자에게 채무이행의 의사가 없음을 표시함으로써 채무자의 임의이행을 더 이상 기대할 수 없게 된 상태를 말한다.

매매계약에서 주된 이행거절의 형태는 매도인의 경우는 물품을 인도하지 않겠다고 의사를 표시하는 것이고, 매수인의 경우는 대금을 지급하지 않겠다고 의사를 표시하는 것이다. 이행거절은 사전적 계약위반인데 반해, 이행지체는 사후적 계약위반이다. 따라서 양자는 시기적으로 서로 대립되는 개념이다.

(2) 성립요건

이행거절은 이행을 거절하는 당사자가 매매계약의 내용을 이행하지 않을 것이라는 의사표시를 적극적이며 명확하고 무조건적으로 행한 경우에 성립된다.

이행거절은 채무자의 이행의사나 이행능력에 대한 단순한 의구심만으로는 성립되지 않으며, 이행기간이 오기를 기다리지 않고, 일방 당사자가 이행기가 도래하기 전에 미리 이행하지 않겠다는 통지(거절의사)를 상대방에게 적극적으로 통지하는 시점에서 이행거절이 성립된다. 이때 이행거절의 의사표시는 명시적 혹은 묵시적인 방법 어느 것으로든 표시가 이루어지면 된다.

(3) 효과

이행거절의 효과는 피해 당사자의 선택권 행사에 따라 달리 나타나게 된다.

첫째, 이행거절을 계약위반으로 인정한 경우에는, 이행거절의 피해 당사자가 이를 계약위반(채무불이행)으로 인정하겠다는 의사를 통지함으로써 이에 따른 계약해제권의 행사나 손해배상 청구권을 행사할 수 있다.

둘째, 이행거절을 계약위반으로 인정하지 않은 경우에는, 피해 당사자는 상대방이 이행거절을 하였다 하더라도 명시적 또는 묵시적인 의사표시나 행위로서 이행거절을 계약위반으로 인정하지 않고 상대방에게 계약이행을 재차 요구할 수 있다. 또한 상대방이 이행거절을 했을지라도 타당 당사자는 계약을 소멸 처리하지 않고, 이행 기간까지 이행하여 줄 것을 다시 요구할 수도 있고 이행기간 도래 이전에 계약을 해제하고 손해배상을 청구할 수도 있다.

3) 이행불능

(1) 의미

이행불능(frustration of performance)은 계약체결 후 당사자들이 책임질 수 없는 사유로 계약을 이행할 수 없게 되었거나 상황이 계약을 체결할 때에 예상했던 것과 완전히 달라져 더 이상 계약을 이행할 가치가 없어진 경우를 말한다.

계약물품의 멸실이나 수출입금지로 수출입행위가 위법이 된 경우가 대표적이다. 그러나 당사자의 행위로 초래된 이행불능은 그 자체가 계약위반에 해당한다.

(2) 유형과 구별

이행불능(frustration)에는 원시적 이행불능과 후발적 이행불능이 있다.

첫째, 원시적 이행불능(existing frustration)은 계약체결 당시에 이미 계약의 목적달성이 불가능했거나 계약 자체가 성립되지 않는 경우를 말한다. 이 경우 계약은 원칙적으로 무효가 된다. 그러나 계약체결 시 원시적 불능을 알았거나 알 수 있었을 당사자는 상대방이 입은 손해를 배상해야 할 책임이 있다.

둘째, 후발적 이행불능(subsequent frustration)은 계약은 체결 당시 유효하게 성립되었으나 추후에 예상치 못한 불가항력적 상황의 발생으로 계약의 이행이 불가능해진 경우를 말한다. 이 경우 계약은 원칙적으로 유효하다.

따라서 본래의 급부를 목적으로 하는 청구는 종료되지만 채무는 존재하므로 귀책사유에 따라 손해배상 청구권 등 책임이 발생한다. 대표적인 후발적 이행불능은 불가항력의 발생, 계약체결 후 법률 변동으로 인한 정부의 수출입 금지조치 등이다.

영미법상 불가항력(force majeure)과 이행불능(frustration)은 둘 다 당사자로 하여금 계약의 이행을 불가능하게 만든다는 점에서 공통점을 가지고 있다.

그러나 불가항력은 계약 전체를 소멸시키지 않고 당사자의 면책만을 인정하는 반면, 이행불능은 계약의 존속을 무의미하게 하여 계약이 자동적으로 소멸되는 차이점이 있다. 불가항력은 당사자가 그의 고의나 과실의 유무에도 불구하고 의무이행의 절대적 책임을 부담해야 하는 불이익을 사전에 제한하기 위해 사용된 개념이다.

(3) 효과

이행불능의 경우 당사자의 향후 계약이행 의무는 면제된다. 그러나 이행불능은 당사자가 임의로 판단할 사항은 아니며, 사전에 계약에 명시한 일들이 발생하거나 추후 법원 등에서 이행불능을 판정받아야만 인정된다.

4) 불완전이행

(1) 의 의

불완전이행(incomplete performance)이란 일방이 계약을 이행하였으나 완전한 이행이 아니라 흠(하자)이 있는 불완전한 이행을 하였기 때문에 상대방에게 손해를 발생시킨 경우를 말한다. 불완전이행의 대표적인 예는 물품의 수량이 부족하게 인도되는 등 급부된 목적물이나 행위에 하자가 있을 때와 이행의 방법이 불완전한 경우 등이다.

이행지체나 이행불능이 소극적 사유에 의해 침해된 것인데 반해, 불완전이행은 완전하지는 않지만 이행이라는 적극적 행위를 통하여 침해된 것이다. 따라서 이것을 '적극적 이행침해'라고도 부른다.

왜냐하면 불완전이행은 소극적으로 채무를 이행하지 않았기 때문에 손해가 발생한 것이 아니라, 오히려 채무자에 의해 적극적으로 이행행위가 이루어졌으나 불완전한 급부를 하였음으로 인하여 채권자에게 부가적인 손해를 가져다 준 것이기 때문이다.

(2) 성립요건

불완전이행이 성립되려면 다음의 요건들이 모두 충족되어야 한다.

첫째, 채무자의 이행행위가 있어야 한다. 채무자의 이행행위가 전혀 없다면 그것은 불완전이행이 아니라 이행불능이나 이행지체가 된다.

둘째, 이행은 하려고 하였으나 그 이행이 불완전하게 이루어져야 한다.

셋째, 이행지체와 같이 채무자에게 고의나 과실 등의 귀책사유가 있어야 한다. 이 경우 이행보조자의 고의나 과실은 채무자의 고의나 과실과 동일하게 취급된다.

넷째, 불완전한 이행이 위법(illegality)해야 한다.

(3) 효과

불완전이행의 경우 손해를 입은 당사자의 선택권 행사는 다양하게 나타날 수 있다.

첫째, 불완전이행을 반환하고 계약의 완전한 이행을 다시 청구할 수 있다.

둘째, 불완전이행이 양적으로 잘못된 경우 완전물로 대체하거나 대금감액을 청구하는 등의 조치를 취할 수 있다.

셋째, 이행기간(performance period)을 추가로 연장해 주고 추가 기간 내에 완전히 이행할 것을 요청할 수도 있다.

넷째, 완전이행이나 보완을 청구하더라도 채권자에게 적극적 손해가 있는 경우에는 손해배상을 청구할 수 있고, 불완전이행이 보완 불가능한 본질적인 하자인 경우에는 계약을 해제할 수도 있다.

제2절 계약위반에 대한 당사자의 구제

1. 구제방법에 대한 입장

당사자 일방의 계약위반에 대한 상대방의 구제방법은 크게 현실적 이행을 강제하는 방식과 손해를 배상받는 방식이 있다.

우리 민법을 비롯한 대륙법계는 가능한 한 본래 계약에서 약속되었던 급부의 내용을 그대로 실현하도록 하는 것이 채권자에게 유리할 뿐 아니라 계약의 본래 취지에도 부합한다는 이유로, 현실적 이행을 강제하는 방식을 원칙으로 하고 그것이 불가능한 경우에는 손해배상에 의한 권리구제도 행사할 수 있도록 하고 있다.

이에 비해, 영미법계는 계약위반의 경우 약속된 채무에 대체되는 수단으로 보상적 규제 즉, 금전의 배상을 명하는 손해배상을 청구하는 것을 원칙으로 하고, 예외적으로 현실적 강제이행도 행사하도록 하고 있다.

비엔나협약은 양 법계에서 보이는 커다란 차이들을 적절히 타협·조정하고 있다.

즉, 비엔나협약에서는 계약자유의 원칙을 존중하되, 계약위반의 경우에도 일단 체결된 계약은 가능한 한 유지되도록 한다는 계약유지의 이념을 강조하고 있다.

따라서 비엔나협약은 당사자의 계약위반에서 비롯된 상대방의 손해 정도에 중심을 두어, 그것이 심각할 경우(본질적 계약위반)에만 계약을 해제할 수 있도록 하고 있다.

2. 구제와 구제방법

1) 구제의 개념

구제(remedy)란 계약의 내용들이 제대로 이행되지 않았을 때 그 부분에 대한 피해를 방지하고 위반한 당사자에게 이를 시정하거나 보상하게 하는 것을 말한다.

2) 구제방법의 개요

구제는 매도인이 계약을 위반한 것에 대한 매수인의 구제방법(buyer's remedy)과 매수인이 계약을 위반한 것에 대한 매도인의 구제방법(seller's remedy)이 있다. 전자는 매수인(수입자)을 위한 구제방법이 되며 후자는 매도인(수출자)을 위한 구제방법이다.

일방 당사자가 계약을 위반하면 타당 당사자는 여러 가지 구제방법들을 선택할 권리가 법적으로 보장되어 있다. 그런데 구제방법들은 법적 효과가 서로 상이하기 때문에 구제를 행사하는 당사자는 자기에게 유리한 구제방법을 선택하는 것이 중요하다.

3. 비엔나협약상 구제방법

비엔나협약은 계약위반에 대한 구제방법을 다음과 같이 규정하고 있다.

첫째, 매도인의 계약위반에 대한 매수인의 구제방법으로는 계약이행 청구권(본래 약정물 인도의 청구권, 대체물 인도의 청구권, 부적합 보완의 청구권, 제46조), 추가 이행기간 설정권(제47조), 계약해제권(제49조), 대금감액 청구권(제50조), 물품인수 거절권(제52조) 및 손해배상 청구권(제74조)을 규정하고 있다.

특별한 경우를 제외하고, 매수인은 이러한 구제방법을 선택적으로 또는 복합적으로 행사할 수 있다. 비엔나협약에서 매수인이 행사할 수 있는 소극적 또는 적극적인 여러 구제방법을 동시에 규정하고 있는 이유는 계약의 해제보다는 계약의 유지를 도모하는 데 그 의미가 있도록 한 것이다.

둘째, 매수인의 계약위반에 대한 매도인의 구제방법으로는 계약이행 청구권(제62조), 추가 이행기간 설정권(제63조), 계약해제권(제64조), 손해배상 청구권(제61조), 물품명세 지정권(제65조), 하자보완권(혹은 불이행치유권, 추완권, 자진보완권, 추완청구권, 제64조) 등을 규정하고 있다.

매수인의 계약위반에 대한 매도인의 구제방법은 매도인의 계약위반에 대한 매수인의 구제방법에 비해 비교적 간단하게 규정되어 있다.

계약위반의 경우 피해 당사자는 여러 권리구제수단 중 한 가지만 선택하여 행사해야 하는 것은 아니기 때문에, 두 가지 이상을 병행으로 행사하는 것도 가능하다.

손해배상 청구권은 다른 권리구제수단과 함께 사용되는 대표적인 구제수단이다.

표 15-1 비엔나협약상 매도인과 매수인의 구제방법

구분	매수인의 구제방법	매도인의 구제방법
공통	ㅇ 계약이행 청구권(제46조 제1항) ㅇ 추가 이행기간 설정권(제47조 제1항) ㅇ 계약해제권(제49조 제1항) ㅇ 손해배상 청구권(제45조 제1항 (나)호, 제74조~제77조)	ㅇ 계약이행 청구권(제62조) ㅇ 추가 이행기간 설정권(제63조 제1항) ㅇ 계약해제권(제64조) ㅇ 손해배상 청구권(제61조 제1항 (나)호, 제74조~제77조)
차이	ㅇ 대체물 인도 청구권(제46조 제2항) ㅇ 부적합 보완 청구권(제46조 제3항) ㅇ 대금감액 청구권(제50조) ㅇ 물품인수 거절권 이행기 전 인도 시 수령거절권(제50조) 초과인도 시 수령거절권(제50조)	ㅇ 물품명세 지정권(제65조)

4. 본질적 계약위반

1) 본질적 계약위반의 중요성

본질적 계약위반이 되기 위해서는 먼저 계약위반이 존재해야 한다. 비엔나협약 제25조에는 본질적 계약위반(fundamental breach)이 무엇인지를 정의하고 있다.

본질적 계약위반은 본 협약상 계약해제권(제49조 제1항과 제64조 제1항), 대체물의 청구권(제46조), 위험이전(제70조) 등에서 특히 중요한 의미를 가지고 있다.

왜냐하면 계약위반이 본질적인지 아닌지의 판단은 계약해제권 등의 행사 여부를 판단하는데 매우 중요한 요소가 되기 때문이다.

그런데 계약위반의 본질성 여부는 결국 비엔나협약만으로 판단되고 해석되어야 한다. 왜냐하면 용어의 표현이 같더라도 비엔나협약상의 본질적 계약위반은 영미법상의 개념과 같지 않기 때문이다.

2) 본질적 계약위반의 의미

비엔나협약 제64조는 매수인에게 본질적인 계약위반이 있는 경우 매도인은 계약을 해제할 수 있도록 규정하고 있다.

그 보다 앞서 제25조는 '본질적인 계약위반'의 의미를 '당사자 일방의 계약위반은 그 계약에서 상대방이 기대할 수 있는 바를 실질적으로 박탈할 정도의 손실을 상대방에게 주는 경우에 본질적인 것으로 한다. 다만, 위반 당사자가 그러한 결과를 예견하지 못하였고, 동일한 부류의 합리적인 사람도 동일한 상황에서 그러한 결과를 예견하지 못하였을 경우에는 그러하지 아니하다.'라고 규정하고 있다.

비엔나협약에서 '본질적 계약위반'은 계약에서 상대방이 기대할 수 있는 바를 실질적으로 박탈할 정도의 손실을 상대방에게 주는 것을 말한다.

거래관념상 계약목적을 위태롭게 하는 심각한 계약위반이 여기에 해당하며, 보다 쉬운 개념에서는 인도물품의 부적합과 결제대금의 미지급과 같이 계약위반 사항이 너무 중대한 것이 본질적 계약위반이 된다.

그러나 비엔나협약은 예외적으로 '위반한 당사자가 그러한 결과를 예측하지 못하였고, 동일한 부류의 합리적인 사람도 동일한 상황에서 그러한 결과를 예견하지 못하였을 경우에는 '본질적 계약위반'에 해당하지 않는다.'고 규정하고 있다.

우리나라 민법은 계약해제 사유로 이행지체와 이행불능을 규정하고 있으며 판례는 불완전이행을 계약을 해제할 수 있는 사유 중의 하나로 인정하고 있기 때문에, 우리에게 비엔나협약상의 본질적 계약위반은 다소 생소한 개념이다.

3) 본질적 계약위반의 해석

(1) 비엔나협약에서 계약해제의 엄격성

비엔나협약 제74조는 사소한 계약위반이라 하더라도 손해배상 청구권을 행사하는 것은 허용하고 있다. 그러나 본 협약 제49조 및 제64조는 계약해제권을 행사하기 위해서는 반드시 본질적인 계약위반이 있는 경우에만 가능하도록 하고 있다.

매매계약에서 당사자는 지리적으로 멀리 떨어져 있으므로 매수인은 샘플만 보고 구매를 결정하고 인도받을 물품에 대한 검사는 물품이 목적지에 도착한 후 이루어지는 경우가 많다. 그런데 만일 도착 물품에 사소한 하자가 있다는 이유만으로 계약을 해제할 수 있다면, 물품의 반송을 위하여 불필요한 운송을 다시 해야 하는 문제 등이 발생한다. 게다가 당사자는 계약을 체결한 후 가격이 급변하면 그 보전을 위해 사소한 하자를 이유로 계약을 해제하고자 하는 유혹을 가질 수밖에 없다.

이러한 이유에서 비엔나협약은 손해배상을 통하여 손쉽게 구제될 수 있는 사소한 하자에 대하여는 계약해제를 인정하지 않고 '본질적인 계약위반'이라는 엄격한 요건이 충족된 경우에만 계약해제를 허용하고 있다. 그러므로 비엔나협약은 계약위반이 본질적인가의 여부에 따라 그 법적 효과를 달리하는 입장을 취하고 있다.

(2) 본질적 계약위반의 판단기준

매매계약에서 계약해제의 엄격성을 고려하면 원칙적으로 계약해제는 최후의 수단이 되어야 한다. 따라서 상대방의 기대이익이 심각하게 침해되지 않으면 비본질적 계약위반이 되어 위반의 수위가 한층 낮게 된다. 제25조의 규정 내용을 토대로 본질적 계약위반에 대한 구체적인 판단기준을 살펴보면 다음과 같다.

① 계약위반의 결과

계약위반의 결과, 상대방에게 발생하는 금전적 손해가 중대하거나 계약목적을 달성할 수 없게 되면 그것은 본질적인 계약위반이 된다. 여기에서 의무가 주된 것이든 부수적인 것이든 구분하지 않으므로 부수적인 의무위반도 본질적 계약위반이 될 수 있다.

② 이행불능과 이행의사의 부재

이행불능이 객관적으로 확실하다면 본질적인 계약위반이 된다. 또한 채무자가 이행을 명시적으로 거절하거나 이행지체에 따라 이행통지를 하였지만 이행을 하지 않는 것은 채무자에게 이행의사가 없는 것이므로 그것은 본질적인 계약위반이 된다.

③ 하자치유의 제공 가능성

비엔나협약 제48조 제1항에서 규정한 바와 같이, 하자의 치유가 가능하고 이러한 하자치유가 합리적 기간 내에 가능하며 상대방에게 불합리한 불편을 끼치지 아니한다면 그것은 본질적인 계약위반이 되지 못한다. 이상을 종합하면 비엔나협약에서 본질적 계약위반이 되기 위해서는 다음 요건들을 모두 갖추어야 한다.

첫째, 계약위반으로 인해 그 계약에서 채권자가 기대할 수 있는 것을 실질적으로 박탈할 정도의 손실을 채권자가 받았어야 한다.

우선, 「계약」이라는 객관적인 상황하에서 「채권자가 기대할 수 있는 것」이라는 주관적인 사정이 판단의 기준이 된다. 이어, 이것을 객관적으로 보아 「실질적으로」 박탈할 정도의 손실을 주어야 한다. 흔히 계약목적을 위태롭게 하는 심각한 계약위반이 여기에 해당할 것이며, 계약위반의 결과 채권자가 그 계약의 이행에 더 이상의 이익을 갖지 않는 경우에는 본질적 계약위반이 된다.

중요한 것은 손해의 크기가 아니라 「계약에 의해 구체화된 채권자의 이익」이며, 계약해제 외에는 채권자에게 다른 구제수단이 없었는지도 계약위반의 본질성 여부를 결정하는 중요한 기준이 된다는 점이다.

둘째, 계약위반자가 계약체결 시점에서 예견했거나 또는 예견하지 못했다고 해도 그와 같은 부류에 속하는 합리적인 사람이 그와 같은 상황에서 그러한 결과를 예견할 수 있어야만 한다. 예견 가능성의 기준시점에 대해서는 특별한 규정을 두고 있지는 않지만, 일반적으로는 계약의 성립시점으로 보는 것이 타당하다.

계약을 체결했을 때 매도인이 지정된 일자까지 인도를 지체한다든가, 매수인이 정해진 결제일에 대금을 지급하지 않으면 상대방이 곤란해진다는 것을 누구나 알고 있다. 이러한 결과를 가늠할 수 있는 것을 '예견 가능성'이라고 한다. 위반 당사자가 자신의 행위의 결과로 상대방이 피해를 볼 것을 인지하고 있다는 의미이다.

▌표 15-2▐ 비엔나협약상 본질적 계약위반

제25조	Article 25
당사자 일방의 계약위반은 그 계약에서 상대방이 기대할 수 있는 바를 실질적으로 박탈할 정도의 손실을 상대방에게 주는 경우에 본질적인 것으로 한다. 다만, 위반 당사자가 그러한 결과를 예견하지 못하였고, 동일한 부류의 합리적인 사람도 동일한 상황에서 그러한 결과를 예견하지 못하였을 경우에는 그러하지 아니하다.	A breach of contract committed by one of the parties is fundamental if it results in such detriment to the other party as substantially to deprive him of what he is entitled to expect under the contract, unless the party in breach did not foresee and a reasonable person of the same kind in the same circumstances would not have foreseen such a result.

제3절 매도인의 계약위반에 대한 매수인의 구제

비엔나협약상 매수인의 구제방법에는 계약이행 청구권, 추가 이행기간 설정권, 대금감액 청구권, 계약해제권, 손해배상 청구권 등이 있다. 이중에서 대체품인도 청구권, 대금감액 청구권 및 물품인수 거절권은 매수인만이 행사할 수 있는 권리이다.

1. 계약이행 청구권

1) 계약이행 청구권의 의의와 제한

(1) 의의

비엔나협약은 당사자 간의 계약관계를 현실적으로 이행시키려는 측면에서 매도인에게 계약상의 의무를 이행할 것을 요청할 수 있는 권리를 매수인에게 부여하고 있다.

계약이행 청구권이란 계약을 해제하지 않는 대신, 당초의 계약대로 그 의무를 이행해 줄 것을 요구하는 것을 말한다. 매도인이 계약물품을 독점적으로 생산하거나 유일하게 생산능력을 보유한 자인 경우에는 다른 거래처로부터 해당 물품을 입수한다는 것이 불가능하다. 이런 경우 비록 매도인이 이해지체로 계약을 위반했지만, 계약을 해제하지 않고 당초 계약대로 물품을 인도해 줄 것을 요청하는 것이 계약이행 청구권이다.

(2) 제한

매도인이 계약의무를 이행하기를 원하면 매수인은 매도인이 이에 부응하게 하는 차원에서 그 요구와 모순되는 권리구제수단을 행사해서는 안 된다.

예로 매수인이 계약해제를 선언한 때는 계약이행 청구권은 행사할 수 없다. 그러나 계약이행 청구권을 행사하더라도 이행지체 등으로 인한 손해배상은 청구할 수 있다.

2) 계약이행 청구의 유형

(1) 본래 약정품인도 청구권

본래 약정품인도 청구권은 매도인이 약정한 계약물품을 아예 인도하지 않은 경우에 그 인도를 청구할 수 있는 매수인의 권리이다. 이 청구권은 계약해제권이나 대금감액과 같이 매수인이 이미 다른 구제수단을 행사하고 있는 경우는 행사할 수 없다. 예를 들어 계약해제권이나 대금감액권을 행사하는 경우에 매수인은 이 청구권을 행사할 수 없다.

(2) 대체품인도 청구권

대체품인도 청구권은 인도 물품이 약정 물품과 다르거나 적합성이 현저히 떨어져 다른 물품으로 대체할 필요가 있는 경우에 행사할 수 있는 권리이며, 하자에 대해 기간을 설정하여 계약물품에 상응하는 대체품을 청구하는 매수인의 권리이다.

이 청구권은 본래 약정품인도 청구권과 달리, 다음과 같은 엄격한 요건이 충족되어야만 행사할 수 있다. 첫째, 부적합이 본질적 계약위반이어야 한다. 둘째, 부적합의 통지와 함께, 그 후 합리적인 기간 내에 대체물 인도를 청구해야 한다.

대체품인도 청구권은 대체품이 없는 경우에는 청구할 수 없기 때문에(제82조) 대량으로 생산되는 공산품 등에 행사될 수 있는 권리이다.

(3) 부적합 보완청구권

부적합 보완청구권은 물품의 하자가 경미하거나 대체품을 인도받는데 시간적 여유가 없는 경우에 행사하는 권리이다. 물품 부적합의 경우 매수인이 요구할 수 있는 보완(혹은 치유)청구권은 그 부적합이 본질적인 계약위반일 것을 요구하지는 않지만, 다음의 요건이 충족되어야 한다. 첫째, 부적합 보완의 청구가 모든 상황을 고려하여 불합리하지 않아야 한다. 합리성 여부의 판단에는 매도인뿐만 아니라 매수인의 상황도 고려되어야 하며, 불합리에는 기술적인 불합리뿐 아니라 경제적인 불합리도 고려되어야 한다. 둘째, 물품 부적합의 통지와 함께 그 후 합리적인 기간 내에 보완청구를 해야 한다. 보완의 방법은 수선, 수리, 부품인도 등이 일반적으로 이루어지고 있다.

표 15-3 비엔나협약상 계약이행 청구권

제46조	Article 46
(1) 매수인은 매도인에게 의무의 이행을 청구할 수 있다. 다만, 매수인이 그 청구와 양립하지 아니하는 구제를 구한 경우에는 그러하지 아니하다. (2) 물품이 계약에 부적합한 경우에, 매수인은 대체물의 인도를 청구할 수 있다. 다만, 그 부적합이 본질적 계약위반을 구성하고, 그 청구가 제39조의 통지와 동시에 또는 그 후 합리적인 기간 내에 행하여진 경우에 한한다. (3) 물품이 계약에 부적합한 경우에, 매수인은 모든 상황을 고려하여 불합리한 경우를 제외하고, 매도인에게 수리에 의한 부적합의 치유를 청구할 수 있다. 수리 청구는 제39조의 통지와 동시에 또는 그 후 합리적인 기간 내에 행하여져야 한다.	(1) The buyer may require performance by the seller of his obligations unless the buyer has resorted to a remedy which is inconsistent with this requirement. (2) If the goods do not conform with the contract, the buyer may require delivery of substitute goods only if the lack of conformity constitutes a fundamental breach of contract and a request for substitute goods is made either in conjunction with notice given under article 39 or within a reasonable time thereafter. (3) If the goods do not conform with the contract, the buyer may require the seller to remedy the lack of conformity by repair, unless this is unreasonable having regard to all the circumstances. A request for repair must be made either in conjunction with notice given under article 39 or within a reasonable time thereafter.

2. 추가 이행기간 설정권

1) 의의와 기간설정

(1) 의의

이행지체나 불완전이행의 경우, 계약이행 청구나 대체품 인도를 청구하기 위해서는 채무이행 기간의 연장(즉, 추가 이행기간의 설정)이 필연적으로 수반되어야 한다.

매도인이 의무를 불이행하였거나 계약을 위반한 경우에는 합리적 기간을 정하여 그 이행을 다시 최고(催告, demand)한 후, 그 기간 내에도 그 채무(의무)를 이행하지 않을 경우에는, 매수인은 그 계약을 해제할 수 있는 것이 원칙이다.

그런데 만일 채권자가 이러한 계약해제를 원하지 않는다면 이행기간의 연장을 통해 채무자로 하여금 그 채무를 완벽하게 이행하도록 기회를 부여할 수도 있다.

추가 이행기간 설정권은 매수인이 매도인에게 불이행한 의무에 대해 이행을 위한 추가적인 시간적 여유를 주는 것을 말하며 부가 이행기간 지정권이라고도 한다.

이 설정권은 비엔나협약 제46조에 규정된 매수인의 계약이행 청구권을 보충하는 것이다. 즉, 매도인이 채무를 불이행한 경우에 매수인은 매도인에게 추가 기간을 정하여 그 이행을 요청할 수 있도록 한 것이다. 이 설정권은 손해배상 청구권이나 계약해제권과 같이 매도인과 매수인 모두에게 인정되는 권리구제수단이다.

(2) 추가 이행기간의 설정

추가 이행기간을 설정하는 의사표시는 명시적 뿐만 아니라 묵시적으로도 가능하지만, 그 기간의 설정은 분명해야 한다. 실제로 추가 이행기간을 설정할 때에는 'The last date when we can accept delivery will be July 1, 2025.'와 같이 확정적이고 최종적인 인도날짜를 특정해야만 한다.

또한 추가 이행기간의 설정은 '합리적'이어야 한다. 여기에서 추가 이행기간의 합리성 판단은 인도기간, 불이행의 원인, 지체의 결과 등의 상황에 따라 달라질 수 있다.

2) 제한

매도인이 계약이행을 거절한 경우를 제외하고, 비엔나협약상의 추가 이행기간을 정하고 있는 기간 동안에는 매수인은 다른 구제수단을 행사할 수 없다(제47조).

예컨대, 매수인은 대금감액 등을 추가 이행기간 설정권과 함께 주장할 수 없다. 이것은 매수인의 요청에 따라 청구를 이행하고 있는 매도인을 보호하기 위한 조치이다.

다만, 이 추가 이행기간 내에 매도인으로부터 그 이행을 하지 않겠다는 통지를 받은 경우에는 바로 모든 구제수단을 행사할 수 있다. 또한 추가 이행기간을 설정했다 하더라도 매수인은 본래 이행 지연에 대한 손해배상을 청구할 권리를 가진다.

| 표 15-4 | 비엔나협약상 매수인의 추가 이행기간 설정권

제47조	Article 47
(1) 매수인은 매도인의 의무이행을 위하여 합리적인 추가 기간을 정할 수 있다. (2) 매도인으로부터 그 추가 기간 내에 이행을 하지 아니하겠다는 통지를 수령한 경우를 제외하고, 매수인은 그 기간 중 계약위반에 대한 구제를 구할 수 없다. 다만, 매수인은 이행지체에 대한 손해배상을 청구할 권리를 상실하지 않는다.	(1) The buyer may fix an additional period of time of reasonable length for performance by the seller of his obligations. (2) Unless the buyer has received notice from the seller that he will not perform within the period so fixed, the buyer may not, during that period, resort to any remedy for breach of contract. However, the buyer is not deprived thereby of any right he may have to claim damages for delay in performance.

추가 이행기간 설정의 중요한 효과는 설정된 추가 기간이 경과하면 매수인이 계약을 해제할 수 있다는 데 있다. 예컨대, 추가 기간 내에도 매도인이 물품을 인도하지 않거나 이를 이행하지 않겠다고 선언하면 매수인은 바로 계약을 해제할 수 있다.

또한 불인도가 본질적 계약위반이 아닌 경우에도 추가 기간을 정하여 이행을 청구했으나 매도인이 이를 이행하지 않으면 매수인은 바로 계약을 해제할 수 있다.

3) 추가 이행기간 설정과 하자보완권

(1) 의의와 구분

① 의의

하자보완권이란 매매계약상의 하자가 계약의 본질적인 침해가 아니라 비교적 경미할 경우, 당사자 본인이 스스로 하자를 보완할 수 있도록 기회를 부여하는 권리를 말한다. 이것은 완전한 계약의 이행이나 유지를 목적으로 한 권리에 해당한다.

② 구분

비엔나협약에서 '매도인의 하자보완권'은 인도 기일 이전(제37조)과 이후(제48조)로 구분하고 있다. 제37조는 계약상 이행일보다 먼저 매도인이 계약내용과 다른 이행을 한 경우, 매도인은 계약상 이행일까지 보완권을 행사할 수 있음을 규정한 것이고, 제48조는 일정한 조건이 충족되면 어떠한 불이행에서도 행사할 수 있음을 규정한 것이다.

(2) 이행기 이전의 하자보완권

매도인이 이행기(인도 기일) 이전에 수량 부족, 수량 초과 또는 부적합한 물품을 인도한 경우 그 기일까지는 매수인에게 불합리한 불편이나 경비를 발생시키지 않는 한, 부족한 부분을 추가하여 인도하거나, 결함 부분을 보충할 수 있다.

이렇게 인도 기일 이전에 하자보완권을 행사할 수 있는 것은 그 인도 기일까지는 매도인이 계약의무를 이행할 수 있는 당연한 과정이라는 데서 비롯된 것이다.

(3) 이행기 경과 후의 하자보완권

매수인에 의한 이행기간의 추가 설정이 없는 경우, 당초 이행기간이 경과된 이후에도 매도인은 계약이행을 보완할 수 있는가가 문제가 될 수 있다.

매매계약은 당사자의 협력과 양보를 바탕으로 한 것이기 때문에 비엔나협약 제46조 제3항은 '물품이 계약과 일치하지 않은 경우로서 모든 상황을 고려하여 불합리하지 아니한 때에, 매수인은 매도인에게 그 부적합을 보완하도록 청구할 수 있다.'고 규정하고 있다.

이것은 계약 유지를 위해 매도인이 물품의 인도일 이후에도 일정한 요건 하에 이행의 치유를 할 수 있도록 한 것이다. 예를 들어 매수인이 계약을 해제하는 대신, 매도인이 하자 있는 물품을 대체하는 적합한 물품을 제공하거나 하자 있는 부분을 수리하거나, 인도 수량의 보충, 불량품의 교체 인도 등으로 치유할 수 있도록 한 것이다.

또한, 비엔나협약 제48조는 인도 기일 이후(인도 만기 후)에도 매도인은 하자보완권을 행사할 수 있도록 하고 있다. 매도인의 하자보완권은 부적합 물품을 인도한 경우, 일부만 인도된 경우, 아예 인도되지 않은 경우, 권리하자가 있는 물품이 인도된 경우, 서류교부가 없었던 경우 등 모든 경우에 적용된다.

매도인의 하자보완권은 매도인이 계약을 위반했음에도 불구하고 부여받는 매도인의 권리이기 때문에 매수인의 권리와 충돌할 가능성이 크다.

따라서 비엔나협약 제48조는 그 요건을 다음과 같이 엄격하게 제한하고 있다.

첫째, 제49조가 적용되는 경우에는 매도인의 하자보완권은 주어지지 않는다. 예컨대, 계약위반이 본질적이어서 매수인이 계약을 해제하는 경우에는 매도인이 보완권을 행사할 수 없다. 둘째, 매수인에게 불합리한 지체가 되거나 불합리한 불편이 발생해서는 안 되며 또는 매수인이 이미 지급한 비용을 매도인에게서 상환받는데 불안이 있다면 매도인은 하자보완권을 행사할 수 없다.

하자 보완은 대체물 인도, 부적합 보완, 부족분 보충, 권리하자의 제거 등 다양한 방법으로 이루어지며 그 선택은 매도인이 하며 비용도 매도인이 부담한다.

| 표 15-5 | 비엔나협약상 이행기 이후 매도인의 보완권

제48조	Article 48
(1) 제49조를 따를 것을 조건으로, 매도인은 인도기일 후에도 불합리하게 지체하지 아니하고 매수인에게 불합리한 불편 또는 매수인의 선급 비용을 매도인으로부터 상환 받는데 대한 불안을 초래하지 아니하는 경우에는, 자신의 비용으로 의무의 불이행을 치유할 수 있다. 다만, 매수인은 이 협약에서 정한 손해배상을 청구할 권리를 보유한다.	(1) Subject to article 49, the seller may, even after the date for delivery, remedy at his own expense any failure to perform his obligations, if he can do so without unreasonable delay and without causing the buyer unreasonable inconvenience or uncertainty of reimbursement by the seller of expenses advanced by the buyer. However, the buyer retains any right to claim damages as provided for in this Convention.

(4) 두 규정의 공통점

이행기 이전의 하자보완권(제37조)과 이행기 이후의 하자보완권(제48조)은 다음과 같은 공통점이 있다. 첫째, 매도인의 하자보완권은 '매수인이 계약해제권을 행사하지 않아야 하며 이러한 하자보완권 행사가 매수인에게 불합리한 불편이나 비용을 초래하지 않는 범위 내에서' 행사할 수 있다.

둘째, 매수인은 협약에서 정한 손해배상 청구권을 가진다. 이것은 '매도인의 하자보완권'의 행사 여부와 관계없이 매수인은 손해배상을 청구할 수 있다는 것이다.

(5) 하자보완의 통지와 효력발생 및 제한

매도인이 매수인의 입장을 고려하여 매수인에게 자진 보완 내용을 수락할 것인지 여부를 알려주도록 요구하였으나 매수인이 합리적인 기간 내 그 요구에 응답하지 않은 경우, 매도인은 그 요구시 제시된 기간 내 하자보완을 요구할 수 있다.

한편, 매도인의 요구와 통지는 매수인에 의해 수령되지 아니하는 한 그 효력이 발생하지 않는다. 즉, 도달로 효력이 발생하게 된다. 그런데 매수인은 보완기간 중에는 매도인의 보완과 양립하지 않는 구제를 요구할 수 없다.

| 표 15-6 | 비엔나협약상 이행기 이후 매도인의 보완권

제48조	Article 48
(2) 매도인이 매수인에게 이행의 수령 여부를 알려 달라고 요구하였으나 매수인이 합리적인 기간 내에 그 요구에 응하지 아니한 경우에는, 매도인은 그 요구에서 정한 기간 내에 이행을 할 수 있다. 매수인은 그 기간 중에는 매도인의 이행과 양립하지 아니하는 구제를 구할 수 없다. (4) 이 조 제2항 또는 제3항의 매도인의 요구 또는 통지는 매수인에 의하여 수령되지 아니하는 한 그 효력이 발생하지 않는다.	(2) If the seller requests the buyer to make known whether he will accept performance and the buyer does not comply with the request within a reasonable time, the seller may perform within the time indicated in his request. The buyer may not, during that period of time, resort to any remedy which is inconsistent with performance by the seller. (4) A request or notice by the seller under paragraph (2) or (3) of this article is not effective unless received by the buyer.

3. 대금감액 청구권

1) 요건과 산정기준

(1) 의의

매도인이 계약을 위반한 경우 계약 위반자에 대한 제재도 필요하기 때문에 매수인은 계약을 해제하지 않는 대신, 그 대가로 대금의 감액을 청구할 수 있다.

대금감액 청구권은 매도인이 계약을 위반한 경우 해당 물품의 손해분에 상응하는 만큼의 대금을 낮춰줄 것을 청구하는 권리를 말한다.

대금감액은 다른 구제수단에 비해 간단하며 비용이 적게 드는 구제수단이다. 대금감액권을 행사하면 매수인은 하자가 있는 목적물을 계속적으로 보유하면서도 자신의 정당한 이익을 회복 받을 수 있게 된다.

(2) 요건과 산정기준

매수인의 대금감액 청구권은 물품은 인도하였으나 그 물품이 계약에 부적합할 것을 요건으로 하고 있다. 대금감액의 산정은 계약에 적합한 물품과 현실로 인도된 물품간의 가치 차이를 기준으로 한다. 이 산정기준의 시점은 물품의 인도시가 된다.

2) 불인정

대금감액 청구권은 비엔나협약 제37조나 제48조의 규정에 따라 ① 이행기간 전에 매도인이 물품을 인도하였다가 하자를 보완한 경우 ② 이행기간 경과 후에 하자를 보완한 경우 ③ 계약을 해제한 경우에는 행사할 수 없다. 이것은 매수인의 대금감액 청구권보다는 매도인의 사전적 또는 사후적 보완권이 앞선다는 것을 의미한다.

| 표 15-7 | 비엔나협약상 매수인의 대금감액 청구권

제50조	Article 50
물품이 계약에 부적합한 경우에, 대금의 지급 여부에 관계없이 매수인은 현실로 인도된 물품이 인도 시에 가지고 있던 가액이 계약에 적합한 물품이 그때에 가지고 있었을 가액에 대하여 가지는 비율에 따라 대금을 감액할 수 있다. 다만, 매도인이 제37조나 제48조에 따라 의무의 불이행을 치유하거나 매수인이 동 조항에 따라 매도인의 이행 수령을 거절한 경우에는 대금을 감액할 수 없다.	If the goods do not conform with the contract and whether or not the price has already been paid, the buyer may reduce the price in the same proportion as the value that the goods actually delivered had at the time of the delivery bears to the value that conforming goods would have had at that time. However, if the seller remedies any failure to perform his obligations in accordance with article 37 or article 48 or if the buyer refuses to accept performance by the seller in accordance with those articles, the buyer may not reduce the price.

4. 인도물품 수령거절권

1) 의의와 요건

(1) 의의

인도물품 수령거절권은 매수인이 수령한 물품이 계약에서 정한 적격물품이 아닐 경우, 해당 물품을 인수하지 않고 거절하는 권리를 말한다. 이것은 매도인이 약정된 인도기일 전에 물품을 인도하는 경우(제52조 제1항)나 계약에서 정한 수량보다 많은 물품을 인도하는 경우(제52조 제2항) 그 초과분에 대해 행사할 수 있다.

(2) 요건

인도물품 수령거절권을 행사하기 위해서는 다음 요건들이 모두 충족되어야 한다.

첫째, 매수인이 해당 물품을 검사하여 물품이 계약에 부적합함을 입증해야 한다.

둘째, 물품의 검사 결과, 그 부적합성이 본질적 계약위반을 구성해야 한다.

셋째, 물품의 인수거절에 대한 의사를 매도인에게 통지해야 하며 매수인은 수탁자로서 해당 물품에 대한 관리의무를 다해야 한다(제86조).

표 15-8 비엔나협약상 매수인의 인도물품 수령거절권

제52조	Article 52
(1) 매도인이 이행기 전에 물품을 인도한 경우에 매수인은 이를 수령하거나 거절할 수 있다. (2) 매도인이 계약에서 정한 것보다 다량의 물품을 인도한 경우에, 매수인은 초과분을 수령하거나 이를 거절할 수 있다. 매수인이 초과분의 전부 또는 일부를 수령한 경우에는 계약대금의 비율에 따라 그 대금을 지급해야 한다.	(1) If the seller delivers the goods before the date fixed, the buyer may take delivery or refuse to take delivery. (2) If the seller delivers a quantity of goods greater than that provided for in the contract, the buyer may take delivery or refuse to take delivery of the excess quantity. If the buyer takes delivery of all or part of the excess quantity, he must pay for it at the contract rate.

2) 인도물품 수령거절권의 상실사유

다음의 경우 매수인의 인도물품 수령거절권은 상실되는 것으로 간주된다.

첫째, 물품이 계약에 부적합한 것일지라도 매수인이 그 물품을 인수할 뜻을 매도인에게 통지하는 경우 둘째, 매수인이 자기에게 인도된 물품에 대해 매도인의 소유권과 양립할 수 없는 행위를 한 경우(예를 들어 매수인이 수령한 물품을 담보물로 이용하거나 재매각하여 제3자에게 이를 인도한 경우) 셋째, 매수인이 상당한 기간이 경과되기까지 거절의사를 표시하지 않고 물품을 계속 보유하는 경우이다.

5. 계약해제권

1) 계약해제권의 의의와 요건

(1) 의의

계약해제(cancellation of a contract)는 당사자 일방의 의사표시로 계약의 효력을 소급적으로 소멸시킴으로써 그 계약이 처음부터 없었던 것과 같은 법률 효과를 발생시키는 것을 말한다.

매수인의 계약해제권은 계약위반이 본질적 계약위반에 해당될 경우에만 행사될 수 있는 최종적인 권리구제수단이며, 매도인의 계약위반에 대한 가장 강력하고 부정적인 권리의 확보수단이다.

(2) 요건

① 본질적 계약위반에 해당하는 경우

매도인의 계약위반이 존재하고 그 계약위반이 본질적인 경우에 매수인은 계약을 해제할 수 있다. 본 협약 제25조에 규정된 본질적인 계약위반은 그 계약위반으로 인하여 상대방이 계약을 통해 얻을 수 있다고 기대되는 권리가 실질적으로 박탈할 정도로 손해를 끼치는 경우를 의미한다.

일반적으로 확정기 매매의 경우 매도인이 그 인도시기를 지키지 않았다면 본질적 계약위반이 된다. 또한 전혀 다른 종류의 물품을 인도하였거나 심각한 권리하자가 있는 물품을 인도한 경우에도 본질적 계약위반이 된다.

그러나 본질적 계약위반이라고 생각하여 계약을 해제하였으나 이후에 소송에서 본질적 계약위반이 아니라고 인정되었다면 그 위험은 모두 매수인이 부담해야 한다.

② 추가 이행기간 내 불인도나 불인도 의사를 표명한 경우

매도인의 인도 불이행에 따라 매수인이 추가 기간을 설정하였지만 그 추가 이행기간 내에도 매도인이 물품을 인도하지 않았거나 매도인이 그 의무를 이행하지 않겠다고 의사를 표명한 경우, 매수인은 계약을 해제할 수 있다.

추가 이행기간의 설정은 인도가 '지체'된 경우만을 전제로 하는 것이기 때문에 '하자있는 물품'이 인도된 경우는 그것이 본질적 계약위반이 아닌 한, 추가 이행기간이 지났어도 매수인은 계약을 해제할 수 없다. 다만, 일부 인도는 물품 부적합의 일종이지만 제51조에 의해 특별취급을 받기 때문에 인도되지 않은 일부는 계약상의 불인도로 인정받아 이 규정을 적용받게 된다.

2) 계약해제권의 행사 및 제한

(1) 행사

계약해제권은 그 뜻을 상대방에게 통지함으로써 이루어진다. 왜냐하면 계약해제의 의사는 상대방에게 발신한 때 효력이 발생하기 때문이다. 계약해제의 의사표시는 특별한 형식이나 상대방의 합의를 요하지 않고 해제의 통지의사를 알리면 된다.

(2) 제한

비엔나협약상 매수인의 계약해제권은 ① 매수인이 추가 이행기간을 설정하였거나 ② 매도인이 보완기간을 정하여 불이행을 보완할 의사를 밝혔을 때 ③ 매수인이 물품검사나 부적합 통지의무를 위반하였을 경우에는 행사할 수 없다. 계약을 해제하는 경우에는 대금감액의 청구를 요구할 수 없다.

3) 계약해제권의 행사기간

(1) 원칙

비엔나협약은 계약해제권을 행사할 수 있는 기간을 규정하지 않고 있다. 따라서 그 행사기간은 각국의 국제사법에 의해 지정된 국내법에 따라 결정되는 것이 원칙이다.

그러나 비엔나협약은 계약해제권을 행사할 수 있는 기간을 엄격하게 제한하고 있다(제49조 제2항). 그 이유는 물품 인도라는 매도인의 핵심 의무가 완료되었음에도 매수인이 물품가격의 변동에 따라 투기할 가능성을 원천적으로 배제시키기 위한 것이다.

(2) 인도지체의 경우

먼저, 약정물품에 대한 인도의 지체가 있었고 그 인도의 지체가 계약해제권을 발생시켰음에도 불구하고 매수인이 계약해제권을 행사하지 않으면, 인도가 이루어진 것을 매수인이 안 후 합리적인 기간이 지나면 매수인의 계약해제권은 상실하게 된다.

여기에서 '인도가 이루어졌다는 것'은 예컨대 물품이 운송인에게 교부되거나(제31조) 매수인의 처분에 맡겨진 것(제31조)을 의미한다.

(3) 인도지체 이외의 위반의 경우

물품이 인도되었지만 인도의 지체 이외의 위반, 예를 들어 부적합한 물품의 인도나 또는 기타 의무의 위반으로 인해 해제권이 발생한 경우에는, 다음과 같은 합리적인 기간 내에 해제권을 행사하지 않으면 해제권은 상실하게 된다.

첫째, 매수인이 그 위반을 알았거나 알 수 있었을 때부터 합리적인 기간 내에 해제권을 행사하지 않으면 해제권을 상실한다.

둘째, 매수인이 본 협약 제47조 제1항에 따라 추가 기간을 설정해 준 경우에는 그 기간이 경과하거나 그 추가 기간 내에 매도인이 의무를 이행하지 아니할 것을 명확히 한 때로부터 합리적인 기간 내에 해제권을 행사하지 않으면 해제권을 상실한다.

셋째, 매도인이 제48조 제2항에 따라 재이행하겠다고 기간을 정했으나 매도인의 재이행없이 그 기간이 경과한 때, 또는 매도인의 재이행에 대해 매수인이 이를 거절한 후 합리적인 기간 내에 해제권을 행사하지 않으면 매수인은 해제권을 상실한다.

이 기간은 제척기간이므로 기간의 중단이나 정지는 인정되지 않는다. 그러나 해제권을 상실하였어도 여전히 매수인은 손해배상 등 다른 구제수단을 행사할 수 있다.

결국, 비엔나협약은 이상과 같이 해제의 발생요건을 엄격하게 제한하고 있고, 발생된 해제권도 합리적인 기간 내에 행사하지 않으면 상실하도록 하고 있다. 그 이유는 국제매매계약에서 계약이 해제되면 양 당사자에게 상당한 손실이 초래되기 때문이다.

표 15-9 비엔나협약상 매수인의 계약해제권

제49조	Article 49
(1) 매수인은 다음의 경우에 계약을 해제할 수 있다. (a) 계약 또는 이 협약상 매도인의 의무 불이행이 본질적 계약위반으로 되는 경우 (b) 인도 불이행의 경우에는, 매도인이 제47조 제1항에 따라 매수인이 정한 추가 기간 내에 물품을 인도하지 아니하거나 그 기간 내에 인도하지 아니하겠다고 선언한 경우 (2) 그러나 매도인이 물품을 인도한 경우에는, 매수인은 다음의 기간 내에 계약을 해제하지 아니하는 한 계약해제권을 상실한다. (a) 인도지체의 경우, 매수인이 인도가 이루어진 것을 안 후 합리적인 기간 내 (b) 인도지체 이외의 위반의 경우, 다음의 시기로부터 합리적인 기간 내 (i) 매수인이 그 위반을 알았거나 또는 알 수 있었던 때 (ii) 매수인이 제47조 제1항에 따라 정한 추가 기간이 경과한 때 또는 매도인이 그 추가 기간 내에 의무를 이행하지 아니하겠다고 선언한 때 (iii) 매도인이 제48조 제2항에 따라 정한 추가 기간이 경과한 때 또는 매수인이 이행을 수령하지 아니하겠다고 선언한 때	(1) The buyer may declare the contract avoided: (a) if the failure by the seller to perform any of his obligations under the contract or this Convention amounts to a fundamental breach of contract; or (b) in case of non-delivery, if the seller does not deliver the goods within the additional period of time fixed by the buyer in accordance with paragraph (1) of article 47 or declares that he will not deliver within the period so fixed. (2) However, in cases where the seller has delivered the goods, the buyer loses the right to declare the contract avoided unless he does so: (a) in respect of late delivery, within a reasonable time after he has become aware that delivery has been made; (b) in respect of any breach other than late delivery, within a reasonable time: (i) after he knew or ought to have known of the breach; (ii) after the expiration of any additional period of time fixed by the buyer in accordance with paragraph (1) of article 47, or after the seller has declared that he will not perform his obligations within such an additional period; or (iii) after the expiration of any additional period of time indicated by the seller in accordance with paragraph (2) of article 48, or after the buyer has declared that he will not accept performances.

4) 계약해제의 통지

(1) 계약해제의 의사표시

비엔나협약상 계약해제는 해제권자(解除權者)의 의사표시에 의해서만 이루어질 수 있다. 왜냐하면 법률상 일정한 요건이 충족되면 곧바로 해제가 이루어지는 자동적 해제를 비엔나협약에서는 인정하고 있지 않기 때문이다.

▌표 15-10▐ 비엔나협약상 계약해제의 통지

제26조 계약해제의 의사표시는 상대방에 대한 통지로 행하여진 경우에만 효력이 있다.	Article 26 A declaration of avoidance of the contract is effective only if made by notice to the other party.

(2) 계약해제의 방식과 통지

비엔나협약에서 계약해제의 의사표시는 상대방에게 통지되어야 하지만 어떤 방식을 요구하지는 않고 있다. 따라서 서면이든 구두이든 상관하지 않는다. 계약해제의 통지를 요구하는 이유는 상대방으로 하여금 계약의 상태를 알리는데 있다.

(3) 계약해제의 통지와 발신주의

비엔나협약에서 계약해제의 통지는 '발신주의'를 원칙으로 하고 있다. 이는 본 협약 제2편(계약의 성립)에서 청약과 승낙에 도달주의를 채택하고 있는 것과 대조적이다.

발신주의를 원칙으로 둔 기본적인 이유는 하자통지와 해제 등 의사표시를 하게 된 동기가 상대방의 잘못에 기인한다는 데에 있다.

발신주의는 본 협약 제3편의 의사표시에만 적용된다. 구체적으로는 계약해제, 부적합보완과 대체품 인도청구, 대금감액, 추가 이행기간 설정 등이다.

▌표 15-11▐ 비엔나협약상 해제통지와 발신주의

제27조 이 협약 제3편에 별도의 명시규정이 있는 경우를 제외하고, 당사자가 이 협약 제3편에 따라 상황에 맞는 적절한 방법으로 통지, 청구 그 밖의 통신을 한 경우에, 당사자는 통신의 전달 중에 지연이나 오류가 있거나 또는 통신이 도달되지 아니하더라도 그 통신을 주장할 권리를 상실하지 않는다.	Article 27 Unless otherwise expressly provided in this Part of the Convention, if any notice, request or other communication is given or made by a party in accordance with this Part and by means appropriate in the circumstances, a delay or error in the transmission of the communication or its failure to arrive does not deprive that party of the right to rely on the communication.

6. 손해배상 청구권

1) 손해배상 청구권의 근거규정과 의의

(1) 근거규정

비엔나협약상 손해배상 청구권의 근거는 매수인에 대해서는 제45조 제1항 b호에, 매도인에 대해서는 제61조 제1항 b호에 규정되어 있으며, 손해배상의 범위는 제74조에 규정되어 있다. 제75조와 제76조는 손해산정을 위한 특별규정이기 때문에 이들의 보충 역할을 하는 기본 규정인 제74조보다 먼저 적용된다.

(2) 의의

비엔나협약에서는 매도인이 계약상의 의무를 위반한 경우, 매수인은 손해배상을 청구할 수 있고 이러한 손해배상 청구권은 계약이행 청구권, 대금감액 청구권, 계약해제권 등 다른 권리구제수단과 병행하여 행사할 수 있다.

그러나 대금감액의 청구권은 실무상 그것으로 손해가 보상될 수 있는 경우가 대부분이기 때문에 손해배상 청구권과 병행하여 행사되는 경우는 거의 없다.

| 표 15-12 | 비엔나협약상 매수인의 손해배상 청구권

제45조	Article 45
(1) 매도인이 계약 또는 이 협약상의 의무를 이행하지 아니하는 경우에 매수인은 다음을 할 수 있다. (a) 제46조 내지 제52조에서 정한 권리의 행사 (b) 제74조 내지 제77조에서 정한 손해배상의 청구 (2) 매수인이 손해배상을 청구하는 권리는 다른 구제를 구하는 권리를 행사함으로써 상실되지 않는다.	(1) If the seller fails to perform any of his obligations under the contract or this Convention, the buyer may: (a) exercise the rights provided in articles 46 to 52; (b) claim damages as provided in articles 74 to 77. (2) The buyer is not deprived of any right he may have to claim damages by exercising his right to other remedies.

2) 손해배상의 범위

(1) 완전배상의 원칙과 청구대상

비엔나협약에서 손해배상액은 이익의 상실을 포함하여 계약위반의 결과로 상대방이 입은 모든 손실과 동등한 금액이 된다(제74조 1문).

따라서 비엔나협약상 손해배상은 완전배상과 금전배상을 원칙으로 하고 있다.

손해배상 청구의 대상은 계약위반의 결과로 생긴 손실이어야 하므로 계약위반과 손해 사이에 인과관계가 있어야 한다.

(2) 예견 가능성

손해배상액은 계약위반자가 계약을 체결할 때 예견 가능했던 손해로 한정된다(제74조 2문). 그러므로 계약위반자는 계약을 체결할 때 합리적으로 보아 책임위험으로 인식했던 것 이상을 배상해 줄 의무가 없다. 이러한 제한은 원칙적으로 영미의 손해배상법의 일반원칙을 받아들인 것이다.

주의할 것은 예견 가능성의 대상은 계약위반이 아니라 손해이며, 예견 가능성의 시점은 계약을 체결할 시점이라는 점이다. 또한 예견하는 주체는 계약위반자 자신이 아니라 그와 같은 상황에 있을 합리적인 계약위반자를 기준으로 한다는 점이다.

(3) 구체적인 배상범위

계약을 체결할 때 계약위반자가 그 계약위반의 결과로 예견할 수 있었던 손해라면 모든 손해가 손해배상의 범위에 포함된다. 예를 들어 불이행으로 인한 손해, 지체로 인한 손해, 하자로 인한 손해, 하자의 결과로 생긴 손해, 인도물품을 수령하지 않아서 생긴 손해 등이 포함된다. 따라서 간접손해나 결과손해도 손해배상의 범위에 해당된다.

다만, 그러한 손해들은 예견 가능한 범위에 해당되어야 한다. 또한 손해는 구체적으로 산정되어야 하며 채권자는 발생된 손해를 구체적으로 제시해야 한다.

표 15-13 비엔나협약상 매수인의 손해배상 청구권

제74조	Article 74
당사자 일방의 계약위반으로 인한 손해배상액은 이익의 상실을 포함하여 그 위반의 결과 상대방이 입은 손실과 동등한 금액으로 한다. 그 손해배상액은 위반 당사자가 계약체결 시에 알았거나 알 수 있었던 사실과 사정에 비추어, 계약위반의 가능한 결과로서 발생할 것을 예견하였거나 예견할 수 있었던 손실을 초과할 수 없다.	Damages for breach of contract by one party consist of a sum equal to the loss, including loss of profit, suffered by the other party as a consequence of the breach. Such damages may not exceed the loss which the party in breach foresaw or ought to have foreseen at the time of the conclusion of the contract, in the light of the facts and matters of which he then knew or ought to have known, as a possible consequence of the breach of contract.

3) 계약해제 후 대체거래 시 손해산정

(1) 의의

비엔나협약 제75조는 계약을 해제하고 그 물품에 대한 대체거래가 있었던 경우에 손해를 산정하는 방법을 규정하고 있다. 이 규정은 손해의 산정과 입증이 용이하도록 하기 위한 것이다.

(2) 요건

본 협약 제75조의 규정이 적용되기 위해서는 다음 두 가지 요건이 필요하다.

첫째, 계약해제가 있어야 한다. 계약해제는 해제의 의사표시가 실제로 있어야 한다. 그러므로 부당한 계약해제나 계약해제의 가능성만으로는 적용되지 않는다.

둘째, 물품에 대한 대체거래가 있어야 한다. 이것은 매수인이 다른 곳에서 구입하는 것도, 매도인이 다른 곳에 파는 것도 해당한다. 그러나 이러한 대체거래는 합리적인 방법으로, 그리고 해제 후 합리적인 기간 내에 이루어져야 한다.

(3) 손해의 산정

앞의 요건이 충족되면, 대체거래자는 계약대금과 대체 거래대금의 차액을 청구할 수 있다. 이것은 직접적인 불이행 손해에 해당하는 것이지만 그 외에도 손해(예를 들어 지체손해나 검사비용 등)가 있으면 제74조에 따라 추가적으로 배상을 청구할 수 있다.

표 15-14 비엔나협약상 매수인의 손해산정 방법

제75조	Article 75
계약이 해제되고 계약해제 후 합리적인 방법으로, 합리적인 기간 내에 매수인이 대체물을 매수하거나 매도인이 물품을 재매각한 경우에, 손해배상을 청구하는 당사자는 계약대금과 대체거래 대금과의 차액 및 그 외에 제74조에 따른 손해액을 배상받을 수 있다.	If the contract is avoided and if, in a reasonable manner and within a reasonable time after avoidance, the buyer has bought goods in replacement or the seller has resold the goods, the party claiming damages may recover the difference between the contract price and the price in the substitute transaction as well as any further damages recoverable under article 74.

(4) 다른 규정과의 관계

계약을 해제할지 또는 대체거래를 할지는 원칙적으로 채권자의 자유이다. 그러나 계약을 해제를 하지 않고 손해배상을 청구하는 경우에는 제74조가 적용되며, 해제하였다고 하더라도 대체거래가 없었다면 제74조나 제76조가 적용된다.

표 15-15 비엔나협약상 채권자의 손해경감의무

제77조	Article 77
계약위반을 주장하는 당사자는 이익의 상실을 포함하여 그 위반으로 인한 손실을 경감하기 위하여 그 상황에서 합리적인 조치를 취해야 한다. 계약위반을 주장하는 당사자가 그 조치를 취하지 아니한 경우에는, 위반 당사자는 경감되었어야 했던 손실액만큼 손해배상액의 감액을 청구할 수 있다.	A party who relies on a breach of contract must take such measures as are reasonable in the circumstances to mitigate the loss, including loss of profit, resulting from the breach. If he fails to take such measures, the party in breach may claim a reduction in the damages in the amount by which the loss should have been mitigated.

4) 손해배상책임의 면책

(1) 의의

비엔나협약 제79조는 채무자가 전혀 예측할 수 없는 결과까지 손해배상책임을 부담하는 것은 부당하기 때문에 그 책임을 면할 수 있는 규정을 두고 있다.

그러나 그 요건이 매우 엄격하기 때문에 이 규정에 의해 실제로 면책 받는 예는 그리 많지 않을 것으로 판단된다. 더구나 무역계약에서는 당사자 간에 면책사유를 구체적으로 정하는 것이 보통이므로 이러한 합의가 우선적으로 적용될 것이다.

여기에서 면책(exemption)은 당사자의 계약 불이행으로 인하여 피해를 입었음에도 불구하고 상대방이 손해배상을 받을 수 없는 것을 말한다.

(2) 면책요건

비엔나협약은 계약 불이행의 당사자(매도인 혹은 매수인)가 면책되기 위해서는 다음의 세 가지 요건을 모두 충족하도록 하고 있다(제79조 제1항).

첫째, 계약 불이행의 당사자가 스스로 통제할 수 없는 장애(impediment)로 인해 채무가 불이행되었어야 한다. 예컨대, 자연재해나 전쟁과 폭동, 국가의 수출입 금지조치 등은 채무자의 통제할 수 없는 장애에 해당한다. 그러나 채무자의 이행능력이나 채무자의 이행보조자 때문에 발생하는 것은 통제할 수 있는 장애로 간주된다.

둘째, 계약 불이행의 당사자가 그 장애를 계약체결 시에 예상할 수 없었어야 한다.

여기에서는 계약체결 시 장애의 예견 가능 여부만 중요하며 장애의 존재 여부는 고려대상이 아니다. 따라서 원시적이며 객관적인 불능의 경우에도 이 규정이 적용된다.

셋째, 계약 불이행의 당사자가 장애나 그로 인한 결과를 회피하거나 극복할 수 없었어야 한다. 예컨대, 매수인 국가가 지급유예를 선언했지만 매수인으로서 다른 지급방법이 있었다면 채무자는 면책을 주장할 수 없다.

(3) 이행에 제3자를 사용한 경우 제3자에 대한 책임

계약 당사자가 계약의 전부나 일부를 이행하기 위해 제3자를 사용했을 때, 그러한 제3자의 불이행으로 인해 계약이 원만하게 이행되지 못하게 되는 경우가 있다.

이에 관하여 비엔나협약은 계약의 전부나 일부를 이행하기 위하여 제3자를 사용한 경우에 제3자의 불이행 때문에 당사자의 불이행이 발생한 경우에는 ① 당사자가 면책요건에 따라 면책되고 ② 당사자가 고용한 제3자가 면책요건에 해당하는 경우에 한하여 불이행 당사자는 계약의 불이행으로부터 면책되도록 하고 있다(제79조 제2항).

(4) 면책의 지속

면책은 원칙적으로 장애가 존재하는 동안에만 인정된다. 그러므로 장애가 소멸하거나 채무자가 이후에 그 장애를 극복할 수 있게 되면 면책은 종료된다.

(5) 장애발생의 통지의무

계약 불이행의 당사자는 장애가 존재한다는 것과 그것이 자기의 이행능력에 미치는 영향에 대해 상대방에게 통지해야 한다.

이것은 상대방에게 대비책을 마련할 기회를 부여하기 위함이다. 이 경우 통지는 장애를 알았거나 알 수 있었을 때부터 합리적인 기간 내에 이루어져야 한다.

(6) 면책의 범위

계약 불이행에 대한 면책요건이 충족되더라도 불이행 당사자는 오직 손해배상의 책임만을 면할 따름이다(제79조 제5항). 따라서 채권자는 계약해제, 대금감액, 계약이행의 청구 등 요건이 충족되는 한, 다른 권리구제수단을 행사할 수 있다.

표 15-16 비엔나협약상 손해배상책임과 면책

제79조	Article 79
(1) 당사자는 그 의무의 불이행이 자신이 통제할 수 없는 장애에 기인하였다는 것과 계약체결 시에 그 장애를 예상하거나 또는 그 장애나 그로 인한 결과를 회피하거나 극복하는 것이 합리적으로 기대될 수 없었다는 것을 증명하는 경우에는, 그 의무불이행에 대하여 책임이 없다. (2) 당사자의 불이행이 계약의 전부 또는 일부의 이행을 위하여 사용한 제3자의 불이행으로 인한 경우에는, 그 당사자는 다음의 경우에 한하여 그 책임을 면한다. (a) 당사자가 제1항의 규정에 의하여 면책되고, 또한 (b) 당사자가 사용한 제3자도 그에게 제1항이 적용된다면 면책 되는 경우 (3) 이 조에 규정된 면책은 장애가 존재하는 기간 동안에 효력을 가진다. (4) 불이행 당사자는 장애가 존재한다는 것과 그 장애가 자신의 이행능력에 미치는 영향을 상대방에게 통지해야 한다. 불이행 당사자가 장애를 알았거나 알았어야 했던 때로부터 합리적인 기간 내에 상대방이 그 통지를 수령하지 못한 경우에는, 불이행 당사자는 불수령으로 인한 손해에 대하여 책임이 있다. (5) 이 조는 어느 당사자가 이 협약에 따라 손해배상청구권 이외의 권리를 행사하는 것을 방해하지 않는다.	(1) A party is not liable for a failure to perform any of his obligations if he proves that the failure was due to an impediment beyond his control and that he could not reasonably be expected to have taken the impediment into account at the time of the conclusion of the contract or to have avoided or overcome it or its consequences. (2) If the party's failure is due to the failure by a third person whom he has engaged to perform the whole or a part of the contract, that party is exempt from liability only if: (a) he is exempt under the preceding paragraph; and (b) the person whom he has so engaged would be so exempt if the provisions of that paragraph were applied to him. (3) The exemption provided by this article has effect for the period during which the impediment exists. (4) The party who fails to perform must give notice to the other party of the impediment and its effect on his ability to perform. If the notice is not received by the other party within a reasonable time after the party who fails to perform knew or ought to have known of the impediment, he is liable for damages resulting from such nonreceipt. (5) Nothing in this article prevents either party from exercising any right other than to claim damages under this Convention.

제4절 매수인의 계약위반에 대한 매도인의 구제

비엔나협약은 매수인이 의무를 이행하지 않은 경우, 매도인이 행사할 수 있는 권리구제방법을 제61조에 상세하게 규정하고 있다. 이것은 매도인의 계약위반에 대한 매수인의 구제수단을 규정하고 있는 제45조에 대응하는 것이다.

비엔나협약상 매도인의 구제방법에는 계약이행 청구권(제62조), 추가 이행기간 설정권(제62조, 제63조), 계약해제권(제64조), 물품명세 지정권(제65조), 손해배상 청구권(제74조 내지 제77조) 등이 있다.

이중에서 계약이행 청구권, 계약해제권, 손해배상 청구권은 매도인과 매수인 모두에게 인정되는 권리이며 물품명세 지정권은 매도인만이 가질 수 있는 권리이다.

▌표 15-17▐ 비엔나협약상 매도인에게 인정되는 구제방법

제61조	Article 61
(1) 매수인이 계약 또는 이 협약상의 의무를 이행하지 아니하는 경우에 매도인은 다음을 할 수 있다. (a) 제62조 내지 제65조에서 정한 권리의 행사 (b) 제74조 내지 제77조에서 정한 손해배상의 청구 (2) 매도인이 손해배상을 청구하는 권리는 다른 구제를 구하는 권리를 행사함으로써 상실되지 않는다. (3) 매도인이 계약위반에 대한 구제를 구하는 경우에, 법원 또는 중재판정부는 매수인에게 유예기간을 부여할 수 없다.	(1) If the buyer fails to perform any of his obligations under the contract or this Convention, the seller may: (a) exercise the rights provided in articles 62 to 65; (b) claim damages as provided in articles 74 to 77. (2) The seller is not deprived of any right he may have to claim damages by exercising his right to other remedies. (3) No period of grace may be granted to the buyer by a court or arbitral tribunal when the seller resorts to a remedy for breach of contract.

1. 계약이행 청구권

1) 의의

매수인이 계약을 위반한 경우, 매도인은 매수인에 대하여 당초의 계약대로 대금지급이나 인도의 수령 또는 기타 의무를 이행하도록 청구할 수 있다(제62조).

계약이행 청구권은 채권자가 채무자에게 일정한 행위(급부)를 할 것을 요구할 수 있는 권리 즉, 매도인이 매수인에게 미완성된 매수인의 의무를 완수하라고 요청할 수 있는 권리를 말한다. 이것은 매도인에게 인정된 계약이행 청구권은 매수인이 매도인에게 계약의 이행을 요구할 수 있는 권리를 인정하고 있는 제46조에 대응하여 인정하고 있는 매도인의 권리이다.

매도인의 계약이행 청구권을 규정한 제62조는 제46조에 규정된 매수인의 계약이행 청구권과 비교하여, 조문의 내용이 매우 단순하게 규정되어 있다.

즉, 제46조에서 매수인은 본래 약정품 인도의 청구권, 대체품 인도의 청구권과 부적합 보완의 청구권 등을 통해 매도인에게 계약이행 청구권을 행사할 수 있도록 되어 있기 때문에 조문의 분량이 많다.

그런데 제62조에서 매도인은 매수인에게 계약이행으로 요구할 만한 것이 계약대금의 지급이나 인도물품의 수령과 관련된 사항밖에 없기 때문에 비교적 조문의 규정 내용이 간결하다.

매수인의 대금지급 의무 위반이나 인도물품의 수령의무 위반에 대해 매도인이 구제수단을 행사하는 것은 당연하다. 그런데 예를 들어 FOB계약에서 매수인이 물품을 수령할 수 있도록 선박을 수배하도록 한다든지 대금지급을 위한 외국환거래를 위한 필요한 인허가의 취득을 요구한다든지 하는 대금지급이나 인도수령에 수반되는 모든 의무들도 그 의무를 위반하면 구제수단을 행사할 수 있는 대상이 된다.

2) 권리행사의 제한

권리행사의 제한은 동일한 취지의 구제수단을 중복하여 사용할 수 없다는 것이다.

비엔나협약상 매도인이 매수인에게 계약의 이행을 청구하는 경우에는 계약해제권이나 추가 기간 설정권 행사 등과 같이 계약이행 청구권과 양립하지 않는 다른 권리구제수단이 행사될 수 없다. 여기에서 '양립하지 않는 다른 권리구제의 행사'란 계약이행 청구와 양립되지 않는 구제를 말하며, 계약이행 청구와 같은 취지의 구제수단을 중복적으로 행사할 수 없음을 의미한다.

그러나 예외적으로 손해배상의 청구는 계약이행 청구권과 양립될 수 있으므로 매도인은 계약이행의 청구와 함께, 계약위반으로 침해받은 부분에 대한 손해배상을 매수인에게 청구할 수 있다. 계약이행 청구는 계약을 해제하는 것이 아니므로 계약해제권과 병행은 이루어질 수 없지만 손해배상 청구권과는 병행이 가능하다.

표 15-18 비엔나협약상 계약이행 청구권

제62조	Article 62
매도인은 매수인에게 대금의 지급, 인도의 수령 또는 그 밖의 의무의 이행을 청구할 수 있다. 다만, 매도인이 그 청구와 양립하지 아니하는 구제를 구한 경우에는 그러하지 아니하다.	The seller may require the buyer to pay the price, take delivery or perform his other obligations, unless the seller has resorted to a remedy which is inconsistent with this requirement.

2. 추가 이행기간 설정권

1) 의의와 기간설정

(1) 의의

비엔나협약은 매수인이 계약을 불이행한 경우, 매도인이 바로 계약해제권을 행사하기보다는 그 불이행이 계약의 본질에 해당하지 않는 한, 계약유지의 이념을 충분히 살려 나머지 미완성의 의무를 이행할 수 있는 합리적인 추가 기간을 설정하여 그 이행을 요구할 수 있도록 하고 있다.

추가 이행기간 설정권 혹은 이행기간의 추가설정권은 매도인이 매수인에게 추가적으로 불이행한 의무를 이행할 수 있도록 시간적 여유를 주는 것을 말한다. 이 설정권은 독립적인 구제수단이라기보다는 제62조에 규정된 매도인의 계약이행 청구권에 부수되는 구제수단이다. 이것은 매도인과 매수인 모두에게 인정되는 권리구제수단이다.

(2) 제47조와 구별

비엔나협약 제63조에 규정된 매도인의 추가 이행기간 설정권은 제47조에 규정된 매수인의 추가 이행기간 설정권과 완벽히 대응하는 내용이다.

또한 비엔나협약 제63조에 규정된 매도인의 추가 이행기간 설정권은 제62조에서 인정하는 매도인의 이행청구권을 보충하는 규정이다.

다만 제47조에서 매수인이 대체품 인도나 하자보완 등에 대한 추가 기간을 부여하는 것을 규정했다면, 제62조는 매도인이 매수인의 대금지급이나 물품수령 의무에 추가 기간을 부여하는 권리를 부여하고 있는 점이 차이가 있다.

(3) 추가 이행기간의 설정

매도인은 매수인이 제62조의 의무를 이행하지 않으면 합리적인 추가 이행기간을 설정하여 다시 이행을 청구할 수 있다(제63조 제1항). 이때 추가 이행기간을 설정하는 의사표시는 명시적 또는 묵시적으로도 가능하지만, 그 설정된 기간만큼은 분명해야 한다.

추가 이행기간을 설정할 때에는 ‘The last date when we can accept delivery will be July 1, 2025.’과 같이 확정적이고도 최종적인 인도 날짜를 특정해야 한다.

또한 추가 이행기간을 설정할 때 그 기간은 ‘합리적’이어야 한다. 여기에서 추가 이행기간의 합리성은 인도의 범위와 난이도, 그리고 본래의 인도기간, 불이행의 원인, 지체의 결과 등을 종합하여 판단한 기간이 되어야 한다.

2) 추가 이행기간 설정의 효과

(1) 추가 이행기간 중 다른 구제수단 행사 불가

일단 매도인이 매수인의 의무이행을 위한 추가적인 기간을 설정했다면, 매도인은 설정된 추가 이행기간 동안에는 매수인의 계약위반에 대하여 손해배상 청구권의 행사 이외에, 다른 권리구제수단을 매수인에게 행사할 수 없다.

매도인의 추가 이행기간 설정은 매수인에게는 연장된 이행 가능성을 부여해 주는 동시에 청구를 이행하려는 매수인을 보호하기 위한 조치이다.

(2) 계약해제권과의 관계

추가 이행기간 설정의 중요한 효과는 매수인이 대금지급이나 인도물품의 수령을 불이행하였으나 거래관계의 유지를 위하여 다시 추가적으로 이행 기간을 설정하여 은혜를 베풀었음에도 불구하고, 매수인이 자신이 수행해야 할 의무의 불이행을 선언하거나 또는 매수인이 그 추가로 지정된 이행기간 내에 그의 의무를 이행하지 않았다면, 비록 그 계약위반이 본질적인 계약위반이 아니더라도 매도인은 계약을 해제할 수 있다는 점이다(제64조 제1항 b호).

추가 이행기간 내 계약위반 당사자의 의무 불이행 선언(매수인으로부터 이행하지 않겠다는 통지를 받은 것)은 본질적 계약위반에 준하는 효과를 발휘한다.

(3) 손해배상 청구권과의 관계

추가 이행기간을 설정한 경우에도 매도인은 본래의 이행지체로 발생한 손해에 대해서는 손해배상을 청구할 수 있다. 즉, 매도인은 계약위반에 대한 매수인의 의무이행 청구와는 별개로 그러한 위반으로 야기된 손해에 대해 배상을 청구할 권리가 있다.

| 표 15-19 | 비엔나협약상 이행기간의 추가 설정권

제63조	Article 63
(1) 매도인은 매수인의 의무이행을 위하여 합리적인 추가 기간을 정할 수 있다. (2) 매수인으로부터 그 추가 기간 내에 이행을 하지 아니하겠다는 통지를 수령한 경우를 제외하고, 매도인은 그 기간 중 계약위반에 대한 구제를 구할 수 없다. 다만, 매도인은 이행지체에 대한 손해배상을 청구할 권리를 상실하지 않는다.	(1) The seller may fix an additional period of time of reasonable length for performance by the buyer of his obligations. (2) Unless the seller has received notice from the buyer that he will not perform within the period so fixed, the seller may not, during that period, resort to any remedy for breach of contract. However, the seller is not deprived thereby of any right he may have to claim damages for delay in performance.

3. 계약해제권

1) 의의와 요건

(1) 의의

일반적으로 매도인의 계약해제권은 매수인이 대금지급 의무를 이행하지 않는 등 계약위반의 정도가 지나친 경우, 본질적 위반의 수준에 해당하는 경우, 그 밖에 중대한 손실을 야기하는 경우에 행사된다. 비엔나협약에서 매도인의 계약해제권(제64조)은 매수인의 계약해제권(제49조)의 내용과 동일하게 규정되어 있다.

매수인의 해제권과 같이 매도인의 해제권 역시 엄격한 요건을 정하고 있으며(제1항), 발생된 해제권도 제때에 행사하지 않으면 상실되도록 하고 있다(제2항).

이것은 가능한 한, 계약해제권 행사의 가능성을 줄이고자 한 의도이다.

매도인의 계약해제권은 계약위반이 본질적인 위반에 해당하거나 본래의 의무를 이행하도록 매도인이 추가 기간을 설정했음에도 기간 내에도 의무를 이행하지 않거나 그 의무를 이행하지 않을 것임을 매도인에게 표명한 경우에 행사될 수 있다.

또한 매수인이 대금을 지급하지 않거나 정당한 사유 없이 물품을 인수하지 않는 경우, 또는 매수인이 약정기간 내에 신용장을 발행하지 않은 경우 등은 그 위반이 본질적 계약위반을 구성하기 때문에 이 경우에도 매도인은 계약해제권을 행사할 수 있다.

(2) 요건

첫째, 매수인의 계약위반이 본질적 계약위반이 되면 매도인은 바로 계약을 해제할 수 있다. 본질적 계약위반이 무엇인지는 제25조에 상세히 규정되어 있다.

대금지급을 명백히 거부하는 것은 본질적 계약위반에 해당하지만, 대금지급 의무나 물품 수령의무의 단순한 위반은 일반적으로 이행지체에 해당하는 경우가 많다.

둘째, 매수인의 계약위반이 본질적 위반이 아닌 경우로서, 매수인이 대금의 지급의무나 물품의 수령의무를 이행하지 않아 매도인이 추가 기간을 설정해 주었으나, 여전히 그 기간 내에 이행하지 않거나 또는 그 채무를 이행하지 않겠다고 선언한 경우에는 매도인이 계약을 해제할 수 있다.

따라서 매수인이 대금지급 의무와 물품의 수령의무 이외의 기타 의무를 위반한 경우에는 추가 기간을 설정하여도 그것이 본질적 계약위반이 되지 않는 한, 계약을 해제할 수 없다. 여기의 대금지급 의무에는 대금지급의 준비의무도 포함되며(제54조), 수령의무도 물품의 수령 자체 외에 그 준비행위도 포함된다는 사실에 유의해야 한다.

2) 해제권의 행사기간

비엔나협약 제64조 제2항은 매도인이 제척기간 내에 계약해제 선언을 하지 않으면, 계약해제권이 상실된다는 내용을 규정하고 있다.

여기에서는 이행지체와 이행지체 이외의 계약위반으로 구분하고, 후자는 다시 매도인이 위반을 알았거나 알 수 있었던 때로부터 합리적인 기간 내와 매도인이 추가 이행기간을 설정한 경우로 구분하고 있다.

첫째, 매수인이 이행지체 후에 이행을 한 경우 매도인은 매수인의 이행사실을 알기 이전까지는 계약을 해제할 수 있으나 이행사실을 알게 된 후에는 해제권을 상실한다(제64조 제2항 a호).

예를 들어 대금지급이나 물품의 수령 의무의 이행이 지체되어 본질적 계약위반이 되었으나 후에 그 의무가 이행된 경우에 매도인은 그 이행을 알기 전까지는 계약을 해제할 수 있으나 안 후에는 해제할 수 없다.

둘째, 매수인의 이행지체 이외의 계약위반이 본질적 계약위반인 경우에는 매도인이 그 위반을 알았거나 알 수 있었을 때부터 합리적인 기간이 지나면 해제권을 상실하고(b호 i), 또한 매도인이 정한 추가 이행기간을 경과한 후 또는 그 추가 이행기간 내에 채무를 이행하지 않겠다고 매수인이 명확히 선언한 후 경우는 선언한 때로부터 합리적인 기간이 경과하면 매도인은 해제권을 상실한다(b호 ii).

표 15-20 비엔나협약상 계약해제권

제64조	Article 64
(1) 매도인은 다음의 경우에 계약을 해제할 수 있다. (a) 계약 또는 이 협약상 매수인의 의무 불이행이 본질적 계약위반으로 되는 경우 (b) 매수인이 제63조 제1항에 따라 매도인이 정한 추가 기간 내에 대금지급 또는 물품수령 의무를 이행하지 아니하거나 그 기간 내에 그러한 의무를 이행하지 아니하겠다고 선언한 경우 (2) 그러나 매수인이 대금을 지급한 경우에는, 매도인은 다음의 기간 내에 계약을 해제하지 아니하는 한 계약해제권을 상실한다. (a) 매수인의 이행지체의 경우, 매도인이 이행이 이루어진 것을 알기 전 (b) 매수인의 이행지체 이외의 위반의 경우, 다음의 시기로부터 합리적인 기간 내 (i) 매도인이 그 위반을 알았거나 또는 알 수 있었던 때 (ii) 매도인이 제63조 제1항에 따라 정한 추가 기간이 경과한 때 또는 매수인이 그 추가 기간 내에 의무를 이행하지 아니하겠다고 선언한 때	(1) The seller may declare the contract avoided : (a) if the failure by the buyer to perform any of his obligations under the contract or this Convention amounts to a fundamental breach of contract; or (b) if the buyer does not, within the additional period of time fixed by the seller in accordance with paragraph (1) of article 63, perform his obligation to pay the price or take delivery of the goods, or if he declares that he will not do so within the period so fixed; (2) However, in cases where the buyer has paid the price, the seller loses the right to declare the contract avoided unless he does so: (a) in respect of late performance by the buyer, before the seller has become aware that performance has been rendered; or (b) in respect of any breach other than late performance by the buyer, within a reasonable time: (i) after the seller knew or ought to have known of the breach; or (ii) after the expiration of any additional period of time fixed by the seller in accordance with paragraph (1) of article 63, or after the buyer has declared that he will not perform his obligations within such an additional period.

4. 물품명세 지정권

1) 필요성

매수인이 물품의 규격이나 형태, 크기, 품질 수준 등 물품의 명세를 결정하기로 한 매매계약에서는 매수인이 적정한 시기에 이것을 결정하여 매도인에게 알려 주어야만 매도인이 그 물품을 생산하여 인도할 수 있다. 그럼에도 매수인이 이를 결정하여 매도인에게 통지하지 않는 경우에는 매도인이 스스로 이를 결정할 수 있는 권한이 있다. 이것을 물품명세 지정권 또는 물품명세 확정권이라고 한다.

매매계약에서는 물품의 구체적인 내용 중 기본적인 사항만을 특정하고 기타 세부적인 항목은 추후에 매수인이 매도인에게 알려 주도록 하는 내용으로 계약을 체결하는 경우가 있다. 이 경우 이후 시장 상황의 변동에 따라 매수인이 그 물품을 원하지 않게 되면 그 구체적 명세 제공을 거절함으로써 매매계약의 파기를 시도하기도 한다.

따라서 계약상 매수인이 물품의 명세를 지정하도록 정하였음에도 불구하고, 매수인이 지정하지 않은 경우 매도인은 물품의 명세를 지정할 수 있다.

물품명세 지정권은 매수인이 명세를 확정하지 아니함으로써 그 계약물품의 공급을 거절하고 그의 의무를 이탈하는 것을 방지하기 위해 규정한 매도인의 권리이다.

2) 의의

비엔나협약 제65조는 계약에서 물품의 형태나 규격 등을 정하지 않고 그 결정을 매수인에게 맡겨 놓았는데 매수인이 이것을 결정하지 않는 경우에 행사할 수 있는 매도인의 권리와 요건을 규정하고 있다. 매도인의 구제수단 중 매수인의 구제수단과 중첩되지 않으면서도 매우 특이한 것이 바로 물품명세 지정권이다.

3) 행사 요건

매도인이 물품명세 지정권을 행사하기 위해서는 다음 요건들이 충족되어야 한다.

첫째, 계약상 물품명세가 결정되어 있지 않아 공백상태가 되어야 한다.

둘째, 물품명세를 결정할 수 있는 권한이 매수인에게 있어야 한다. 이것은 매수인이 이를 확정하지 않으면, 매수인을 대신하여 매도인이 결정할 수 있다는 의미이다. 따라서 가격 등을 추후에 매도인이 정하도록 한 경우는 이 규정은 적용되지 않는다.

셋째, 매수인이 합리적인 기간 내에 물품의 명세를 확정하지 않아야 한다. 즉, 결정하기로 합의한 기일 또는 매도인으로부터 결정하도록 요구받은 후 합리적인 기간 내에 매수인이 이를 정하지 않아야 한다.

넷째, 매도인이 이미 알려진 매수인의 요구조건에 부합하는 물품의 명세를 확정해야 한다. 매도인은 물품명세 지정권을 행사할 때 스스로가 물품의 명세를 결정하지만, 그렇다고 완전히 뜬금없는 내용으로 명세를 확정시키면 안 된다. 이 경우에 매도인은 이미 알고 있는 매수인의 요구사항에 따라 물품 명세를 확정해야 한다.

| 표 15-21 | 비엔나협약상 물품명세의 지정권

第65条	Article 65
(1) 계약상 매수인이 물품의 형태, 규격 그 밖의 특징을 지정해야 하는 경우에, 매수인이 합의된 기일 또는 매도인으로부터 요구를 수령한 후 합리적인 기간 내에 그 지정을 하지 아니한 경우에는, 매도인은 자신이 보유하는 다른 권리를 해함이 없이, 자신이 알고 있는 매수인의 필요에 따라 스스로 지정할 수 있다. (2) 매도인은 스스로 지정하는 경우에 매수인에게 그 상세한 사정을 통고하고, 매수인이 그와 다른 지정을 할 수 있도록 합리적인 기간을 정해야 한다. 매수인이 그 통지를 수령한 후 정하여진 기간 내에 다른 지정을 하지 아니하는 경우에는, 매도인의 지정이 구속력을 가진다.	(1) If under the contract the buyer is to specify the form, measurement or other features of the goods and he fails to make such specification either on the date agreed upon or within a reasonable time after receipt of a request from the seller, the seller may, without prejudice to any other rights he may have, make the specification himself in accordance with the requirements of the buyer that may be known to him. (2) If the seller makes the specification himself, he must inform the buyer of the details thereof and must fix a reasonable time within which the buyer may make a different specification. If, after receipt of such a communication, the buyer fails to do so within the time so fixed, the specification made by the seller is binding.

4) 매도인의 지정과 확정 통지

비엔나협약 제65조 제2항은 '매도인은 스스로 지정하는 경우 매수인에게 그 상세한 사정을 통지하고 매수인이 그와 다른 지정을 할 수 있도록 합리적인 기간을 정해 주어야 한다.'고 규정되어 있다. 이 규정에 따라 매수인은 이 기간 내에 자신의 필요에 따른 명세를 확정하여 매도인에게 통지해야 한다. 그런데 만약 그렇게 하지 않는 경우에는 매도인이 확정한 물품명세가 구속력을 갖게 된다.

이것은 매수인에게 명세를 확정할 기회를 주었음에도 불구하고 그가 신의를 다하지 않았으므로 매도인이 결정한 명세에 효력을 부여하는 것이다.

5) 효과

전술한 요건이 충족되면 매도인은 스스로 물품명세를 지정할 수 있다. 그런데 매도인은 스스로 이를 결정하지 않고 계약위반을 이유로 이에 따른 구제수단을 행사할 수도 있다. 예컨대, 물품명세 지정을 위한 추가 이행기간을 설정할 수도 있고 그것이 본질적인 계약위반에 해당하면 계약을 해제할 수도 있다.

5. 손해배상 청구권

1) 손해배상 청구의 근거

손해배상은 계약위반이 있을 때 청구할 수 있다(제74조 제1문). 여기에서 계약위반이란 계약과 비엔나협약에서 정한 당사자의 의무를 위반한 것이다(제45조 제1항과 제61조 제1항). 또한 계약위반은 이미 행해진 것을 원칙으로 하지만 장래 계약위반이 명백한 경우(제72조)에도 손해배상을 청구할 수 있다.

비엔나협약상 손해배상 청구권의 근거는 매수인에 대해서는 제45조 제1항 b호에, 매도인에 대해서는 제61조 제1항 b호에 규정하고 있으며, 손해배상의 범위는 제74조에 규정되어 있다. 또한 제75조와 제76조는 손해산정을 위한 특별규정이기 때문에 이들 규정을 보충하는 역할을 하는 기본 규정인 제74조보다 먼저 적용된다.

2) 손해배상 청구권의 행사

손해배상 청구권은 매도인과 매수인 모두에게 인정되는 권리이다. 비엔나협약은 매수인이 의무를 위반한 경우 매도인은 손해배상을 청구할 수 있고, 이러한 손해배상 청구권은 다른 모든 구제수단과 병행하여 행사할 수 있도록 규정하고 있다(제61조).

따라서 손해배상 청구권은 계약이행 청구권, 대금감액 청구권 등과 함께 행사할 수 있고 나아가 계약해제권과도 함께 행사할 수 있다.

계약해제권과 손해배상의 청구권은 가장 대표적인 구제방법이다. 대금감액 청구는 그것으로 손해가 보상될 수 있는 경우가 대부분이므로 손해배상 청구권과 병행하여 행사되는 경우는 거의 없다.

| 표 15-22 | 비엔나협약상 매도인에게 인정되는 손해배상청구의 근거

제61조	Article 61
(1) 매수인이 계약 또는 이 협약상의 의무를 이행하지 아니하는 경우에 매도인은 다음을 할 수 있다. (a) 제62조 내지 제65조에서 정한 권리의 행사 (b) 제74조 내지 제77조에서 정한 손해배상의 청구 (2) 매도인이 손해배상을 청구하는 권리는 다른 구제를 구하는 권리를 행사함으로써 상실되지 않는다. (3) 매도인이 계약위반에 대한 구제를 구하는 경우에, 법원 또는 중재판정부는 매수인에게 유예기간을 부여할 수 없다.	(1) If the buyer fails to perform any of his obligations under the contract or this Convention, the seller may: (a) exercise the rights provided in articles 62 to 65; (b) claim damages as provided in articles 74 to 77. (2) The seller is not deprived of any right he may have to claim damages by exercising his right to other remedies. (3) No period of grace may be granted to the buyer by a court or arbitral tribunal when the seller resorts to a remedy for breach of contract.

제16장

무역클레임과 상사중재

제1절 무역클레임의 원인과 내용

1. 무역클레임의 발생원인

1) 의의

무역클레임(trade claim)이란 당사자 일방이 고의나 과실로 계약의 일부나 전부를 불이행함으로써 손해를 입은 당사자가 가해자에게 손해배상 등을 청구하는 것을 말한다. 일반적으로 무역클레임은 매수인이 매도인에게 제기하는 것을 의미한다.

2) 발생원인

(1) 직접적인 원인

① 무역계약 상담이나 체결과정의 미흡

무역거래에서는 상담이나 계약을 체결하는 과정에서 계약조건에 대한 오해, 착오, 불충분한 합의, 부주의 등이 클레임 발생의 직접적 요인으로 작용하는 경우가 많다.

② 무역계약서 내용의 미비

무역거래에서는 계약서만이 당사자의 유일한 합의내용으로 간주되는 것이 일반적인 관행이다. 그러므로 계약서 내용의 미비는 곧바로 클레임 발생의 직접적인 원인이 될 수 있다. 따라서 상담이나 계약의 체결과정에서 합의된 사항들은 무역계약서에 빠짐없이 반영되어야 한다.

③ 무역계약의 이행불완전 또는 계약불이행

어느 한 당사자가 무역계약의 이행과정에서 계약이행을 불완전하게 하거나 불이행하는 등 계약조건을 제대로 이행하지 못하면 클레임이 발생한다.

(2) 간접적인 원인

① 사용언어의 상이

무역거래에서 사용하는 언어의 상이는 상호 간의 의사소통을 어렵게 할 뿐 아니라 의미전달이나 해석상의 오해를 초래하여 클레임 발생의 원인이 된다.

② 무역전문용어의 몰이해나 의견 차이

무역거래에서는 무역에 관한 특수한 전문용어들이 사용된다. 이러한 용어들의 이해는 오랜 실무상의 경험과 지식이 필요한데, 간혹 이러한 전문용어들에 대한 의견 차이나 몰이해가 클레임의 발생 원인이 되는 경우도 있다.

③ 도량형의 차이

무역거래에 사용되는 도량형의 단위는 국가마다 그 해석기준이 서로 상이하기 때문에 이러한 도량형의 차이가 클레임을 발생시키는 원인이 되기도 한다.

④ 사전 신용조사의 미비

거래상대방의 신용조사를 하지 않거나 불충분한 조사상태에서 거래를 하게 되면 그것이 클레임 발생의 원인이 되기도 한다.

⑤ 상대국 법규의 몰이해

무역거래에서는 상대국의 식품위생법이나 공업소유권, 무역규제법, 독점금지법, 덤핑방지법, 환경관리법 등 관련 법규나 제도를 제대로 이해하지 못하거나 저촉되면 그것이 무역클레임의 발생 원인이 되는 경우가 있다.

⑥ 상관습 및 법률의 상이

무역거래에서는 각국의 법과 상관습이 서로 상이하여 그것이 무역클레임 발생의 원인이 되기도 한다. 무역거래에서 나타나는 이러한 문제점을 해소하기 위해 국제무역단체들은 인코텀즈 등 무역거래에 적용되는 통일규칙들을 제정하고 있다.

⑦ 무역실무 지식의 부족

무역거래는 복잡한 업무절차뿐 아니라 제조업자, 수출입업자, 은행, 운송과 보험회사, 세관, 무역관계기관 등이 복합적으로 개입한다. 이때 당사자가 무역 업무에 익숙하지 않아 제대로 이행하지 못하면 그것이 클레임을 발생시키는 원인이 된다.

2. 무역클레임의 분류

1) 제기자에 따른 분류

무역클레임은 수출자가 제기하는 클레임과 수입자가 제기하는 클레임으로 구분된다.

2) 제기내용에 따른 분류

(1) 금전을 내용으로 하는 클레임

① 손해배상의 청구

손해배상청구란 금전적 손해를 입은 당사자가 피해를 입힌 상대방에게 손해를 금전으로 계산하여 이에 상응하는 배상을 청구하는 것을 말한다.

② 대금지급의 거절

대금지급의 거절이란 매수인이 계약을 이행해야 할 시기가 도래하였음에도 매도인에게 대금지급 의무의 이행을 거절하겠다는 의사를 표시하는 것을 말한다.

③ 대금감액의 청구

대금감액의 청구란 매수인이 그 물품을 인수하되 매도인에게 계약가격보다 감액된 상품가격으로 인수하겠다고 요구하는 것을 말한다.

(2) 금전 이외의 청구를 내용으로 하는 클레임

① 화물의 인수거절

화물의 인수거절이란 현저히 저질인 물품이 공급된 경우나 상이한 물품이 공급된 경우에 매수인이 계약물품의 일부나 전부의 인수를 거절하는 것을 말한다.

② 계약이행의 청구

계약이행의 청구란 약정 대금의 송금이나 신용장의 발행, 약정물품의 선적 등 계약(채무)내용을 이행하도록 상대방에게 요청하는 것을 말한다.

③ 잔여계약분의 계약해제

잔여계약분의 계약해제란 1차 도착한 상품의 품질이 불량하거나 규격이 상위하여 판매가 곤란할 경우 나머지 분의 계약을 해제하는 것을 말한다.

3. 무역클레임의 내용

당사자 사이에 제기하는 클레임은 기본계약상 상품 자체에 대한 약정인 품질조건이나 수량조건 등이 주종을 이룬다. 그 외에도 무역계약의 이행을 위한 약정사항인 선적조건, 보험조건 및 결제조건에 대한 클레임도 많이 발생하고 있다.

1) 품질에 관한 클레임

품질(quality)이란 상품 본래의 성능이나 성질 또는 매매의 목적물로서의 적합성을 판단하기 위해 필요한 특정요소를 말한다. 상품의 품질은 가격과 더불어 상품의 시장적합성을 좌우하는 2대 요소이다.

물품의 품질은 거래당사자 간 중요한 관심사이기 때문에 선적 시의 품질과 양륙 시의 품질이 서로 달라 클레임이 야기되는 경우가 많다.

따라서 해당 물품이 약정된 품질수준을 충족하는가의 여부를 어느 시점의 품질상태에 의하여 판정할 것인가 하는 기준시점을 약정해 두어야 한다.

품질의 결정시기는 선적품질조건과 양륙품질조건이 있다. 선적품질조건은 선적시점에 상품을 검사하여 약정된 품질조건에 적합한지의 여부를 판단하는 조건이고, 양륙품질조건은 적항에 상품이 도착하여 양륙된 후 그 품질을 검사하여 약정된 수준에 적합한지의 여부를 판단하는 조건이다.

품질클레임은 주로 물품을 검사한 결과 견본과 도착된 물품이 현격한 차이가 있을 때, 계약서 내용과 도착한 상품에 차이가 있을 때, 품질의 불량이나 변색, 변질 등의 원인이 있을 때 발생된다.

클레임의 가장 기본적이고 가장 많은 건수는 품질에 관한 클레임이다. 여기에 해당하는 대표적인 것으로는 품질불량(inferior quality), 품질상위(different quality), 규격상위(different specification), 변질(deterioration), 변색(discoloration), 색상상위, 내용 상이, 형식 상이, 등급 저하(inferior grade), 불량품 혼입, 품질 상이, 물품의 과다혼입, 사용이 불가능한 품질 등이 있다.

품질 불량은 계약상품과 다른 저질의 상품이 도착했을 경우에 제기되는 클레임이며 운송 도중에 상품이 퇴색, 변질, 파손되는 경우도 포함된다.

내용 상이는 계약내용과 다른 상품이 인도되었을 때 발생하며, 규격상위는 계약을 결한 상품의 규격과 상이한 규격의 상품이 도착했을 때 제기된다.

품질에 관한 클레임에는 변색, 색과 색조의 상위 등 색상에 관한 클레임과 치수의 부족, 치수의 상위, 치수의 불량, 치수의 초과 등 치수에 관한 클레임도 포함된다.

2) 수량에 관한 클레임

계약물품의 수량은 총 가격을 산출하는 기초가 되기 때문에 매우 중요한 조건이다. 수량조건에서 결정되어야 할 것은 수량약정(표시)의 방법과 검량의 기준시기, 계량의 방법 및 수량의 증명방법 등이다.

보통은 선적된 수량이 대금결제의 근거가 되지만, 양륙된 수량에 의해 계산이 이루어지는 경우도 있다. 전자를 선적수량조건이라 하고 후자를 양륙수량조건이라 한다.

중량계산에는 총중량(gross weight), 순중량(net weight), 정미순중량(net net weight) 등이 있고, 톤의 표시방법 가운데도 영톤, 미톤, 프랑스 톤은 각각 그 의미가 다르기 때문에 이를 명확히 합의하여 표기해야 클레임이 예방될 수 있다.

수량에 관한 클레임의 대표적인 경우는 수량 감소(diminution)나 감량(light weight), 부족(short weight), 수량의 과다, 중량계산 상위, 과소선적이나 초과선적, 중량톤에 의한 경우의 채용단위 차이 등이 있다.

3) 선적에 관한 클레임

선적이란 물품을 현실적으로 선박에 적재하는 본선적재뿐 아니라 본선에 적재하기 위해 운송인에게 유효하게 인도하는 것을 의미이다.

선적에 관한 클레임의 대표적인 경우는 지연선적(delayed shipment), 선적불이행 혹은 부적(non-delivery), 하역불량(bad handing), 환적(transshipment), 분실(missing), 적부불량(bad stowage), 유실(drifting away) 및 도난(pilferage) 등이 있다.

선적의 지연이나 불이행이 수출자의 사정으로 발생하는 경우에는 당연히 적절한 손해배상을 해야 하지만, 수출자가 책임질 수 없는 불가항력에 기인한 것일 경우에는 대개 계약서에 포함된 불가항력조항에 의거하여 면책된다.

4) 가격에 관한 클레임

가격에 관한 클레임의 대표적인 경우는 CIF나 FOB와 같은 가격의 약어표시에 대한 이해 부족이나 국제상관습을 알지 못함으로써 발생한다.

그리고 계약을 이행하기 전 또는 계약을 이행하는 중에 운임과 보험료의 요율변동, 외환시세의 변경에 의하여도 클레임이 발생한다.

또한 상품의 명칭이나 종류를 잘못 표시하여 높은 비율의 관세가 부과되었다든지, 원산지증명서 등 적출지에서 작성하는 서류를 첨부하지 않는다든지 또는 상품 자체의 결함으로 수입통관이 늦어지고 비용이 소요된 경우에도 클레임이 발생한다.

5) 결제에 관한 클레임

쌍무계약의 성질을 가지고 있는 무역계약의 이행은 매도인의 물품인도와 매수인의 대금결제로 이루어지므로, 수출입계약에서는 선적조건과 더불어 결제조건이 그 근간이 되며 핵심을 이룬다.

결제에 관한 클레임은 주로 수출자가 제기하는 클레임이다. 송금이나 추심결제방식은 물론 신용장결제에서도 클레임은 발생할 수 있다.

결제에 관한 클레임의 대표적인 경우는 대금미지급(non-payment)이나 환어음 부도, 신용장의 개설지연이나 개설불이행, 계약조건과 다른 신용장 개설 등이 있다.

넓은 의미로는 부정송장, 잘못 작성된 송장, 계산착오 등도 여기에 포함된다.

서류거래인 신용장거래에서는 상품과는 독립적으로 서류상에 조그마한 하자가 발견되어도 수입자가 환어음의 지급 또는 인수를 거절하는 경우가 많다.

6) 운송에 관한 클레임

운송에 관한 클레임의 대표적인 경우는 운송중의 누손, 증발, 혼합, 파손, 환적, 분실(missing), 도난, 난폭취급 등이 있다. 이러한 모든 위험을 수출자나 선사가 책임진다는 것은 사실상 불가능하므로 해상보험에 부보해야 한다.

7) 보험에 관한 클레임

보험에 관한 클레임의 대표적인 경우는 부보태만이다. 이것은 수출자가 체결한 보험계약이 계약에서 합의된 보험조건과 일치하지 않아 보험회사로부터 보상을 받을 수 없는 경우에 제기되는 클레임이다. 예로 ICC(A) 조건으로 부보해야 할 것을 ICC(B) 조건으로 부보했거나 전쟁위험을 담보하기 위한 약관을 첨부하지 않은 경우 등이다.

8) 포장에 관한 클레임

포장에 관한 클레임의 대표적인 경우는 포장불량(wrong packing), 불완전 포장, 포장 불충분, 부정한 포장, 포장파손 등이 있다. 포장을 불완전하게 하면 화물이 파손되거나 부패가 쉽게 발생할 수 있다.

9) 하인에 관한 클레임

하인(shipping mark)에 관한 클레임의 대표적인 경우는 하인의 누락(no mark), 하인상위, 하인소멸, 하인의 혼합으로 인하여 발생한 손해 등이 있다.

4. 무역클레임의 제기자와 구분

1) 제기자

무역클레임은 수출자나 수입자 어느 당사자에게나 발생하는 것이지만, 실무에서는 수입자가 수출자에게 제기하는 경우가 압도적으로 많다.

그러한 의미에서 보통 무역클레임이라고 하면 수입자가 수출자에게 제기하는 손해배상청구 등을 의미한다. 이 경우 클레임의 피해자인 클레임 제기자를 'Claimant'라고 부르고 가해자인 손해책임자를 'Claimee'라고 부른다.

2) 구분

무역클레임은 크게 손상화물에 대한 클레임과 무역거래상의 클레임으로 구분되지만 일반적으로 우리가 무역클레임이라고 부르는 것은 무역거래상의 클레임을 의미한다. 따라서 무역거래에서 발생하는 주종의 클레임을 무역거래상의 클레임이다.

(1) 손상화물에 대한 클레임

손상화물에 대한 클레임(claim on damaged cargo)은 화물의 운송 도중에 사고가 발생하여 화물이 멸실되거나 손상을 입은 경우, 피해자인 하주(수출자나 수입자)가 선사나 보험회사에게 손해배상을 청구하는 운송클레임 및 보험클레임을 말한다. 이것을 광의의 무역클레임이라고 한다.

이 클레임은 주로 해상운송상의 위험을 대상으로 하고, 그러한 손해는 운송을 책임지고 있는 운송인이나 보험회사를 통해 보상받을 수도 있다.

(2) 무역거래상의 클레임

무역거래상의 클레임(claim on business)은 매매계약의 당사자(수출자나 수입자) 중 한 당사자가 계약내용을 이행하지 않는 등 계약을 위반함으로써 피해를 입은 당사자가 그로 인하여 입은 손해를 상대방에게 청구하는 것을 말한다.

이를 협의의 무역클레임 또는 무역클레임이라고 한다. 일반적으로 클레임이라 할 때에는 이것을 지칭하는 것이다. 이 클레임은 인도화물에 손상이 발생한 경우나 결제날짜에 지급이 이루어지지 않은 것과 같이 매매계약의 불이행이나 불완전이행이 주요 원인이 되는 클레임이다. 이 클레임은 운송인이나 보험회사의 책임이 아니라 수출입 하주들의 책임에 속하는 것이기 때문에 클레임이 발생하면 양 당사자가 이를 해결해야 하고 그에 의한 경제적 손실도 스스로 부담해야 한다.

제2절 무역클레임의 예방과 해결방법

1. 무역클레임의 예방

1) 무역클레임 예방의 의의

무역클레임의 예방이란 무역클레임이 발생하여 손해배상청구 등이 제기되기 전에 미리 대처하여 클레임의 발생을 막는 모든 활동을 말한다.

'클레임의 예방은 중재나 조정보다 낫다.'는 말과 '최근에는 임상의학보다는 예방의학의 중요성이 부각되고 있다.'라는 말은 모두 클레임의 발생을 사전에 예방하는 것이 더 중요하다는 것을 의미하고 있다.

2) 무역클레임 예방의 중요성

전술과 같이, 무역클레임의 발생은 부득이한 현상이라 하더라도 실제로 클레임이 발생한 경우에 이것을 어떻게 효율적이며 경제적으로 해결할 것인가 하는 문제보다, 어떻게 이러한 클레임의 발생을 사전에 잘 예방할 것인지가 무엇보다도 중요하다.

무역클레임의 사전예방이 중요한 이유는 다음과 같다.

첫째, 무역클레임 처리와 해결에 매달리게 되면 본연의 수출입업무에 전념하지 못하게 됨으로써 회사로서는 큰 손실을 입게 된다.

둘째, 일단 무역클레임이 발생하게 되면 이를 해결하는데 불가피하게 부가적인 시간과 비용이 발생하므로 원활한 무역거래에 지장을 받게 된다.

셋째, 마켓클레임이 아닌 이상, 클레임의 제기자이든 클레임의 가해자이든을 불분하고 클레임이 발생되면 양 당사자 모두가 손해를 입을 수밖에 없다.

넷째, 무역거래에서 클레임이 발생하면 가해자는 피해자의 손해를 보상해 주어야 하므로 경제적으로 손해를 입을 뿐 아니라 정상적인 거래도 지장을 초래하게 된다.

다섯째, 무역클레임이 제기되어 그 해결이 이루어질 때까지 상당히 많은 시간이 소요되고 많은 정력을 쏟아야 하므로 정신적, 육체적 고통이 수반된다.

여섯째, 무역클레임이 발생된 후 그것이 당사자 간에 우호적으로 해결되지 않으면 상대방과의 거래가 더 이상 지속되기가 어렵다. 어렵게 거래가 성사되었는데 클레임으로 인해 거래가 단절되면 거래처를 잃어버리게 된다.

일곱째, 무역클레임은 해당 기업뿐 아니라 국가의 경쟁력과 이미지와도 밀접한 관계를 맺고 있다. 그러므로 무역클레임이 제기되면 클레임을 제기 당한 당사자뿐만 아니라 크게는 그 국가의 이미지까지도 실추 당하게 된다.

2. 무역클레임의 해결방법

1) 우선 순위

무역클레임을 해결하는 방법을 말할 때 '중재는 소송보다 낫고, 타협이나 화해는 중재보다 낫다.'는 말이 있다. 이 의미는 무역클레임이 발생하면 당사자가 서로 우호적으로 해결하는 것이 가장 바람직하며 그렇지 못할 경우에는 어쩔 수 없이 제3자의 개입을 통해 해결할 수밖에 없다는 뜻이다.

결국, 절차의 복잡성이나 비용 등을 종합적으로 고려했을 때 무역클레임을 해결하는 가장 바람직한 순서는 타협이나 화해 〉 알선 〉 조정 〉 중재 〉 소송 순서가 된다.

2) 당사자 간의 해결방법

당사자 간의 해결방법은 당사자가 직접 교섭하여 우호적으로 해결하는 것으로 가장 이상적인 분쟁해결방법이다. 왜냐하면 당사자는 클레임의 발생 원인이나 상황 등을 가장 잘 알고 있고 당사자가 직접 타협하여 해결하면 상대방과의 거래관계도 계속 유지할 수 있기 때문이다. 여기에는 청구권의 포기와 타협이나 화해가 있다.

(1) 청구권의 포기

청구권의 포기는 클레임을 제기하는 것을 포기하는 대신 경고를 함으로써 앞으로의 주의를 촉구하여 클레임을 해결하는 방법이다.

이 방법은 클레임의 액수가 작은 경우에 향후 같은 실수를 되풀이하지 않도록 하는 주의와 경고를 주는 정도에서 클레임의 청구권을 포기하는 경우에 이용된다.

(2) 타협이나 화해

타협(compromise)이나 화해(reconciliation)는 쌍방의 타협으로 적당한 수준의 금전적인 보상이나 대체상품의 송부 등 당사자 사이에 합리적인 방법으로 합의안을 도출하여 제3자의 개입 없이 클레임을 우호적으로 해결하는 방법이다. 가장 바람직한 분쟁의 해결방법이며 거의 모든 클레임은 이 방법을 통해 해결되고 있다.

3) 제3자의 개입을 통한 해결방법

제3자의 개입을 통한 해결방법은 쌍방이나 일방의 감정이 대립되어 제3자의 냉정한 판단이 필요하거나 당사자가 원만하게 분쟁을 해결할 수 없을 경우에 분쟁을 해결하는 방법이다. 여기에는 알선, 조정, 중재, 소송이 있다.

(1) 알선

① 의의

알선(recommendation)은 상공회의소나 상사중재원과 같은 공정한 제3자의 기관이 당사자의 요청에 따라 사건에 개입하여 원만한 타협이 이루어지도록 조언하고 양 당사자가 그 조언을 수용함으로써 분쟁을 해결하는 방법이다.

② 특징

알선의 경우 알선안을 받아들이기 위해서는 당사자의 절대적 협력이 필요하며 알선안 그 자체는 강제력이 없다. 그러나 일선을 담당하는 제3자 기관이 양 당사자에게 강한 영향력을 미치는 경우에는 알선으로도 분쟁이 해결되는 경우가 있다.

③ 공통점과 차이점

알선이나 조정과 중재는 모두 제3자의 개입을 통해 분쟁을 해결하는 방법이라는 공통점이 있다. 그러나 알선이 조정이나 중재와 다른 점은 알선은 조정이나 중재에 비해 비형식적이며, 당사자 일방의 의뢰에 의해서도 알선절차가 진행된다는 점이다.

(2) 조정

① 의의

조정(mediation)은 양 당사자가 공정한 제3자를 조정인(mediator)으로 선임하여 분쟁의 해결방안을 제시해 줄 것을 부탁하고, 그 조정인이 제시하는 해결안(조정안)에 양 당사자가 자주적으로 합의함으로써 분쟁을 해결하는 방법이다.

조정은 알선과 흡사하지만 구조면에서 알선보다 더 형식적이며, 조정은 중재절차의 한 부분으로 취급되지만 알선은 중재와 다른 성격을 가지고 있다. 또한 알선과 조정은 권고의 성격을 가지고 있으나 중재는 사법적이고 기능적이며 판정을 내린다.

② 특징

첫째, 당사자 중 어느 일방 당사자가 마음대로 조정에 붙일 수 없다.

둘째, 당사자들은 조정안을 수락해야 할 의무가 없다. 따라서 어느 일방 당사자가 조정안에 불만이 있거나 불복하면 그 조정은 실패로 돌아가게 된다.

셋째, 조정안은 법률적 구속력이 없다. 그러나 분쟁의 당사자가 조정안을 수락하게 되면 그 조정안은 중재판정과 동일한 구속력을 가지게 된다.

넷째, 조정은 중재나 소송에 비해 단시일 내에 분쟁을 해결할 수 있는 방법이다.

(3) 중재

① 의의

중재(arbitration)는 당사자의 합의로 사법상의 법률관계를 법원의 소송절차에 의하지 않고, 사적인 제3자인 중재인(arbitrator)을 선임하여 그 분쟁을 그에게 맡기고 중재인이 내린 판정에 양 당사자가 절대적으로 복종함으로써 분쟁을 해결하는 방법이다.

② 특징

중재는 당사자 사이에 중재합의가 있어야 하고 중재인의 판정에 절대 복종해야 하며 그 결과는 법원의 확정판결과 동일하여 강제성을 가진다.

또한 외국중재판정의 승인 및 집행에 관한 유엔협약(일명, New York Convention)에 가입한 외국에서도 그 집행이 보장되기 때문에 국제적인 효력이 인정된다.

③ 비교

알선과 조정 및 중재는 모두 제3자의 개입을 통한 분쟁해결 방법이며 소송보다 신속하고 비공식적이고 단심제로서 상소절차가 없다는 유사점들을 가지고 있다.

그러나 중재는 '분쟁을 중재로 해결한다.'는 당사자의 합의가 반드시 이루어져야 한다는 점에서는 조정과 같지만, 조정은 조정인이 내린 조정안을 수락할 것인지의 여부는 오로지 당사자의 자유의사에 속하는데 반하여, 중재의 경우는 양 당사자가 중재판정을 거부할 수 없다는 데 차이가 있다.

또한 알선은 당사자 일방의 요청이 있을 때에도 가능하지만, 조정과 중재는 당사자 사이에 합의가 반드시 있어야 한다는 차이가 있다.

(4) 소송

① 의의

소송(litigation, suit)은 국가기관인 법원의 판결에 따라 당사자 사이의 분쟁을 공권력을 이용하여 강제적으로 해결하는 최후의 분쟁해결방법이다. 이 해결방법은 무역클레임이 상호 간의 대화로는 도저히 해결할 수 없는 경우에 주로 이용된다.

② 특징

소송은 중재와 비교하여 3심 등 복잡한 소송절차, 비용의 과다 발생, 공개주의 원칙에 따른 비밀공개 등의 단점을 가지고 있다. 또한 외국과의 사법 협정이 체결되어 있지 않기 때문에 그 판결은 외국에서 승인 및 집행이 보장되지 않는다.

3. 소송과 중재의 비교

1) 분쟁의 신속해결

법원의 소송은 3심 제도로 운영되는데 반해, 중재는 우리나라를 포함한 거의 모든 국가들이 단심제도로 운영되고 있다. 따라서 소송에 비해 중재는 매우 짧은 단계를 거쳐 판정에 도달하게 되므로 분쟁을 신속히 해결할 수 있다.

2) 비용의 절감

법원의 소송은 변호사의 보수를 비롯하여 매 심급마다 높은 인지대로 인해 중재보다 많은 비용이 소요된다. 이에 반해, 중재는 단심제이기 때문에 소송에 비해 시간이 절약되고 경비가 저렴하여 경제적이다.

3) 적합한 중재인의 선정

중재는 무역관습 등 무역거래 분야에 정통한 중재인을 통해 분쟁을 해결하는 방법이기 때문에 법관에 의한 판결보다 적합한 전문가들을 중재인으로 선정할 수 있다.

4) 절차의 비공개

법원의 소송절차는 공개주의에 입각하여 진행되기 때문에 회사의 영업이나 거래방식, 운영비용, 손익에 관한 비밀들이 대외에 노출될 수 있다.

그러나 중재는 비공개주의에 입각하여 절차를 공개하지 않기 때문에 모든 사업상의 비밀이나 회사의 명성 등을 그대로 유지할 수 있다.

5) 판정의 효력

중재판정의 국내적 효력은 당사자간에는 법원의 확정판결과 동일한 효력이 있으며, 국제적 효력은 뉴욕에서 채택된 '외국중재판정의 승인 및 집행에 관한 유엔협약(The United Nations Convention on the Recognition and Enforcement of Foreign Arbitral Awards, 뉴욕협약)'에 따라 외국에서도 그 집행을 보장받을 수 있다.

그러므로 국내 유일한 상설중재기관인 대한상사중재원(KCAB)이 내린 중재판정도 본 협약 체약국 간에서는 그 승인 및 집행을 외국에서 보장받을 수 있다.

이에 반해, 소송에 의한 법원의 판결은 국내적으로는 강제력이 있으나 국제적으로는 주권침해 논란 등 집행력에 문제가 있다.

제 4 부 기출문제

1. 국제물품매매계약에 관한 UN협약(UN Convention on Contracts for the International Sale of Goods : CISG)에 관한 다음 물음에 답하시오.(50점) [관세사 2017년【34회】50점]
   (1) 계약위반의 유형을 그 발생 원인에 따라 설명하시오.(10점)
   (2) 매도인의 계약위반에 따른 매수인의 구제방법에 관하여 설명하시오.(20점)
   (3) 매수인의 계약위반에 따른 매도인의 구제방법에 관하여 설명하시오.(20점)

2. CISG에 따른 '권리구제수단'의 특징을 설명하고, 매도인의 의무위반에 대한 매수인의 권리구제권, 매수인의 의무위반에 대한 매도인의 권리구제권에 대해서 설명하시오.
   또한 매도인, 매수인의 공통된 권리구제방안인 손해배상의 원칙, 손해액의 산정방법, 손해방지의무에 대해서 설명하시오. [관세사 2009년【26회】50점]

3. 클레임 해결방안을 당사자 간 해결방법과 제3자 개입 해결방법으로 구분하여 설명하시오.
   [관세사 2003년【20회】10점]

4. 무역거래에서 발생하는 분쟁을 해결하는데 사용되고 있는 ADR의 장점과 여기에 해당하는 3가지 방법을 비교 설명하시오. [관세사 2007년【24회】10점]

5. 비엔나협약 제25조의 본질적 위반이 계약에 미치는 효과를 6가지만 쓰시오.
   [관세사 2022년【39회】12점]

6. 한국 중재법에서 규정하고 있는 중재판정의 취소사유를 설명하시오.
   [관세사 2017년【34회】10점]

7. 외국중재판정의 승인 및 집행에 관한 UN 협약의 적용범위와 승인 및 집행의 거부사유를 설명하시오. [관세사 2001년【18회】10점]

8. 뉴욕협약에 따른 중재판정의 승인과 집행의 거부사유에 대하여 설명하시오.
   [관세사 2013년【30회】10점]

참고문헌

▣ 국내문헌

강원진, 무역계약론, 박영사, 2013.
김상돈, 무역계약론, 박영사, 2019.
김상만, 무역계약론, 박영사, 2019.
남풍우, 신무역실무, 도서출판 두남, 2011.
법무부, 국제물품매매계약에 관한 유엔협약 해설, 2005.
석광현, 국제물품매매계약의 법리, 박영사, 2010.
안강현, 로스쿨 국제거래법, 박영사, 2018.
오원석, UN통일매매법, 삼영사, 2004.
오원석・하강헌, 국제물품매매법, 박영사, 2004.
윤광운, 무역계약론, 탑북스, 2017.
이용근, 국제무역계약론, 삼영사, 2017.
이우명・김철호, 무역계약론, 삼영사, 2018.
채진익, 무역계약론, 청목출판사, 2014.
한상현, 무역실무, 관세국경관리연수원, 2012.
한상현, 무역영어, 도서출판 두남, 2020.
한상현, 무역클레임론, 도서출판 두남, 2018.
한상현, 무역학개론, 도서출판 두남, 2020.
허재창, 무역계약론, 탑북스, 2018.

▣ 논문집

김기영, 私法의 통일과 국제물품매매계약에 관한 유엔협약(CISG), 대한변호사협회, 인권과 정의 2010, 7.
석광현, 국제물품매매계약에 관한 국제연합협약(CISG)상의 본질적 계약위반, 한양대학교, 법학연구소, 법학논총, 2006.
신창섭, 국제물품매매계약에 관한 UN협약과 우리나라 상법의 비교법적 연구, 국제거래법학회, 국제거래법연구, 제14집 제2호, 2005.

찾아보기

한글

| 사 |

| 아 |

| 자 |

| 차 |

| 카 |

| 타 |

| 파 |

| 하 |

영어

■ 저자 소개

한 상 현(韓祥鉉)

- 건국대학교 무역학과 졸업(상학사)
- 건국대학교 대학원 무역학과(경제학 석사)
- 건국대학교 대학원 무역학과(경제학 박사)
- 강남대학교 경제통상학부 조교수(겸임)
- 건국대학교 상경대학 국제무역학과 교수(강의)
- 남서울대학교 국제통상학과 조교수, 부교수
- Indiana University-Purdue University Fort Wayne, Indiana, Visiting Professor
- 기획재정부 세제발전심의위원회 위원
- 관세사자격심의위원회 위원
- 일반관세사, 특별관세사시험 출제위원, 선정위원
- 관세청 전문관시험 출제위원 및 선정위원
- 관세청 관세공무원 자격시험 출제위원, 선정위원
- 인천공항본부세관 과세전적부심사위원회 위원
- 서울본부세관 이의신청심의위원회 위원
- 안산세관 이의신청심의위원회 위원
- 관세청 품목분류위원회 위원
- 관세청 전문경력관 공무원 출제위원
- 중앙인사위원회 관세직 5급, 7급, 9급 공무원시험 출제위원, 선정위원, 면접위원
- 산업통상자원부 전문임기제 공무원 심사위원
- 충남도청 정책자문위원
- 충남도청 임기제 공무원 면접시험위원
- 사)한국관세학회 논문편집위원장
- 사)국제e-비즈니스학회 논문편집위원장
- 사)한국무역연구원 국문 논문편집위원장
- 사)한국관세학회 회장, 명예회장

[현재]

- 남서울대학교 글로벌무역학과 교수
- 관세인재개발원 운영심의회 위원
- 관세청 심사위원회 위원
- 수원세관 정책자문위원, 심사위원회 위원
- 천안세관 심사위원회 위원
- 평택직할세관 심사위원회 위원
- 한국관세사회 위원회 위원
- 사)한국관세학회 고문
- 사)국제e-비즈니스학회 부회장
- 사)한국국제상학회 부회장
- 사)한국무역학회 부회장
- 사)한국통상정보학회 부회장
- 사)한국무역금융보험학회 부회장

무역계약론 – 개정판

초　판 1쇄 발행 —— 2020년 8월 25일
초　판 2쇄 발행 —— 2021년 8월 20일
개정판 1쇄 발행 —— 2023년 8월 10일
개정판 2쇄 발행 —— 2025년 9월 5일
지은이 —— 한 상 현
펴낸이 —— 전 두 표
펴낸곳 —— 도서출판 두남
서울시 강동구 성내로 6길 34-16 두남빌딩
신 고 : 제25100-1988-9호
TEL : 02) 478-2066, 2067
FAX : 02) 478-2068
E-mail : dnbooks@dunam.co.kr
http://www.dunam.co.kr

정가 30,000원

ISBN 978-89-6414-971-3 93320